MÉMOIRES
DU DUC
DE SAINT-SIMON

PUBLIÉS PAR

MM. CHÉRUEL ET AD. REGNIER FILS

ET COLLATIONNÉS DE NOUVEAU POUR CETTE ÉDITION
SUR LE MANUSCRIT AUTOGRAPHE

AVEC UNE NOTICE DE M. SAINTE-BEUVE

TOME DIX-SEPTIÈME

PARIS
LIBRAIRIE HACHETTE ET Cie
BOULEVARD SAINT-GERMAIN, 79

1874
Tous droits réservés

MÉMOIRES

DU DUC

DE SAINT-SIMON

XVII

PARIS. — IMPRIMERIE ARNOUS DE RIVIÈRE ET Cⁱᵉ
RUE RACINE, 26.

MÉMOIRES
DE SAINT-SIMON.

CHAPITRE PREMIER.

Comte Stanhope à Paris. — Paix d'Espagne. — Grimaldo supplée presque en tout aux fonctions de premier ministre d'Espagne, sous le titre de secrétaire des dépêches universelles ; sa fortune, son caractère. — Disgression déplacée, mais fort curieuse, sur le premier président de Mesmes. — Duchesse de Villars et dames nommées pour conduire la princesse de Modène jusqu'à Antibes ; remarques sur le cérémonial, le voyage et l'accompagnement ; fiançailles et mariage de cette princesse. — Désordre du système et de la banque de Law se manifeste, et produit des suites les plus fâcheuses et infinies. — Commencements et fortune des quatre frères Pâris. — Nouveaux prisonniers à Nantes ; vingt-six présidents ou conseillers remboursés et supprimés, choisis dans le parlement de Bretagne.

Le comte Stanhope, ministre d'État fort accrédité du roi d'Angleterre, dont il a été fait si souvent mention dans ce qui a été rapporté ci-devant d'après Torcy sur les affaires étrangères, vint de Londres conférer avec l'abbé du Bois et M. le duc d'Orléans à l'occasion de la paix où l'Espagne ne tarda pas d'accéder dès qu'Alberoni fut chassé. Cette grande démarche fut même accompagnée d'une lettre très-amiable du roi d'Espagne au Régent, en sorte que la bonne intelligence parut rétablie. La place de premier ministre d'Espagne ne fut point remplie. Alberoni en avoit dégoûté Leurs Majestés Catholiques, et leurs sujets exultèrent de n'en avoir plus ; mais elle fut en quelque sorte remplacée sans titre et sans puissance personnelle par un homme qui doucement en fit toutes les fonctions d'une manière plus agréable; c'est-à-dire, qu'il fut comme le seul qui travaillât avec le roi sur toutes les matières des autres bureaux, dont les secrétaires d'État lui envoyoient les affaires qui se devoient rapporter, à qui il les renvoyoit avec l'ordre du roi sur chacune. Ainsi les autres secrétaires d'État travailloient; c'étoit à eux qu'on s'adressoit pour les affaires de leur département; la direction et le détail leur en demeuroit; mais ils n'alloient au roi presque que par Grimaldo, hors des occasions fort rares, et c'étoit toujours à lui à qui il en falloit dire un mot, et tâcher de l'avoir favorable, après avoir sollicité les autres secrétaires d'État, chacun selon que l'affaire le regardoit, et qu'elle étoit envoyée à Grimaldo pour en parler au roi.

Ce Grimaldo étoit un Biscayen de la plus obscure naissance et d'une figure tout à fait ridicule et comique, surtout pour un Espagnol; c'étoit un fort petit homme blond comme un bassin, gros et fort pansu, avec deux petites mains appliquées sur son ventre, qui, sans s'en décoller, gesticuloient toujours, avec un parler doucereux, des yeux bleus, un sourire, un vacillement de tête qui donnoient l'accompagnement du visage à son ton et à son discours, avec beaucoup d'esprit; il l'avoit très-fin, très-adroit, très-insinuant, très-politique, bas et haut à merveilles, suivant ce qui lui convenoit et à qui il convenoit, et avoit l'art de ne s'y point méprendre. La première fois que le duc de Berwick, qui me l'a conté fut en Espagne, on le lui voulut donner pour secrétaire espagnol, et il l'auroit pris s'il eût su l'espagnol, dont il ne savoit pas un mot alors, ou si Grimaldo eût entendu tant soit peu le françois. Hors d'espérance de cette condition, il en chercha une autre, et il entra commis dans les bureaux d'Orry avant qu'Orry fût devenu homme principal en Espagne. Il goûta Grimaldo par son esprit et sa douceur, plus encore parce qu'il le trouva net et infatigable au travail, fécond en ressources, et ne se rebutant jamais de rien. Ces qualités le portèrent à la tête d'un des bureaux de son maître, et ce bureau crût en commis sous lui et en affaires, à mesure qu'Orry crût en autorité et en puissance. Orry le fit goûter et connoître à la princesse des Ursins, et par eux du roi et de la reine. Approché d'eux, et peu à peu admis à travailler avec eux au lieu d'Orry, quand celui-ci n'en avoit pas le temps ou ne vouloit pas le prendre. De là il parvint à être secrétaire d'État avec le département de la guerre, où il n'avoit rien à faire qu'à recevoir et à exécuter les ordres d'Orry et de Mme des Ursins, auxquels il faut dire à son honneur qu'il demeura fidèle à tous les deux après leur chute, et à leurs amis et créatures tant qu'il a vécu. Dans une telle dépendance, on peut juger qu'il fut un des premiers dont Alberoni se défit, et qu'il ne le laissa pas approcher tant qu'il fut le maître. Dans cette espèce d'exil, Grimaldo, toujours titulaire de son emploi, mais dont il n'exerçoit aucune partie, demeura retiré dans sa maison de Madrid, ayant conservé l'affection publique et beaucoup d'amis par les manières gracieuses et polies dont il avoit usé avec tout le monde, et son caractère obligeant qui le portoit à servir, toutefois presque sans aucun commerce, tant on craignoit Alberoni, et ce peu de commerce avec ses meilleurs amis ne subsistoit qu'avec de grandes mesures.

Le roi d'Espagne, malgré cet éloignement, n'avoit point changé pour lui; il le fit même venir deux ou trois fois parler à lui la nuit et dans le plus profond secret. Don Alonzo Manriquez, de tout temps favori du roi et ami intime de Grimaldo, étoit le dépositaire de ce secret et le conducteur de Grimaldo au palais. C'est cet Alonzo, dont on aura à parler dans la suite, qui ne ploya jamais devant Alberoni, dont Alberoni ne put jamais se défaire; connu depuis sous le nom de duc del Arco, grand d'Espagne et grand écuyer, qui est l'une des trois grandes charges. Grimaldo, demeuré dans cette situation secrète auprès du roi d'Espagne, fut remis en place à l'instant de la chute d'Alberoni, et de secrétaire d'État de la guerre, dont le seul titre lui étoit demeuré, fut fait secrétaire des dépêches universelles, ce qui le fit travailler seul avec le roi à l'exclusion de tous les autres secrétaires d'État ou chefs de ce peu qui restoit de conseils, et porter sans eux leurs affaires au roi, comme il a été expliqué plus haut, ainsi que toutes les grâces, et en particulier toutes les affaires étrangères qui ne passoient que par lui et ne se traitoient qu'avec lui. Il revint le même qu'il avoit été. Le crédit et l'autorité supérieure ne le gâtèrent point, il se fit considérer, respecter et aimer de tout le monde, si on en excepte un petit nombre d'envieux, car jusqu'aux refus il les savoit assaisonner avec tant de grâce qu'on ne pouvoit lui en savoir mauvais gré. Il faut pourtant dire que dans cette élévation il ne put résister à la foiblesse de vouloir être homme de qualité. Il joua donc sur le mot, s'entêta de la proximité de nom de Grimaldo à Grimaldi; il voulut être de cette maison, il en prit les armes pleines, et, quand avec les années il crut y avoir accoutumé le monde, il osa, quoique inutilement, aspirer à la grandesse. C'en est assez sur lui pour à présent. Je le trouvai en Espagne dans ce grand emploi et dans toute la faveur et la confiance du roi d'Espagne. Ce fut donc avec lui que j'eus à traiter, et j'aurai occasion d'en parler davantage lors de mon ambassade. J'ajouterai seulement ici que la reine, qui avoit chassé Mme des Ursins, et Orry par conséquent, et qui avoit mis Alberoni en leur place, dont toutes les impressions en mal lui restèrent toujours, n'aima jamais Grimaldo, mais le traita comme si elle l'aimoit, parce qu'elle n'avoit pu l'ébranler auprès du roi d'Espagne, qu'il ne donnoit pas la moindre prise sur lui, qu'il n'étoit haï de personne, mais aimé et estimé de tous, et que son estime passa partout au dehors par la manière dont il se conduisit toujours et dont il mania les affaires.

Comme j'en étois en cet endroit, j'appris de M. Joly de Fleury, procureur général, une anecdote trop singulière et trop curieuse pour ne la pas mettre ici, quoique hors de place, et que j'aurois insérée, si je l'avois sue, peu de jours après que le duc et la duchesse du Maine furent arrêtés. Il m'apprit donc, causant ensemble de ces temps passés, que Mlle de Chausseraye, celle dont il a été parlé plus d'une fois ici, et qui toute sa vie s'est mêlée de tant de choses, que le premier président de Mesmes, inquiet au dernier point, peu après que M. et Mme du Maine furent arrêtés, la pressa de lui obtenir une audience de M. le duc d'Orléans qui fût secrète, et qu'il n'osoit lui-même demander; elle la demanda donc, et n'en put[1] venir à bout qu'avec peine. Au jour et heure marquée, elle se rendit au Palais-Royal, et M. le duc d'Orléans eut la complaisance de donner à son valet de chambre, qu'elle avoit amené exprès, nommé du Plessis, fort connu de lui et de tout le monde, sa clef d'une de ses portes secrètes, car il en avoit plusieurs qui, des rues qui environnent le Palais-Royal, conduisoient droit et secrètement à ses appartements. Ce du Plessis fut donc ouvrir au premier président, qui pour se mieux cacher étoit en manteau et point en robe, et l'amena à M. le duc d'Orléans, qui l'attendoit seul et enfermé avec Mlle de Chausseraye. Là le premier président, qui étoit beau diseur et qui avoit fort la parole en main, fit à M. le duc d'Orléans les protestations les plus fortes de fidélité et d'attachement, à l'occasion des occurrences alors présentes, et comme l'esprit ne lui manquoit non plus que le langage, il n'oublia rien pour démêler, dans l'air froid et sérieux qu'il trouva, si M. le duc d'Orléans étoit instruit à son égard de quelque chose, sans y avoir pu réussir, tant le Régent sut se contenir, se mesurer et ne lui pas laisser apercevoir la moindre chose. Il prit même plaisir à lui donner lieu de redoubler ses protestations, et à tout son bien-dire. Quand il en eut assez, il tira une lettre de sa poche, et tout à coup : « Monsieur, lui dit-il, d'un ton irrité ; tenez, lisez cela : le connoissez-vous ? » A l'instant le premier

---

1. On lit ici une seconde fois le mot *en*.

président fondit à deux genoux, lui embrassant non pas les jambes mais les pieds, et se mit aux pardons, aux regrets, aux repentirs, et n'eut si belle peur de sa vie. M. le duc d'Orléans reprit la lettre, se dépêtra les pieds de ses bras, et sans dire un mot s'en alla dans un autre cabinet. C'étoit une lettre de sa main, par laquelle il répondoit du Parlement à l'Espagne, et parloit sans ménagement et sur la chose et sur les moyens.

Éperdu et sans parole, il eut peine à se reconnoître et à se relever de ce prosternement où il étoit. Mlle de Chausseraye, guère moins éperdue, mais d'étonnement, lui reprocha la folle hardiesse de l'avoir commise à lui obtenir cette audience, lui se sentant aussi coupable; toute sa réponse fut de la conjurer de le sauver et d'aller trouver M. le duc d'Orléans. Elle y alla, et le trouva seul dans la dernière indignation de l'audace, de l'effronterie de l'audience, de la scélératesse, de la tromperie et des protestations, avec une telle pièce écrite de la main du premier président, qu'il lui dit qu'il alloit faire arrêter. La Chausseraye qui connoissoit bien à qui elle avoit affaire, se prit à sourire : « Bon, lui dit-elle, le faire arrêter, il le mérite bien, et pis; mais avec cette pièce en main, et l'aveu qu'il n'a pu dénier, voilà un homme qui ne peut plus qu'être à vous à vendre et à dépendre, et c'est la meilleure aventure qui vous pût arriver, parce que désormais vous en ferez tout ce qu'il vous plaira sans qu'il ose souffler, ni s'exposer à ne pas être à plaît-il maître sans réserve. » Quoique rien ne fût plus selon l'esprit et le goût de M. le duc d'Orléans, qui aimoit, sur toutes autres, ces voies obliques, et dans son caractère encore d'éviter les grands engagements, tels que faire faire le procès à ce scélérat si fort du premier ordre, mais qui étoit premier président, quoique le procès ne pût être douteux, et un procès qui par ses dépositions auroit embarrassé non-seulement le duc et la duchesse du Maine, mais bien d'autres gens encore du plus haut parage, elle eut toutes les peines du monde à suspendre la résolution. Le temps duroit cependant au premier président d'une étrange sorte, qui se trouvoit entre la mort et la vie, car, pour le déshonneur et l'infamie, il y étoit accoutumé de longue main; enfin Chausseraye le vint trouver, et après lui avoir dit ce qu'elle jugea à propos pour le rassurer assez pour lui faire retrouver les jambes, et qu'il en pût faire usage pour s'en retourner, elle alla appeler du Plessis, et le renvoya par où il étoit venu. Il fut longtemps encore dans les transes de la mort, avec la nécessité de paroître aux fonctions de sa charge et y faire bonne mine, et parmi les gens qu'il voyoit, quoique, avec M. le duc d'Orléans, qui avoit du temps pouvoit compter de bien sortir d'affaire, comme il arriva en effet.

L'abbé du Bois, à qui sûrement le Régent ne cacha pas une chose si importante, n'avoit garde de le pousser; il vouloit être maître de l'affaire en total, par les raisons qui en ont été rapportées; et non-seulement il ne l'étoit plus en poussant le premier président, mais il ne pouvoit douter que ses dépositions apprendroient à M. le duc d'Orléans tout ce que lui du Bois lui avoit caché de toute cette conspiration pour en demeurer lui seul le maître, et c'en étoit bien plus qu'il n'en falloit pour sauver le premier président, parce que ce n'étoit pas moins que de se sauver lui-même d'une si perfide et noire infidélité. Ainsi toute pensée d'agir contre de Mesmes tomba bientôt, et la chose demeura entièrement secrète; c'est la Chausseraye elle-même qui la conta longtemps depuis au procureur général telle que je la viens d'écrire, et je l'ai écrite aussitôt qu'il me l'a eu racontée, pour l'insérer ici dans l'exactitude précise qu'il me l'a rendue bien des années après la mort de M. le duc d'Orléans, de ce coquin de Mesmes, si fort scélérat par excellence, et si prodigieusement impudent, qui mourut avant le Régent comme il avoit vécu, et de la Chausseraye, qui mourut longtemps après.

Il n'est pas étrange que M. le duc d'Orléans ne m'ait jamais parlé de cette terrible aventure, tenu d'aussi court qu'il l'étoit alors par l'abbé du Bois qui le détournoit avec empire de tous ceux de sa confiance, et de moi plus que de pas un, parce que la sienne pour moi étoit plus entière, plus fondée, plus de tous les temps, surtout qu'il l'empêchât de s'ouvrir à moi, sur une matière dont il s'étoit rendu seul maître, et sur laquelle ma haine pour le duc du Maine et pour le premier président, qui auroit pu augmenter ma force et ma liberté ordinaire de parler à M. le duc d'Orléans, auroit fait courir à du Bois le risque de se voir forcer la main, par conséquent celui de sa ruine, par la manifestation de tout ce qu'il avoit caché au Régent, et que les dépositions du premier président et de bien d'autres nécessairement arrêtés sur les siennes, auroient mis au net et au grand jour; mais ce qui est, on ne sait si plus inconcevable ou plus déplorable, peu de mois passèrent si bien non pas l'éponge, mais effacèrent si bien les pointes de l'impression de cette affaire dans M. le duc d'Orléans, qu'il se servit depuis du premier président, qui le trompa encore, et qu'après en avoir été servi de la sorte, et conduit par là à la nécessité de faire l'éclat d'envoyer le Parlement à Pontoise, moins de quatre mois après, le premier président eut le front, et assez de mépris pour soi-même et pour le Régent, pour oser lui demander de l'argent, et en quantité, en dédommagement de ce qu'il lui en avoit coûté à Pontoise à tenir table ouverte à tout le Parlement, à s'y moquer de lui avec cette Compagnie de la manière la plus indécente, et la moins mesurée, comme on le verra en son lieu, et que l'extrême merveille est qu'il en obtint plus de quatre cent mille francs à la vérité en cachette, mais non pas telle que je ne l'aie su dès lors, et bien d'autres gens avec moi. Voilà de ces prodiges que je comprends qu'on a bien de la peine à croire, quand on ne les a pas vus, et pour ainsi dire quand on ne les a pas touchés avec la main, et qui caractérisent le Régent d'une façon bien étrange.

La duchesse de Villars fut nommée pour conduire

Mlle de Valois, avec deux[1] dames de qualité, qui furent Mmes de Simiane, de Goyon et de Bacqueville, dont on parlera après.

Mme de Villars, qui voyoit tous les jours contester les choses les plus établies et les plus certaines, ne voulut pas s'exposer à aucune difficulté et fit décider jusqu'à ce qui n'avoit pas besoin de l'être : il le fut donc qu'elle auroit partout le même traitement que Mlle de Valois, à la main près, c'est-à-dire un fauteuil, un cadenas[2] à table, une soucoupe, un verre couvert, les cuiller, fourchette et couteau de vermeil, les assiettes de même, le tout pareil à ceux de la princesse : Mlle de Valois en avoit; et le même genre de domestique qu'elle pour la servir à table, et rien de tout cela pour aucune des dames de qualité qui mangeoient avec Mlle de Valois et la duchesse de Villars; ces distinctions déplurent à ces dames; mais ne les pouvant empêcher, elles firent en sorte que Mlle de Valois, qui s'arrêtoit partout et allongeoit tant qu'elle put son voyage jusqu'à un excès dont on se plaignit de Modène à M. le duc d'Orléans, se mit souvent à manger seule en public. La duchesse de Villars sentit l'affectation, mais ne voulut pourtant pas prendre le cadenas et les autres distinctions en mangeant avec les dames, lorsque Mlle de Valois mangeoit seule, quoi[que] les duchesses les eussent toujours prises dans la vie ordinaire et commune jusque vers le milieu du règne du feu Roi; elle se contenta donc de rendre compte de l'affectation de manger souvent seule en public, sur quoi Mlle de Valois reçut un ordre de Monsieur son père de manger toujours avec la duchesse de Villars et les dames, ce qui fut toujours exécuté depuis : je dis ceci d'avance, pour n'avoir plus à y revenir, ainsi que tout ce qui regarde ce mariage.

Les fiançailles se firent à l'ordinaire dans le cabinet du Roi, sur les six heures du soir, le dimanche 11 février, par le cardinal de Rohan; la queue de Mlle de Valois portée

1. Il faudrait *trois*, à en juger par la suite.
2. Voyez tome I, p. 30, note 2.

par Mlle de Montpensier sa sœur, depuis reine d'Espagne ; M. le duc de Chartres chargé de la procuration du prince de Modène. Il ne se trouva personne ou comme personne de la cour aux fiançailles, parce que rien n'est pareil aux fantaisies, aux hauts et aux bas des François. Il est très-certain que les princes et les princesses du sang ont toujours prié à leurs fiançailles ; il ne l'est pas moins que les fils de France n'ont jamais prié aux fiançailles de leurs enfants. M. le duc d'Orléans étoit le premier petit-fils de France qui eût à marier ses enfants. Mme la duchesse de Berry épousant un fils de France n'étoit pas dans le cas ; il ne se présentoit qu'ici pour la première fois, et M. le duc d'Orléans, supérieur en rang aux princes du sang, et régent, ne songea pas à faire prier personne, de manière que les fiançailles se firent fort solitairement, et cette même foule qui l'environnoit, hommes et femmes et de toutes qualités, jusqu'aux plus grandes, qui lui prostituoient toutes sortes de bassesses pour en obtenir et souvent en arracher des grâces, se tint chacun chez soi comme de concert pour n'avoir pas été conviée. Mme la duchesse d'Orléans le sentit, et le Régent s'en moqua. Le Roi donna à Mlle de Valois un beau collier de diamants et de perles, et, une heure après les fiançailles, alla lui dire adieu au Palais-Royal, et voir Madame et M. et Mme la duchesse d'Orléans. Le lendemain à midi le mariage fut célébré à la messe du Roi, avec la même assistance que la veille, et non plus. Au sortir de la messe, le Roi donna la main à la mariée et la conduisit à son carrosse, qui étoit au Roi, et dit au cocher : « A Modène, » suivant l'usage. Le cortége étoit autour comme si elle fût partie en effet ; elle retourna au Palais-Royal, y eut quelque temps après la rougeole, ne reçut ni devant ni après aucunes visites de cérémonie, différa tant qu'elle put, partit enfin, abrégea toutes ses journées, augmenta les séjours et les allongea. Elle reçut divers avis de M. le duc d'Orléans sur cette conduite qui n'eurent pas grand effet, jusqu'à ce que, sur les plaintes réitérées du duc de Modène, le Régent envoya des ordres si absolus qu'ils firent doubler le pas. Elle s'embarqua à Antibes, où la duchesse de Villars et les dames prirent congé d'elle et prirent le chemin du retour.

Mme de Simiane, fille du comte de Grignan, chevalier de l'ordre, et de la fille de Mme de Sévigné, si connue par son esprit et par ses lettres, et veuve du marquis de Simiane, premier gentilhomme de la chambre de M. le duc d'Orléans, et lieutenant général de Provence après son beau-père, demeura en Provence et n'en revint plus. Mme Goyon étoit fille de Mme Desbordes, qui avoit passé sa vie sous-gouvernante des enfants et des petits-enfants de Monsieur, quoique femme d'un huissier de sa chambre; mais elle avoit un vrai mérite, et quoique le mari de sa fille ne fût qu'écuyer de la grande écurie, il ne laissoit pas d'être homme de qualité et de même nom que MM. de Matignon. D'ailleurs elle avoit été élevée auprès des filles de M. le duc d'Orléans, qui l'aimoient toutes beaucoup. Pour Mme de Bacqueville, il n'y eut personne qui n'en fût scandalisé. A la vérité, elle étoit fille du marquis de Châtillon, chevalier de l'ordre, premier gentilhomme de la chambre de Monsieur, etc., mais comme elle n'avoit rien, on l'avoit mariée à ce Bacqueville qui étoit riche, mais le néant. Son nom est Boyvin. Son père, qui s'appeloit Bonnetot, étoit premier président de la chambre des comptes de Rouen, d'une avarice sordide, dont le père étoit un fermier laboureur en son jeune temps, qui s'étoit enrichi au commerce des blés. Ce Bacqueville voulut être homme d'épée; son mariage lui valut un régiment. Il y montra de la valeur, mais tant d'avarice et de folies qu'il fut cassé. Il se brouilla bientôt avec sa femme à qui il ne donnoit rien, et qu'il accabloit d'extravagances, qui les fit séparer. Il n'en a pas moins fait depuis dans l'obscurité où il est tombé. Sa sœur avoit épousé Aligre, président à mortier, dont elle a été la seconde femme. Je ne sais ce qu'on donna à ces dames pour leur voyage. La duchesse de Villars eut cent mille francs. Son choix fut une nouveauté; jamais duchesse n'avoit conduit de princesse du sang. Cet honneur jusqu'alors avoit été réservé aux filles de France et aux petites-filles de France depuis qu'il y en eut; mais c'étoit la fille du Régent, qui venoit de faire duc et pair le beau-père de la duchesse de Villars, et son mari par conséquent, dont on a vu l'histoire ici en son lieu, et le duc de Brancas, presque tous les soirs des soupers de M. le duc d'Orléans, et familièrement bien avec lui de toute sa vie. Madame la grande-duchesse, embrassant la princesse de Modène pour lui dire adieu : « Allez, mon enfant, lui dit-elle, et souvenez-vous de faire comme j'ai fait; ayez un enfant ou deux, et faites si bien que vous reveniez en France; il n'y a de bon parti que celui-là. » Leçon étrange, mais dont la princesse de Modène ne sut que trop bien profiter.

Le système de Law tiroit à sa fin. Si on se fût contenté de sa banque, et de sa banque réduite en de justes bornes et sages, on auroit doublé tout l'argent du royaume et porté une facilité infinie à son commerce et à celui des particuliers entre eux, parce que, la banque toujours en état de faire face partout, des billets continuellement payables de toute leur valeur auroient été de l'argent comptant et souvent préférables à l'argent comptant par la facilité du transport. Encore faut-il convenir, comme je le soutins à M. le duc d'Orléans dans son cabinet, et comme je le dis hardiment en plein conseil de régence, quand la banque y passa, comme on l'a vu ici alors, que, tout bon que pût être cet établissement en soi, il ne pouvoit l'être que dans une république, ou que dans une monarchie telle qu'est l'Angleterre, dont les finances se gouvernent absolument par ceux-là seuls qui les fournissent et qui n'en fournissent qu'autant et que comme il leur plaît; mais dans un État léger, changeant, plus qu'absolu, tel qu'est la France, la solidité y manquoit nécessairement, par conséquent la confiance, au moins juste et sage, puisqu'un roi, et sous son nom une maîtresse, un ministre, des favoris, plus encore d'extrêmes nécessités, comme celles où le feu Roi se trouva dans les années 1707, 8, 9 et 1710, cent choses enfin pouvoient renverser la banque, dont l'appât étoit trop grand et en même temps trop facile. Mais d'ajouter comme on fit au réel de cette banque la chimère du Mississipi, de ses actions, de sa langue toute particulière, de sa science, c'est-à-dire un tour de passe-passe continuel pour tirer l'argent des uns et le donner aux autres, il falloit bien, puisqu'on n'avoit ni mines ni pierre philosophale, que ces actions, à la fin, portassent à faux, et que le petit nombre se trouvât enrichi de la ruine entière du grand nombre, comme il arriva. Ce qui hâta la culbute de la banque et du système fut l'inconcevable prodigalité de M. le duc d'Orléans, qui sans bornes, et plus s'il se peut, sans choix, ne pouvoit résister à l'importunité, jusque de ceux qu'il savoit à n'en pouvoir douter lui avoir toujours été et lui être encore les plus contraires, et en même temps fort à mépriser, donnoit à toutes mains, plus souvent se laissoit arracher par des gens qui s'en moquoient et n'en savoient gré qu'à leur effronterie. On a peine à croire ce qu'on a vu, et la postérité considérera comme une fable ce que nous-mêmes nous ne nous remettons que comme un songe. Enfin, tant fut donné à une nation avide et prodigue, toujours desireuse et nécessiteuse par son luxe, son désordre, la confusion des états, que le papier manqua et que les moulins n'en purent assez fournir. On peut juger par là de l'inimaginable abus de ce qui étoit établi comme une ressource toujours prête, et qui ne pouvoit subsister telle qu'en ajustant ensemble les deux bouts et de préférence à tout, se conservant toujours de quoi répondre sur-le-champ à tous venants. C'est ce dont je m'informois à Law tous les mardis matins qu'il venoit toujours chez moi; il m'amusa longtemps avant de m'avouer son embarras, et de se plaindre modestement et timidement à moi que le Régent jetoit tout par les fenêtres. J'en savois par le dehors plus qu'il ne pensoit, et c'étoit ce qui me faisoit insister et le presser sur son bilan. En m'avouant enfin, quoique légèrement, ce qu'il ne pouvoit plus me cacher, il m'assuroit qu'il ne manquoit pas de ressources, pourvu que M. le duc d'Orléans le laissât faire. Cela ne me persuada pas. Alors les billets commencèrent à perdre, un moment après à se décrier, et le décri à devenir public. De là nécessité de les soutenir par la force, puisqu'on ne le pouvoit plus par industrie, et, dès que la force se fut montrée, chacun désespéra de son salut. On vint à vouloir d'autorité coactive, à supprimer tout usage d'or, d'argent et de pierreries, je dis d'argent monnoyé, à prétendre persuader que depuis Abraham, qui paya argent comptant la sépulture de Sara, jusqu'à nos temps, on avoit été dans l'illusion et dans l'erreur la plus grossière dans toutes les nations policées du monde, sur la monnoie et les métaux dont on la fait; que le papier étoit le seul utile et le seul nécessaire; qu'on ne pouvoit faire un plus grand mal à nos voisins, jaloux de notre grandeur et de nos avantages, que de verser et faire passer chez eux tout notre argent et toutes nos pierreries; mais comme à ceci il n'y avoit point d'enveloppe, et qu'il fut permis à la compagnie des Indes de faire visiter dans toutes les maisons, même royales, d'y confisquer tous les louis d'or et tous les écus qui s'y trouveroient, et de n'y laisser que des pièces de vingt sous et au-dessous, et encore jusqu'à deux cents francs pour les appoints des billets et pour acheter le nécessaire des moindres denrées, avec défenses et de fortes punitions d'en garder davantage, en sorte qu'il fallut porter tout ce qu'on avoit à la banque de peur d'être décelé par un valet, personne ne se laissa persuader, et de là recours à l'autorité de plus en plus, qui ouvrit toutes les maisons des particuliers aux visites et aux délations pour n'y laisser aucun argent, et pour punir très-sévèrement quiconque en réserveroit de caché. Jamais souveraine puissance ne s'étoit si violemment essayée et n'avoit attaqué rien de si sensible ni de si indispensablement nécessaire pour le temporel. Aussi

fut-ce un prodige plutôt qu'un effort de gouvernement
et de conduite, que des ordonnances si terriblement nouvelles n'aient pas produit non-seulement les révolutions
les plus tristes et les plus entières, mais qu'il n'en ait pas
seulement été question, et que, de tant de millions de
gens, ou absolument ruinés ou mourants de faim et des
derniers besoins auprès de leur bien, et sans moyens
aucuns pour leur subsistance et leur vie journalière, il ne
soit sorti que des plaintes et des gémissements. La violence toutefois étoit trop excessive et en tous genres trop
insoutenable pour pouvoir subsister longtemps, il en
fallut donc revenir à de nouveaux papiers et à de nouveaux tours de passe-passe; on les connut tels, on les
sentit, mais on les subit plutôt que de n'avoir pas vingt
écus en sûreté chez soi, et une violence plus grande en
fit souffrir volontiers une moindre. De là tant de manéges,
tant de faces différentes en finance, et toutes tendantes [1]
à fondre un genre de papier par un autre, c'est-à-dire
faire toujours perdre les porteurs de ces différents
papiers, et ces porteurs l'étoient par force, et la multitude universelle. C'est ce qui en finance occupa tout le
reste du gouvernement et de la vie de M. le duc d'Orléans,
ce qui chassa Law du royaume, ce qui sextupla toute
marchandise, toute denrée, jusqu'aux plus viles, ce qui
fit une augmentation ruineuse de toute espèce de salaire,
ce qui ruina le commerce général et le particulier, ce qui
fit, aux dépens du public, la subite richesse de quelques
seigneurs, qui les dissipèrent et n'en furent que plus
pauvres en fort peu de temps, et ce qui fit les énormes
fortunes de toute espèce d'employés en divers degrés en
cette confusion, et qui valut des millions à une multitude
de gens de la plus basse lie du peuple, du métier de trai-
tants et de commis ou employés de financiers, qui surent
profiter promptement et habilement du Mississipi et de
ses suites; c'est ce qui occupa encore le gouvernement

---

[1] 1. *Tendandes*, au manuscrit.

plusieurs années après la mort de M. le duc d'Orléans ; c'est enfin ce dont la France ne se relèvera jamais, quoique il soit vrai que les terres en soient considérablement augmentées. Pour dernière plaie les gens toutpuissants, princes et princesses du sang sur tous, qui ne s'étoient fait faute du Mississipi, et qui ont mis toute leur autorité à s'en sauver sans rien perdre, l'ont rétabli sur ce qu'ils ont appelé la compagnie d'Occident qui, avec les mêmes tours de passe-passe particuliers à un commerce exclusif aux Indes, achève d'anéantir celui du royaume, sacrifié à l'énorme intérêt d'un petit nombre de particuliers dont le gouvernement n'a osé s'attirer la haine et la vengeance en attaquant un article si délicat.

Il se fit cependant plusieurs exécutions violentes et des confiscations de sommes considérables trouvées dans les maisons visitées. Un nommé Adine, employé à la banque, en fut pour dix mille écus confisqués, dix mille francs d'amende et son emploi ôté. Beaucoup de gens cachèrent leur argent avec tant de secret, qu'étant morts sans avoir pu dire où ils l'avoient mis, ces petits trésors sont demeurés enfouis et perdus pour les héritiers. On ôta les emplois qu'on avoit donnés aux quatre frères Pâris depuis quelque temps, et on les éloigna de Paris, soupçonnés de cabaler contre Law parmi les gens de finance. Ils étoient fils d'un hôtelier qui tenoit un cabaret aux pieds[1] des Alpes, qui étoit seul et sans village ni hameau, dont l'enseigne étoit *à la Montagne;* ses fils lui servoient, et aux passants, de garçons de cabaret, pansoient leurs chevaux et servoient dans les chambres, tous quatre fort grands et bien faits ; l'un d'eux se fit soldat aux gardes, et l'a été assez longtemps : une aventure singulière les fit connoître. Bouchu, intendant de Grenoble, dont il a été parlé ici quelquefois, étoit aussi intendant de l'armée d'Italie, lorsque, après la capture du maréchal de Villeroy à Cré-

1. Il y a *aux* au pluriel, et *pied* au singulier.

mone, le duc de Vendôme lui succéda dans le commandement de l'armée. Bouchu, quoique âgé et fort goutteux, mais qui avoit été beau et bien fait, n'avoit pas perdu le goût de la galanterie; il se trouva que le principal commis des munitionnaires, chargé de tout ce détail et de faire tout passer à l'armée, étoit galant aussi, et qu'il eut la hardiesse de s'adresser à celle que Monsieur l'intendant aimoit, et qu'il lui coupa l'herbe sous le pied, parce qu'il étoit plus jeune et plus aimable. Bouchu, outré contre lui, résolut de s'en venger, et, pour cela, retarda tant et si bien le transport de toutes choses par toutes les remises et toutes les difficultés qu'il fit naître, quelque chose que pût dire et faire ce commis pour le presser, que le duc de Vendôme ne trouva rien en arrivant à l'armée, ou plutôt dès qu'il la voulut mouvoir. Le commis, qui se vit perdu et qui ne douta point de la cause, courut le long des Alpes chercher quelques moyens de faire passer ce qu'il pourroit en attendant le reste. Heureusement pour lui et pour l'armée, il passa à ce cabaret esseulé *de la Montagne*, et s'informa là comme il faisoit partout. Le maître hôtelier lui parut[1] de l'esprit, et lui fit espérer qu'au retour de ses fils qui étoient aux champs, ils pourroient lui trouver quelque passage. Vers la fin du jour, ils revinrent à la maison. Conseil tenu, le commis leur trouva de l'intelligence et des ressources, tellement qu'il se livra à eux, et eux se chargèrent du transport qu'il desiroit. Il manda son convoi de mulets au plus vite, et il passa avec eux conduits par les frères Pâris, qui prirent des chemins qu'eux seuls et leurs voisins connoissoient, à la vérité fort difficiles, mais courts, en sorte que sans perdre une seule charge le convoi joignit M. de Vendôme arrêté tout court faute de pain, et qui juroit et pestoit étrangement contre les munitionnaires, sur qui Bouchu avoit rejeté toute la faute. Après les premiers emportements, le duc de Vendôme, ravi d'avoir des vivres et de pouvoir mar-

1. Voyez tome II, p. 211 et note 2, et tome V, p. 380 et note 1.

cher et exécuter ce qu'il avoit projeté, se trouva plus traitable. Il voulut bien écouter ce commis, qui lui fit valoir sa vigilance, son industrie et sa diligence à traverser des lieux inconnus et affreux, et qui lui prouva par plusieurs réponses de M. Bouchu, qu'il avoit gardées et portées, combien il l'avoit pressé de faire passer les munitions et les farines à temps; que c'étoit la faute unique de l'intendant à cet égard, qui avoit mis l'armée dans la détresse où elle s'étoit trouvée; et fit en même temps confidence au général de la haine de Bouchu, jusqu'à hasarder l'armée pour le perdre, et la cause ridicule de cette haine; en même temps se loua beaucoup de l'intelligence et de la volonté de l'hôtelier et de ses fils, auxquels il devoit l'invention et le bonheur du passage de son convoi. Le duc de Vendôme alors tourna toute sa colère contre Bouchu, l'envoya chercher, lui reprocha devant tout le monde ce qu'il venoit d'apprendre, conclut par lui dire qu'il ne savoit à quoi il tenoit qu'il ne le fît pendre pour avoir joué à perdre l'armée du Roi. Ce fut le commencement de la disgrâce de Bouchu, qui ne se soutint plus qu'à force de bassesses, et qui au bout de deux ans se vit forcé de se retirer; ce fut aussi le premier commencement de la fortune de ces frères Pâris. Les munitionnaires en chef les récompensèrent, leur donnèrent de l'emploi, et par la façon dont ils s'en acquittèrent, les avancèrent promptement, leur donnèrent leur confiance, et leur valurent de gros profits; enfin ils devinrent munitionnaires eux-mêmes, s'enrichirent, vinrent à Paris chercher une plus grande fortune, et l'y trouvèrent. Elle devint telle dans les suites, qu'ils gouvernèrent en plein et à découvert sous Monsieur le Duc, et qu'après de courtes éclipses, ils sont redevenus les maîtres des finances et des contrôleurs généraux, et ont acquis des biens immenses, fait et défait des ministres et d'autres fortunes, et ont vu la cour à leurs pieds, la ville et les provinces.

Le Roi vint pour la première fois au conseil de régence

le dimanche 18 février. Il ne dit rien en y entrant, ni pendant le conseil, ni en sortant, sinon que M. le duc d'Orléans, lui ayant proposé d'en sortir, de peur qu'il ne s'y ennuyât, il voulut y demeurer jusqu'à la fin. Depuis il ne vint pas à tous, mais assez souvent, toujours jusqu'au bout, et sans remuer ni parler. Sa présence ne changea rien à la séance, parce que son fauteuil y étoit toujours seul au bout de la table, et que M. le duc d'Orléans, le Roi présent ou non, n'avoit qu'un tabouret pareil à ceux de tout ce qui y assistoit. Le maréchal de Villeroy ne changea point sa séance accoutumée. Peu de jours après le duc de Berwick y entra aussi; on en murmura dans le monde, parce qu'il étoit étranger; mais cet étranger se trouvoit nécessairement proscrit, expatrié, naturalisé François, en France depuis trente-deux ans, dans un continuel service, duc, pair, maréchal de France, grand d'Espagne, général des armées des deux couronnes, et d'une fidélité plus qu'éprouvée; de plus, pour ce qui se passoit alors au conseil de régence, n'importoit plus qui en fût; nous y étions déjà quinze, il fit le seizième. Une fois que le Roi y vint alors, un petit chat qu'il avoit le suivit, et quelque temps après, sauta sur lui, et de là sur la table, où il se mit à se promener, et aussitôt le duc de Noailles à crier, parce qu'il craignoit les chats. M. le duc d'Orléans se mit aussitôt en peine pour l'ôter, et moi à sourire, et à lui dire : « Eh! Monsieur, laissez ce petit chat, il fera le dix-septième. » M. le d'Orléans se mit à rire de tout son cœur, et à regarder la compagnie qui en rit, et le Roi aussi, qui m'en parla le lendemain à son petit lever, comme en ayant senti la plaisanterie, mais en deux mots, et qui courut Paris aussitôt.

Il y eut beaucoup de nouveaux prisonniers à Nantes, et on supprima vingt-six présidents ou conseillers du parlement de Bretagne, qu'on remboursa avec du papier. Ce ne furent point les vingt-six charges des dernières augmentations; ce furent les personnes en jardinant (comme on dit des coupes de futaies), choisies dans cette Compagnie, desquelles on étoit mécontent. Cela n'y causa pas le plus petit mouvement, la commission du conseil se rendoit redoutable à Nantes, et il y avoit des troupes répandues dans la province.

CHAPITRE II.

Abbé du Bois obtient l'archevêché de Cambray. — L'abbé du Bois, refusé d'un dimissoire par le cardinal de Noailles, en obtient un de Besons, archevêque de Rouen, et va dans un village de son diocèse, près de Pontoise, recevoir tous les ordres à la fois, de Tressan, évêque de Nantes ; se compare là-dessus à saint Ambroise ; mot du duc Mazarin. — Singulière anecdote sur le pouvoir de l'abbé du Bois sur M. le duc d'Orléans, à l'occasion du sacre de cet abbé. — Sacre de l'abbé du Bois par le cardinal de Rohan. — Les Anglois opposés au roi Georges, ou jacobites, chassés de France à son de trompe. — Politique terrible de la cour de Rome sur le cardinalat. — Mort de Mme de Lislebonne ; douze mille livres de pension qu'elle avoit donnée [1] à Madame de Remiremont, sa fille. — Mort et successeur du grand maître de Malte. — Mort et caractère du P. Cloche, général de l'ordre de Saint-Dominique. — Mort de Fourille ; sa pension donnée à sa veuve. — Mort et caractère de Mme de la Hoguette. — Mort de Mortagne, chevalier d'honneur de Madame. — Mort de Madame la Duchesse, brusquement enterrée ; visites et manteaux chez Monsieur le Duc ; testament, etc.

Cambray vaquoit, comme on l'a vu naguère, par la mort à Rome du cardinal de la Trémoille, c'est-à-dire le plus riche archevêché et un des plus grands postes de l'Église. L'abbé du Bois n'étoit que tonsuré ; cent cinquante mille livres de rente le tentèrent, et peut-être bien autant ce degré pour s'élever moins difficilement au cardinalat. Quelque impudent qu'il fût, quel que fût l'empire qu'il avoit pris sur son maître, il se trouva fort embarrassé et masqua son effronterie de ruse, il dit à M. le duc d'Orléans qu'il avoit fait un plaisant rêve, et lui conta qu'il avoit rêvé qu'il étoit archevêque de Cambray. Le

1. Il y a bien *donnée*, au singulier.

Régent, qui sentit où cela alloit, fit la pirouette et ne répondit rien. Du Bois, de plus en plus embarrassé, bégaya et paraphrasa son rêve ; puis, se rassurant d'effort, demanda brusquement pourquoi il ne l'obtiendroit pas, Son Altesse Royale, de sa seule volonté, pouvant faire ainsi sa fortune. M. le duc d'Orléans fut indigné, même effrayé, quelque peu scrupuleux qu'il fût au choix des évêques, et d'un ton de mépris, lui répondit : « Qui ? toi, archevêque de Cambray ? » en lui faisant sentir sa bassesse et plus encore le débordement et le scandale de sa vie. Du Bois s'étoit trop avancé pour demeurer en si beau chemin ; lui cita des exemples. Malheureusement il n'y en avoit que trop, et en bassesse et en étranges mœurs, grâces, comme on l'a vu ailleurs, à Godet, évêque de Chartres, avec ses séminaristes de néant et ignorants dont il remplit les évêchés, au P. Tellier et à la constitution, pour bassesse, ignorance, et mauvaises mœurs tout à la fois, et à ceux qui l'ont suivi.

M. le duc d'Orléans, moins touché de raisons si mauvaises qu'embarrassé de résister à l'ardeur de la poursuite d'un homme qu'il n'avoit plus accoutumé à contredire sur rien, chercha à se tirer d'affaire, et lui dit : « Mais tu es un sacre[1], et qui est l'autre sacre qui voudra te sacrer ? — Ah ! s'il ne tient qu'à cela, reprit vivement l'abbé, l'affaire est faite ; je sais bien qui me sacrera, il n'est pas loin d'ici. — Et qui diable est celui-là, répondit le Régent, qui osera te sacrer ? — Voulez-vous le savoir ? répliqua l'abbé ; et ne tient-il qu'à cela encore une fois ? — Hé bien ! qui ? dit le Régent. — Votre premier aumônier, reprit du Bois, qui est là dehors ; il ne demandera pas mieux ; je m'en vais le lui dire ; » embrasse les jambes de M. le duc d'Orléans, qui demeure court et pris sans avoir la force du refus, sort, tire l'évêque de Nantes à part, lui dit qu'il a Cambray, le prie de le sacrer, qui le lui promet à l'instant ; rentre, caracole, dit à M. le duc

---

1. Voyez tome VI, p. 243, note 1.

d'Orléans qu'il vient de parler à son premier aumônier, qui lui a promis de le sacrer, remercie, loue, admire, scelle de plus en plus son affaire, en la comptant faite et en persuadant le Régent, qui n'osa jamais dire que non. C'est de la sorte que du Bois se fit archevêque de Cambray.

L'extrême scandale de cette nomination fit un étrange bruit. Tout impudent que fût du Bois, il en fut extrêmement embarrassé, et M. le duc d'Orléans si honteux qu'on remarqua bientôt qu'on lui faisoit peine de lui en parler. Question fut bientôt de prendre les ordres. Du Bois se flatta que dans la posture où il se trouvoit, et le besoin que le cardinal[1] avoit et auroit continuellement de lui dans la situation si pénible où l'affaire de la constitution, menée comme elle l'étoit, le mettoit, lui feroient faire envers lui toutes les avances, avec d'autant plus d'empressement que le cardinal avoit lieu d'être fort mal content de lui et de toute la protection qu'il donnoit à ses ennemis, qu'il ménageoit de loin pour son cardinalat; et que le cardinal, dans l'espérance de se le ramener, au moins de l'adoucir, s'en feroit un mérite auprès de M. le duc d'Orléans et de lui, et envers le public d'un si bon procédé à l'égard [d']un homme qui l'avoit si peu mérité de lui. Il se trompa; la chair et le sang n'eurent jamais de part à la conduite du cardinal de Noailles. Les vices d'esprit et de cœur et les mœurs si publiques de l'abbé du Bois lui étoient connus. Il eut horreur de contribuer en rien à le faire entrer dans les ordres sacrés. Il sentit toute la pesanteur du nouveau poids dont son refus l'alloit charger de la part d'un homme devenu tout-puissant sur [son] maître, qui sentiroit dans toute étendue l'insigne affront qu'il recevroit, et quelles en seroient les suites pour le reste de leur vie. Rien ne l'arrêta, il refusa le dimissoire pour les ordres, avec un air de douleur et de modestie, sans que rien le pût ébranler, et garda là-

---

1. Le cardinal de Noailles.

dessus un parfait silence, content d'avoir rempli son devoir, et y voulant mettre tout ce que ce même devoir y pouvoit accorder à la charité, à la simplicité, à la modestie. On peut juger des fureurs où cet affront fit entrer du Bois, qui de sa vie ne le pardonna au cardinal de Noailles, lequel en fut universellement applaudi, et d'autant plus loué et admiré qu'il ne le voulut point être. Il fallut donc se tourner ailleurs.

Besons, frère du maréchal, tous deux si attachés et si bien traités et récompensés de M. le duc d'Orléans, tous deux sous leur air rustre, lourd et grossier, si bons courtisans, avoit été transféré de l'archevêché de Bordeaux à celui de Rouen, et Pontoise est de ce dernier diocèse, qui touche ainsi celui de Paris, et s'approche de cette ville à peu de lieues en deçà de Pontoise même. L'abbé du Bois vouloit gagner le temps et s'éviter la honte d'un voyage marqué. Les Besons lui parurent devoir être de meilleure composition que le cardinal de Noailles; ils en furent en effet. L'archevêque de Rouen donna le dimissoire. Du Bois, sous prétexte des affaires dont il étoit chargé, obtint un bref pour recevoir à la fois tous les ordres, et se dispensa lui-même de toute retraite pour s'y préparer. Il alla donc un matin à quatre ou cinq lieues de Paris, où dans une église paroissiale du diocèse de Rouen, du grand vicariat de Pontoise, Tressan, évêque de Nantes, premier aumônier de M. le duc d'Orléans, donna dans la même messe basse, qu'il célébra *extra tempora*, le sous-diaconat, le diaconat et la prêtrise à l'abbé du Bois, et en fut après récompensé de l'archevêché de Rouen et des économats à la mort de Besons, qui avoit l'un et l'autre, et qui ne le fit pas longtemps attendre. On cria fort contre les deux prélats, et l'archevêque, qui étoit estimé et considéré avec raison, y eut à perdre. Pour l'autre, il n'y fit que gagner.

Le même jour que l'abbé du Bois prit ainsi tous les ordres à la fois, il y eut conseil de régence l'après-dînée au vieux Louvre, parce que toutes les rougeoles qui couroient, même dans le Palais-Royal, empêchoient qu'il se tînt à l'ordinaire aux Tuileries. On fut surpris d'un conseil de régence sans l'abbé du Bois, qui y rapportoit ce qu'il lui plaisoit des affaires étrangères, mais on le fut bien davantage de l'y voir arriver. Il n'avoit pas perdu de temps en actions de grâces de tout ce qu'il venoit de recevoir. Ce fut un nouveau scandale qui réveilla et qui aggrava le premier. Il venoit, à ce que dit plaisamment le duc Mazarin, de faire sa première communion. Tout le monde étoit déjà arrivé dans le cabinet du conseil, et M. le duc d'Orléans aussi, et on y étoit debout et épars. J'étois dans un coin du bas bout, qui causois avec M. le prince de Conti, le maréchal de Tallart, et un autre qui m'échappe, lorsque je vis entrer l'abbé du Bois en habit court, avec son maintien ordinaire. Nous ne l'attendions point en tel jour, ce qui fit que naturellement nous nous écriâmes. Cela lui fit tourner la tête, et voyant M. le prince de Conti venir à lui, qui de son côté, avec ce ricanement de Monsieur son père, mais qui assurément étoit bien éloigné d'en avoir les grâces, et au contraire étoit cynique, s'avança deux pas à lui, lui parla de tous les ordres si brusquement reçus le matin même tous à la fois, de sa prompte arrivée au conseil si peu de moments après cette cérémonie, quoique faite au loin de Paris, de son sacre qui alloit suivre de si près, de sa surprise et de celle de tout le monde, et tout de suite lui fit un pathos avec tout l'esprit et la malignité possible qui tenoit d'un assez plaisant sermon, et qui auroit plus que démonté tout autre. Du Bois, qui n'avoit pas eu l'instant de placer une seule parole, le laissa dire, puis répondit froidement que, s'il étoit un peu plus instruit de l'antiquité, il trouveroit ce qui l'étonnoit fort peu étrange, puisque lui abbé ne faisoit que suivre l'exemple de saint Ambroise, dont il se mit à raconter l'ordination, qu'il étala. Je n'en entendis pas le récit, car dans le moment que j'ouïs saint Ambroise, je m'enfuis brusquement à l'autre bout du cabinet, de l'horreur de la comparaison et de la peur de ne pouvoir m'empêcher de lui dire d'achever, car je sentois que cela me prenoit à la gorge, et de dire combien peu saint Ambroise se pouvoit défier d'être ainsi saisi et ordonné, quelle résistance il y fit, et avec combien d'éloignement et de frayeur, enfin toute la violence qui lui fut unanimement faite. Cette impie citation de saint Ambroise courut bientôt le monde, avec l'effet qu'on peut penser. La nomination et cette ordination se firent dans la fin de février,

J'achèverai[1] tout de suite ce qui regarde cette matière pour ne la pas séparer, et n'avoir pas à y revenir. On y trouvera une anecdote curieuse sur l'autorité de l'abbé du Bois sur son maître, et sur la frayeur et le danger de lui déplaire. Il eut ses bulles au commencement de mai, et fut sacré le dimanche 9 juin. Tout Paris et toute la cour y fut conviée. Je ne le fus point; j'étois lors mal avec lui, parce que je ne le ménageois guère avec M. le duc d'Orléans, sur ses vues du cardinalat et sur son abandon dans les affaires à ce qui convenoit aux Anglois et à l'Empereur, par lesquels il comptoit d'arriver à la pourpre romaine. Comme il redoutoit ma liberté, ma franchise, ma façon de parler à M. le duc d'Orléans qui lui faisoit de fréquentes impressions, quoique je m'en donnasse assez rarement la peine, et qu'il avoit celle de les effacer, il revenoit à moi de temps en temps, me ménageoit, me courtisoit, toujours pourtant détournant tant qu'il pouvoit la confiance de M. le duc d'Orléans en moi, qu'il resserroit sans cesse, mais qu'il ne pouvoit arrêter totalement ni même longtemps, quoique, comme je l'ai dit, je me retirasse beaucoup par le dégoût de tout ce que je voyois. Ainsi nous étions bien en apparence quelquefois, et souvent mal.

Ce sacre devoit être magnifique, et M. le duc d'Orléans y devoit assister. J'en dirai quelques mots dans la suite. Plus la nomination et l'ordination de l'abbé du Bois avoit

---

1. Saint-Simon a écrit : *J'achevrai*.

fait de bruit, de scandale et d'horreur, plus les préparatifs superbes de son sacre les augmentoient, et plus l'indignation en éclatoit contre M. le duc d'Orléans. Je fus donc le trouver la veille de cet étrange sacre, et d'abordée je lui dis ce qui m'amenoit. Je le fis souvenir que je ne lui avois jamais parlé de la nomination de l'abbé du Bois à Cambray, parce qu'il savoit bien que je ne lui parlois jamais des choses faites; que je ne lui en parlerois pas encore, si je n'avois appris qu'il devoit aller le lendemain à son sacre; que je me tairois avec lui de la façon dont il se faisoit, telle qu'il ne pourroit mieux, si l'usage étoit encore de faire des princes du sang évêques, et qu'il fût question de son second fils, parce [que] je regardois cela comme chose déjà faite, mais que mon attachement pour lui ne me permettoit pas de lui cacher l'épouvantable effet que faisoit universellement une nomination de tous points si scandaleuse, une ordination si sacrilége, des préparatifs de sacre si inouïs pour un homme de l'extraction, de l'état, des mœurs et de la vie de l'abbé du Bois, non pour lui reprocher ce qui n'étoit plus réparable, mais pour qu'il sût à quel point en étoit la générale indignation contre lui, et que de là il conclût ce que ce seroit pour lui d'y mettre le comble en allant lui-même à ce sacre; je le conjurai de sentir quel seroit ce contraste avec l'usage, non-seulement des fils de France, mais des princes du sang, de n'aller jamais à aucun sacre, parce que je n'appelois pas y aller la curiosité d'en voir un une fois en leur vie, que les rois et les personnes royales avoient eue quelquefois; j'ajoutai qu'à l'opinion que sa vie et ses discours ne donnoient que trop continuellement de son défaut de toute religion, on ne manqueroit pas de dire, de croire et de répandre qu'il alloit à ce sacre pour se moquer de Dieu et insulter son Église; que l'effet de cela étoit horrible et toujours fort à craindre, et qu'on y ajouteroit avec raison que l'orgueil de l'abbé du Bois abusoit de lui en tout, et que ce trait public de dépendance, par une démarche si étrangement nouvelle et déplacée, lui attireroit une haine, un mépris, une honte dont les suites étoient à redouter que je ne lui en parlois qu'en serviteur entièrement désintéressé ; que son absence ou sa présence à ce sacre ne changeroit rien à la fortune de l'abbé du Bois, qui ne seroit ni plus ni moins archevêque de Cambray, et n'obscurciroit en rien la splendeur préparée pour ce sacre, telle qu'elle ne pourroit être plus grande, si on avoit un fils de France à sacrer ; qu'en vérité c'en étoit bien assez pour un du Bois, sans prostituer son maître aux yeux de toute la France, et bientôt après de toute l'Europe; par la bassesse inouïe d'une démarche où on verroit bien que l'extrême pouvoir de du Bois sur lui l'auroit entraîné de force. Je finis par le conjurer de n'y point aller, et par lui dire qu'il savoit en quels termes actuels l'abbé du Bois et moi étions ensemble ; que j'étois le seul homme de marque qu'il n'eût point convié ; que nonobstant tout cela, s'il me vouloit promettre et me tenir sa parole de n'aller point à ce sacre, je lui donnois la mienne d'y aller, moi, et d'y demeurer tout du long, quelque horreur que j'en eusse et quelque blessé que je fusse de ce que cela feroit sûrement débiter que ce trait de courtisan étoit pour me raccommoder avec lui, moi si éloigné d'une pareille misère et qui osai me vanter, puisqu'il le falloit aujourd'hui, d'avoir jusqu'à ce moment conservé chèrement toute ma vie mon pucelage entier sur les bassesses.

Ce propos, vivement prononcé et encore plus librement et plus énergiquement étendu, fut écouté d'un bout à l'autre. Je fus surpris qu'il me dit que j'avois raison, que je lui ouvrois les yeux, plus encore qu'il m'embrassa, me dit que je lui parlois en véritable ami, et qu'il me donnoit sa parole et me la tiendroit de n'y point aller. Nous nous séparâmes là-dessus, moi le confirmant encore, lui promettant de nouveau que j'irois, et lui me remerciant de cet effort. Il n'eut nulle impatience, nulle envie que je m'en allasse, car je le connoissois bien, et je l'examinois jusqu'au fond de l'âme, et ce fut moi qui le quittai, bien content de l'avoir détourné d'une si honteuse démarche et si extraordinaire. Qui n'eût dit qu'il ne m'eût tenu parole? car on va voir qu'il le vouloit; mais voici ce qui arriva.

Quoique je me crusse bien assuré là-dessus, néanmoins la facilité et l'extrême foiblesse du prince, et l'empire sur lui et l'orgueil de l'abbé du Bois, m'engagèrent à prendre le plus sûr avant d'aller au sacre. J'envoyai aux nouvelles le lendemain matin au Palais-Royal, et cependant je fis tenir mon carrosse tout prêt pour tenir ma parole. Mais je fus bien confus, quelque accoutumé que je fusse aux misères de M. le duc d'Orléans, quand celui que j'avois envoyé voir ce qui se passoit revint et me rapporta qu'il venoit de voir M. le duc d'Orléans, monter dans son carrosse et environné de toute la pompe des rares jours de cérémonie, partir pour aller au sacre. Je fis ôter mes chevaux, et m'enfonçai dans mon cabinet.

Le surlendemain, j'appris par un coucheur favori de Mme de Parabère, qui étoit lors la régnante, mais qui n'était pas fidèle, qu'étant couchée la nuit qui précéda le sacre avec M. le duc d'Orléans, au Palais-Royal, entre deux draps, ce qui n'arrivoit guère ainsi dans la chambre et le lit de M. le duc d'Orléans, mais presque toujours chez elle, il s'étoit avisé de lui parler de moi avec éloge, que je ne rapporterai pas, et avec sentiment sur mon amitié pour lui, et que plein de ce que je lui venois de représenter, il n'iroit point au sacre, dont il me savoit le meilleur gré du monde. La Parabère me loua, convint que j'avois raison, mais sa conclusion fut qu'il iroit. M. le duc d'Orléans, surpris, lui dit qu'elle étoit donc folle. « Folle, soit, répondit-t-elle, mais vous irez. — Et moi, reprit-il, je te dis que je n'irai pas. — Si, vous dis-je, dit-elle, et vous irez. — Mais, reprit-il, cela est admirable, tu dis que M. de Saint-Simon a raison, et au bout, pourquoi donc y irois-je? — Parce que je le veux, dit-elle. — En voici d'une autre, répliqua-t-il, et pourquoi veux-tu que j'y aille, quelle folie est-ce là? — Pourquoi? dit-elle, parce que. — Ho! parce que, répondit-il, parce que, ce n'est pas là parler; dis donc pourquoi, si tu peux. » Après quelque dispute : « Voulez-vous donc absolument le savoir? c'est que vous n'ignorez pas que l'abbé du Bois et moi avons eu, il n'y a pas quatre jours, maille à partie[1] ensemble, et qui n'est pas encore bien finie. C'est un diable qui furette tout; il saura que nous avons couché ici cette nuit ensemble. Si demain vous n'allez pas à son sacre, il ne manquera pas de croire que c'est moi qui vous en ai empêché; rien ne le lui pourra ôter de la tête; il ne me le pardonnera pas; il me fera cent tracasseries et cent noirceurs auprès de vous, et finira promptement par nous brouiller; or c'est ce que je ne veux pas, et c'est pour cela que je veux que vous alliez à son sacre, quoique M. de Saint-Simon ait raison. » Là-dessus, débat assez foible, puis résolution et promesse d'aller au sacre, qui fut bien fidèlement exécutée.

La nuit suivante, la Parabère coucha chez elle avec son greluchon[2], à qui elle raconta cette histoire, tant elle la trouvoit plaisante. Par cette même raison le greluchon la rendit à Biron, qui le soir même me la conta. Je déplorai avec lui les chaînes du Régent, à qui je n'ai jamais parlé depuis de ce sacre, ni lui à moi; mais il fut après bien honteux et bien embarrassé avec moi. Je n'ai point su s'il poussa la foiblesse jusqu'à conter à l'abbé du Bois ce que je lui avois dit pour l'empêcher d'aller à son sacre, ou s'il en fut informé par la Parabère, pour se faire un mérite auprès de lui d'avoir fait changer M. le duc d'Orléans là-dessus et faire montre de son crédit; mais il en fut très-parfaitement informé et ne me l'a jamais pardonné, et j'ai su depuis par Belle-Isle qu'il avoit dit à M. le Blanc et à lui que, de toutes les contradictions que je lui avois fait essuyer, même du dan-

---

1. *Maille à partie* est bien le texte du manuscrit.
2. Mot familier et libre, dit le *Dictionnaire de l'Académie;* il désigne « l'amant aimé et favorisé secrètement par une femme qui se fait payer par d'autres amants. »

ger pressant où je l'avois mis quelquefois, rien ne l'avoit si profondément touché et blessé, et jusqu'au fond de l'âme, que d'avoir voulu empêcher M. le duc d'Orléans d'assister à son sacre, duquel il est maintenant temps de parler.

Tout y parut également superbe et choisi pour faire éclater la faveur démesurée d'un ministre éperdu d'orgueil et d'ambition sans bornes, la servitude la plus publique et la plus démesurée où il avoit réduit son maître, et l'audace effrénée de s'en parer en la manifestant aux yeux de toute la France avec le plus grand éclat, et de là à ceux de toute l'Europe, à qui il vouloit apprendre de la manière la plus éclatante que lui étoit entièrement le maître de la France, soit pour le dedans, soit pour le dehors, sous un nom qui n'étoit qu'une vaine écorce, et qu'à lui seul il falloit s'adresser pour quelque grâce et pour quelque affaire que ce fût, comme à l'unique dispensateur et au seul véritable arbitre de toutes choses en France.

Le Val-de-Grâce fut choisi pour y faire le sacre, comme étant un monastère royal le plus magnifique de Paris, et l'église la plus singulière. Le cardinal de Rohan, ravi de faire contre en tout au cardinal de Noailles et de profiter du refus qu'il avoit fait à l'abbé du Bois de lui permettre d'être ordonné dans son diocèse, saisit un si précieux moment de faire bien sa cour au Régent, et de s'attacher son ministre, en s'empressant pour faire la cérémonie. En effet un cardinal de sa naissance, évêque de Strasbourg, et brillant de toutes sortes d'avantages, étoit un consécrateur fort au-dessus de tous ceux que l'abbé du Bois auroit pu desirer. Il n'y a guère en fait d'honneur que la première démarche de chère ; Rohan avoit franchi le saut quand, à la persuasion intéressée du maréchal de Tallart, comme on l'a vu ici en son lieu, il subit la loi que lui fit le P. Tellier, pour le faire grand aumônier, et se livra, contre le cardinal de Noailles, ses propres lumières et la vérité à lui parfaitement connue et reconnue, à

toutes les scélératesses et à toutes les violences dont ce
terrible jésuite le rendit son ministre, et que l'intérêt et
l'orgueil d'être chef de parti et de n'en abandonner pas
l'honneur et le profit au cardinal de Bissy, lui fit continuer depuis en premier. Avec le revêtement constant
d'un tel personnage, il ne falloit pas s'attendre qu'aucune considération de honte ni d'infamie retînt le cardinal de Rohan d'une si étrange prostitution, moins encore
que sa conscience l'arrêtât un moment sur le sacrilége
dont il alloit se rendre le ministre. L'abbé du Bois fut
donc comblé de l'honneur qu'il lui voulut bien faire;
M. le duc d'Orléans témoigna au cardinal toute la part
qu'il y prenoit, et Rohan, charmé des espérances qu'il
conçut de ce grand trait de politique, plus sensibles pour
sa maison que pour sa cause, laquelle ne fut jamais que
pour servir aux avantages de l'autre, se rit de tous les
discours, du bruit, de l'improbation générale et nullement
retenue que cette fonction excita, et qu'il ne regarda que
comme des raisons de plus et des fondements d'augmentation à ses espérances pour tout ce qu'il pouvoit desirer
d'un homme tout-puissant, pour l'amour duquel il [se]
livroit à tant d'opprobres.

A l'égard des deux évêques assistants, Nantes y avoit
un tel droit par l'ordination qu'il avoit osé donner à
l'abbé du Bois, qu'il n'y avoit pas moyen de lui préférer
personne. Pour l'autre assistant, du Bois crut en devoir
chercher un dont la vie et la conduite pût être en contre-
poids. Il voulut Massillon, célèbre prêtre de l'Oratoire,
que sa vertu, son savoir, ses grands talents pour la
chaire, avoient fait évêque de Clermont, parce qu'il en
passoit quelquefois, quoique rarement, quelque bon
parmi le grand nombre des autres qu'on faisoit évêques.
Massillon, au pied du mur, étourdi, sans ressources,
étrangères, sentit l'indignité de ce qui lui étoit proposé, balbutia, n'osa refuser. Mais qu'eût pu faire un
homme aussi mince, selon le siècle, vis-à-vis d'un régent, de son ministre et du cardinal de Rohan? Il fut

blâmé néanmoins, et beaucoup, dans le monde, surtout des gens de bien de tout parti, car en ce point l'excès du scandale les avoit réunis. Les plus raisonnables, qui ne laissèrent pas de se trouver en nombre, se contentèrent de le plaindre, et on convint enfin assez généralement d'une sorte d'impossibilité de s'en dispenser et de refuser.

L'église fut superbement parée, toute la France invitée; personne n'osa hasarder de ne s'y pas montrer, et tout ce qui le put pendant toute la cérémonie. Il y eut des tribunes à jalousies préparées pour les ambassadeurs et autres ministres protestants. Il y en eut une autre plus magnifique pour M. le duc d'Orléans et M. le duc de Chartres, qu'il y mena. Il y en eut pour les dames, et comme M. le duc d'Orléans entra par le monastère, et que sa tribune se trouva au dedans, il fut ouvert à tous venants, tellement que le dehors et le dedans fut rempli de rafraîchissements de toutes les sortes, et d'officiers qui les faisoient et les distribuoient avec profusion. Ce désordre continua tout le reste du jour, par le grand nombre de tables qui furent servies dehors et dedans pour tout le subalterne de la fête et pour tout ce qui s'y voulut fourrer. Les premiers gentilshommes de la chambre de M. le duc d'Orléans et ses premiers officiers firent les honneurs de la cérémonie, placèrent les gens distingués, les reçurent, les conduisirent, et d'autres de ses officiers prirent les mêmes soins[1] à l'égard des gens moins considérables, tandis que tout le guet et toute la police étoit occupée à faire aborder, ranger, sortir les carrosses sans nombre avec tout l'ordre et la commodité possible. Pendant le sacre, qui fut peu décent de la part du consacré et des spectateurs, surtout en sortant de la cérémonie, M. le duc d'Orléans témoigna sa satisfaction à ce qu'il trouva sous sa main de gens considérables de la peine qu'ils avoient prise, et s'en alla dîner à Asnières avec

---

1. Il y a *les* au pluriel, et *même soin* au singulier.

Mme de Parabère, bien contente de l'avoir fait aller au sacre, qu'il vit, et à ce qu'on lui imposa peut-être trop véritablement, qu'il vit, dis-je, peu décemment depuis le commencement jusqu'à la fin. Tous les prélats, les abbés distingués, et quantité de laïques considérables furent invités pendant la cérémonie par les premiers officiers de M. le duc d'Orléans à dîner au Palais-Royal. Les mêmes firent les honneurs du festin, qui fut servi avec la plus splendide abondance et délicatesse, et apprêté et servi par les officiers de M. le duc d'Orléans et à ses dépens. Il y eut deux tables de trente couverts chacune dans une grande pièce du grand appartement, qui furent remplies de ce qu'il avoit de plus considérable à Paris, et plusieurs autres tables également bien servies en d'autres pièces voisines pour des gens moins distingués. M. le duc d'Orléans donna au nouvel archevêque un diamant de grand prix pour lui servir d'anneau. Toute cette journée fut livrée à cette sorte de triomphe, qui n'attira pas l'approbation des hommes ni la bénédiction de Dieu. Je n'en vis pas la moindre chose, et jamais M. le duc d'Orléans et moi ne nous en sommes parlé.

Dans le même temps que du Bois fut nommé à l'archevêché de Cambray, on publia à son de trompe une ordonnance pour faire sortir en huit jours de toutes les terres de l'obéissance du Roi tous les étrangers rebelles, qui en conséquence furent recherchés et punis avec la dernière rigueur. Ces étrangers rebelles n'étoient autres que des Anglois, et ce fut un des effets du voyage à Paris du comte Stanhope ; ce ne fut que l'exécution, jusqu'alors tacitement suspendue, d'une clause infâme du traité fait par du Bois avec l'Angleterre, qui y gagnoit tout, et la France rien, rien[1] que la plus dangereuse ignominie. Les François, depuis la révocation de l'édit de Nantes, réfugiés en Angleterre, ne pouvoient donner la plus légère inquiétude en France, où personne n'avoit droit à

---

1. Ce second *rien* est écrit en interligne.

la couronne que celui qui la portoit, et sa maison d'aîné
mâle en aîné, et le réciproque stipulé par ce même traité
ne pouvoit avoir d'application aux François, dont pas un
n'étoit rebelle, ni opposé à la maison régnante. Ce réciproque n'étoit donc qu'un voile, ou plutôt une toile
d'araignée pour faire passer, non l'intérêt des Anglois,
mais celui du roi d'Angleterre et de ses ministres, qui
craignoient jusqu'à l'ombre du véritable et légitime roi,
bien que confiné à Rome, et des Anglois de son parti, ou
qui par mécontentement favorisoient ce parti sans se
soucier du parti même. La cour sentoit que quelque
éloignement qu'eût toute la nation angloise de revoir sur
le trône le fils d'un roi catholique qu'elle avoit chassé,
d'un roi qui avoit attaqué tous leurs priviléges, un roi
élevé en France, qui y avoit pris les leçons du roi son
père, qui y avoit été nourri au milieu de l'exercice le plus
constant et le moins contredit du pouvoir plus qu'absolu,
la nation toutefois ne desiroit pas l'extinction de sa
famille, sentoit la justice de son droit; vouloit y trouver
un appui, et de quoi montrer sans cesse à la maison
d'Hanovre que son élévation sur le trône n'étoit que l'ouvrage de sa volonté, qui également la[1] pouvoit chasser,
et bien plus justement qu'elle n'avoit ôté la couronne aux
Stuarts, et tenir ainsi en bride perpétuelle le roi Georges,
sa famille et ses ministres. La position de la France à
l'égard de l'Angleterre les inquiétoit sans cesse sur les
jacobites qui s'y étoient refugiés par la facilité de leurs
commerces et de leurs intelligences en Angleterre, et par
la facilité d'y passer promptement.

Quelque honteuses preuves qu'eût le gouvernement
d'Angleterre de l'abandon de celui de France à ses
volontés, depuis que du Bois en étoit devenu l'arbitre
unique, ces habiles ministres sentoient combien cette
conduite étoit personnelle; qu'elle ne tenoit qu'au desir
de la pourpre, que du Bois espéroit du crédit du roi

---

1. *Le*, au manuscrit.

Georges auprès de l'Empereur, qui, en effet, pouvoit tout à Rome ; que cette conduite étoit essentiellement contraire à l'intérêt de la France et singulièrement odieuse à toute la nation françoise, grands et petits ; conséquemment qu'elle pouvoit facilement changer, et qu'il étoit de l'intérêt le plus pressant de la maison d'Hanovre et de ses ministres de profiter de leur situation présente avec la France pour la mettre à jamais, autant qu'il étoit possible, hors de moyens de troubler l'Angleterre, d'y favoriser utilement les jacobites, encore plus d'y faire des partis et quelque invasion en faveur des Stuarts. Pour arriver à ce point, il falloit deux choses, s'ôter toute inquiétude à l'égard de la France en la dépouillant de tous ceux qui leur en pourroient donner, et ruiner en Angleterre tout crédit et toute confiance en la France, par la rendre conjointement avec eux la persécutrice publique et déclarée du ministère de la reine Anne, et de tout ce parti qui seul avoit sauvé la France des plus profonds malheurs par la paix particulière de Londres, la séparation de l'Angleterre d'avec ses alliés, enfin par la paix d'Utrecht, dont la reine Anne s'étoit rendue la dictatrice et la maîtresse, et qui avoit sauvé la France au moment qu'elle alloit être envahie, et la couronne d'Espagne à Philippe V, à l'instant qu'il l'alloit perdre sans la pouvoir sauver.

Le ministère du roi Georges avoit voulu faire sauter les têtes de ce ministère précédent, précisément pour avoir fait la paix de Londres et forcé les alliés aux conditions de celle d'Utrecht, et n'avoit cessé depuis de persécuter ce parti avec la dernière fureur. Mettre la France de moitié de cette persécution effective d'un parti à qui elle devoit si publiquement et si récemment son salut et la conservation de la couronne d'Espagne à Philippe, par complaisance pour le parti opposé, qui ne respira jamais que sa ruine radicale, et qui étoit parvenu à y toucher, c'étoit couvrir la France d'une infamie éternelle à tous égards, et la perdre tellement d'honneur, de réputation, de confiance en Angleterre, que c'étoit opérer le parti qu'elle contribuoit à y accabler, en reconnoissance d'en avoir été sauvée elle-même, qu'une démarche si contraire à tout honneur, pudeur et intérêt, lui aliéneroit à jamais ce parti, qui l'avoit sauvée, avec plus de rage que n'en pouvoit avoir le parti régnant, qui l'avoit voulu perdre, qui pour trouver la France si déplorablement complaisante, ne l'en haïssoit pas moins, et qui par là trouvoit le moyen de la mettre hors d'état d'en recevoir aucune inquiétude, sans toutefois avoir acheté une démarche si destructive de tout intérêt et de tout honneur, par le plus léger service, par la plus légère apparence de refroidissement avec ses alliés que la France devoit toujours regarder comme véritables ennemis, par la plus petite justice à l'égard de l'Espagne, par la moindre reconnoissance de la servitude par laquelle nous avions pour leur complaire laissé volontairement et si préjudiciablement éteindre et anéantir notre marine, en un mot, rien autre que d'avoir reconnu le pouvoir sans bornes de l'abbé du Bois sur son maître, et d'en savoir profiter pour en tirer tout, en lui faisant espérer le chapeau.

Je n'avois rien celé de tout cela à M. le duc d'Orléans, dès le premier traité où cette infamie fut stipulée. On a vu en son lieu combien je m'y opposai dans son cabinet, et depuis au conseil de régence; je n'oubliai aucune des raisons qu'on vient de voir, je les paraphrasai le plus fortement encore. Le maréchal d'Huxelles, le maréchal d'Estrées, plusieurs autres, qui n'osèrent traiter la matière qu'en tremblant, ne laissèrent pas de laisser voir ce qu'ils en pensoient; Torcy même, dont ces deux paix de Londres et d'Utrecht étoit[1] l'ouvrage, s'éleva plus que sa douceur et sa timidité naturelle ne le lui permettoient; tout cela ne changea point l'article du traité, mais en suspendit l'effet. Le gouvernement d'Angleterre y consentit, peut-être tacitement informé de la révolte des esprits et

---

1. Saint-Simon a bien écrit *étoit*, au singulier.

du murmure général ; mais les temps étoient venus de
ne plus rien ménager. L'affaire du Parlement, puis la
conspiration du duc du Maine découverte et finie, la paix
d'Espagne faite, l'abbé du Bois plus maître que jamais,
ses amis les Anglois le sommèrent de sa parole ; il fallut
bien la tenir dans la vue plus prochaine de la pourpre ; la
proscription effective fut accordée et publiée sans qu'il
me fût possible ni [1] à personne de l'empêcher. Les cris
publics et l'horreur qui en fut généralement marquée
n'en causa aucun repentir; ce ne fut qu'un sacrifice de
plus que du Bois eut à présenter à la cour de Londres
pour accélérer sa pourpre, qui ne fut pas plus goûté par
tous les Anglois de tous partis, hors celui des ministres,
qu'il le fut en France, et on peut ajouter dans tout le
reste de l'Europe, qui nous en méprisa, tandis que
le gros de l'Angleterre nous en détesta ouvertement, et
que le parti de leur ministère se moqua de notre misérable facilité.

Le roi d'Espagne, qui avoit tant fait et laissé faire de
choses en son nom, et avec tant de persévérance pour
élever Alberoni à la pourpre, en fit de plus étranges pour
l'en faire priver. Il n'y eut point d'instances qu'il n'en fît
faire au Pape, qu'il ne lui en fît de sa main, et pour l'engager encore de l'enfermer au château Saint-Ange, s'il
entroit dans l'État ecclésiastique. Peu content du succès
de tant de démarches, et si empressées, il profita de la
paix qu'il venoit de faire avec le Roi et avec l'Empereur,
pour les presser de joindre leurs plus fortes démarches et
leurs offices les plus vifs aux siens, auprès du Pape, pour
en obtenir cette privation du chapeau; mais cela fut
éludé à Rome, où on obtiendroit plutôt une douzaine de
chapeaux à la fois, quelque chère et difficile que soit cette
marchandise, car c'en est une en effet, que la privation
d'un seul [2]. Cette cour, qui a élevé si haut cette dignité si
vide de sa nature, et qui, à force de la revêtir et de la

1. Ce mot *ni* est biffé au manuscrit.
2. On lit ici, entre deux points, les mots : *La politique romaine.*

décorer des dépouilles des plus hautes dignités sacrées et profanes, sans être elle-même d'aucun de ces deux genres, est parvenue avec tout l'art de sa politique à en faire l'appui de sa grandeur, en fascinant le monde de chimères, qui à la fin sont devenues l'objet de l'ambition de toutes les nations, par les richesses, les honneurs, les rangs et le solide dont elles se sont réalisées; et de là, montant toujours, cette pourpre est arrivée à rendre inviolable les crimes les plus atroces, et les félonies les plus horribles de ceux qui en sont revêtus. C'est le point le plus cher et le plus appuyé des usurpations de leurs priviléges, parce que c'est celui qui est le plus important à l'orgueil et à l'intérêt de Rome, qui se sert de l'espérance du chapeau pour dominer toutes les cours catholiques, qui, par ce chapeau, soustrait les sujets à leurs rois, à tous juges pour quoi que ce puisse être, qui domine tous les clergés, qui est seule juge et la souveraine de ces chapeaux rouges, qui leur fait tout entreprendre et brasser impunément, et qui se trouve par là si intéressée à soutenir leur impunité, qu'elle ne peut se résoudre à y faire la moindre brèche en chose dont le fond ne l'intéresse point, comme les crimes qui lui sont étrangers, même ceux qui ont offensé les papes, comme Alberoni avoit fait avec si peu de ménagement, tant de fois, de peur que la privation du chapeau devînt et pût passer en exemple, et privât les papes des pernicieux usages qu'ils ont si souvent faits des cardinaux, que la vue de pouvoir être dépouillés de la pourpre arrêteroit en beaucoup d'occasions.

Ce raisonnement est tellement celui de la cour de Rome, qu'on a vu des papes faire tuer, noyer, empoisonner des cardinaux, plutôt que leur ôter le chapeau. Les Caraffes, les Colonnes, et bien d'autres, en sont des exemples dont l'histoire n'est point contestée; on n'en voit point de privation du chapeau, car on ne peut pas compter pour tels les temps de schismes, et ce que les papes et les antipapes faisoient contre les cardinaux les

uns des autres. Ainsi le roi d'Espagne, heurtant ainsi la
partie la plus sensible et la plus essentielle de l'intérêt
des papes et de la cour de Rome, se donna vainement en
spectacle de lutte et d'impuissance, contre un homme de
la lie du peuple, pour l'élévation duquel il avoit tout
épuisé, et qu'il ne put détruire. Tout ce que ses instances
purent obtenir, encore aidées de la haine personnelle du
Pape et de la cour de Rome contre Alberoni, fut de le réduire à errer, souvent inconnu, jusqu'à la mort du Pape ;
alors l'intérêt des cardinaux l'appela au conclave où il
entra comme triomphant, et est depuis demeuré en splendeur, ou à Rome, ou dans les différentes légations qu'il
a obtenues. Ces leçons sont grandes, elles sont fréquentes,
elles sont bien importantes ; elles n'en demeureront pas
moins inutiles par l'ambition des plus accrédités auprès
des rois, et la foiblesse des rois à leur procurer cette
pourpre si fatale aux États, aux rois et à l'Église.

Plusieurs personnes moururent à peu près en ce même
temps :

La comtesse de Lislebonne, qui avoit pris le nom
depuis plusieurs années[1] de princesse de Lislebonne,
mourut à quatre-vingt-deux ans ; elle étoit bâtarde de
Charles IV, duc de Lorraine, si connu par ses innom-
brables perfidies, et de la comtesse de Cantecroix, et
veuve du frère cadet du duc d'Elbœuf. Il y a eu occasion
de parler ici d'elle quelquefois, et de la faire assez connoître
pour n'avoir plus besoin de s'y étendre ; avec beaucoup
de vertu, de dignité, de toute bienséance, et non moins
d'esprit et de manége, elle ne céda à aucun des Guises
en cette ambition et cet esprit qui leur a été si terriblement propre, et eût été admise utilement pour eux aux
plus profonds conseils de la Ligue. Aussi Mlle de Guise, le
chevalier de Lorraine et elle n'avoient-ils été qu'un ; aussi
donna-t-elle ce même esprit à Madame de Remiremont,
sa fille aînée, et Mme d'Espinoy, sa cadette, y tourna, et y

---

1. Les mots *le nom* sont répétés ici.

mit tout ce qu'elle en avoit. Cette perte fut infiniment sensible à ses deux filles, à Vaudemont, son frère de même amour, encore plus dangereusement Guisard, si faire se pouvoit. Aussi logeoient-ils tous ensemble à Paris, dans l'hôtel de Mayenne, ce temple de la Ligue, où ils ont conservé ce cabinet appelé *de la Ligue*, sans y avoir rien changé, pour la vénération, pour ne pas dire le culte, d'un lieu où s'étoient tenus les plus secrets et les plus intimes conseils de la Ligue, dont la vue continuelle entretenoit leurs regrets et en ranimoit l'esprit, ce que prouvent les faits divers qui ont été rapportés d'eux en tant d'endroits de ces *Mémoires*, et tout le tissu de leur conduite; ainsi on ne leur prête rien. Mais comme toute impunité, et au contraire toute considération, étoit devenue de si longue main leur plus constant apanage, la pension de douze mille livres qu'avoit Mme de Lislebonne fut donnée à Madame de Remiremont;

Le grand maître de Malte, Perellos y Roccafull, Espagnol de beaucoup de mérite, qui eut le frère du cardinal Zondodari pour successeur;

Le P. Cloche, depuis quarante ans général de l'ordre de Saint-Dominique, avec la plus grande réputation et la considération à Rome la plus distinguée et la plus soutenue, et beaucoup d'autorité dans toutes les affaires; aimé, respecté, estimé et consulté par tous les papes et les cardinaux. Il auroit été cent fois cardinal, s'il n'avoit pas été François et très-bon François; il avoit été confesseur de mon père jusqu'à son départ pour l'Italie;

Fourille, aveugle, qui avoit beaucoup d'esprit et fort orné, et longtemps capitaine aux gardes, estimé et fort dans la bonne compagnie. Sa pension fut donnée à sa veuve, qui demeuroit pauvre avec des enfants, à l'un desquels on a vu ici que j'avois fait donner une abbaye sans les connoître;

Mme de la Hoguette, veuve d'un lieutenant général, sous-lieutenant des mousquetaires, mort aux précédentes guerres du feu Roi en Italie, qui étoit un fort galant homme et très-estimé. Cette femme étoit fort riche, avare, dévote pharisaïque, toute merveilleuse, du plus prude maintien, et qui sentoit la profession de ce métier de fort loin, avec de l'esprit et de la vertu, si elle eût bien voulu n'imposer pas tant au monde; elle étoit très-peu de chose, et toutefois merveilleusement glorieuse. Son mari étoit neveu de la Hoguette, archevêque de Sens, si estimé et si considéré sans le rechercher, et qui refusa l'ordre du Saint-Esprit avec une humilité si modeste, comme on l'a vu en son lieu ici. La fille unique de Mme de la Hoguette, qui avoit épousé Nangis, fut sa seule héritière, et avec beaucoup de patience et de vertu n'en fut pas plus heureuse;

Mortagne, officier général, qui s'étoit fait estimer dans la gendarmerie et dans le monde. Il en a été parlé sur ses deux mariages, l'un et l'autre assez singuliers. Il s'étoit fait chevalier d'honneur de Madame. C'étoit un fort honnête homme, mais de fort obscure naissance. Son père étoit un riche maître de forges de vers Liége, qui laissa à son fils un nom qui n'étoit pas à lui. Il laissa une fille unique et une veuve assez digne du duc de Montbazon, mort enfermé à Liége, père de son père, dont la plupart de la postérité s'est sentie peu ou beaucoup.

Madame la Duchesse, sœur de M. le prince de Conti et de Mlle de la Roche-sur-Yon, mourut le 21 mars à Paris, dans l'hôtel de Condé, après une fort longue maladie, à trente et un ans, au bout de sept ans de mariage, dont il a été parlé ici en son temps, pendant lequel elle ne s'étoit pas contrainte : elle fut plainte sans être regrettée. Les princes du sang rebutés de leurs tentatives inutiles de faire garder le corps de ces princesses, l'usage de brusquer l'enterrement, pris depuis ce peu de succès, fut continué en cette occasion. Le surlendemain de sa mort, sans qu'il y eût eu aucune cérémonie à l'hôtel de Condé que le pur nécessaire, elle fut portée aux Carmélites de la rue Saint-Jacques où elle fut enterrée. Le convoi fut très-magnifique. Mlle de Clermont accompagna le corps avec les duchesses de Sully et de Tallart, que Monsieur le Duc et Madame sa mère en avoient priées. Quelques jours après, Monsieur le Duc reçut les visites de tout le monde, avec la précaution ordinaire d'un magasin de manteaux dans son antichambre, et l'indécence ordinaire et affectée contre cette nouvelle pratique, qui a été marquée ici à son commencement. Madame la Duchesse, qui ne laissa point d'enfants, fit un testament, et Mlle de la Roche-sur-Yon sa légatrice universelle. Il y avoit beaucoup à rendre et force pierreries, parce que feu M. le prince de Conti avoit fort avantagé cette princesse, qui étoit sa fille aînée. Mlle de la Roche-sur-Yon ne se trouva pas la plus forte. Monsieur le Duc s'en tira lestement, mais peu d'années avant sa mort il pensa sérieusement, et fit pleine justice à Mlle de la Roche-sur-Yon qui n'avoit osé le plaider, et qui ne pensoit plus depuis longtemps à cette affaire. Le deuil du Roi ne fut que de cinq jours pour Madame la Duchesse.

CHAPITRE III.

Maison d'Horn ou Hornes. — Catastrophe du comte d'Horn à Paris. — Jugement et exécutions à Nantes. — Mort, famille, extraction du prince de Berghes. — Mort du duc de Perth. — Mariage du comte de Gramont avec une fille de Biron. — Mariage de Mailly avec une sœur de la duchesse de Duras Bournonville. — Mariage du duc de Fitz-James avec Mlle de Duras. — Mariage de Chalmazel avec Mlle de Bonneval. — Mariage du prince d'Isenghien avec la seconde fille du prince de Monaco. — Mariages du marquis de Matignon avec Mlle de Brenne, et de sa sœur à lui avec Basleroy. — Naissance de l'infant don Philippe; Maulevrier Langeron, envoyé en Espagne, lui porte le cordon bleu. — Affaire et caractère de l'abbé de Gamaches, auditeur de rote; sa conduite à Rome, où il mourut dans cet emploi. — Ce que c'est que la rote.

Le comte d'Horn étoit à Paris depuis environ deux mois, menant une vie obscure de jeu et de débauche. C'étoit un homme de vingt-deux ans, grand et fort bien fait, de cette ancienne et grande maison d'Horn, connue dès le xi⁰ siècle parmi ces petits dynastes des Pays-Bas, et depuis par une longue suite de générations illustres. La petite ville et la seigneurie de Horn en Brabant, près de Ruremonde, a donné l'origine et le nom à cette maison. Elle est du territoire de Liége, et relevoit de l'ancien comté de Looss. Des trois branches de cette maison J., second fils de Jacq., fait comte d'Horn par l'empereur Frédéric III, et frère puîné d'autre Jacq. qui eut des enfants, sans postérité, recueillit la succession de son frère et de ses neveux. Il quitta la prévôté de Liége pour épouser Anne d'Egmont, fille de Floris comte de Buren, chevalier de la Toison d'or, et veuve avec des enfants de Joseph de Montmorency, seigneur de Nivelle. Elle captiva si bien son second mari que, se voyant sans enfants, et le dernier de la branche aînée d'Horn, il adopta les deux enfants de sa femme, Ph. et Floris de Montmorency, qui furent tous deux illustres par leurs grands emplois, tous deux chevaliers de l'ordre de la Toison d'or, tous deux victimes des cruautés exercées dans les Pays-Bas, tous deux sans avoir laissé de postérité. Ph. prit le nom de comte d'Hornes. C'est lui à qui le duc d'Albe, gouverneur des Pays-Bas, fit couper la tête avec le comte d'Egmont, et qui furent exécutés ensemble à Bruxelles, le 5 juin 1568. Floris, son frère, porta le nom de baron de Montigny, député pour la seconde fois en Espagne, pour supplier Philippe II de ne point établir l'Inquisition aux Pays-Bas, fut arrêté en septembre 1567, puis transféré du château de Ségovie en celui de Simancas, où il eut la tête tranchée en octobre 1570. Leurs deux sœurs furent mariées toutes deux dans la maison de Lallain.

Thierry d'Hornes, frère puîné du trisaïeul du dernier de la branche aînée, fit la seconde branche, qui finit à sa dixième génération.

J. d'Hornes fut chef de la troisième et dernière branche, et portoit le nom de seigneur de Baussignies. Il étoit second fils de Ph. seigneur de Gaësbeck, arrière petit-fils de Thierry, chef de la seconde branche. Eugène-Max., sa cinquième génération directe, fut fait prince d'Horn. Son fils unique, Ph.-Em¹ prince d'Horn, eut les charges, les emplois et les distinctions les plus considérables, civiles et militaires, sous Charles II, roi d'Espagne, dont il reconnut le testament, servit de lieutenant général aux siéges de Brisach sous Mgr le duc de Bourgogne, de Landau sous le maréchal de Tallart, se distingua fort sous le même à la bataille de Spire, puis sous le maréchal de Villeroy, fut blessé de sept coups et prisonnier à la bataille de Ramillies. D'Ant., fille du prince de Ligne, chevalier de la Toison d'or et grand d'Espagne, il a laissé deux fils : Max.-Em¹, qui a suivi la révolution des Pays-Bas, où tous ses biens sont situés, où il porte le nom de prince d'Horn, et Ant.-Joseph, portant le nom de comte d'Horn, dont il s'agit ici, et qui n'étoit encore que capitaine réformé dans les troupes autrichiennes, moins par sa jeunesse que par être fort mauvais sujet, et fort embarrassant pour sa mère et pour son frère. Ils apprirent tant de choses fâcheuses de sa conduite à Paris depuis le peu de temps qu'il y étoit arrivé, qu'ils y envoyèrent un gentilhomme de confiance avec de l'argent pour y payer ses dettes, lui persuader de s'en retourner en Flandres, et s'il n'en pouvoit venir à bout, implorer l'autorité du Régent, à qui ils avoient l'honneur d'appartenir par Madame, pour leur être renvoyé. Le malheur voulut que ce gentilhomme arriva le lendemain qu'il eut commis le crime qui va être raconté.

Le comte d'Horn alla le vendredi de la Passion, 22 mars, dans la rue Quincampoix, voulant, disoit-il, acheter pour cent mille écus d'actions, et y donna pour cela rendez-vous à un agioteur dans un cabaret. L'agioteur s'y trouva avec son portefeuille et des actions, et le comte d'Horn accompagné, lui dit-il, de deux de ses amis; un moment après ils se jetèrent tous trois sur ce malheureux agioteur; le comte d'Horn lui donna plusieurs coups de poignard, et prit son portefeuille; un de ses deux prétendus amis, qui étoit Piémontois, nommé Mille, voyant que l'agioteur n'étoit pas mort, acheva de le tuer. Au bruit qu'ils firent, les gens du cabaret accoururent, non assez prestement pour ne pas trouver le meurtre fait, mais assez tôt pour se rendre maître des assassins et les arrêter. Parmi ce bagarre[1], l'autre coupe-jarret se sauva ; mais le comte d'Horn et Mille ne purent s'échapper. Les gens du cabaret envoyèrent chercher la justice, aux officiers de laquelle ils les remirent, qui les conduisirent à la Conciergerie. Cet horrible crime, commis ainsi en plein jour, fit aussitôt grand bruit, et aussitôt plusieurs personnes considérables, parents de cette illustre maison, allèrent crier miséricorde à M. le duc d'Orléans, qui évita tant qu'il put de leur parler, et qui, avec raison, ordonna qu'il en fût fait bonne et prompte justice. Enfin les parents percèrent jusqu'au Régent ; ils tâchèrent de faire passer le comte d'Horn pour fou, disant même qu'il avoit un oncle enfermé, et demandèrent qu'il fût enfermé aux Petites-Maisons, ou chez les Pères de la Charité, à Charenton, chez qui on met aussi des fous ; mais la réponse fut qu'on ne pouvoit se défaire trop tôt des fous qui portent la folie jusqu'à la fureur. Éconduits de leur demande, ils représentèrent quelle infamie ce seroit que l'instruction du procès, et ses suites pour une maison illustre, qui appartenoit à tout ce qu'il y avait de plus grand, et à presque tous les souverains de l'Europe. Mais M. le duc d'Orléans leur répondit que l'infamie étoit dans le crime et non dans le supplice. Ils le pressèrent sur l'honneur que cette maison avoit de lui appartenir à lui-même. « Hé bien ! Messieurs, leur dit-il, fort bien ; j'en partagerai la honte avec vous. »

Le procès n'étoit ni long ni difficile. Law et l'abbé du Bois, si intéressés à la sûreté des agioteurs, sans laquelle le papier tomboit tout court et sans ressource, prirent fait et cause auprès de M. le duc d'Orléans, pour le rendre inexorable ; et lui pour éviter la persécution

1. Voyez tome II, p. 408 et note 1, et tome VII, p. 68.

qu'il essuyoit sans cesse pour faire grâce, eux dans la crainte qu'il ne s'y laissât enfin aller, n'oublièrent rien pour presser le Parlement de juger; l'affaire alloit grand train, et n'alloit à rien moins qu'à la roue. Les parents, hors d'espoir de sauver le criminel, ne pensèrent plus qu'à obtenir une commutation de peine. Quelques-uns d'eux me vinrent trouver, pour m'engager de les y servir, quoique je n'aie point de parenté avec la maison d'Horn ; ils m'expliquèrent que la roue mettroit au désespoir toute cette maison, et tout ce qui tenoit à elle, dans les Pays-Bas et en Allemagne, parce qu'il y avoit en ces pays-là une grande et très-importante différence entre les supplices des personnes de qualité qui avoient commis des crimes ; que la tête tranchée n'influoit rien sur la famille de l'exécuté, mais que la roue y infligeoit une telle infamie, que les oncles, les tantes, les frères et sœurs, et les trois premières générations suivantes, étoient exclues d'entrer dans aucun noble chapitre, qui, outre la honte, étoit une privation très-dommageable, et qui empêchoit la décharge, l'établissement et les espérances de la famille, pour parvenir aux abbayes de chanoinesses, et aux évêchés souverains ; cette raison me toucha, et je leur promis de la représenter de mon mieux à M. le duc d'Orléans, mais sans m'engager à rien au délà pour la grâce.

J'allois partir pour la Ferté, y profiter du loisir de la semaine sainte. J'allai donc trouver M. le duc d'Orléans, à qui j'expliquai ce que je venois d'apprendre. Je lui dis ensuite que quiconque lui demanderoit la vie du comte d'Horn, après un crime si détestable en tous ses points, ne se soucieroit que de la maison d'Horn, et ne seroit pas son serviteur ; que je croyois aussi que ne seroit pas son serviteur quiconque s'acharneroit à l'exécution de la roue, à quoi le comte d'Horn ne pouvoit manquer d'être condamné ; que je croyois qu'il y avoit un *mezzo-termine* à prendre, lui qui les aimoit tant, qui rempliroit toute justice et toute raisonnable attente du public ; qui éviteroit

le honteux et si dommageable rejaillissement de l'infamie
sur une maison si illustre et si grandement alliée, et qui
lui dévoueroit cette maison et tous ceux à qui elle tenoit,
qui au fond sentoient bien que la grâce de la vie étoit
impraticable, au lieu du désespoir et de la rage où tous
entreroient contre lui, et qui se perpétueroit et s'aigriroit
même à chaque occasion perdue d'entrer dans les chapitres où la sœur du comte d'Horn étoit sur le point d'être
reçue. Je lui représentai que ce moyen étoit bien simple.
C'étoit de laisser rendre et prononcer l'arrêt de mort sur
la roue, de tenir toute prête la commutation de peine
toute signée et scellée pour n'avoir que la date à y mettre
à l'instant de l'arrêt, et sur-le-champ l'envoyer à qui il
appartient, puis le jour même faire couper la tête au
comte d'Horn. Par là toute justice est accomplie, et l'arrêt
de roue prononcé, le public est satisfait, puisque le
comte d'Horn est en effet puni de mort, auquel public,
l'arrêt rendu, il n'importe plus du supplice, pourvu qu'il
soit à mort, et la maison d'Horn et tout ce qui y tient,
trop raisonnables pour avoir espéré une grâce de la vie
qu'eux-mêmes en la place du Régent n'auroient pas accordée, lui seroient à jamais redevables d'avoir sauvé
leur honneur et les moyens de l'établissement des filles et
des cadets. M. le duc d'Orléans trouva que j'avois raison,
la goûta, sentit son intérêt de ne pas jeter dans le désespoir contre lui tant de gens si considérables en accom-
plissant[1] toutefois toute justice et l'attente du public, et
me promit qu'il le feroit ainsi. Je lui dis que je partois le
lendemain; que Law et l'abbé du Bois, acharnés à la roue,
la lui arracheroient; il me promit de nouveau de tenir
ferme à la commutation de peine, m'en dit là-dessus autant que je lui en aurois pu dire en m'étendant là-dessus;
je lui déclarai que je n'étois ni parent ni en la moindre
connoissance avec la maison d'Horn, ni en liaison avec
aucun de ceux qui se remuoient pour elle; que c'étoit

1. *En accomplissement*, au manuscrit.

uniquement raison et attachement à sa personne et à son intérêt qui me faisoit insister, et que je le conjurois de demeurer ferme dans la résolution qu'il me témoignoit, puisqu'il en sentoit tout le bon et toutes les tristes suites du contraire, et de ne se point laisser entraîner aux raisonnements faux et intéressés de Law et de l'abbé du Bois, qui se relayeroient pour arracher de lui ce qu'ils vouloient. Il me le promit de nouveau, et comme je le connoissois bien, je vis que c'étoit de bonne foi. Je pris congé, et partis le lendemain.

Ce que j'avois prévu ne manqua pas. Du Bois et Law l'assiégèrent, et le retournèrent si bien que la première nouvelle que j'appris à la Ferté fut que le comte d'Horn et son scélérat de Mille avoient été roués en Grève, vifs, et avoient expiré sur la roue le mardi saint, 26 mars, sur les quatre heures après midi, sur le même échafaud, après avoir été appliqués à la question. Le succès en fut tel aussi que je l'avois représenté à M. le duc d'Orléans. La maison d'Horn et toute la grande noblesse des Pays-Bas, même d'Allemagne, furent outrées[1], et ne se continrent ni de paroles ni par écrit. Il y eut même parmi eux d'étranges partis de vengeance, pourpensés[2], et longtemps depuis la mort de M. le duc d'Orléans, j'ai trouvé de ces Messieurs-là qui n'ont pu se tenir de m'en parler, ni se contenir de répandre le venin qu'ils en conservoient dans le cœur.

Le même jour, mardi 26 mars, que le comte d'Horn fut exécuté à Paris, plusieurs Bretons le furent à Nantes par arrêt de la commission du conseil. Les sieurs de Poncalet, de Talhouet, Montlouis et Coëdic, capitaine de dragons, y eurent la tête coupée. Il y en eut seize autres qu'on ne tenoit pas qui l'eurent en même temps en effigie, qui furent les deux frères Rohan du Pouldouc, les deux frères du Groesker, les sieurs de Rosconan, Bourgneuf Trevelec fils, Talhouet de Boisoran et Talhouet de Bona-

1. Saint-Simon a écrit *outrés*, au masculin.
2. Voyez tome XI, p. 229 et note 1.

mour, la Boissière, Kerpedron de Villeglé, la Beraye, la Houssaye père, Croser, Kerentré de Goëllo, Melac-Hervieux et Lambilly, conseiller au parlement de Rennes. Les prisonniers avoient avoué la conspiration et les mesures prises pour livrer les ports de la Bretagne à l'Espagne, et y en recevoir les troupes, marcher en armes en France, etc., le tout juridiquement avoué et prouvé. On les avoit éblouis de les remettre comme au temps de leur duchesse héritière Anne, et de trouver la plupart de la noblesse de France prête à se joindre à eux pour la réformation du royaume sous l'autorité du roi d'Espagne, représenté en France par le duc du Maine. La bouche fut soigneusement fermée aux commissaires les plus instruits, et l'abbé du Bois sut mettre bon ordre à la conservation du secret des détails sur le duc et la duchesse du Maine, qu'il avoit eu grand soin de faire élargir et revenir avant d'achever les procès criminels de Nantes. Il se trouva tant de gens arrêtés et à arrêter sur les dépositions des prisonniers qu'après l'exécution réelle de ces quatre, et en effigie de ces seize, on envoya une amnistie pour tous les prisonniers et accusés non arrêtés, les uns et les autres non encore jugés, dont dix seulement furent exceptés, qui sont : les deux frères Lescoët, les sieurs de Roscoët, Kersoson, Salarieuc l'aîné, Karanguen-Hiroët, Coargan, Boissy-Bec-de-Lièvre, Kervasi l'aîné, et les frères Fontaineper. Noyan, qui étoit prisonnier, fut mis en liberté par l'amnistie. Rochefort, président à mortier, et la Bédoyère, procureur général, et quelques autres du même parlement de Bretagne, eurent ordre de se défaire de leurs charges, et l'arrêt de la commission du conseil à Nantes fut rendu public. Plusieurs de ces Bretons coupables, qui se sauvèrent à temps, se retirèrent par mer en Espagne, où tous eurent des emplois ou des pensions. Peu y firent quelque petite fortune qui ne les consola pas de leur pays ni du peu qu'ils y avoient quitté. Beaucoup y vécurent misérables, et méprisés par la plus que médiocrité à quoi se réduisit bientôt ce qu'on leur avoit donné.

Quelques-uns revinrent en France après la mort de M. le duc d'Orléans et le changement de toutes choses, mais fort obscurément chez eux ; la plupart sont morts en terre étrangère. Telle est presque toujours l'issue des conspirations et le sort de tant de gens qui, en celle-ci, perdirent la tête ou leur état, leurs biens, leurs familles[1], pour errer en terre étrangère, et y demander leur pain, et le recevoir bien court, pour l'intérêt, les vues, l'ambition du duc et de la duchesse du Maine, qui les avoit si bien ensorcelés, et qui n'en perdirent pas un cheveu de leur tête. Il fut même remarqué que, peu de jours après, le duc du Maine vit pour la première fois M. le duc d'Orléans à Saint-Cloud.

Le prince de Berghes mourut chez lui en Flandres. Il n'étoit point de l'ancienne maison de ce nom, mais des bâtards de Berghes et frère de Mlle de Montigny, cette maîtresse si longtemps aimée et publiquement par l'électeur de Bavière, qu'il fit enfin épouser au comte d'Albert, comme on l'a vu ici en son lieu. Elle avoit fait en sorte que l'électeur avoit obtenu la grandesse d'Espagne et la Toison d'Or de Philippe V, pour son frère, qui étoit aussi petit et vilain qu'elle étoit belle et bien faite. Il avoit épousé une fille du duc de Rohan qui ne vouloit pas lui donner grand'chose, dont il n'eut point d'enfants, et qui a été une femme de mérite et d'une belle figure. Le père de ce prince de Berghes étoit gouverneur de Mons, qu'il défendit quand le Roi le prit, et il est mort chevalier de la Toison d'Or et gouverneur de Bruxelles.

Le duc de Perth mourut presque en même temps dans le château de Saint-Germain où il étoit demeuré. C'étoit un seigneur qui avoit quitté de grands établissements en Écosse, par fidélité pour le roi Jacques, qui le fit gouverneur du prince de Galles. Sa femme étoit morte à Saint-Germain, dame d'honneur de la reine d'Angleterre, dont il étoit grand écuyer. C'étoit un homme d'honneur et de

---

1. Il y a *leurs* au pluriel, et *famille* au singulier.

beaucoup de piété, qui valoit bien mieux que le duc de Melford son frère. Le roi Jacques les fit ducs tous deux, le dernier en mourant, comme on l'a vu en son lieu, et leur donna à tous deux la Jarretière.

Il se fit aussi plusieurs mariages. Mme de Biron, qui ne négligeoit rien, avoit su profiter de la place de son mari auprès de M. le duc d'Orléans, et captiver Law pour avoir gros, comme auparavant elle avoit su sucer plusieurs financiers, et quelques-uns jusqu'au sec pour sa protection. Le duc de Guiche, moyennant le besoin que le Régent crut toujours avoir du régiment des gardes avoit tiré des monts d'or de Law. Il avoit déjà marié sa fille aînée au fils aîné de Biron. Ils firent encore un mariage d'une fille de Biron avec le second fils du duc de Guiche, qu'on appeloit le comte de Gramont. En faveur de cette affaire M. le duc d'Orléans donna huit mille livres de pension à la nouvelle épouse.

Mlle de Bournonville, sœur de la duchesse de Duras, mais qui ne lui ressembloit en rien, épousa l'aîné de la maison de Mailly, duquel la mère étoit sœur du cardinal de Mailly; ni l'un ni l'autre n'étoient pas faits pour la fortune, aussi pour des gens comme eux sont-ils demeurés dans l'obscurité.

La même duchesse de Duras et son mari marièrent leur fille aînée, qui n'avoit que quatorze [ans], au fils aîné du duc et de la duchesse de Berwick qu'on appela duc de Fitz-James, qui étoit aussi fort jeune, qui eut en se mariant dix mille livres de pension. Il mourut peu d'années après sans enfants. Sa veuve s'est depuis remariée au duc d'Aumont dont elle a des enfants.

Peu après, Chalmazel épousa Mlle de Bonneval, fille du frère aîné de celui qui a passé en Turquie, tous deux de bonne maison. Chalmazel étoit fils d'une sœur de Chamarande, goutteux, veuf et sans enfants, qui étoit riche; mais lui étoit Talaru qui est une fort ancienne maison de vers le Lyonnois, alliée à toutes les meilleures des provinces voisines.

Le prince d'Isenghien, qui n'avoit point d'enfants de ses deux femmes, épousa Mᵁᵉ de Monaco, sœur de la duchesse de Valentinois, qui en fit la noce chez le comte de Matignon, son beau-père, avec qui elle demeuroit. M. de Monaco étoit à Monaco, et n'en sortoit plus.

Parlant des Matignons, la seconde fille du maréchal de Matignon, qui n'étoit plus jeune, et s'ennuyoit de n'être point mariée, épousa Basleroy, colonel de dragons. Son nom étoit la Cour, et si peu de chose, que son père, qui étoit riche, épousa pour rien la sœur de Caumartin, conseiller d'État, et se fit maître des requêtes; il n'alla pas plus loin. Les Matignons, outrés, furent fort longtemps sans vouloir ouïr parler de Basleroy et de sa femme, et à la fin les virent et leur pardonnèrent. Le second fils du maréchal de Matignon épousa aussi Mᵁᵉ de Brenne, fille d'une sœur de la duchesse de Noirmonstiers, qui en la mariant la fit son héritière.

La reine d'Espagne accoucha d'un prince qui fut appelé don Philippe, à qui on envoya le cordon bleu à l'exemple du feu Roi, qui en avoit usé ainsi envers les infants aînés de celui-ci, et les avoit ainsi, comme fils de roi, traités en fils de France, quoi[que], à le prendre en rigueur de naissance, ils ne fussent que fils d'un fils de France cadet, et par conséquent petits-fils de France. Maulevrier Langeron, dont le nom est Andrault, neveu de l'abbé de Maulevrier, aumônier du Roi, duquel on a parlé ici quelquefois, fut destiné à porter ce cordon bleu, et à être envoyé du Roi en Espagne. Ce fut son oncle qui lui procura cet emploi. Il venoit d'être fait lieutenant général dans une promotion de dix-sept, dont fut aussi le duc de Duras. Ces Andrault étoient de Bourbonnois, attachés, mais fort en sous-ordre, à la maison de Condé. On a vu en son lieu que Langeron lieutenant général des armées navales, l'étoit fort au duc du Maine. On verra que M. le duc d'Orléans auroit pu faire un meilleur choix, si Dieu me donne le temps d'écrire ici mon ambassade en Espagne.

L'abbé de Gamaches étoit à Rome depuis assez longtemps, qu'il y avoit été envoyé succéder au cardinal de Polignac, à la place d'auditeur de rote pour la France. Il étoit fils de Gamaches qui avait été mis auprès de Mgr le duc de Bourgogne avec Cheverny, d'O et Saumery, en qualité de menins. Le frère de cet abbé avoit épousé une fille de Pompone, frère de Mme de Torcy, et Torcy ministre et secrétaire d'État des affaires étrangères lui avoit valu cet emploi. Le père de Gamaches étoit chevalier de l'ordre de 1661, et tous deux avaient épousé les sœurs de MM. de Loménie et de Brienne, père et fils, et secrétaires d'État des affaires étrangères, que le fils quitta parce que sa tête se dérangea, et a vécu longtemps et est mort enfermé. Le nom de l'abbé de Gamaches est Rouault. Il étoit fort glorieux, encore plus ambitieux et fort plein de lui-même; il faut dire aussi qu'il n'étoit pas sans mérite, et qu'il avoit du savoir et de l'esprit pour toute sa race; mais il ne souffroit pas aisément de supérieur, ne démordoit point de ce qu'il avoit entrepris, et savoit parfaitement être ami et ennemi. Avec ces qualités, il s'appliqua fort à la rote, et y acquit la réputation d'un des plus capables de ce tribunal. Quand il s'y fut ancré et qu'il eut acquis des amis et de la considération dans Rome, son génie et son humeur se déployèrent, et son ambition se développa. Il ne songea qu'à plaire à la cour de Rome et à ceux qui la gouvernoient ou qui pourroient la gouverner à leur tour, et se mit en tête de se faire cardinal par cette voie. Dans ce plan de conduite il ne craignit pas de se lier étroitement avec les personnages principaux et autres qu'il se crut utiles, quoique déclarés contre la France, et de marcher ainsi tête levée dans toutes les routes qui pouvoient favoriser son projet.

L'abbé du Bois avoit des agents secrets à Rome pour son chapeau. Gamaches les découvrit, les suivit, chercha inutilement à avoir par eux quelque part en leurs menées. Il fut piqué du mystère qu'ils lui en firent, se brouilla avec eux, se mit à les traverser de dépit, et aussi pour faire sentir à l'abbé du Bois qu'il avait besoin de lui. Du Bois en fut bientôt averti; la fureur le saisit contre l'abbé de Gamaches, qu'il trouva plus court de le rappeler, dans la puissance où il se trouvoit de tout faire. Un autre que Gamaches en auroit été accablé, mais il l'avoit prévu et s'étoit préparé à en soutenir le choc. Il commença par s'excuser, continua par se plaindre; mais comme il s'aperçut que cette conduite n'opéroit point de changement à son rappel, il chaussa le cothurne et osa se déclarer; il déclara donc à l'abbé du Bois que ce rappel n'étoit point en sa puissance, pour couler doucement qu'elle n'étoit pas en celle du Régent, par conséquent en celle du Roi même. Il avança nettement que le feu Roi, en le nommant à l'auditorat de rote pour la France, avoit consommé son pouvoir; que du moment qu'il étoit pourvu, agréé à Rome et en possession, il étoit devenu magistrat d'un des premiers tribunaux du monde; que dès là il ne dépendoit plus du Roi, ni pour sa place, ni pour ses fonctions, ni pour sa personne; que si on pouvoit juridiquement prouver des crimes, un auditeur de rote comme tout autre magistrat en subissoit la punition, mais instruite devant le Pape et prononcée par lui, lequel étoit le souverain de Rome et de la rote, sous l'autorité et la protection duquel elle faisoit ses fonctions; que de crimes ni même de mauvaise conduite, il ne craignoit point qu'on lui en pût imputer, encore moins prouver; qu'il s'en tenoit là avec d'autant plus d'assurance qu'il n'avoit à répondre que devant le Pape, de l'intégrité et de la bonté duquel il ne pouvoit prendre de défiance. A cette dépêche, du Bois sauta en l'air; mais quand il eut bien tempêté, il craignit de se commettre avec une cour dont il espéroit tout et de s'y rendre odieux. Il écouta donc volontiers ce qu'on lui voulut dire en faveur de l'abbé de Gamaches; mais comme il desiroit passionnément aussi de tirer de Rome un homme qui lui pouvoit beaucoup nuire, et qui étoit sur les pistes de tous ses agents, car il en entretenoit trois ou quatre à Rome inconnus les uns aux autres, il lui offrit l'archevêché d'Embrun, vacant par la mort de Brûlart-Genlis, le plus ancien prélat de France, et un des plus saints et des plus résidents évêques. Gamaches, incapable d'abandonner ses vues, le refusa tout net, et déclara qu'il ne vouloit quitter ni Rome ni la rote; mais profitant avec esprit de cet adoucissement, il fit le reconnoissant, offrit ses services à du Bois, et lui en rendit en effet pour le gagner et de fort bons. Avec tous ces manéges, il demeura auditeur de rote; mais il en résulta un véritable scandale.

Jamais auditeur de rote n'avoit encore imaginé ne pouvoir être rappelé. C'est un tribunal où, non sans abus, il se porte des affaires, et souvent très-considérables, de toutes les parties de la catholicité; c'est pour cela qu'il est composé de juges de toutes les nations catholiques, et que chaque roi, ou république, même quelques villes qui l'ont été autrefois, ont la nomination du juge de sa nation. Ce juge est son sujet; il cesse si peu de l'être par sa nomination, qu'il n'en fait les fonctions qu'à ce titre, et à titre de sujet, par conséquent révocable, par le pouvoir d'un souverain sur son sujet. Cet exemple de prétention de ne pouvoir l'être étoit donc monstrueuse et très-punissable; mais la punir n'étoit pas l'intérêt du maître des affaires de France, qui les tournoit toutes, et les sacrifioit pour avoir un chapeau. Cette affaire fit donc grand bruit, et peu d'honneur à l'autorité du Roi, à laquelle elle a porté une blessure qui doit bien faire prendre garde à l'avenir au choix des auditeurs de rote. Quoique toutes les puissances qui en nomment aient le même intérêt, on n'a vu autre chose que Rome s'avantager de tout, et l'emporter sur choses bien plus essentielles, et s'il se peut encore moins fondées contre l'intérêt général, et quelquefois le plus important et le plus sensible de toutes les puissances de sa communion.

Gamaches, enflé d'un succès qu'il devoit à sa hardiesse, et aux conjonctures qui viennent d'être expliquées, ne se contint plus. Il avoit toujours devant les yeux les exemples de MM. Séraphin, la Trémoille et Polignac, qui d'auditeurs de rote pour la France étoient devenus cardinaux; mais c'en étoit trois seuls, et en plus d'un siècle. Il se brouilla dans la suite avec le cardinal de Polignac, chargé des affaires du Roi à Rome, dont les défauts n'étoient pas de manquer de douceur, d'agréments, et de tout mettre de sa part dans le commerce d'affaires, et de société. La brouillerie s'augmenta avec tant d'éclat, que Gamaches perdit tout respect et toutes mesures en discours publics et en conduite à son égard, ne le vit plus, et cessa de lui rendre tous les devoirs auxquels il étoit obligé envers lui comme cardinal, et comme ministre public du Roi; il ne vécut pas mieux avec d'autres cardinaux attachés à la France, pour avoir pris le parti du cardinal de Polignac; tout cela fut su et souffert, parce qu'on avoit laissé gagner ce terrain à Gamaches, et dans les fins aussi, parce qu'ici on se plut à mortifier le cardinal de Polignac. Ce n'étoit pas que depuis quelques années Gamaches n'eût donné de fortes prises sur soi, et même une qui dura longtemps, et qui fit du bruit à Rome, mais dont il ne fut autre chose. Gamaches, que rien n'arrêtoit pour aller à son but, avoit quantité d'amis dans le sacré collège, dans la prélature, dans la principale noblesse, dans l'intérieur de la maison du Pape, dans le subalterne important et accrédité; quoique il ne fût pas sans ennemis, on pouvoit dire que tout rioit à ses espérances. C'est la situation où le duc de Saint-Aignan le trouva en arrivant à Rome, avec le caractère d'ambassadeur de France. Ils n'eurent guère le temps de savoir comment ils s'accommoderoient l'un de l'autre, l'abbé de Gamaches étant mort peu de temps après d'une maladie ordinaire, mais qui fut fort courte, et qui mit à fin tous ses grands projets. Il étoit riche, et entre ses bénéfices il avoit l'abbaye de Montmajour d'Arles, qui est très-considérable.

CHAPITRE IV.

Débordement de pensions et pensions fixées au grade d'officier général. — M. le duc d'Orléans m'apprend le mariage du duc de Lorges avec la fille aînée du premier président; ma conduite là-dessus. — Édit de réduction des intérêts des rentes; mouvements du Parlement là-dessus; remontrances. — Retour de Rion à Paris, où il tombe dans l'obscurité. — Enlèvements pour peupler le pays dit Mississipi, et leur triste succès. — La commission du conseil, de retour de Nantes, s'assemble encore à l'Arsenal; peu après, le maréchal de Montesquiou rappelé de son commandement de Bretagne. — Retour du comte de Charolois de ses voyages; bon mot de Turménies; quel étoit Turménies. — Retrait de l'hôtel de Marsan. — Mariage de la Noue avec Mme de Chevry; quelles gens c'étoient. — Fruits amers du Mississipi; rare contrat de mariage du marquis d'Oyse. — Dreux obtient la survivance de sa charge de grand maître des cérémonies pour son fils, et le marie malheureusement. — Mort du prince Vaïni. — Mort et caractère du comte de Peyre; sa charge de lieutenant général de Languedoc donnée pour rien à Canillac. — Mort de la comtesse du Roure; curiosités sur elle. — Mort et singularités de la marquise d'Alluye. — Mort de l'abbé Gautier. — Mort et détails du célèbre Valero y Losa, de curé de campagne devenu, sans s'en être douté, évêque, puis archevêque de Tolède. — Éloge du P. Robinet, confesseur du roi d'Espagne, et son renvoi. — Division entre le roi d'Angleterre et le prince de Galles; sa cause; leur apparent raccommodement; duc de la Force, choisi pour en aller faire les compliments à Londres, n'y va point parce que le roi d'Angleterre ne veut point de cet éclat. — Massei à Paris, depuis nonce en France; sa fortune, son caractère. — Les Vénitiens se raccommodent avec le Roi, et rétablissent les Ottobons. — État, intrigues, audace des bâtards du prince de Montbéliard, qui veulent être ses héritiers et légitimes.

Malgré la situation des finances, il reprit à M. le duc d'Orléans un nouveau débordement de pensions. Il en donna une de six mille [francs], et une autre de quatre mille francs attachée au grade de lieutenant général et à celui de maréchal de camp, avec cette explication : qu'elles seroient incompatibles avec un gouvernement ou avec une autre pension, mais que si la pension étoit moindre, elle seroit portée jusqu'à cette fixation. Cela alloit bien loin au grand nombre, et n'en obligeoit aucun en particulier. La vieille Montauban, dont il a été quelquefois parlé ici, en [eut] une de vingt mille francs, et M. de Montauban, cadet du prince de Guémené, une de six. La duchesse de Brissac, sœur de Vertamont, qui étoit fort pauvre, et que son frère, premier président du grand conseil, logeoit et nourrissoit, en eut une aussi de six mille. Mme de Coetquen, du Puy Vauban, Polastron, la fille de feu Puysieux, veuve de Blanchefort, grand joueur, et son fils, en eurent chacun une de quatre mille francs; et huit ou dix autres personnes qui trois, qui deux mille francs. J'en obtins une de huit mille francs pour Mme la maréchale de Lorges, et une de six mille francs pour la maréchale de Chamilly, dont le Mississipi avoit fort dérangé les affaires. M. de Soubise et le marquis de Noailles eurent chacun deux cent mille francs en présent. Jusqu'à Saint-Geniez, sortant de la Bastille et relégué à Beauvais, ayant d'abord été destiné fort loin, eut une pension de mille francs. Tout le monde, en effet, auroit eu besoin d'une augmentation de revenu, par l'extrême cherté où les choses les plus communes et les plus indispensables, et toutes autres natures de choses étoient montées, qui, quoiqu'à la fin peu à peu diminuées, sont demeurées jusqu'à aujourd'hui bien au-dessus de ce qu'elles étoient avant ce Mississipi. Le marquis de Châtillon, qui a fait depuis une si grande fortune, eut aussi six mille francs de pension en quittant son inspection de cavalerie; enfin, la Peyronnie, premier chirurgien du Roi en survivance de Maréchal, eut huit mille [francs] de pension.

 Un jour de vers la fin d'avril, travaillant avec M. le duc d'Orléans, il m'apprit le mariage du duc de Lorges avec Mlle de Mesmes, et que le premier président lui en avoit demandé son agrément. Je n'en avois pas ouï dire un mot, et la vérité est que je me mis dans une étrange colère. On a vu, en différentes occasions, ce que j'ai fait pour ce beau-frère, et ce qui m'arriva pour l'avoir fait capitaine des gardes, qu'il étoit, s'il avoit voulu se priver de sa petite maison de Livry, dont la vente étoit nécessaire pour parfaire les cinq cent mille francs à donner au maréchal d'Harcourt, qu'il aima mieux garder. Il m'étoit cruel de lui voir épouser la fille d'un homme que je faisois profession d'abhorrer, et que je ne rencontrois jamais au Palais-Royal sans le lui témoigner, et quelquefois par des choses les plus fortement marquées. Je m'en retournai à Meudon où nous étions déjà établis. J'appris à Mme de Saint-Simon cette énormité de son frère, dont elle ne fut pas moins surprise ni touchée que moi. Je lui déclarai que de ma vie je ne le verrois ni sa femme, et que je ne verrois jamais non plus Mme la maréchale de Lorges, ni M. ni Mme de Lauzun, s'ils signoient le contrat de mariage et s'ils se trouvoient à cette noce. Je le dis tout haut partout, et je m'espaçai sur le beau-père et le gendre sans aucune sorte de mesure. Cet éclat, qui fut le plus grand qu'il me fut possible, et qui mit un grand désordre dans une famille jusqu'alors toujours si intimement unie, et qui vivoit sans cesse ensemble, arrêta le mariage tout court pour un temps ; mais sans que je visse le duc de Lorges, qui se flattoit de me ramener par ses sœurs, et qui, dans l'embarras à mon égard de ne vouloir pas rompre ce beau mariage, n'osa se hasarder à me voir.

M. le duc d'Orléans, persuadé par ceux en qui il avoit le plus de confiance sur les finances, résolut de réduire à deux pour cent toutes les rentes. Cela soulageoit fort les débiteurs ; mais c'étoit un grand retranchement de revenu pour les créanciers qui, sur la foi publique, le taux approuvé et usité, et la loi des contrats d'emprunts, avoient prêté à cinq pour cent, et en avoient toujours paisiblement joui. M. le duc d'Orléans assembla au Palais-Royal plusieurs personnes de divers états de finance, et résolut enfin avec eux d'en porter l'édit. Il fit du bruit au Parlement, qui résolut des remontrances. Aligre présidoit ce jour-là. Le premier président s'en étoit allé à sa campagne pour y faire, disoit-il des remèdes.

Il est vrai qu'il avoit eu une légère attaque d'apoplexie pour laquelle il avoit été un an auparavant à Vichy. Il fut bien aise d'éviter de se commettre avec M. le duc d'Orléans après la cruelle aventure qu'il avoit eue avec lui, mais sans quitter prise, et de laisser agir le Parlement, qu'il sentoit bien comme tout le monde que l'imbécillité d'Aligre et le peu de cas qu'en faisoit la Compagnie ne seroit pas capable de retenir. Mesmes, ravi de voir se préparer de nouvelles altercations entre le Régent et le Parlement, vouloit laisser la liberté de se reproduire sans y être présent, et ne revenir qu'ensuite pour y jouer son personnage accoutumé de modérateur et de compositeur entre sa Compagnie et le Régent, pour en tirer de l'argent; ce qu'il ne désespéroit pas encore de sa facilité, et souffler le feu sous main. Huit jours après la résolution prise des remontrances, Aligre, à la tête de la députation du Parlement, les porta par écrit au Roi, et les lui laissa, après lui avoir fait un fort plat compliment; c'étoit le 17 avril. Ces remontrances n'ayant point eu de succès, le Parlement s'assembla le 22 et résolut de ne point enregistrer l'édit, et de faire de nouvelles remontrances. Au sortir de la séance, les gens du Roi vinrent au Palais-Royal rendre compte de ce qui venoit d'être résolu. M. le duc d'Orléans leur répondit court et sec qu'on ne changeroit rien à la résolution qui avoit été prise, et les laissa aussitôt.

Il permit à Rion de revenir à Paris, dont il avoit reçu défense de s'approcher, étant à l'armée du maréchal de Berwick en Navarre, lors de la mort de Mme la duchesse de Berry. Sa présence au retour de cette campagne, sitôt après cette mort, auroit réveillé bien des discours. On crut l'intervalle assez long pour qu'on ne songeât plus à rien. Sa présence, après tout ce qui s'étoit passé, ne pouvoit pas être agréable au Palais-Royal, et devoit l'embarrasser lui-même. Il ne fit donc qu'y paroître, se montra peu ailleurs, et mena une vie conforme à son humeur, c'est-à-dire de plaisir, mais particulière, fort voisine de l'obscurité. Il étoit fort à son aise, quoique le Mississipi fût venu un peu tard pour lui; il ne garda guère son régiment, et ne songea plus à servir.

A force de tourner et retourner ce Mississipi de tout sens, pour ne pas dire à force de jouer des gobelets sous ce nom, on eut envie, à l'exemple des Anglois, de faire dans ces vastes pays des établissements effectifs. Ce fut pour les peupler qu'on fit à Paris et dans tout le royaume des enlèvements des gens sans aveu et des mendiants valides, hommes et femmes, et de quantité de créatures publiques. Si cela eût été exécuté avec sagesse, discernement, les mesures et les précautions nécessaires, cela auroit rempli l'objet qu'on se proposoit, et soulagé Paris et les provinces d'un lourd fardeau inutile et souvent dangereux; mais on s'y [prit] à Paris et partout ailleurs avec tant de violence et tant de friponnerie encore pour enlever qui on vouloit, que cela excita de grands murmures. On n'avoit pas eu le moindre soin de pourvoir à la subsistance de tant de malheureux sur les chemins, ni même dans les lieux destinés à leur embarquement; on les enfermoit les nuits dans des granges sans leur donner à manger, et dans les fossés des lieux où il s'en trouvoit, d'où ils ne pussent sortir. Ils faisoient des cris qui excitoient la pitié et l'indignation; mais les aumônes n'y pouvant suffire, moins encore le peu que les conducteurs leur donnoient en fit mourir partout un nombre effroyable. Cette inhumanité, jointe à la barbarie des conducteurs, à une violence d'espèce jusqu'alors inconnue et à la friponnerie d'enlèvements de gens qui n'étoient point de la qualité prescrite, mais dont on se vouloit défaire, en disant le mot à l'oreille et mettant de l'argent dans la main des préposés aux enlèvements, que les bruits s'élevèrent avec tant de fracas, et avec des termes et des tons si imposants qu'on trouva que la chose ne se pouvoit plus soutenir. Il s'en étoit embarqué quelques troupes, qui ne furent guère mieux traitées dans la traversée. Ce qui ne l'étoit pas encore fut lâché, et devint ce qu'il put, et on cessa d'enlever personne. Law, regardé comme l'auteur de ces enlèvements, devint fort odieux, et M. le duc d'Orléans eut à se repentir de s'y être laissé entraîner.

Châteauneuf, qui avoit présidé à la commission de Nantes, revint en ce temps-ci avec tous ceux qui l'avoient composée, mais pour subsister encore, et s'assembler à l'Arsenal pour achever de juger ceux des exceptés de l'amnistie qui ne l'avoient pas été à Nantes ; et peu après le maréchal de Montesquiou fut rappelé du commandement de Bretagne où il avoit eu le malheur de se barbouiller beaucoup et de ne contenter personne.

M. le comte de Charolois arriva enfin de ses longs voyages ; Monsieur le Duc, content de ce qu'il avoit obtenu pour lui, lui avoit mandé de revenir, et le fut attendre à Chantilly avec les familiers de la maison. Turménies s'y trouva avec eux, il avoit été maître des requêtes et intendant de province avec réputation, et y auroit fait son chemin au gré de tout le monde ; mais à la mort de son père, qui étoit garde du trésor royal, il préféra le solide si abondant de cette charge aux espérances des emplois qu'il avoit. C'étoit un garçon de beaucoup d'esprit, de lecture et de connoissances, d'un naturel libre et gai, aimant le plaisir, mais avec mesure et pour la compagnie et pour le temps, fort mêlé avec la meilleure compagnie de la cour et de la ville, habile, capable, droit et obligeant dans sa charge, sans se faire valoir, estimé et accrédité avec les ministres, fort bien avec le Régent, et sur un pied de telle familiarité avec Monsieur le Duc et M. le prince de Conti pères et fils, qu'ils trouvoient tout bon de lui, et ce qu'ils n'auroient souffert de personne. Le voisinage de l'Isle-Adam, la chasse, la table, l'avoit mis sur ce ton là avec les pères ; il avoit su se le conserver avec les fils. C'étoit un homme qui sentoit très-bien la force de ses paroles, mais qui ne retenoit pas aisément un bon mot. L'impunité avoit aiguisé sa hardiesse, qui d'ailleurs n'étoit que liberté, sans aucun air d'insolence et sans jamais se déplacer avec personne. Il

étoit petit, grosset, le col fort court, la tête dans les
épaules, avec de grands cheveux blonds qui lui donnoient
encore l'air plus engoncé, et qui lui avoient valu le sobriquet de Courtcollet. Monsieur le Duc, averti que Monsieur son frère arrivoit, alla, suivi de toute la compagnie,
le recevoir au débarquer de sa voiture et l'embrasser.
Tout ce qui étoit là les environna et s'empressa à faire sa
révérence ; après les premiers mots entre les deux frères,
Monsieur le Duc lui présenta la compagnie, que M. le comte
de Charolois se contenta de regarder fort indifféremment
sans dire un seul mot à personne, pendant un assez long
temps que ce cercle demeura autour d'eux, dans la place
où il avoit mis pied à terre dans la cour. Turménies,
voyant ce qui se passoit et s'en ennuyant, se tourne à la
compagnie : « Messieurs, lui dit-il froidement, mais tout
haut, faites voyager vos enfants, et dépensez-y bien de
l'argent, » et tout de suite passa d'un autre côté. Cet
apophthegme fit du bruit, et courut fort. Il ne s'en défendit point, et Monsieur le Duc et M. le comte de Charolois n'en firent que rire. Monsieur le Duc devoit y être
accoutumé.

Au commencement des actions de Law, Monsieur le Duc
se vanta chez lui, devant assez de monde, et avec complaisance, d'une quantité considérable qu'il en avoit eue.
Chacun se taisoit, lorsque Courtcollet, impatienté : « Fi,
Monsieur, répondit-il, votre bisaïeul n'en a jamais eu que
cinq ou six, mais qui valoient bien mieux que tous les
vôtres. » Chacun baissa les yeux, et Monsieur le Duc se
prit à rire, sans lui en savoir plus mauvais gré. Il en a
quelquefois lâché de bonnes à des ministres du feu Roi,
et depuis la régence à M. le duc d'Orléans lui-même, qui
n'en faisait que rire aussi. Il ne vécut que peu d'années
après, quoique point vieux, et fut fort regretté même pour
les affaires de sa gestion. Il ne laissa point d'enfants.
M. de Laval, le même de la conspiration du duc et de la
duchesse du Maine, épousa sa sœur, qui étoit veuve de
Bayez, dont il a eu beaucoup de bien et des enfants. Les

apophthegmes de Turménies n'étoient pas réservés aux princes du sang. Il ne s'en contraignoit guère pour personne et avec cela rien moins qu'impertinent; il avoit trop d'esprit et de monde pour l'être.

Une affaire purement particulière fit alors grand bruit dans le monde. Matignon et M. de Marsan avoient épousé les deux sœurs, filles uniques et sans frères du frère aîné de Matignon : lui l'aînée, M. de Marsan la cadette, veuve alors avec des enfants de M. de Seignelay, ministre et secrétaires d'État, fils aîné de M. Colbert. Un intérêt commun les avoit étroitement unis, c'étoit l'amitié de Chamillart, dont ils avoient tiré des trésors en toute espèce d'affaires de finance. Le comte de Marsan fit par son testament M. de Matignon tuteur de ses enfants, avec l'autorité la plus étendue et les plus grandes marques de confiance ; et tout le monde est convenu que le comte de Matignon y répondit sans cesse par tous les soins, l'application et les tendresses d'un véritable père, et le succès d'un homme habile et accrédité. Le comte de Marsan, qui n'avoit de soi point de bien, ne s'en étoit fait que d'industrie, de grâces et de rapines, avoit mangé à l'avenant, et laissé ses affaires en mauvais état. Matignon estima qu'un effet tel que l'hôtel de Marsan, à Paris, étoit trop pesant pour des enfants en bas âge, dont le prix aideroit fort à liquider les biens, et crut aussi, à la conduite qu'il avoit eue dans leurs affaires, la[1] pouvoir acheter quoique tuteur. Il l'acheta donc, y dépensa beaucoup, y alla loger et céda la sienne au maréchal son frère. M. de Marsan étoit mort en 1708, veuf pour la seconde fois depuis près de neuf ans. Le prince de Pons, son fils aîné, étoit né en 1696 ; par conséquent il avoit vingt-quatre ans en cette année 1720, et il étoit marié en 1714 à la fille cadette du duc de Roquelaure. Il pria le duc d'Elbœuf d'aller dire à Matignon de sa part qu'il se croyoit obligé de retirer l'hôtel de Matignon, qui étoit l'hôtel de Marsan que le comte de Matignon

---

1. Saint-Simon fait, ici et plus loin, *hôtel* du féminin.

avoit achetée et payée, mais qu'il ne vouloit point que
M. de Matignon songeât à en sortir, et qu'il l'y laisseroit
toute sa vie. Le comte de Matignon, aussi surpris qu'indigné du compliment, répondit tout court qu'il espéroit
avoir d'assez bonnes raisons pour ne devoir pas craindre
ce retrait; qu'il le remercioit de la manière polie dont il
lui avoit parlé; mais qu'il l'assuroit en même temps qu'il
ne profiteroit pas de la grâce que le prince de Pons prétendoit lui faire; et qu'il pouvoit lui dire que, s'il étoit
assez malheureux pour perdre ce procès, il quitteroit sa
maison le lendemain et n'y remettroit jamais le pied. Les
procédures ne tardèrent pas après de la part du prince de
Pons, qui en fût extrêmement blâmé et universellement
de tout le monde. Matignon soutint le procès; tout y étoit
pour lui, hors la lettre de la règle. Il le perdit donc, uniquement par la qualité de tuteur qui acquiert[1] de son
mineur, et ce fut au grand regret du public et des juges
mêmes. Le jour même de l'arrêt, Matignon retourna loger
chez le maréchal son frère et de dépit acheta et rebâtit
presque la superbe maison que son fils occupe, et qu'il a
si grandement augmentée et ornée. Le comte de Matignon
n'eut pas le temps d'y loger. Elle étoit tout près de le pouvoir recevoir lorsqu'il mourut chez le maréchal son frère,
en janvier 1725. Ce ne fut qu'à sa mort qu'il revit le prince
de Pons et son frère, avec qui les Matignons sont depuis
demeurés fraîchement.

Il y a des choses qui occupent dans leur temps, et
qui en vieillissant s'anéantissent. Je n'en puis toutefois
omettre une de ce genre. Il y avoit une petite nièce par
femmes de M. de Fénelon, archevêque de Cambray, qui
déjà veuve à peine mariée, sans enfants et sans biens,
avoit une figure aimable, l'air et le goût du monde, un
manége infini et beaucoup d'intrigue, et qui, sans avoir
été religieuse et coureuse comme la Tencin, eut cette
similitude avec elle qu'elle fit pour Monsieur de Cambray

---

1. L'orthographe de Saint-Simon est *acquert*.

et son petit troupeau, conséquemment pour Mme Guyon et sa petite Église, le même personnage que l'ambition du frère et de la sœur fit faire à celle-ci pour la constitution. La veuve dont je parle avoit trouvé ainsi le moyen de rassembler chez elle bonne compagnie, mais elle mouroit de faim. Elle persuada à un vieil aveugle qui étoit riche et qui s'appeloit Chevry de l'épouser pour avoir compagnie et charmer l'ennui de son état. Il y consentit et lui fit toutes sortes d'avantages. Il se flatta d'autant plus de mener avec elle une vie agréable qu'elle aimoit le monde, le jeu, la parure, et néanmoins fort dévote, se disoit-elle, et disoient ses amis, et il le falloit bien puisque en cela consistoit toute son existence et sa considération. Chevry, presque aveugle quand il l'épousa, le devint bientôt après tout à fait. Il fut doux, bon homme, s'accommoda de tout, et quoique compté presque pour rien, il avoit toute sorte de complaisances, hors celle de mourir, et il ennuyoit fort sa femme et cette troupe d'amis. Il mourut enfin, et ce fut un grand soulagement dans la maison, et une grande joie pour les amis qui trouvoient là une bonne maison et opulente, où rien ne contrarioit plus leur conversation. Mais les vapeurs qui avoient gagné la dame pendant la vie de son aveugle ne s'en allèrent pas avec lui. A ces vapeurs, qui étoient devenues énormes, se joignit[1] la gravelle, qui, mêlées, la mettoient dans des états étranges, après quoi, presque en un instant, il n'y paroissoit pas. Une pointe de merveilleux faisoit merveilles parmi ce monde qui abondoit chez elle; elle étoit les délices et la vénération de toute cette petite Église et le ralliement de tout ce qui y tenoit. C'étoit là où se tenoit le conseil secret; et comme il s'y joignoit souvent d'autre bonne compagnie, sa maison étoit devenue un petit tribunal qui ne laissoit pas d'être compté dans Paris; tout cela flattoit sa vanité, l'amusoit et l'occupoit agréablement, avec ce talent de s'attirer du

1. *Joignirent*, au manuscrit, qui porte, quatre mots plus loin, *mêlés*, au masculin.

monde avec choix et de soutenir cet abord par la bonne chère. Mais elle n'avoit jamais eu de mari, et elle s'en donna un dont on ne l'auroit jamais soupçonnée, la petite Église par vénération, les autres commensaux par la croire de meilleur goût, tous par l'état de sa santé. La Noue, espèce de chevalier d'industrie, s'étoit introduit chez elle par hasard, la table l'y attira souvent. Il étoit frère de Teligny, que la faim avoit fait gouverneur de M. le comte de Clermont, et d'un lieutenant des gardes du corps. C'étoient de fort simples gentilshommes et fort pauvres, leur nom est Cordouan; j'en ai parlé ailleurs. Il n'avoit d'esprit qu'un simple usage de médiocre monde, et anciennement de jeu et de galanterie bourgeoise, et rien plus, avec un peu d'effronterie. Il avoit servi toute sa vie dans le subalterne, avoit attrapé une place d'écuyer à l'hôtel de Conti, puis le régiment de ce prince, dont la jalousie lui ôta l'un et l'autre en le chassant de chez lui. M. le duc d'Orléans en eut pitié, et lui donna une inspection. Ce fut donc ce vieux belître qu'elle épousa, mais dans le dernier secret, tant elle en fut honteuse. Ce secret dura quatre ans, après lesquels ce beau mariage se déclara. Ce fut un étrange vacarme parmi les amis de la maison, qui de ce moment ne fut plus, ni depuis, à beaucoup près si fréquentée, et déchut enfin de cet état de tribunal où tout ce qui se passoit étoit jugé, et où elle présidoit avec empire. Le mari déclaré fut toujours amant soumis et respectueux, mais cela ne dura guère, elle ne put soutenir une telle décadence. Elle mourut, et la Noue ne profita de rien.

L'extrême folie d'une part, et l'énorme cupidité de l'autre, firent en ce temps-ci le plus étrange contrat de mariage qui se soit peut-être jamais vu. C'est un échantillon de celle que le système de Law alluma en France, et qui mérite d'avoir place ici. Qui pourroit, et qui en voudroit raconter les effets, les transmutations de papiers, les marchés incroyables, les nombreuses fortunes dans leur immensité, et encore dans leur inconcevable rapidité, la chute prompte de la plupart de ces enrichis par leur luxe et leur démence, la ruine de tout le reste du royaume, et les plaies profondes qu'il en a reçues et qui ne guériront jamais, feroit sans doute la plus curieuse et la plus amusante histoire, mais la plus horrible en même temps, et la plus monstreuse qui fut jamais. Voici donc, entre autres prodiges, le mariage dont il s'agit. Le contrat en fut dressé et signé entre le marquis d'Oyse, âgé lors de trente-trois ans, fils et frère cadet des ducs de Villars Brancas, avec la fille d'André, fameux Mississipien, qui y avoit gagné des monts d'or, laquelle n'avoit que trois ans, à condition de célébrer le mariage dès qu'elle en auroit douze. Les conditions furent cent mille écus, actuellement payés; vingt mille livres par an jusqu'au jour du mariage; un bien immense par millions lors de la consommation; et profusions en attendant aux ducs de Brancas père et fils. Les discours ne furent pas épargnés sur ce beau mariage. Que ne fait point faire *auri sacra fames*? Mais l'affaire avorta avant la fin de la bouillie de la future épouse, par la culbute de Law. Les Brancas, qui s'en étoient doutés, le père et les deux fils, s'étoient bien fait payer d'avance; le comble fut que les suites de cette affaire produisirent des procès plus de quinze ans après, qui furent soutenus sans honte. Ces Brancas-là n'y étoient pas sujets.

M. le duc d'Orléans, qui prodiguoit tout de plus en plus, accorda à Dreux la survivance de sa charge pour son fils. Ce n'étoit pas pour le mérite du père, qui n'étoit pas imposant, et dont la conduite pleine d'ignorance, de brutalité, et qui pis est d'infidélité dans cette charge, n'en méritoit pas la conservation, bien loin d'une survivance à un fils de vingt ans. Ce ne pouvoit être le desir de gratifier le Parlement en une de ses bonnes et anciennes familles; celle-ci qui venoit de peu y étoit toute nouvelle, et les services militaires du père, aussi borné qu'il l'étoit, n'auroient pu durer longtemps sans l'appui de Chamillart, son beau-père, qui le poussa, et par la considération duquel, même après sa chute, son gendre continua d'être employé dans l'état des armées parmi le grand nombre, et où, à la valeur près, il fut toujours compté pour rien. Ce fut donc à Chamillart encore que cette survivance fut accordée. Cette charge de grand maître des cérémonies fut créée par Henri III pour M. de Rhodes, et il est vrai qu'elle ne convient qu'à des gens de la première qualité. MM. de Rhodes l'ont conservée jusqu'au dernier, qui, se voyant perclus de goutte et sans enfants, la vendit à Blainville, frère de Saignelay, ministre et secrétaire d'État duquel Chamillart la fit acheter par son gendre pour le recrépir, et pour, à l'abri fictif de cette charge, et plus du crédit du beau-père, qui fit tout, et qui étoit alors à l'apogée de sa faveur, faire entrer sa fille dans les carrosses, manger, et aller à Marly. Peu après cette survivance, Dreux maria son fils à une autre Dreux, fille du frère aîné de Nancré, mort capitaine des Suisses de M. le duc d'Orléans, dont il a été fait plus d'une fois mention. Cette fille étoit puissamment riche et tenue de si court qu'on ne la voyoit presque jamais, et non sans cause, mais qu'on avoit su cacher si bien que personne n'en eut de soupçon. Elle éclata dès le lendemain des noces par un accès public d'extrême folie, qui, suivi de quantité d'autres, obligèrent de l'enfermer dans un couvent. Mais le mari, par leur parenté, héritera d'elle.

Le prince Vaïni, chevalier de l'ordre par la belle cause qui en a été rapportée ici en son temps, mourut à Rome. On a suffisamment fait connoître quel il étoit pour n'avoir rien à y ajouter. Le merveilleux est qu'ayant été trompé à son titre, à sa naissance, à son mérite, à sa considération à Rome, qui étoit nulle, le fils y fut fait aussi chevalier de l'ordre et reçu par le duc de Saint-Aignan pendant son ambassade, lequel fils n'y brilla pas plus que le père.

Le vieux comte de Peyre mourut enfin chez lui, en Languedoc, où il étoit l'un des trois lieutenants généraux de cette province, mais sans fonction. C'étoit un grand homme de bonne mine, riche et grand tyran de province, et avec lequel il ne faisoit bon pour personne d'avoir affaire. Il n'avoit point de brevet de retenue. Sa charge, qui est de vingt mille livres, fut donnée sur-le-champ à Canillac, à qui M. le duc d'Orléans l'avoit déjà accordée une fois sur un faux bruit qui se répandit de la mort de ce comte de Peyre.

En même temps et en même pays mourut aussi la vieille comtesse du Roure, qui étoit fille de Cl.-Marie du Guast, dit le comte d'Attigny, et de M. Cottelier. Elle fut fille d'honneur de Madame, première femme de Monsieur, sous le nom de Mlle d'Attigny, compagne et amie intime de Mlle de la Vallière, dont la faveur lui fit épouser en 1666 Pierre Scipion de Beauvoir de Grimoard, frère de la mère du cardinal de Polignac et fils aîné du comte du Roure, chevalier de l'ordre en 1661, ainsi que le vicomte de Polignac, son beau-frère, duquel le père l'avoit été aussi en 1633. Par ce mariage le comte du Roure fit passer à son fils sa charge de lieutenant général de Languedoc et son gouvernement du Pont-Saint-Esprit. Il y eut plusieurs enfants de ce mariage de Mlle d'Attigny avec le comte du Roure, dont l'aîné eut aussi la lieutenance générale de Languedoc et le gouvernement du Pont-Saint-Esprit en épousant la fille du duc de la Force, dont Monseigneur avoit été publiquement fort amoureux, et le fils de ce dernier mariage, qui n'a point eu les charges de son père tué à la bataille de Fleurus, a épousé une fille du maréchal-duc de Biron qui est dame du palais de Madame la Dauphine. Cette vieille comtesse du Roure Attigny, occasion de cet article, étoit une intrigante de beaucoup d'esprit, et que la faveur de Mme de la Vallière avoit accoutumée à beaucoup de hauteur. Elle se trouva mêlée dans beaucoup de choses avec la comtesse de Soissons, qui les firent chasser de la cour, puis avec la même dans les dépositions de la Voisin, qui firent sortir la comtesse de Soissons du royaume pour toujours. Cette dernière aventure pensa mener loin la comtesse du Roure. Elle en fut quitte néanmoins pour l'exil en Languedoc, où elle a passé le reste de sa vie, excepté un voyage de peu de mois qu'elle obtint de faire à Paris quelques années avant sa mort. On la craignoit partout. Elle vivoit d'ordinaire dans un château, et son mari dans un autre.

La marquise d'Alluye mourut en même temps au Palais-Royal à Paris. Elle s'appeloit de Meaux du Fouillous, avoit été aussi fille d'honneur de Madame première femme de Monsieur, et amie de Mlle d'Attigny dont on vient de parler, et sa compagne; elle épousa, en 1667, n'étant plus jeune, mais belle, le marquis d'Alluye, fils et frère de Ch. et de Fr. d'Escoubleau, marquis de Sourdis, chevalier de l'ordre, l'un en 33, l'autre en 88. D'Alluye, qui étoit l'aîné, eut le gouvernement d'Orléanois de son père, fut encore plus mêlé que sa femme dans l'affaire de la Voisin, furent longtemps exilés, et le mari, qui mourut sans enfants en 1690, n'eut jamais permission de voir le Roi, quoique revenu à Paris. Sa femme, amie intime de la comtesse de Soissons et des duchesses de Bouillon et Mazarin, passa sa vie dans les intrigues de galanterie, et quand son âge l'en exclut pour elle-même, dans celles d'autrui. Le marquis d'Effiat, dont il a été si souvent mention ici, avoit épousé une sœur de son mari, dont il n'avoit point eu d'enfants, et qu'il perdit de bonne heure. Il protégea la marquise d'Alluye dans la cour de Monsieur, avec qui elle fut fort bien, et avec Madame toute sa vie. C'étoit une femme qui n'étoit point méchante; qui n'avoit d'intrigues que de galanterie, mais qui les aimoit tant que, jusqu'à sa mort, elle étoit le rendez-vous et la confidente des galanteries de Paris, dont, tous les matins, les intéressés lui rendoient compte. Elle aimoit le monde, et le jeu passionnément, avoit peu de bien et le réservoit pour son jeu. Le matin, tout en discourant avec les galants qui lui contoient les nouvelles de la ville, ou les leurs, elle envoyoit chercher une tranche de pâté ou de jambon, quelquefois un peu de salé ou des petits pâtés, et les mangeoit. Le soir, elle alloit souper et jouer où elle pouvoit, rentroit à quatre heures du matin, et a vécu de la sorte grasse et fraîche, sans nulle infirmité jusqu'à plus de quatre-vingts ans qu'elle mourut d'une assez courte maladie, après une aussi longue vie, sans souci, sans contrainte et uniquement de plaisir. D'estime, elle ne s'en étoit jamais mise en peine, sinon d'être sûre et secrète au dernier point; avec cela, tout le monde l'aimoit, mais il n'alloit guère de femmes chez elle. La singularité de cette vie m'a fait étendre sur elle.

L'abbé Gautier, dont il est si bien et si souvent parlé dans ce qui a été donné ici, d'après M. de Torcy, sur les négociations de la paix avec la reine Anne, et de celle d'Utrecht, mourut dans un appartement que le feu Roi lui avoit donné dans le château neuf de Saint-Germain, avec des pensions et une bonne abbaye. Il s'y étoit retiré aussitôt après[1] ces négociations, où il avoit été si heureusement employé, après en avoir ouvert lui-même le premier chemin, et rentra en homme de bien modeste et humble, dans son état naturel, et y vécut comme s'il ne se fût jamais mêlé de rien, avec une rare simplicité, et qui a peu d'exemples en des gens de sa sorte, qui, dans le maniement des affaires les plus importantes et les plus secrètes, dont lui-même avoit donné la première clef, sans s'intriguer, s'étoit concilié l'estime et l'affection du Roi et de ses ministres, de la reine Anne et des siens, et des plénipotentiaires qui travaillèrent à ces deux paix.

Le célèbre archevêque de Tolède mourut aussi en ce même temps; il s'appeloit don Francisco Valero y Losa, et il étoit simple curé d'une petite bourgade. Il y rendit des services si importants pour soutenir les peuples dans le fort de la guerre et des malheurs, l'exciter en faveur du roi d'Espagne, trouver des expédients pour les marches et les subsistances, avoir des avis sûrs de ce que faisoient et projetoient les ennemis, que les généraux et les mi-

---

1. On lit ici le mot *que*, au manuscrit.

nistres ne pouvoient assez louer son zèle, son industrie, sa vigilance et sa sagesse. Rien de tant de soins ne dérangea sa piété, les devoirs de sa paroisse, sa modestie, son désintéressement. Ses amis, l'orage passé, le pressèrent vainement d'aller à la cour représenter ses services. Il ne prit pas seulement la peine d'en faire souvenir. Dans cette inaction qui relevoit si grandement son mérite, le P. Robinet, lors confesseur du roi d'Espagne, qui ne l'avoit pas oublié, en fit souvenir Sa Majesté Catholique à la vacance de l'évêché de Badajoz, qui le lui donna. Le bon curé, qui n'y avoit jamais songé, l'accepta, s'y retira, et y vécut en excellent évêque. Ce fut de ce siége que le même confesseur le fit passer à celui de Tolède, avec l'applaudissement de toute la cour et l'acclamation de toute l'Espagne. Le prélat y avoit aussi peu songé qu'il avoit fait à celui de Badajoz. Il fut dans ce premier siége de toutes les Espagnes aussi modeste qu'il avoit été dans sa cure, et il y fut l'exemple de tous les évêques d'Espagne, l'exemple de la cour et celui de tout le royaume. Sa promotion à Tolède perdit le confesseur.

Le cardinal del Giudice, aussi étroitement uni à la princesse des Ursins alors qu'ils devinrent ennemis dans la suite, vouloit ce riche et grand archevêché ; il le demandoit hautement, et Mme des Ursins en fit sa propre affaire. Le roi y consentoit, lorsque son confesseur osa lui représenter avec la plus généreuse fermeté quel affront il feroit à la nation espagnole, à l'amour et aux prodiges d'efforts de laquelle il devoit sa couronne, s'il la frustroit du premier et du plus grand archevêché, pour le donner à un étranger, qui déjà tenoit de lui le riche archevêché de Montreal en Sicile, et tant de pensions et d'autres grâces, et fit si bien valoir le mérite, les services, la piété, le désintéressement de l'évêque de Badajoz, qu'il emporta pour lui l'archevêché de Tolède. Ce trait, et les louanges qu'il en reçut, outra le cardinal, et plus que lui encore Mme des Ursins, qui ne pouvoit souffrir de résistance à son pouvoir et à ses volontés. Ce Père ne se mêloit de rien que des bénéfices, ne lui donnoit nul ombrage, vivoit avec tout le respect, la modestie, la retenue possible avec elle, avec le cardinal, avec tous les gens en place; mais, comme il ne tenoit point à la sienne, il ne faisoit sa cour à personne. Mme des Ursins, qui avoit déjà éprouvé quelque peu de sa droiture et de sa fermeté, qui le voyoit estimé et adoré de tout le monde, craignit tout de ce dernier trait, outre l'extrême dépit de se voir vaincue après s'être déclarée; aussi ne le lui pardonna-t-elle pas. Elle sut si bien travailler qu'elle fit renvoyer cet excellent homme environ un an après, et fit à l'Espagne une double et profonde plaie par la perte qu'elle fit d'un homme si digne d'une si importante place, et par donner lieu au choix d'un successeur si différent, et qu'elle-même avoit déjà chassé de cette même place. Ce fut le P. d'Aubanton, dont on a suffisamment parlé ici dans ce qui y a été donné d'après M. de Torcy, pour voir qu'on ne dit rien de trop sur le choix de ce terrible jésuite, dont j'aurai encore lieu de parler, si Dieu me donne le temps d'écrire mon ambassade d'Espagne et de conduire ces *Mémoires* jusqu'au but que je me suis proposé.

Le P. Robinet, véritablement soulagé de n'être plus dans une cour et dans des affaires, revint en France, ne se soucia ni de lieu ni d'emploi. Il fut envoyé à Strasbourg, où il se fit aimer et estimer comme il avoit fait partout, y vécut dans une grande retraite et dans une grande tranquillité, et y mourut saintement après plusieurs années. On le regrettoit encore en Espagne lorsque j'y ai été, et j'y en ai ouï souvent faire l'éloge. Il faut dire que ce P. Robinet est le seul confesseur du roi d'Espagne qui ait mérité de l'être, qui en fût digne à tous égards, et qui ait été goûté, aimé, estimé et honoré de toute la cour et de toute l'Espagne sans aucune exception.

Il y avoit eu depuis longtemps une espèce de guerre déclarée entre le roi d'Angleterre et le prince de Galles, qui avoit éclaté avec de fréquents scandales, et qui avoient partialisé la cour et fait du bruit dans le Parlement. Georges s'étoit emporté plus d'une fois contre son fils avec indécence. Il y avoit longtemps qu'il l'avoit fait sortir de son palais et qu'il ne le voyoit plus. Il lui avoit tellement retranché ses pensions qu'il avoit peine à subsister, tellement que le roi eut le dégoût que le Parlement lui en assigna, même abondamment. Jamais le père n'avoit pu souffrir ce fils, parce qu'il ne le croyoit point à lui. Il avoit plus que soupçonné la duchesse sa femme, fille du duc de Wolfenbuttel, d'être en commerce avec le comte de Königsmark. Il le surprit un matin sortant de sa chambre, le fit jeter sur-le-champ dans un four chaud, et enferma sa femme dans un château, bien resserrée et gardée, où elle a passé le reste de sa vie. Le prince de Galles, qui se sentoit maltraité pour une cause dont il étoit personnellement innocent, avoit toujours porté avec impatience la prison de sa mère et les effets de l'aversion de son père. La princesse de Galles, qui avoit beaucoup de sens, d'esprit, de tour et de grâces, avoit adouci les choses tant qu'elle avoit pu, et le roi n'avoit pu lui refuser son estime, ni se défendre même de l'aimer. Elle s'étoit concilié toute l'Angleterre, et sa cour, toujours grosse, l'étoit aussi en ce qu'il y avoit de plus accrédité et de plus distingué. Le prince de Galles s'en autorisoit, ne ménageoit plus son père, s'en prenoit à ses ministres avec une hauteur et des discours qui à la fin les alarmèrent. Ils craignirent le crédit de la princesse de Galles, et de se voir attaqués par le Parlement, qui se donne souvent ce plaisir. Ces considérations devinrent de plus en plus pressantes par tout ce qu'ils découvrirent qui se brassoit contre eux, et qui auroit nécessairement rejailli sur le roi. Ils lui communiquèrent leurs craintes, ils les lui donnèrent, et le conduisirent à se raccomoder avec son fils à certaines conditions, par l'entremise de la princesse de Galles, qui de son côté sentoit tous les embarras de faire et de soutenir un parti contre le roi, et qui avoit toujours sincèrement désiré la paix dans la famille royale. Elle profita de la conjoncture ; se servit de l'ascendant qu'elle avoit sur son mari, et l'accommodement fut conclu. Le roi donna gros au prince de Galles, et le vit; les ministres se sauvèrent, et tout parut oublié.

L'excès où les choses avoient été portées entre eux, qui tenoit toute la nation britannique attentive aux désordres intestins près à en éclore, n'avoit pas fait moins de bruit en toute l'Europe, où chaque puissance, attentive à ce qui en résulteroit, tâchoit de souffler ce feu, ou de l'apaiser, suivant son intérêt. La réconciliation fut donc une nouvelle intéressante pour toute l'Europe. L'archevêque de Cambray, que je continuerai d'appeler l'abbé du Bois, parce qu'il ne porta pas longtemps le nom de son église, que son cardinalat vint effacer, en étoit lors dans la crise, et très-sensible à ce qui se passoit à Londres, d'où il attendoit son chapeau par le ricochet du crédit alors très-grand du roi d'Angleterre sur l'Empereur, et de la toute-puissance de l'Empereur sur la cour de Rome qui trembloit devant lui, et n'osoit lui rien refuser. Dans la joie du raccommodement entre le père et le fils, du Bois la voulut témoigner d'une façon éclatante pour faire sa cour au roi d'Angleterre. Le duc de la Force, qui ne se mêloit plus de finance, qui vouloit toujours se mêler de quelque chose, et qui n'en trouvoit pas d'occasion dans le conseil de régence, où il ne se portoit plus rien d'effectif depuis que la foiblesse du Régent l'avoit rendu peu à peu si nombreux, le duc de la Force, dis-je, qui étoit toujours à l'affût, eut le vent de ce dessein, et se proposa à du Bois pour aller en Angleterre par le chaussepied d'y aller voir sa mère, qui y étoit retirée depuis longues années à cause de la religion, mais qu'il n'avoit pas songé jusqu'alors d'aller la voir depuis qu'elle étoit sortie du royaume avec la permission du feu Roi. Law servit le duc de la Force auprès de du Bois, et il fut nommé pour aller en Angleterre faire les compliments du Roi et du Régent sur cette réconciliation, sans qu'on pensât à l'inconvénient de montrer à l'église françoise de Londres un seigneur catholique, né et élevé leur frère, qui les avoit depuis persécutés, et qui en avoit su tirer parti du feu Roi. On sut incontinent en Angleterre la démonstration de joie qui venoit d'être résolue en France. Georges, outré du ressentiment que les éclats de son domestique avoient fait par toute l'Europe, ne s'accommoda pas de les voir prolonger par le bruit que feroit cet envoi solennel. Il fit donc prier le Régent de ne lui en envoyer aucun. Comme on ne l'avoit imaginé que pour lui plaire, le voyage du duc de la Force fut presque aussitôt rompu que déclaré. Il en fut pour un commencement assez considérable de dépense, et pour faire revenir beaucoup d'équipages qu'il avoit déjà fait partir, et l'abbé du Bois en recueillit auprès du roi d'Angleterre le double fruit de cet éclat de joie, et de l'avoir arrêté également pour lui plaire.

Masseï, qui avoit apporté la barrette au cardinal de Bissy un peu avant la mort du Roi, arriva à Paris. Il étoit fils du trompette de la ville de Florence, et avoit été petit garçon parmi les bas domestiques du Pape, alors simple prélat. Son esprit et sa sagesse percèrent ; il s'éleva peu à peu dans la maison, et de degré en degré devint le secrétaire confident de son maître, et enfin son maître de chambre quand il fut cardinal. Sa douceur et sa modestie le firent aimer dans la cour romaine où son emploi le fit connoître. Il le perdit à l'exaltation de son maître ; il étoit de trop bas aloi pour être maître de chambre du Pape, mais il en conserva toute la faveur et la confiance ; le Pape lui parloit presque de tout, le consultoit, et se trouva bien de ses avis. Il le fit archevêque *in partibus*, pour le mettre à portée d'une grande nonciature. Il l'avoit envoyé dans ce dessein porter la barrette au cardinal de Bissy, dans l'apogée de la faveur de cet ambitieux brouillon, et s'en étoit servi pour s'assurer de l'agrément de la France pour le recevoir nonce, quand le Bentivoglio, qui l'étoit, laisseroit la place vacante. En effet il lui succéda, et comme il étoit honnête homme il ne lui ressembla en rien. Il se conduisit durant le plus grand feu de la constitution avec beaucoup de modération, d'honneur et de sagesse, et se fit généralement aimer et estimer. Il languit longtemps nonce, parce qu'il n'y eut point de promotion pour les nonces pendant le reste de ce pontificat, et que Benoît XIII, qui étoit un saint fort singulier, et qui eût été meilleur sous-prieur de dominicains que pape, ne voulut jamais faire aucun nonce cardinal, et disoit d'eux qu'ils n'étoient que des nouvellistes.

Masseï ne montroit pas la moinde impatience, mais en attendant il mouroit de faim; car les nonces ont fort peu, et, à ce qu'étoit celui-ci, son patrimoine ni ses bénéfices n'y suppléoient pas. Il ne s'endetta pas le moins du monde, supporta son indigence avec dignité, mais il l'avouoit pour être excusé de la frugalité de sa vie, et s'en alla sans rien devoir, véritablement regretté de tout le monde. Il s'étoit tellement accommodé de la vie de ce pays-ci et du commerce des honnêtes gens et des personnes considérables qu'il avoit su s'attirer, qu'il étoit outré de sentir que cela finiroit. Il disoit franchement que, s'il étoit assuré de sa nonciature pour toute sa vie, avec de quoi la soutenir honnêtement, il ne voudroit jamais la quitter pour la pourpre, et s'en aller. Aussi fut-il très-affligé, quoique arrivé au cardinalat et tout de suite à la légation de la Romagne. Le nouveau cérémonial des bâtards, dont Gualterio s'étoit si mal trouvé, car ils étoient rétablis alors, empêcha que la calotte lui arrivât à Paris. Dès que la promotion fut sur le point de se faire, il reçut ordre de prendre congé, de partir, et d'arriver dans un temps marqué et fort court à Forli, sa patrie, où il trouveroit sa calotte rouge, comme il l'y trouva en effet; ce fut en 1730. Il vécut encore plusieurs années, et passa quatre-vingts [ans]. C'étoit un homme très-raisonnable, droit, modeste, et qui toute sa vie avoit eu de fort bonnes mœurs.

Les Vénitiens, brouillés depuis longtemps avec le feu

Roi, par conséquent avec le Roi son successeur, s'en lassèrent à la fin, et se raccommodèrent en ce temps-ci. Ottoboni, père du pape Alexandre VIII, étoit chancelier de Venise, qui est une grande charge et fort importante, mais attachée à l'état de citadin et la plus haute où les citadins puissent arriver; la promotion de son fils au pontificat fit inscrire les Ottobons au livre d'or, et par conséquent ils devinrent nobles vénitiens. Le cardinal Ottoboni, après la mort du pape son oncle, accepta la protection de France sans en avoir obtenu la permission du sénat, ce qui est un crime à Venise. De là la colère des Vénitiens, qui effacèrent lui et tous les Ottobons du livre d'or; et le Roi, qui s'en offensa, rompit tout commerce avec eux. On a rapporté cette affaire ici en son temps et ce que c'est que la protection. On ne fait donc qu'en rafraîchir la mémoire. La République envoya deux ambassadeurs extraordinaires en France faire excuse de ce qui s'étoit passé, et rentrer dans l'honneur des bonnes grâces du Roi, en rétablissant préalablement le cardinal et les Ottobons dans le livre d'or et dans l'état et le rang de nobles vénitiens, le cardinal demeurant toujours également protecteur de France sans aucune interruption de ce titre ni de ses fonctions.

Le prince de Montbéliard, cadet de la maison de Wurtemberg, vint à Paris pour demander que ses enfants fussent reconnus légitimes et princes, quoique il les eût de trois femmes qu'il avoit eues à la fois, dont deux étoient actuellement vivantes et chez lui, à Montbéliard tout contre la Franche-Comté, où il faisoit appeler l'une la douairière et l'autre la régnante, et prétendoit que les lois de l'Empire et les règles du luthéranisme, qu'il professoit, lui permettoient ces mariages. Le comte de la Marck, comme versé dans les lois allemandes, fut chargé d'examiner cette affaire avec Armenonville. Qu'une folie de cette nature ait passé par la tête de quelqu'un, il y a de quoi s'en étonner, mais de la faire examiner comme chose susceptible de l'être sérieusement, cela fait voir à quel point le Régent étoit facile à ce qui n'avoit point de contradicteur. M. de Montbéliard, du temps du feu Roi, s'étoit contenté de vouloir faire légitimer ses enfants et en avoit été refusé ; maintenant il veut qu'ils soient non pas légitimés, mais déclarés légitimes. On se moqua de lui et il s'en retourna chez lui. Qui ne croiroit cette chimère finie ? Elle reparut à Vienne avec les mêmes prétentions ; elle y fut foudroyée par le conseil aulique qui déclara tous ces enfants bâtards. Ce ne fut pas tout. Le prince de Montbéliard maria un de ses fils à une de ses filles, sous prétexte que la mère de cette fille l'avoit eue d'un mari à qui il l'avoit enlevée puis épousée, et longtemps après il fut vérifié que cette fille étoit de lui, quoiqu'ils ne l'aient pas avouée et que le mariage ait subsisté. Après ce sceau de réprobation, M. de Montbéliard mourut.

Le duc de Wurtemberg, à qui ce partage de cadet de sa maison revenoit par l'extinction de cette branche, voulut s'en mettre en possession ; les bâtards se barricadèrent et portèrent leurs prétentions au parlement de Paris. Ils étoient réunis contre le duc de Wurtemberg, mais divisés entre eux, ceux de chacune des deux prétendues femmes se traitant réciproquement de bâtards. Le frère et la sœur mariés vinrent à Paris ; le mari n'étoit qu'un lourdaud, mais la femme une maîtresse intrigante. Ces sortes de créatures se sentent de loin les unes les autres. Mme de Mézières, dont il a été parlé quelquefois ici et qui excelloit en intrigues, avoit marié une de ses filles à M. de Mautauban, cadet du feu prince de Guémené, au grand regret des Rohans, qui pourtant, l'affaire faite, jugèrent à propos de s'aider d'une si dangereuse créature, pour ne l'avoir pas contraire dans leur famille, et tirer parti de sa fertilité. Elle et cette bâtarde qui avoit épousé son propre frère firent connoissance ; la Mézières, bien avertie que la bâtarde avoit mis la main sur le riche magot du prince de Montbéliard, fit espérer sa protection et celle de ses amis, mais à des conditions. La princesse de Carignan, quoique d'une espèce bien différente par le mariage qu'elle avoit fait, n'étoit ni moins intrigante ni moins intéressée que toutes les deux; elle entra de part avec elles moyennant sa protection. Ces deux femmes et leur suite donnèrent dans l'œil de la bâtarde; elle sentoit bien qu'il lui falloit un crédit très-supérieur pour réussir; elle crut l'avoir trouvé : le marché se conclut. Les conditions furent une grosse somme comptant dès lors à la Mézières et une moindre à Mme de Carignan, et le mariage arrêté entre le fils de la bâtarde et une fille de Mme de Montauban, qui n'auroit lieu qu'en cas du plein succès de l'affaire; qu'on ne donneroit rien ou presque rien pour la dot; mais que par le gain du procès, le bâtard, frère et mari tout à la fois de cette bâtarde, père et mère du gendre futur de Mme de Montauban, étant déclaré légitime et héritier de la comté de Montbéliard, par conséquent de la maison de Wurtemberg, la Mézières, tous les Rohans et Mme de Carignan lui feroient obtenir le rang de prince étranger : et que, dès ce moment du marché, ils feroient tous leur propre affaire de la sienne. Ce marché étoit excellent pour toutes les parties, dont chacune y trouvoit merveilleusement son compte, mais les deux maîtresses intrigantes sur toutes, qui empochoient gros dès lors quoi qu'il pût arriver.

Les choses ainsi réglées, les protectrices du frère et de la sœur, mari et femme, leur firent prendre effrontément le nom, le titre, les armes et les livrées du feu prince de Montbéliard, leur père, avec un équipage sortable à ce nouvel état, qui de leur propre autorité préjugeoit le fond du procès. Tous les Rohans se mirent en pièces, Mme de Carignan remua tous les Luynes, et fit agir la duchesse de Lévy, et Mme de Dangeau auprès du cardinal; elle-même travailla auprès du garde des sceaux, Chauvelin, avec ses bassesses et ses adresses accoutumées et auprès duquel elle avoit grand crédit. Pour remuer tous les dévots à la mode, c'est-à-dire les jésuites et toute la constitution, les nouveaux Montbéliards abjurèrent le luthéranisme, et quoique frère et sœur mariés ensemble, devinrent une merveille de piété. L'effet répondit aux espérances de cette belle conversion; tout ce côté-là s'intrigua pour eux, et prit leur parti jusqu'au fanatisme. Mais lorsque le succès paroissoit infaillible par tous les ressorts que l'artifice avoit su faire jouer, l'Empereur, excité par le duc de Wurtemberg, se fâcha. Il fit dire au Roi, c'est-à-dire au cardinal Fleury, qu'il trouvoit fort étrange qu'on prétendît juger en France une affaire jugée en son conseil aulique, seul compétent de connoître de l'état des princes de l'Empire et de leurs successions. Il se trouva qu'on étoit lors en desir et en termes de conclure la paix avec lui.

Le cardinal, à qui Chauvelin avoit, pour son intérêt particulier, qui n'est pas de ce sujet, [1] fait entreprendre très-légèrement et fort mal à propos cette guerre, en étoit fort las, quoique elle n'eût guère duré, tellement que toutes les intrigues ne purent étouffer les égards qu'on crut devoir aux plaintes de l'Empereur, et l'affaire fut arrêtée. L'intérêt de ces prétendus Montbéliards et de leurs protecteurs étoit trop grand pour quitter prise. Ils espérèrent trouver et profiter d'autres conjonctures, et, en attendant, continuèrent à porter les nom, armes, titre et livrées qu'ils avoient arborées; ils se rabattirent à se faire plaindre, et à entretenir leurs amis et leur cabale. Cela dura des années, qui éclaircirent leur plus puissante protection. Les Rohans, seuls en vigueur, leur restoient et les manéges de la Mézières; mais tout vieillissoit et s'engourdissoit. Je ne sais comment le duc de Wurtemberg consentit à revenir procéder au parlement de Paris. Il est vrai que le Roi avoit eu lieu d'être fort content de lui pour empêcher tant qu'il avoit pu, et avec succès, les cercles du Rhin de se déclarer lors de la guerre que la mort de l'Empereur avoit fait renaître. Le procès fut donc repris au Parlement, mais les choses étoient trop chan-

1. On lit ici une seconde fois le verbe *avoit*, précédé du pronom *lui* biffé.

gées pour les faux Montbéliards. Cette affaire si singulière avoit fait trop de bruit et avoit trop duré ; elle avoit à la fin été éclaircie de tous les artifices dont elle avoit été voilée. L'état de cette bâtardise étoit connu, celui de cet incestueux et abominable mariage ne le fut pas moins. Le monde s'indigna qu'une prétention si monstrueuse fût soufferte ; les dévots eurent honte à leur tour de l'avoir tant protégée ; tellement qu'il intervint enfin un arrêt contradictoire en la grand'chambre, qui replongea cette canaille infâme dans le néant d'où elle n'auroit jamais dû sortir, et cela sans plus d'espérance ni de ressource. La singularité de la chose et des personnages m'a engagé de couler cette affaire à fond, quoique sa durée et sa fin dépassent le but que je me suis proposé de bien des années. Le rare est que, malgré cet arrêt et son exécution pour le comté de Montbéliard, dont le duc de Wurtemberg fut mis en possession, cette rare bâtarde a eu l'impudence de conserver dans Paris son prétendu nom, titre, armes et livrées, qu'elle va traînant où elle peut, sans être presque plus reçue de personne. Reprenons maintenant le fil de notre narration.

CHAPITRE V.

Le Roi commence à monter à cheval et à tirer. — L'Espagne remet la Sicile à l'Empereur, et le roi de Sicile devient roi de Sardaigne. — Mariage du duc d'Albret avec Mlle de Gordes ; suite de ses mariages ; fortune prodigieuse de M. et de Mme de Beauvau par le duc de Lorraine. — Pension de dix milles livres à la nouvelle duchesse d'Albret. — Survivance du gouvernement de Franche-Comté au duc de Tallart, et de sous-gouverneur du Roi au fils aîné de Saumery. — Mariage de M. de Mailloc avec une fille de la maréchale d'Harcourt. — Duc de Noailles s'accommode avec Bloin, pour son second fils, de la survivance d'intendant des ville, châteaux et parcs de Versailles et de Marly. — M. le comte de Charolois et le maréchal de Montesquiou entrent au conseil de régence en trentièmes. — Mort et curiosités sur Mme de Coetquen Chabot. — Mort et caractère de l'abbé de Chaulieu. — Mort de Sousternon. —

Arrêt du conseil du 22 mai 1720, qui manifeste le désordre des actions et de la banque, et qui a de tristes suites ; malice noire d'Argenson. — Mouvements du Parlement ; l'arrêt est révoqué, dont l'effet entraîne à la fin la perte de Law. — Conduite de l'abbé du Bois à l'égard de Law. — M. le duc d'Orléans me confie, et à deux autres avec moi, l'arrêt avant de le donner ; je tâche en vain de l'en détourner. — Conduite du Parlement et de M. le duc d'Orléans. — Arrêt qui révoque au bout de six jours celui du 22 mai. — Law est ôté de contrôleur général des finances ; Beuzwald, avec seize Suisses, en garde chez lui ; il voit le Régent après un refus simulé ; travaille avec lui et en est traité avec la bonté ordinaire ; la garde se retire de chez lui ; l'agio est transféré de la rue Quincampoix en la place de Vendôme. — M. le duc d'Orléans me veut donner les sceaux, et m'en presse deux jours durant ; je tiens ferme à les refuser. — Law et le chevalier de Conflans envoyés sonder et persuader le chancelier ; ils réussissent, et le ramènent de Fresnes. — Les sceaux redemandés à Argenson, et rendus au chancelier. — Retraite d'Argenson en très-bon ordre, et fort singulière.

Le Roi commença à monter à cheval au pas, et galopa un peu quelque temps après, puis commença à tirer.

Les Espagnols évacuèrent la Sicile, dont l'Empereur prit possession, et de tous les droits du tribunal fameux, dit de la monarchie, dont Rome n'osa lui disputer la moindre partie, après tout le[1] qui en étoit arrivé entre cette cour et le duc de Savoie, qu'on a vu ici en son temps. Ce prince, qui avec toute son adresse n'avoit pu parer ce fâcheux coup, renonça malgré lui à la Sicile, en eut la foible compensation de la Sardaigne, dont [il] prit le titre de roi, au lieu de celui de roi de Sicile.

Le duc d'Albret épousa Mlle de Gordes, de la maison de Simiane, fille unique du premier mariage de Mme de Rhodes, qui étoit Simiane aussi, et veuve en secondes noces de M. de Rhodes, dernier de la maison de Pot, qui avoit été autrefois grand maître des cérémonies, et fort de la cour et du grand monde, avec beaucoup d'esprit et de galanterie, depuis perdu de goutte et fort retiré, mort depuis longtemps. M. d'Albret perdit cette troisième

---

1- Saint-Simon a sauté ici un mot, en passant d'une page à une autre.

femme au bout de deux ans. Il avoit deux fils de sa
première femme, et un de la seconde, mais il étoit infatigable en mariages. Il épousa en quatrièmes noces, en
1725, une fille du comte d'Harcourt Lorraine, qui prit le
nom postiche de Guise, si odieux aux vrais François,
mais si cher à cette maison. Il avoit obtenu en don une
terre en Lorraine du duc de Lorraine, à laquelle il fit
donner le nom de Guise, d'où il prit le nom de comte,
puis de prince de Guise. Il n'y eut point d'enfants de ces
deux derniers mariages du duc d'Albret, qu'une fille fort
contrefaite, qui a depuis épousé le fils aîné de M. de
Beauvau, qui, lui et sa femme, ont fait une si prodigieuse
fortune par la faveur du dernier duc Léopold de Lorraine, et qui s'est fait grand d'Espagne, prince de l'Empire, chevalier de la Toison d'or, gouverneur de la
Toscane, avec d'immenses biens.

M. le duc d'Orléans donna à la nouvelle duchesse
d'Albret une pension de dix mille livres, la survivance du
gouvernement de Franche-Comté au duc de Tallart, et
celle de sous-gouverneur du Roi au fils aîné de Saumery,
qui valoit beaucoup mieux que le père, car il étoit sage,
instruit, honnête homme, et dans les bornes de ce qu'il
étoit; mais pour ce genre de survivance, et d'un père
plein de santé, qui n'avoit pas besoin de secours, mais
qui en vouloit perpétuer les appointements dans sa
famille, c'est une invention qui n'avoit point d'exemple
pour de pareils emplois, et que le père qui l'obtint étoit
bien loin de mériter par le peu qu'il valoit, dont il avoit
fait force preuves et des plus étranges, comme on l'a vu
ici en son lieu, et moins encore de la grâce de M. le duc
d'Orléans que de qui que ce pût être. Le maréchal de
Tallart ni les siens n'en avoient pas mieux mérité.

Le vieux marquis de Mailloc, riche, mais fort extraordinaire, épousa peu après une fille de la maréchale
d'Harcourt, à qui elle n'avoit pas grand'chose à donner.
Il n'y en eut point d'enfants.

Le duc de Noailles, toujours à l'affût de tout, trouva

que Versailles et Saint-Germain, dont il avoit le gouvernement et la capitainerie, étoient faits l'un pour l'autre. Il tourna donc Bloin, dont il acheta pour son second fils la survivance d'intendant des ville, châteaux et parcs de Versailles et de Marly. Il prévoyoit que dans quelques années ce morceau seroit bon à s'en être nanti, et il ne se trompa pas.

M. le comte de Charolois fut admis au conseil de régence, dont il ne fit pas grand usage; il vit d'abord ce que c'étoit. Le maréchal de Montesquiou y entra aussi en même temps, et il y fit le trentième.

Mme de Coetquen mourut en Bretagne, où elle s'étoit retirée depuis assez longtemps dans ses terres. Elle étoit Chabot, fille de l'héritière de Rohan, et sœur du duc de Rohan, de la belle et habile Mme de Soubise, et de Mme d'Espinoy, cadette de l'une, aînée de l'autre. La beauté de Mme de Soubise avoit fait son mari prince; et que ne fit-elle pas? Mme d'Espinoy jouissoit du tabouret de grâce, que le crédit du vieux Charost avoit obtenu lorsque le prince d'Espinoy épousa sa fille en premières noces. Cela faisoit dire à Mme de Coetquen assez plaisamment qu'elle étoit par terre entre deux tabourets. C'étoit une femme d'esprit, de fort grande mine, avec de la beauté, qui avoit fait du bruit, haute et impérieuse, fort unie à ses sœurs. Elle est célèbre par la passion que M. de Turenne eut pour elle, qui lui arracha le secret du siége de Gand, que le Roi n'avoit confié qu'à lui et à Louvois. Mme de Coetquen le laissa échapper à dessein de se parer de son empire sur M. de Turenne, mais à quelqu'un d'assez discret, et qui en sentit assez la conséquence pour qu'il n'allât pas plus loin. Le Roi ne laissa pas d'être averti qu'il avoit transpiré. Il le dit à Louvois, qui lui protesta qu'il n'en étoit pas coupable. Le Roi envoya querir M. de Turenne, qui étoit alors aux couteaux tirés avec Louvois. Il eut alors plus de probité que de haine : il rougit et avoua sa foiblesse, et lui en demanda pardon. Le Roi, qui n'ignoroit pas quel est l'empire de l'amour, se contenta d'en rire un peu, et de s'amuser aux dépens de M. de Turenne, et avec lui, de le trouver encore si sensible à son âge. Il le chargea de faire en sorte que Mme de Coetquen fût plus secrète et tâchât de fermer la bouche à qui elle avoit eu l'indiscrétion de parler, car le Roi n'apprit que par M. de Turenne que c'étoit par Mme de Coetquen, à qui il[1] avoit confié ce secret, qu'il s'étoit su. Mais heureusement il n'avoit pas été plus loin, et cette aventure ne porta aucun préjudice à cette grande exécution. Le feu Roi considéroit Mme de Coetquen; elle étoit dans la confidence de sa sœur et fut assez avant en beaucoup de choses; elle étoit fort faite pour la cour et pour le grand monde, où elle figura longtemps.

L'abbé de Chaulieu mourut quelques jours après : c'étoit un agréable débauché de fort bonne compagnie, qui faisoit aisément de jolis vers, beaucoup du grand monde, et qui ne se piquoit pas de religion. Il montra malgré lui qu'il n'étoit guère plus attaché à l'honneur. Il l'étoit depuis bien des années à MM. de Vendôme, et fut très-longtemps le maître de leur maison et de leurs affaires. Le duc de Vendôme s'en reposoit entièrement sur le grand prieur son frère et sur l'abbé de Chaulieu sous lui. On a vu ici en son temps que M. de Vendôme se trouva ruiné, que son frère et l'abbé de Chaulieu s'entendoient et le voloient; qu'il chassa Chaulieu de chez lui, se brouilla avec le grand prieur, lui ôta tout maniement de ses affaires et de la dépense de sa maison, et eut recours au Roi, qui chargea Crozat l'aîné, beau-père depuis du comte d'Évreux, de l'administration des affaires et de la maison de M. de Vendôme. Chaulieu n'en rabattit rien de son ton dans le monde, demeura de plus en plus étroitement lié avec le grand prieur, et se moqua de tout ce qu'on en pouvoit dire avec l'impudence qui lui étoit naturelle. Mais cependant il n'osoit plus paroître à la cour, quoique on n'en eût pas fait assez de

---

1. *Qu'il*, pour *qui il*, au manuscrit.

cas pour le lui défendre. Il n'étoit que tonsuré, se prétendoit gentilhomme, et avoit fourré un neveu dans la gendarmerie, qui ne s'est point poussé. Cette noblesse étoit pour le moins obscure, et le bien de la famille fort court. Cette friponnerie lui fit perdre beaucoup de sociétés.

Sousternon mourut subitement chez M. de Biron qu'il étoit allé voir. Il étoit fils d'un frère du feu P. de la Chaise, ancien lieutenant général fort borné, en sorte qu'il lui étoit arrivé des malheurs à la guerre. Il étoit aussi capitaine des gardes du comte de Toulouse, comme gouverneur de Bretagne.

Le 22 mai de cette année devint célèbre par la publication d'un arrêt du conseil d'État concernant les actions de la compagnie des Indes, qui est ce qu'on connoissoit sous le nom de Mississipi, et sur les billets de banque. Cet arrêt diminuoit par degrés les actions et les billets de mois en mois, en sorte qu'à la fin de l'année ils se trouveroient diminués chacun de la moitié de leur valeur. Cela fit ce qu'on appelle en matière de finance et de banqueroute montrer le cul, et cet arrêt le montra tellement à découvert qu'on crut tout perdu beaucoup plus à fond qu'il ne se trouva, et parce que ce n'étoit pas même un remède au dernier des malheurs. Argenson, qui par l'occasion de Law étoit arrivé aux finances, et parvenu aux sceaux, qui, dans sa gestion, l'avoit finement barré en tout ce qu'il avoit pu, et qui enfin s'étoit vu nécessité de lui quitter les finances, fut très-accusé d'avoir suggéré cet arrêt par malice et en prévoyant bien tous les maux. Le vacarme fut général et fut épouvantable. Personne de riche qui ne se crût ruiné sans ressource ou en droiture, ou par un nécessaire contre-coup; personne de pauvre qui ne se vît à la mendicité. Le Parlement, si ennemi du système par son système, n'eut garde de manquer une si belle occasion. Il se rendit protecteur du public par le refus de l'enregistrement et par les remontrances les plus promptes et les plus fortes, et le public crut lui devoir en

partie la subite révocation de l'arrêt, tandis qu'elle ne fut
donnée qu'aux gémissements universels et à la tardive
découverte de la faute qu'on avoit commise en le donnant. Ce remède ne fit que montrer un vain repentir
d'avoir manifesté l'état intérieur des opérations de Law,
sans en apporter de véritables. Le peu de confiance qui
restoit fut radicalement éteint, jamais aucun débris ne
put être remis à flot.

Dans cet état forcé, il fallut faire de Law un bouc émissaire. C'étoit aussi ce que le garde des sceaux avoit prétendu ; mais, content de sa ruse et de sa vengeance, il se
garda bien de se déceler en reprenant ce qu'il avoit été
obligé de quitter. Il étoit trop habile pour vouloir des
finances en chef, en l'état où elles se trouvoient. En peu
de temps de gestion, on eût oublié Law, et on s'en seroit
pris à lui ; il en savoit trop aussi pour souffrir un nouveau contrôleur général, qui, pour le temps qu'il auroit
duré, eût été le maître ; et c'est ce qui en fit partager
l'emploi en cinq départements. Véritablement, il choisit
celui qu'il voulut, et ayant ainsi remis un pied dans la
finance, ses quatre collègues le furent moins que ses
dépendants. Ce fut une autre comédie que celle que
donna le Régent en refusant de voir Law, amené par le
duc de la Force par la porte ordinaire, et peut-être par
une suggestion du garde des sceaux, qui les haïssoit tous
deux, pour leur en donner la mortification ; puis de voir
le même Law, amené dès le lendemain par Sassenage
par les derrières, et reçu. Monsieur le Duc, Madame sa
mère, et tout leur entour, étoient trop avant intéressés
dans les affaires de Law, et en tiroient trop gros pour
l'abandonner. Ils accoururent de Chantilly, et ce fut un
autre genre de vacarme que M. le duc d'Orléans eut à
soutenir. L'abbé du Bois, tout absorbé dans sa fortune
ecclésiastique, qui couroit enfin à grand pas à lui, avoit
été la dupe de l'arrêt, puis n'osa soutenir Law contre
l'universalité du monde. Il se contenta de demeurer
neutre, et inutile ami, sans que Law encore osât s'en

plaindre. D'un autre côté, du Bois n'avoit garde de se brouiller avec un homme dont il avoit si immensément tiré, et qui, n'ayant plus d'espérance, se pouvoit dépiquer à le dire. Du Bois aussi n'avoit garde de le protéger ouvertement contre un public entier aux abois et déchaîné. Tout cela tint encore quelque temps Law comme suspendu [par] les cheveux, mais sans avoir pied nulle part, ni consistance, jusqu'à ce [que], comme on le verra bientôt, il fallut céder, et changer encore une fois de pays.

Cet arrêt fut donné et rétracté pendant une courte vacance du conseil de régence, que j'allai passer à la Ferté. La veille de mon départ, étant allé prendre congé de M. le duc d'Orléans, je le trouvai dans sa petite galerie avec peu de monde. Il nous tira à part, le maréchal d'Estrées, moi et je ne sais plus qui encore, et nous apprit cet arrêt qu'il avoit résolu. Je lui dis qu'encore que je me donnasse pour n'entendre rien en finance, cet arrêt me sembloit fort hasardeux; que le public ne se verroit pas tranquillement frustrer de la moitié de son bien, avec d'autant plus de raison qu'il craindroit tout pour l'autre; qu'il n'y avoit si mauvaise emplâtre[1] qui ne valût mieux que celle-là, dont sûrement il se repentiroit. On voit, par bien des endroits de ces *Mémoires*, que je disois souvent bien sans en être cru, et sans que les événements que j'avois prédits et qui arrivoient corrigeassent pour d'autres fois. M. le duc d'Orléans me répondit d'un air serein en pleine sécurité. Les deux autres parurent de mon avis, sans dire grand'chose. Je m'en allai le lendemain, et il arriva ce que je viens de raconter.

Dès que M. le duc d'Orléans eut vu Law, comme il vient d'être dit, il travailla souvent avec lui, et le mena même, le samedi 25, dans sa petite loge de l'Opéra, où il parut fort tranquille. Toutefois les écrits séditieux et les mé-

1. Saint-Simon fait *emplâtre* du féminin.

moires raisonnés et raisonnables pleuvoient de tous côtés, et la consternation étoit générale.

Le Parlement s'assembla le lundi 27 mai au matin, et nomma le premier président, les présidents Aligre et Portail, et les abbés Pucelle et Menguy pour aller faire des remontrances. Sur le midi du même jour, M. le duc d'Orléans envoya la Vrillière dire au Parlement qu'il révoquoit l'arrêt du mercredi 22 mai, et que les actions et les billets de banque demeureroient comme ils étoient auparavant. La Vrillière, trouvant la séance levée, alla chez le premier président lui dire ce dont il étoit chargé. L'après-dînée, les cinq députés susdits allèrent au Palais-Royal, furent bien reçus ; M. le duc d'Orléans leur confirma ce qu'il leur avoit mandé par la Vrillière, leur dit de plus qu'il vouloit rétablir des rentes sur l'hôtel de ville à deux et demi pour cent. Les députés lui répondirent qu'il étoit de sa bonté et de sa justice de les mettre au moins à trois pour cent. M. le duc d'Orléans leur répondit qu'il voudroit non-seulement les mettre à trois, mais à quatre et à cinq pour cent; mais que les affaires ne permettoient pas qu'on pût passer les deux et demi. Le lendemain 28 mai on publia l'arrêt qui remit les billets de la banque au même état où ils étoient avant l'arrêt du 22 mai, qui fut ainsi révoqué au bout de six jours, après avoir fait un si étrange effet.

Le mercredi 29, la Houssaye et Fagon, conseillers d'État et intendants des finances, furent, avec Trudaine, prévôt des marchands, visiter la banque; en même temps le Blanc, secrétaire d'État, alla chez Law, à qui il dit que M. le duc d'Orléans le déchargeoit de l'emploi de contrôleur général des finances et le remercioit des soins qu'il s'y étoit donnés, et que, comme bien des gens ne l'aimoient pas dans Paris, il croyoit devoir mettre auprès de lui un officier de mérite et connu, pour empêcher qu'il ne lui arrivât quelque malheur. En même temps Beuzwald, major du régiment des gardes suisses, qui avoit été averti, arriva avec seize Suisses de ce régiment pour rester jour et nuit dans la maison de Law. Il ne s'attendoit à rien moins que sa destitution, ni à cette garde; mais il parut fort tranquille sur l'une et sur l'autre, et ne sortit en rien de son sens froid[1] accoutumé. Ce fut le lendemain que le duc de la Force mena Law chez M. le duc d'Orléans par la porte ordinaire, qui ne voulut pas le voir, et qui le vit le lendemain, conduit par Sassenage, par les derrières; depuis quoi il continua de travailler avec lui, sans s'en cacher, et à le traiter avec sa bonté ordinaire. J'ai rapporté plus haut cette comédie que donna le Régent, mais d'avance et en gros, pour mettre toute la scène sous un même coup d'œil. Le dimanche 2 juin, Beuzwald et ses seize Suisses se retirèrent de chez Law. On ôta l'agiotage qui se faisoit dans la rue Quincampoix, et on l'établit dans la place de Vendôme. Il y fut en effet plus au large et sans empêcher les passants. Ceux qui demeuroient dans cette place ne l'y trouvèrent pas si commode. Le Roi abandonna à la banque les cent millions d'actions qu'il y avoit.

Pendant tous ces embarras, M. le duc d'Orléans, piqué contre Argenson, auteur de l'arrêt du 22 mai, qui les avoit causés, et dont les suites avoient conduit nécessairement à la destitution de Law malgré Son Altesse Royale, voulut ôter les sceaux à Argenson. Il m'en parla une après-dînée que j'étois venu de Meudon travailler avec lui, m'expliqua ses raisons en homme qui avoit pris son parti, et tout de suite me proposa de me les donner. Je me mis à rire; il me dit qu'il n'y avoit point à rire de cela, qu'il ne voyoit que moi qu'il pût en charger. Je lui témoignai ma surprise d'une idée qui me paroissoit si étrange, comme s'il ne se pouvoit trouver personne dans ce grand nombre de magistrats, qui pût en faire dignement les fonctions, à leur défaut par impossible, par un prélat, et avoir recours à un homme d'épée qui ne savoit ni ne pouvoit savoir un mot de lois, de règles et des

1. Voyez tome I p. 221 et note 1, tome II, p. 255 et note 1, etc.

formes pour l'administration des sceaux. Il me répondit qu'il n'y avoit rien de plus simple ni de plus aisé ; que cette administration n'étoit qu'une routine que j'apprendrois en moins d'une heure, et qui s'apprenoit toute seule en tenant le sceau. J'insistai à lui faire chercher quelqu'un. Il prit donc l'Almanach royal, et eut la patience de me lire nom par nom la liste de tous les magistrats principaux par leurs places ou par leur simple réputation, et de me détailler sur chacun ses raisons d'exclusion. De là il passa au conseil de régence avec les mêmes raisons d'exclusion sur chacun ; enfin aux prélats, mais légèrement, parce qu'en effet il n'y en avoit point sur qui on pût s'arrêter.

Je lui contestai plusieurs exclusions de magistrats, celle surtout du chancelier. J'insistai même sur quelques-uns du Parlement, comme sur Gilbert de Voisins, mais sans pouvoir nous persuader l'un l'autre. Je lui dis que je comprenois que les sceaux étoient pour un magistrat une fortune par l'autorité, le rang, la décoration pour leur famille à laquelle ils ne pouvoient résister ; que je ne pouvois être touché de pas une de ces raisons, parce qu'aucune ne pouvoit me regarder ; que les sceaux ne décoreroient point ma maison, qu'ils n'apporteroient aucun changement à mon rang, à mon habit, à mes manières ; mais qu'ils m'exposeroient à la risée de ceux qui me verroient tenir le sceau, et à me casser la tête à apprendre un métier que je cesserois de faire avant que d'en savoir à peine l'écorce ; que de plus je ne voulois hasarder ni ma conscience, ni mon honneur, ni le bien précieux de son amitié, en scellant ou refusant bien ou mal à propos des édits et des déclarations qu'il m'enverroit ou des signatures à faire d'arrêts du conseil rendus sous la cheminée. Le Régent ne se paya d'aucune de ces raisons. Il essaya de m'exciter par la singularité de la chose et par les exemples du premier maréchal de Biron et du connétable de Luynes. Ils ne m'ébranlèrent point, de sorte que la discussion dura plus de trois grosses heures. Je voulus m'en aller plusieurs fois sous prétexte qu'il y avoit loin à Meudon, et toujours je fus retenu. A la fin, de guerre lasse, il me permit de m'en aller, mais à condition qu'il m'enverroit le lendemain deux hommes à Meudon, qu'il ne me nomma point, qui peut-être me persuaderoient, et qu'il me demandoit instamment d'entretenir et d'écouter tant qu'ils voudroient; il fallut bien y consentir, et ce ne fut encore après qu'à peine qu'il me laissa aller.

Le lendemain matin je ne vis point de harangueurs arriver; mais à la moitié du dîner, où j'avois toujours bien du monde, je vis entrer le duc de la Force et Canillac. Ce dernier me surprit fort. Je n'avois jamais eu de commerce avec lui que de rencontres rares, je l'avois vu chez moi et chez lui quatre ou cinq fois dans la première quinzaine de la régence ; oncques depuis nous ne nous étions vus que d'un bout de table à l'autre, au conseil de régence, depuis qu'il y fut entré, et sans nous approcher devant ni après, ni nous rencontrer ailleurs. On a vu ici qu'il s'étoit livré à l'abbé du Bois, au duc de Noailles, à Stairs, et qu'il l'étoit totalement au Parlement, et on y a vu aussi son caractère. Leur arrivée n'allongea pas le repas. Ils mangèrent en gens pressés de finir, et à peine le café pris ils me prièrent de passer dans mon cabinet. Ils étoient venus ferrés à glace, et je ne pus douter que M. le duc d'Orléans ne leur eût rendu tout le détail de la si longue discussion que j'avois eue avec lui sur les sceaux, l'après-dînée de la veille. M. de la Force ouvrit non pas la conférence, mais le plaidoyer, qui ne fut pas court; Canillac ensuite, qui se plaisoit à parler et qui parloit bien, mais sans cesse, se donna toute liberté. Leur grand argument fut : l'absolue nécessité de se défaire entièrement du garde des sceaux, dont l'infidélité causée par sa jalousie de Law, avoit produit ce fatal arrêt du 22 mai, uniquement pour perdre Law, sans se soucier du péril où il jetoit M. le duc d'Orléans, en mettant au net ce qui ne pouvoit être tenu trop caché, et qui de plus étoit en partie le fruit de toutes les entraves qu'il avoit

jetées sans cesse à toute l'administration de Law et à ses
opérations; les menées du Parlement plus envenimées
que jamais contre M. le duc d'Orléans, et plus organisées,
devenu plus habile en ce genre et plus précautionné, en
même temps plus furieux par la leçon que lui avoit donnée le lit de justice des Tuileries, qu'il ne pardonneroit
jamais; l'impossibilité, par conséquent, de choisir qui
que ce pût être de cette Compagnie pour les sceaux, exclusion qui regardoit également le chancelier par son attachement extrême et irrémédiable pour ce corps, dont il
sortoit, et dont il faisoit sa divinité; qu'il falloit dans les
conjonctures présentes un garde des sceaux dont l'attachement à M. le duc d'Orléans fût tel, qu'il n'en pût jamais
douter, que rien ne pût ébranler, qui fût connu pour tel,
et qui imposât par là une crainte et un embarras qui
troublât la cabale et ses résolutions. Avec cela ils me faisoient beaucoup d'honneur; mais rien ne coûte quand on
veut persuader avec des propos tels qu'ils me dirent, un
homme de tête, d'esprit, de courage, de réputation intacte
sur l'honneur, la vérité, l'intérêt; surtout connu pour
n'en avoir jamais voulu avoir avec les actions ni la
banque; intact sur les finances, dont il ne se seroit jamais
voulu mêler, qui eût de la dignité, qui la connût, qui fût
jaloux de l'autorité royale, enfin qui eût la parole à la
main et qui fût incapable de crainte pour savoir soutenir
les remontrances et les divers efforts du Parlement, le
contenir par ses réponses, et préserver le Régent de foiblesse qui lui seroit soufflée de toutes parts, à laquelle il
n'étoit que trop naturellement enclin, et qui seroit sa
perte certaine et bien projetée dans les circonstances présentes; qu'il ne falloit point se flatter de trouver dans le
conseil aucun magistrat capable de ce poids, qui ne sentît la robe, qui n'aimât ou ne craignît le Parlement, qui
ne fût entraîné à mollir à l'aspect de l'état des finances,
qui fût bien supérieur au plaisir de voir l'embarras
où on étoit tombé pour s'être opiniâtrément écarté de
toutes les routes connues et battues; qui ne fût affoibli

par les cris que les menées du Parlement et de ses adjoints aigrissoïent et augmentoient sans cesse; qui pardessus tout ne songeât à sa conservation et qui ne fût effrayé de ce qu'on lui feroit envisager au bout de la régence, qui ne le fût même des hasards de l'intérieur du Régent avant même la fin de la régence; qu'il étoit également inutile de rien espérer d'aucun de ceux qui composoient le conseil de régence, presque tous incapables, foibles, effrayés, entraînés, le reste ou ignorants ou plus que très-suspects, et dont l'esprit et la capacité seroit extrêmement dangereuse. M. de la Force reprit la parole, mais je leur proposai alors d'aller achever la conversation, qui avait déjà duré près de trois heures, en prenant l'air sur la terrasse qui mène aux Capucins.

Chemin faisant M. de la Force essaya de me tenter tout bas par le plaisir de mortifier le Parlement et le premier président par moi-même, après tout ce qui s'étoit passé sur le bonnet, et de me montrer à eux sous le visage sévère et supérieur que j'emprunterois des sceaux dont il m'étala les occasions continuelles et la satisfaction que j'aurois d'en profiter en servant bien l'État et M. le duc d'Orléans. Canillac s'étoit peu à peu écarté en sorte qu'il ne pouvoit entendre, je ne sais si ce fut de hasard ou de concert, mais il se rapprocha et il fut de la fin de cette sorte de conversation avec la légèreté d'un homme d'esprit qui, sans s'éloigner de ses préjugés, ne laisse pas de profiter de tout pour arriver au but qu'il s'étoit proposé à mon égard. Le beau temps et la belle vue de cette terrasse firent quelques moments de trêve au sérieux que nous traitions; nous gagnâmes ainsi le bout de la terrasse et ce qu'on appelle le bastion des Capucins; là nous nous assîmes, et quoique la vue y soit encore plus admirable, la conversation se reprit incontinent.

On peut juger que jusqu'alors ils n'avoient pas parlé seuls et que j'avois pris quelquefois la parole, quoique avec Canillac il fût aisé de la laisser reposer. Ce fut ici où ils m'exposèrent le plus au long le péril dont M. le duc d'Orléans étoit menacé, les vues et les menées du Parlement, appuyé de beaucoup de gens considérables, du mécontentement public, du désordre des affaires, de la perspective de la majorité, qui n'étoit plus éloignée que de trois ans moins quelques mois. L'exposé fut long et vif, les noms des gens considérables suspects et plus que suspects; leurs intrigues, leurs vues, leurs intérêts n'y furent pas oubliés; j'y admirai souvent que Canillac consentît à tout ce qui étoit allégué là-dessus par le duc de la Force, et que lui-même, protecteur public du Parlement, du premier président, lui, ami du maréchal de Villeroy, qui à force de recherches l'avoit gagné, et si enclin au duc du Maine, chargeât encore le tableau sur leur compte. Je ne pus m'empêcher de lui dire quelquefois que, si j'en avois été cru, et si je n'avois pas trouvé des contre-batteries si fortes, qui avoient fait jouer tant de ressorts en tous temps auprès de M. le duc d'Orléans, ni le Parlement, ni pas un de tous ceux dont ils me parloient et dont ils ne me cachoient pas les noms, ne seroient pas maintenant en situation de se faire considérer, ni de causer la moindre réflexion à faire, et je regardois Canillac, qui baissoit les yeux. Il étoit vrai que le Parlement, et tous ceux qui, avec M. et Mme du Maine, avoient été si déconcertés et si effrayés, avoient enfin peu à peu repris leurs esprits et travailloient de nouveau, fondés sur le mépris de la mollesse qui avoit suivi tant d'éclat de si près. Mais je ne voyois pas en quoi les sceaux entre mes mains pouvoient remédier à ces menées, dont le décri et le dévoilement des affaires étoit le trop apparent fondement, et la légèreté et la foiblesse naturelle de M. le duc d'Orléans, l'appui : ce fut là tout l'argument de ma défense. Je leur fis les mêmes réponses que j'avois faites la veille à M. le duc d'Orléans, et les priai de remarquer que les cris publics sur l'état des finances, démasqué par l'arrêt du 22 mai, éclatoient principalement contre les routes détournées de la conduite des finances, que ce n'étoit donc pas le temps d'en prendre une autre, pour une autre partie du ministère et de l'administration, qui, pour n'avoir pas le même danger ni la même conséquence, n'en paroîtroit pas moins extraordinaire et insolite, et ne feroit qu'augmenter le murmure contre ce goût du nouveau, quand on verroit un homme d'épée avoir les sceaux, et son ignorance à les tenir exposée aux brocards du dépit de toute la robe de les voir hors de ses mains.

Je ne finirois point si je voulois rapporter tout ce qui fut dit et discuté de part et d'autre. Je me contenterai de dire que je fus pressé par ces deux hommes, qui y employèrent tout leur esprit, comme si d'accepter ou de refuser les sceaux, la fortune, le salut, la vie de M. le duc d'Orléans eût été entre mes mains, et n'eût dépendu que du parti qu'à cet égard j'allois prendre ; je n'en pus être persuadé, et je ne me rendis point. Enfin la nuit nous gagnant, et il faut remarquer que c'étoit dans la fin de mai, par le plus beau temps du monde, je leur proposai le retour. Tout le chemin fut encore employé de leur part au pathétique, à la fin aux regrets, à m'annoncer ceux que les événements que j'aurois empêchés me causeroient, et à tous les propos de gens qui s'étoient promis de réussir, et qui s'en voyoient déçus. En arrivant au château neuf, je me gardai bien d'entrer chez moi ; je les conduisis où étoit la compagnie, avec laquelle je me mêlai pour me défaire de mes deux hommes, qui près de sept heures durant m'avoient fatigué à l'excès. Leur voiture les attendoit depuis longtemps, ils causèrent un peu debout avec le monde, enfin me dirent adieu et s'en allèrent.

Je n'ai jamais compris cette fantaisie de M. le duc d'Orléans, encore moins l'acharnement de Canillac à me persuader. J'ai toujours cru que M. le duc d'Orléans y alloit de bonne foi, pour avoir dans la place des sceaux un homme parfaitement sûr et ferme, qui l'aideroit et le fortifieroit à se débarrasser des menées et des entreprises du Parlement, et qui toutefois, par ce qu'il en avoit expérimenté sur l'affaire du duc du Maine lors du lit de justice des Tuileries, et sur la personne aussi du premier président, ne le mèneroit pas trop loin ; M. de la Force aussi, ravi d'être chargé de quelque commission que ce fût, bien aise de voir ôter les sceaux à la robe, et d'y voir un duc ulcéré contre le premier président et le Parlement, en place de les barrer et de les mortifier. L'abbé du Bois, avec qui je n'étois pas bien, et que j'avois depuis outré par l'aventure que j'ai racontée sur son sacre, sans lequel rien d'important ne se faisoit alors, auroit, je crois, voulu m'embarquer dans quelque ânerie, me commettre avec le Parlement, et le raccommoder avec le Régent à mes dépens, pour de pique me faire abandonner la partie et me retirer tout à fait. Law, de son côté, qui m'avoit toujours courtisé, qui savoit qu'il ne lui en avoit rien coûté, quelque presse qu'il m'en eût faite et fait faire par M. le duc d'Orléans, et qui étoit bien sûr que je ne voulois en aucune sorte me mêler de finance, me vouloit aux sceaux comme un homme sûr et ferme qui ne molliroit point, qui ne le barreroit et ne le tracasseroit point, qui tiendroit en bride ceux des départements des finances qui le voudroient faire, quand je verrois la raison de son côté, qu'il seroit à portée de me faire entendre ; de qui il n'auroit à craindre ni la haine, ni la jalousie, ni l'envie auprès de M. le duc d'Orléans, et qui donneroit[1] du courage et de la dignité à ce prince à l'égard du Parlement et de la cabale qui lui étoit unie. Ces réflexions ne me vinrent qu'après cette conférence si longue de Meudon, dont la persécution les produisit[2] le lendemain. Canillac me haïssoit de jalousie de la confiance de M. le duc d'Orléans, et de ricochet du duc de Noailles, du premier président, etc. Son ambassade et la prodigalité de son éloquence à me persuader ne pouvoient venir de sa part que de l'espérance de me jeter

1. *Donnerois*, au manuscrit.
2. Il y a *produisirent*, au pluriel.

dans quelque sottise dans l'administration des sceaux, dont lui et ses amis pussent profiter avec avantage. Mais rien de tout cela n'eut part à mon refus. Ces raisonnements ne se présentèrent à moi qu'après coup : faire un métier important et fort éclairé dont j'ignorois les premiers éléments, m'exposer à expédier des édits, déclarations, arrêts mauvais, iniques, peut-être pernicieux, sans en connoître la force, le danger, les suites, ou les refuser nettement, voilà les raisons qui me frappèrent d'abord, et dont rien ne put me faire revenir. Une autre raison, mais qui auroit cédé à de meilleures, fut d'éviter de me donner une singularité passagère qui feroit encore raisonner sur le goût des choses inusitées, laquelle ne me donnoit ni rang, ni illustration, ni rien, dont je susse que faire, et qui ne m'apportoit qu'un travail aveugle par mon ignorance en ce genre, et fort ingrat d'ailleurs.

Mon refus, sans plus d'espérance de me persuader, rapporté à M. le duc d'Orléans dans ces moments critiques où il n'en falloit perdre aucun pour prendre un parti, devint la matière d'une délibération subite où je ne fus point appelé, et qui ne se prit qu'entre M. le duc d'Orléans, l'abbé du Bois et Law. Le résultat fut que Law iroit trouver le chancelier, qu'on savoit qu'il se mouroit d'ennui d'être à Fresnes; que le chevalier de Conflans, cousin germain, ami intime du chancelier, et raisonneur fort avec beaucoup d'esprit, l'accompagneroit de la part de M. le duc d'Orléans, dont il étoit premier gentilhomme de la chambre ; que Law expliqueroit l'état présent des affaires, sonderoit si le chancelier se rendroit traitable, et si on pouvoit compter que la cire deviendroit molle entre ses mains, ses dispositions pour lui Law; enfin si on pourroit se fier à lui à l'égard du Parlement, non sur sa probité, dont on ne pouvoit être en peine, mais bien de son goût, de son affection et de son espèce de culte à l'égard de cette Compagnie. Conflans devoit essayer de l'effrayer par la menace d'une continuation d'exil sans fin et sans terme, même après la régence, que la fin de tout crédit de M. le duc d'Orléans, et lui en faire briller aux yeux les grâces, la confiance, le retour actuel avec les sceaux, s'il se vouloit résoudre de bonne grâce à ce qu'on desiroit de lui. Trois ans et demi de séjour à Fresnes avoient adouci les mœurs d'un chancelier de cinquante ans, qui avoit compté que, parvenu de si bonne heure à la première place, il en jouiroit et avanceroit sa famille. Ces espérances se trouvoient ruinées par l'exil, et il se trouvoit beaucoup plus éloigné de l'avancer et d'accommoder ses affaires domestiques que s'il fût demeuré procureur général. Conflans profita de ces dispositions, qui ne lui étoient pas inconnues, et que l'ennui de l'exil grossissoit. Le beau parler de Law trouva des oreilles bien disposées. Le chancelier s'accommoda à tout, et le public, quand il en fut informé, le reçut froidement, et s'écria : *Et homo factus est.*

M. le duc d'Orléans, certain du bon succès du voyage, envoya, le vendredi 7 juin, l'abbé du Bois demander les sceaux à Argenson, qui les rapporta à M. le duc d'Orléans l'après-dînée du même jour, et comme il les avoit non en commission à l'ordinaire, mais en charge enregistrée au lit de justice des Tuileries, il en remit en même temps sa démission. Il ne jouit donc pas longtemps du fruit de son insigne malice. Les amis de Law, après le premier feu passé, la firent sentir au Régent, tirèrent sur le temps, et culbutèrent le garde des sceaux sans que l'abbé du Bois, qui, entre lui et Law, nageoit entre deux eaux, osât soutenir son ancien ami. Le chancelier arriva dans la nuit qui suivit la remise des sceaux, alla sur le midi au Palais-Royal, suivit M. le duc d'Orléans aux Tuileries, où le Roi lui remit les sceaux ; mais comme il les dut à Law, qui le ramena de Fresnes, ce retour fit la première brèche à une réputation jusque-là la plus heureuse, et qui n'a cessé de baisser depuis, et de tomber tout à fait par divers degrés et par différents événements. Argenson n'avoit pas perdu son temps ; il étoit né pauvre, il se retira riche, ses enfants tout jeunes bien pourvus, en place avant l'âge, son frère chargé de bénéfices. Il témoigna une grande tranquillité, qui dans peu lui coûta la vie, sort ordinaire de presque tous ceux qui se survivent à eux-mêmes. Sa retraite fut sans exemple. Ce fut dans un couvent de Filles dans le faubourg Saint-Antoine, qui s'appelle la Magdeleine de Tresnel, où il s'étoit accommodé depuis longtemps un appartement dans le dehors qu'il avoit rendu beau et complet, commode comme une maison, où il alloit tant qu'il pouvoit depuis longues années. Il avoit procuré, même donné beaucoup à ce couvent, à cause d'une Mme de Veni, qui en étoit supérieure, qu'il disoit sa parente, et qu'il aimoit beaucoup. C'étoit une personne fort attrayante, et qui avoit infiniment d'esprit, dont on ne s'est point avisé de mal parler. Tous les Argensons lui faisoient leur cour; mais ce qui étoit étrange, c'est qu'étant lieutenant de police, elle sortoit lorsqu'il étoit malade pour venir chez lui et demeurer auprès de lui. Il conserva le rang, l'habit et toutes les marques de garde des sceaux, mais pour sa chambre; car il n'en sortit plus que deux ou trois fois pour aller voir M. le duc d'Orléans par les derrières, qui lui continua toujours beaucoup de considération; l'abbé du Bois aussi, qui le fut voir plusieurs fois. Il alla voir le chancelier une fois. Hors deux ou trois amis particuliers et sa plus étroite famille, il ne voulut voir personne, et s'ennuya cruellement. C'est ce même couvent dont, après sa mort, et cette même Mme de Veni, dont Mme la duchesse d'Orléans a depuis fait ses délices.

CHAPITRE VI.

Conférence de finance singulière au Palais-Royal; création de rentes à deux et demi pour cent enregistrées; diminution des espèces; des Forts presque contrôleur général; les quatre frères Pâris exilés. — Papiers publics solennellement brûlés à l'hôtel de ville. — Caractère de Trudaine, prévôt des marchands. — M. le duc d'Orléans m'apprend sa résolution d'ôter le prévôt des marchands, de mettre Châteauneuf en sa place, de chasser le maréchal de Villeroy et de me faire gouverneur du Roi, à quoi je m'oppose avec la dernière force, et je l'emporte ; mais il ne me tient parole que sur le dernier. — Trudaine remercié ; Châteauneuf prévôt des marchands. — Trudaine et le maréchal de Villeroy sont tôt informés au juste de tout ce tête-à-tête, sans qu'on puisse imaginer comment, et avec des sentiments bien différents l'un de l'autre. — Conduite étrange du maréchal de Villeroy ; il est visité par les harengères dans une attaque de goutte. — Emplois des enfants d'Argenson ; Baudry lieutenant de police. — M. le duc d'Orléans renvoie gracieusement les députés du Parlement au chancelier. — Arrêt célèbre sur les pierreries. — Sutton succède à Stairs ; courtes réflexions. — Continuation de la brûlerie par le nouveau prévôt des marchands. — Édit pour rendre la compagnie des Indes, connue sous le nom de Mississipi, compagnie exclusivement de commerce; effets funestes de ce[t] édit. — Gens étouffés à la banque ; le Palais-Royal menacé ; Law insulté par les rues ; ses glaces et ses vitres cassées ; il est logé au Palais-Royal. — Le Parlement refuse d'enregistrer l'édit. — Ordonnance du Roi étrange. — Précautions ; troupes approchées de Paris. — Conférences au Palais-Royal entre M. le duc d'Orléans et moi. — Petit conseil tenu au Palais-Royal ; impudence de Silly. — Translation du Parlement à Pontoise. — Effronterie du premier président, qui tire plus de trois cent mille livres de la facilité de M. le duc d'Orléans, pour le tromper, s'en moquer, et se raccommoder avec le Parlement à ses dépens. — Le Parlement refuse d'enregistrer sa translation, puis l'enregistre en termes les plus étranges ; arrêt de cet enregistrement. — Conduite du premier président ; dérision du Parlement à Pontoise, et des avocats pareille. — Foule d'opérations de finance ; des Forts en est comme contrôleur général. — Profusion de pensions. — Maréchal de Villars cruellement hué dans la place de Vendôme ; l'agiotage qui y [est] établi transporté dans le jardin de l'hôtel de Soissons ; avidité sans pareille de M. et de Mme de Carignan. — Law, retourné du Palais-Royal chez lui, fort visité; les troupes approchées de Paris renvoyées. — Peste de Marseille.

L'après-dînée du jour que les sceaux furent rendus au chancelier Daguesseau, il assista à une assemblée fort singulière qui fut tenue par M. le duc d'Orléans, où se trouvèrent le maréchal de Villeroy, seul du conseil de régence, des Forts, Ormesson, beau-frère du chancelier, et Gaumont, tous trois conseillers d'État, et ayant des départements de finance de la dépouille de Law, les cinq députés du Parlement susdits pour les remontrances, qui étoient : le premier président, les présidents Aligre et Portail, et deux conseillers clercs de la grand'chambre, les abbés Pucelle et Menguy, et la Vrillière, en cas qu'on eût besoin de plume et qu'il y eût des ordres à donner ou des expéditions à faire. Le fruit de cette conférence fut l'enregistrement de l'édit de création de rentes sur l'hôtel de ville à deux et demi pour cent, qui fut fait au Parlement le surlendemain lundi 10 juin, qui fut publié le lendemain ; on publia en même temps un arrêt pour la diminution des monnoies à commencer au 1er juillet suivant. Par la retraite d'Argenson, des Forts, sans en avoir le titre ni la fonction précise devint comme contrôleur général. A l'égard de force arrêts et autres opérations de finances, et de mutations de départements et de bureaux, c'est de quoi je continuerai à ne pas charger ces *Mémoires*. Je dirai seulement que les quatre frères Pâris, dont j'ai parlé ailleurs, furent exilés en Dauphiné. Ils ont depuis été les maîtres du royaume sous Monsieur le Duc, et ils le sont à peu près redevenus aujourd'hui, c'est-à-dire les deux qui sont demeurés en vie.

On cherchoit depuis quelque temps à ranimer quelque confiance, et on crut qu'un des plus utiles moyens d'y parvenir seroit d'anéantir si authentiquement les papiers publics acquittés, qu'il ne pût rester le moindre soupçon qu'on en pût remettre aucun dans le commerce et gagner dessus de nouveau. On prit donc le parti de les remettre toutes les semaines par compte au prévôt des marchands, qui les brûloit solennellement à l'hôtel de ville en présence de tout le corps de ville et de quiconque y vouloit assister, même bourgeois et peuple. Trudaine, conseiller d'État, étoit prévôt des marchands : c'étoit un homme dur, exact, sans entregent et sans politesse, médiocrement éclairé, aussi peu politique, mais pétri d'honneur et de justice, et universellement reconnu pour tel ; il devoit tout ce qu'il étoit au feu chancelier Voysin, mari de sa sœur, et il n'avoit pas pris d'estime, ni encore moins d'affection dans ce tripot-là pour M. le duc d'Orléans, ni pour son gouvernement. Il ne s'étoit point caché de toute l'horreur qu'il avoit pour le système et pour tout ce qui s'étoit fait en conséquence. Ce magistrat s'expliqua si crûment à l'occasion de ce brûlement de billets et de quelques méprises qui s'y commirent de la part de ceux dont il les recevoit, que ces Messieurs offensés aigrirent M. le duc d'Orléans, et lui persuadèrent qu'au temps scabreux où on étoit du côté de la confiance et du peuple, l'emploi de prévôt des marchands ne pouvoit être en de plus dangereuses mains. A cette disposition, Trudaine mit le comble par un propos imprudent, qui lui échappa de surprise en public à un brûlement de billets comme si quelques-uns de ceux-là lui eussent déjà passé par les mains. Tout aussi M. le duc d'Orléans en fut informé, et il est vrai que ce discours fut promptement débité et commenté, et qu'il ne fit pas un bon effet pour la confiance. Un jour ou deux après, je vins de Meudon travailler avec M. le duc d'Orléans à mon ordinaire; dès que je parus (et le premier président étoit seul dans une grande pièce du grand appartement qui donne dans le petit) : « Je vous attends avec impatience, me dit le Régent, pour vous parler de choses importantes; » et s'enfonçant dans cette autre vaste pièce où étoit l'estrade et le dais, se mit à se promener avec moi et me conta toute l'affaire de l'hôtel de ville comme on la lui avoit rendue, ajouta tout de suite que c'étoit un complot du maréchal de Villeroy et du prévôt des marchands, et qu'il avoit résolu de les chasser tous deux.

 Je lui laissai jeter son feu, puis j'essayai à lui ôter ce complot de la tête, en lui faisant le portrait de Trudaine. Je condamnai sa rusticité, je blâmai surtout son imprudence, en remontrant qu'elle ne méritoit ni un éclat ni un affront tel que de l'ôter de place avant la fin de sa prévôté, mais bien un avertissement un peu ferme d'être plus mesuré dans ses paroles. Pour donner plus de poids aux miennes, je lui dis que ce n'étoit point par amitié pour Trudaine que je lui parlois, puisqu'il pouvoit se souvenir qu'il m'avoit accordé son agrément d'une place d'échevin de Paris pour Boulduc, apothicaire du Roi très-distingué dans son métier, et que j'aimois beaucoup de tout temps; que là-dessus je l'avois demandée à Trudaine, qui me l'avoit refusée avec la dernière brutalité. Le Régent s'en souvint très-bien, mais insista toujours, et moi aussi. L'altercation fut encore plus vive sur le maréchal de Villeroy. Je lui représentai le double danger, dans un temps aussi critique, de toucher pour la seconde fois à l'éducation du Roi, après l'avoir ôtée au duc du Maine, et quels affreux discours cela feroit renouveler dans un public outré du désespoir de sa fortune pécuniaire et parmi un peuple qu'on cherchoit à soulever; à l'égard du prévôt des marchands, que ce seroit confirmer toute l'induction que les malintentionnés voudroient tirer de son imprudence, et perdre toute confiance et tout crédit à jamais que d'ôter à cette occasion un homme de cette réputation d'honneur, de probité, de justice et d'amour pour la droiture; qu'on ne manqueroit pas d'en conclure qu'on avoit voulu jouer encore des gobelets et imposer au monde en brûlant de faux papiers, et remettre les véritables dans le public; enfin, que c'étoit une violence sans exemple d'ôter un prévôt des marchands avant l'expiration de son temps, parce que celui-ci n'avoit pu se prêter à une si indigne supercherie.

M. le duc d'Orléans, résistant à toutes ces remontrances par la persuasion du danger encore plus grand où il s'exposoit en laissant ces deux hommes en place, me déclara que son parti étoit pris, et de me faire gouverneur du Roi, et Châteauneuf prévôt des marchands. Je m'écriai que jamais je n'accepterois la place de gouverneur du Roi, que plus je lui étois attaché, à lui Régent, moins j'en étois susceptible; qu'il devoit se souvenir qu'il en étoit convenu, lorsque, avant la mort du Roi, nous traitions cette matière; qu'il ne pouvoit pas avoir oublié tout ce que je lui en avois dit encore, il n'y avoit pas si longtemps, quand il avoit voulu alors ce qu'il vouloit de nouveau aujourd'hui. Venant après à l'autre point, je le priai de considérer que Châteauneuf étoit Savoyard de famille, né en Savoie, où il avoit été président de la cour supérieure de Chambéry, étranger par conséquent, et bien que naturalisé, ci-devant ambassadeur à la Porte, en Portugal, en Hollande, conseiller au Parlement et maintenant conseiller d'État, il étoit exclu par les lois municipales de la ville de Paris; que quelque justice et bon et sage devoir qu'il eût fait à Nantes, à la tête de la commission du conseil, cette commission étoit, en gros, triste et fâcheuse, pour servir de degré à revêtir les dépouilles d'un magistrat populaire, cher par sa vertu, et offenser, doublement Paris en le lui ôtant pour mettre un étranger à sa place, contre toutes les règles et les lois de la ville et contre tout exemple. M. le duc d'Orléans, demeurant ferme sur tous les points, et avec une vivacité qui m'effraya, je me jetai à ses genoux, je les embrassai de mes deux bras, je le conjurai par tout ce qui me vint de plus touchant, tandis qu'il trépignoit d'embarras pour me faire quitter prise; je protestai que je ne me relèverois[1] point qu'il ne m'eût donné sa parole de ne pas toucher au maréchal de Villeroy et à Trudaine et de les laisser dans leurs places. Enfin, il se laissa toucher ou arracher, et il me le promit à plusieurs reprises, que j'exigeai avant de me vouloir relever. Quoique j'abrége fort ici le récit de cette longue scène, j'en rapporte tout l'essentiel. Nous travaillâmes ensuite assez longtemps, et je m'en retournai à Meudon, où je passois tous les étés en bonne compagnie, et ne venois à Paris que pour les affaires, sans y coucher.

Le lendemain, sans aller plus loin, le prince de Tingry entre autres vint dîner à Meudon, qui d'abordée nous dit la nouvelle qui s'étoit répandue comme il alloit partir, que Trudaine étoit remercié et Châteauneuf mis en sa place. Je cachai ma surprise autant qu'il me fut possible

---

1. Saint-Simon a écrit *relevrois*.

et mon trouble secret sur le maréchal de Villeroy. Je compris bien qu'il n'y avoit rien encore à son égard, puisqu'on n'en parloit point; mais un manquement de parole si prompt sur l'un m'inquiéta fort pour l'autre, non par estime ni par amitié, non pour moi, qui étois bien résolu à refuser très-nettement et constamment la place de gouverneur du Roi, mais pour M. le duc d'Orléans, et toutes les suites que je prévoyois[1] de l'ôter de cette place. Mais heureusement il n'en fut plus question pour lors. Je ne sais si la parole que j'avois moins obtenue qu'arrachée ne fut donnée que pour se dépêtrer de moi, ou si les mêmes qui lui avoient fait prendre ces résolutions le poussèrent de nouveau depuis que je l'eus quitté. Je croirois plutôt le premier, et que, si M. le duc d'Orléans avoit eu un successeur tout prêt pour le maréchal de Villeroy comme il en avoit un pour Trudaine, le maréchal eût sauté avec lui. L'abbé du Bois aimoit Châteauneuf depuis qu'il l'avoit pratiqué en Hollande, quoique il y fût peu au gré des Anglois. Il étoit pauvre et mangeur; ses ambassades l'avoient incommodé, malgré celle de la Porte; il avoit besoin; la prévôté des marchands étoit propre à les remplir[2], et M. le duc d'Orléans avoit toujours eu du goût pour lui.

A quatre jours de là, il y eut conseil de régence, et j'étois de mois pour les placets. J'allai donc aux Tuileries un peu avant le conseil me mettre dans la pièce qui précédoit celle où on le tenoit, derrière le fauteuil du Roi et la table des placets, entre deux maîtres des requêtes pour les recevoir, c'est-à-dire pour les voir jeter sur la table et les voir prendre après par les maîtres des requêtes et m'en rendre compte, et après tous trois à M. le duc d'Orléans, après les avoir entièrement dégrossis. L'un de ces deux maîtres des requêtes se trouva être Bignon, mort jeune depuis conseiller d'État, fils du conseiller d'État intendant de Paris, ami intime de Mlle Choin, duquel j'ai

---

1. Il y a *prévois* pour *prévoyois*, sans doute par erreur.
2. A remplir ses besoins.

parlé à l'occasion du mariage de Mme la duchesse de Berry,
où on a vu ma liaison avec les Bignons et son ancienne
cause. Il étoit neveu de Bignon, aussi conseiller d'État,
qui avoit été prévôt des marchands. Il me dit que son
oncle[1] ne se portoit pas bien, mais qu'il ne laisseroit pas
de m'aller chercher à Meudon s'il pouvoit, qu'il avoit à
me parler, qu'il en étoit même pressé, et qu'il l'avoit
chargé de savoir de moi si et quand il me pourroit trouver chez moi à Paris. Je le priai de dire à son oncle que
je passerois chez lui au sortir du conseil avant de retourner à Meudon. J'y allai donc. Dès que Bignon me vit, il
me dit que, si Trudaine avoit osé aller à Meudon, il y
auroit couru me témoigner toute sa reconnoissance; que,
ne pouvant la contenir, il l'avoit chargé de m'assurer que
je m'étois acquis en lui un serviteur à jamais, et de là
un torrent de louanges et de remerciements; moi, qui de
ma vie n'avois eu le moindre commerce avec Trudaine,
et qui n'imaginois pas ce que Bignon me vouloit dire, je
demeurai fort surpris. Il me dit que je ne devois pas être
si réservé, qu'ils savoient tout, et de là me raconta de
mot à mot toute la conversation entière que j'avois eue
avec M. le duc d'Orléans tête à tête, et que je viens de
rapporter en gros; alors mon étonnement fut extrême.
Je niai d'abord tant que je pus, mais je n'y gagnai rien.
Le récit de tout fut exact, et pour l'ordre jusque pour la
plupart des termes; enfin, l'action de la fin, tout me fut
rendu par Bignon dans une si étrange justesse que je ne
pus malgré moi désavouer, et que je fus réduit à lui
demander et à Trudaine le secret pour toute reconnoissance. Ils me le gardèrent sur le maréchal de Villeroy,
dont Bignon sentit la conséquence; mais ils ne s'y purent
soumettre sur l'autre point; ils publièrent ce que Trudaine me devoit. Il me vint voir au bout de quelque
temps et m'a cultivé toute sa vie. Il faut dire, à l'honneur de son fils, que jusqu'à aujourd'hui, il ne l'a pas

1. On lit ici le mot *qui* au manuscrit.

oublié. D'imaginer après comment cela s'est su : si un valet relaissé entre deux portes ou M. le duc d'Orléans lui-même auroit rendu la conversation et avec cette longueur et cette justesse, c'est ce que je n'ai jamais pu démêler. Je ne voulus pas en parler à M. le duc d'Orléans, et je n'ai pu tirer de Bignon ni de Trudaine comment ils l'avoient sue quoi que j'aie pu faire. Comme elle vint à eux, il n'est pas surprenant qu'elle ne transpirât jusqu'au maréchal de Villeroy. Ce que j'y gagnai fut rare : sa malveillance, qui ne put me pardonner d'avoir pu remplir sa place, non pas même en faveur de ce que je l'avois refusée et que je la lui avois fait conserver. Il avoit déjà eu la même crainte à mon égard, car ceci étoit une récidive; mais il n'en avoit eu que le soupçon et non la certitude, comme en celle-ci qui produisit en lui ce sentiment bas à force d'orgueil et d'insolence, et si opposé à celui d'un honnête homme. On le lui verra bien renouveler dans quelque temps.

Ce n'étoit pas sans raison, comme on a déjà vu en bien des endroits, mais raison toute récente, que le maréchal de Villeroy pesoit rudement à M. le duc d'Orléans dans la place de gouverneur du Roi. Il n'y avoit rien qu'il n'eût mis en usage depuis la régence pour se rendre agréable au Parlement et au peuple. M. de Beaufort lui avoit tourné la tête. Il crut qu'avec la confiance que le feu Roi lui avoit marquée dans les derniers temps de sa vie, ce qu'il pouvoit penser attendre des troupes qu'il avoit si longtemps commandées, se trouvant doyen des maréchaux de France, et le Roi entre ses mains, le gouvernement de Lyon, où il étoit de longue main maître absolu, et son fils entièrement dans sa dépendance capitaine des gardes du corps, c'étoit de quoi balancer l'autorité du Régent et faire en France le premier personnage. Par cette raison il affecta de s'opposer à tous les édits bursaux, à Law, aux divers arrangements de finances, à tout ce que le Parlement répugnoit à enregistrer. Il rendit, tant qu'il put, la vie dure au duc de Noailles tant que celui-ci eut les finances, quoique encore plus indécent et bas valet du Parlement que lui, quoique il ne s'en mêlât que bien superficiellement, ainsi que de toutes autres affaires. On a vu son attachement au duc du Maine, le désespoir qu'il marqua quand l'éducation lui fut ôtée, son engagement et ses frayeurs quand ce bâtard fut arrêté, avec quelle bassesse et quelle importunité pour le Roi il en faisoit les honneurs et le montroit aux magistrats à toutes heures qu'ils se présentoient, comme il les distinguoit sur qui que ce pût être, l'affectation avec laquelle il faisoit voir le Roi au peuple qui s'en étoit pris de passion à proportion qu'il s'étoit pris de haine contre le feu Roi, et que les ennemis de M. le duc d'Orléans le décréditoient parmi ce même peuple.

Ce fut aussi de ce dernier article que le maréchal se servit le plus dangereusement. Il portoit sur lui la clef d'une armoire où il faisoit mettre le pain et le beurre de la Muette[1] dont le Roi mangeoit, avec le même soin et bien plus d'apparat que le garde des sceaux celle de la cassette qui les renferme, et fit un jour une sortie d'éclat parce que le Roi en avoit mangé d'autre, comme si tous les vivres dont il usoit nécessairement tous les jours, la viande, le potage, le poisson, les assaisonnements, les légumes, tout ce qui sert au fruit, l'eau, le vin n'eussent pas été susceptibles des mêmes soupçons. Il fit une autre fois le même vacarme pour les mouchoirs du Roi, qu'il gardoit aussi; comme si ses chemises, ses draps, en un mot, tout son vêtement, ses gants, n'eussent pas été aussi dangereux, que néanmoins il ne pouvoit avoir sous clef, et les distribuer lui-même. C'étoit ainsi des superfluités d'impudentes précautions vides de sens, pleines de vues les plus intéressées et les plus noires, qui indignoient les honnêtes gens, qui faisoient rire les autres, mais qui frappoient le peuple et les sots, et qui avoient ce double effet de renouveler sans cesse les dits horribles qu'on

1. Voyez tome IV, p. 286, note 2.

entretenoit soigneusement contre M. le duc d'Orléans, et que c'étoit aux soins et à la vigilance d'un gouverneur si fidèle et si attaché qu'on étoit redevable de la conservation du Roi, et dont dépendoit sa vie. C'est ce qu'il vouloit bien établir dans l'opinion du Parlement et du peuple, et peu à peu dans l'esprit du Roi, et c'est à quoi il s'en fallut bien peu qu'il ne parvînt parfaitement. C'est ce qui lui attachoit tellement ce peuple, qu'ayant eu tout nouvellement une violente attaque de goutte qu'il avoit toujours fort courtes, le peuple en fut en émoi, et les halles lui députèrent des harengères, qui voulurent le voir. On peut juger comment ces ambassadrices furent reçues. Il les combla de caresses et de présents, et il en fut comblé de joie et d'audace, et c'étoit là ce qui avoit ranimé dans M. le duc d'Orléans la volonté et la résolution de l'ôter d'auprès du Roi. Le maréchal de Villeroy comptoit encore s'attacher le Roi et le public par ces odieuses précautions de manière à se persuader que, quoi qu'il pût faire, jamais le Régent n'oseroit le chasser, et que s'il l'entreprenoit, le Roi, tout enfant qu'il étoit, l'empêcheroit par ses cris, dans la conviction qu'il lui inspiroit que sa vie étoit attachée à ses soins et que ce ne seroit que pour se procurer les moyens d'y pouvoir attenter qu'on l'éloigneroit de sa personne. On verra en son temps que ce raisonnement infernal n'étoit pas mal juste, et qu'il fut fort près de lui réussir.

Le fils aîné d'Argenson, qui, tout jeune, avoit eu sa place de conseiller d'État, étoit intendant à Maubeuge, où il ne demeura pas longtemps. Le cadet étoit lieutenant de police, il en fut remercié; Baudry eut cette place et le jeune Argenson eut tôt après l'intendance de Tours, où il demeura peu. Les deux frères sont depuis parvenus au ministère, et [à] être secrétaires d'État.

M. le duc d'Orléans reçut les remontrances du Parlement le mieux du monde. Elles ne furent que générales, sur la situation des finances; il les renvoya au chancelier pour voir avec lui ce qu'il seroit de plus à propos à faire.

[1720] ARRÊT CÉLÈBRE SUR LES PIERRERIES.

Il y eut, le 5 juillet, un arrêt du conseil, portant défense d'avoir des pierreries, d'en garder chez soi, ni d'en vendre qu'aux étrangers. On peut juger du bruit qui en résulta. Cet arrêt, enté sur tant d'autres, alloient[1] trop visiblement tous à s'emparer de tout l'argent pour du papier décrié, et auquel on ne pouvoit plus avoir la moindre confiance. En vain M. le duc d'Orléans, Monsieur le Duc et Madame sa mère, voulurent-ils persuader qu'ils en donnoient l'exemple, en se défaisant de leurs immenses pierreries dans les pays étrangers ; en vain y en envoyèrent-ils en effet, mais seulement en voyage ; qui que ce soit ne fut la dupe, et qui ne cachât bien soigneusement les siennes, qui en avoit, ce qui se put par le petit volume, bien plus aisément que l'or et l'argent. Cette éclipse de pierreries ne fut pas de longue durée.

Stairs enfin prit congé après avoir régné ici sans voile avec une domination absolue, dont le commerce et la marine de France et d'Espagne se ressentiront longtemps, et même l'Angleterre, par la supériorité que son roi a acquise sur la nation, moyennant les subsides immenses qu'il a tirés de nous, qui l'ont mis en état de se rendre le maître de ses parlements, et de n'y trouver plus de barrière à ses volontés, grâces à l'ambition de l'abbé du Bois, à l'aveuglement de Canillac, à la perfide politique personnelle du duc de Noailles, et à l'entraînement de M. le duc d'Orléans. Stairs se pressa de passer la mer dès que le chevalier Sutton, son successeur, fut arrivé, pour trouver le roi d'Angleterre, qui s'en alloit dans ses États d'Allemagne. Jamais l'audace, l'insolence, l'impudence, ne furent portées[2] en aucun pays au point où cet ambassadeur les porta, ni avec tant de succès ; malheureusement il ne savoit que trop à qui il avoit affaire. Encore une fois voilà le fruit de se livrer à un seul, à un seul de l'espèce de l'abbé du Bois encore, enfin à un premier ministre qui veut être cardinal.

1. Il y a bien ici *alloient*, et trois mots plus loin, *tous*, au pluriel.
2. *Portés*, au manuscrit.

Le nouveau prévôt des marchands continua à brûler publiquement à l'hôtel de ville les actions et les billets de banque, jusqu'à la réduction qu'on avoit résolue.

Tandis que les députés du Parlement travailloient souvent chez le chancelier sans conclure, on projeta un édit pour rendre la compagnie des Indes compagnie de commerce, laquelle s'obligeoit, ce moyennant, à rembourser dans un an, pour six cents millions de billets de banque, en payant cinquante millions par mois : telle fut la dernière ressource de Law et de son système. Aux tours de passe-passe du Mississipi il avoit fallu chercher à substituer quelque chose de réel, surtout depuis l'événement de l'arrêt du 22 mai dernier, si célèbre et si funeste au papier. On voulut donc substituer aux chimères une compagnie réelle des Indes, et ce fut ce nom et cette chose qui succéda, et qui prit la place[1] de ce qui ne se connoissoit auparavant que sous le nom de Mississipi. On avoit eu beau donner à cette compagnie la ferme du tabac et quantité d'autres revenus immenses, ce n'étoit rien pour faire face au papier répandu dans le public, quelques soins qu'on eût pris de le diminuer à tous hasards, à toutes ruines, à toutes restes[2].

Il fallut chercher d'autres expédients. Il ne s'en trouva point que de rendre cette compagnie compagnie de commerce; c'étoit sous un nom plus doux, mais obscur et simple, lui attribuer le commerce exclusif en entier. On peut juger comment une telle résolution put être reçue dans le public, poussé à bout de la défense sévère, sous de grandes peines, d'avoir plus de cinq cents livres en argent chez soi, d'y être visité et fouillé partout, et de ne pouvoir user que de billets de banque pour payer journellement les choses les plus médiocres et les plus nécessaires à la vie. Aussi opéra-t-elle deux choses : une fureur qui s'aigrit tellement par la difficulté de toucher son

1. Saint-Simon a écrit ici le mot *que*.
2. *Reste* a été des deux genres. Voyez tome VIII, p. 197 et note 1, et tome XVI, p. 428 et note 1.

propre argent, jour par jour, pour sa subsistance journalière, que ce fut merveille comment l'émeute s'apaisa, et que tout Paris ne se révoltât pas tout à la fois ; l'autre, que le Parlement, prenant pied sur cette émotion publique, tint ferme jusqu'au bout contre l'enregistrement de l'édit. Le 15 juillet, le chancelier montra chez lui le projet de l'édit aux députés du Parlement, qui furent chez lui jusqu'à neuf heures du soir sans s'être laissé persuader. Le lendemain 16, le projet de l'édit fut montré au conseil de régence. M. le duc d'Orléans, soutenu de Monsieur le Duc, y parla bien, parce qu'il ne pouvoit parler mal, même dans les plus mauvaises thèses. Personne ne dit mot, et on ploya les épaules. Il fut résolu de la sorte d'envoyer le lendemain, 17 juillet, l'édit au Parlement.

Ce même jour 17, au matin, il y eut une telle foule à la banque et dans les rues voisines pour avoir chacun de quoi aller au marché, qu'il y eut dix ou douze personnes étouffées. On porta tumultuairement trois de ces corps morts à la porte du Palais-Royal, où le peuple vouloit entrer à grands cris. On y fit promptement marcher un détachement des compagnies de la garde du Roi, des Tuileries. La Vrillière et le Blanc haranguèrent séparément ce peuple. Le lieutenant de police y accourut ; on fit venir des brigades du guet. On fit après emporter les corps morts, et par douceur et cajoleries on vint enfin à bout de renvoyer le peuple, et le détachement de la garde du Roi s'en retourna aux Tuileries. Sur les dix heures du matin, que tout cela finissoit, Law s'avisa d'aller au Palais-Royal ; il reçut force imprécations par les rues. M. le duc d'Orléans ne jugea pas à propos de le laisser sortir du Palais-Royal, où, deux jours après, il lui donna un logement. Il renvoya son carrosse, dont les glaces furent cassées à coups de pierre. Son logis en fut attaqué aussi avec grand fracas de vitres. Tout cela fut su si tard dans notre quartier des Jacobins de la rue Saint-Dominique, qu'il n'y avoit plus apparence de rien quand j'arrivai au

Palais-Royal, où M. le duc d'Orléans, en très-courte compagnie, étoit fort tranquille, et montroit que ce n'étoit pas lui plaire que de ne l'être pas. Ainsi je n'y fus pas longtemps, n'y ayant rien à faire ni à dire. Ce même matin l'édit fut porté au Parlement; il refusa de l'enregistrer, et envoya les gens du Roi à M. le duc d'Orléans pour lui rendre compte de leurs raisons, lequel demeura fort piqué de ce refus. On publia le lendemain par la ville une ordonnance du Roi, portant défense au peuple de s'assembler, sous de grandes peines, et qu'à cause des inconvénients arrivés la veille à la banque, on n'y donneroit point d'argent et qu'elle seroit fermée jusqu'à nouvel ordre. On fut plus heureux que sage ; car de quoi vivre en attendant? Et si[1] rien ne branla, ce qui marque bien la bonté et l'obéissance de ce peuple qu'on mettoit à tant et de si étranges épreuves. On fit néanmoins venir des troupes auprès de Charenton, qui étoient à travailler au canal de Montargis, quelques régiments de cavalerie et de dragons à Saint-Denis, et le régiment du Roi sur les hauteurs de Chaillot. On envoya de l'argent à Gonesse, pour faire venir des boulangers comme à l'ordinaire, de peur de leur refus de prendre des billets, comme faisoient presque tous les marchands et les ouvriers de Paris, qui ne vouloient plus recevoir de papier. Le régiment des gardes eut ordre de se tenir prêt, et les mousquetaires de ne s'éloigner point de leurs deux hôtels et de tenir leurs chevaux bridés.

Ce même jour du refus du Parlement d'enregistrer l'édit, je fus mandé au Palais-Royal sur les cinq heures après midi. M. le duc d'Orléans m'apprit la plupart des choses faites ou résolues qui viennent d'être rapportées, se plaignit fort de la mollesse du chancelier avec le Parlement et dans les conférences chez lui avec les députés de cette Compagnie; et de là force reproches de l'embarras où il me mettois par mon opiniâtreté à ne vouloir point

---

1. Voyez tome X, p. 252 et note 1.

des sceaux. Je lui répondis qu'avec sa permission je pensois tout autrement. « Comment, m'interrompit-il vivement, me ferez-vous accroire que vous auriez été aussi mou que le chancelier, et que vous ne leur eussiez pas fait peur? — Ce n'est pas cela, repris-je; mais vous n'ignorez pas à quel point je suis avec le premier président, et que je ne suis pas agréable au Parlement depuis la belle affaire du bonnet, où votre mollesse et votre peur du Parlement, vous qui aujourd'hui la reprochez aux autres, nous a mis dans la fange, et vous dans le bourbier, par l'audace et l'intérêt du Parlement, du premier président et de leur cabale, après qu'ils ont eu reconnu par là, dès l'entrée de votre régence, à qui ils avoient affaire et comment vous manier; aussi s'y sont-ils donné ample carrière; vous les aviez abattus par le lit de justice des Tuileries, vous ne l'avez pas soutenu; cette conduite leur a remis les esprits, et la cabale tremblante a repris force et vigueur. Cette courte récapitulation ne seroit pas inutile, si à la fin vous en pouviez et saviez profiter. Mais revenons à moi et aux sceaux. Persuadez-vous, Monsieur, que, si ces gens-là se montrent si revêches à un magistrat nourri dans leur sein, qui est leur chef et leur supérieur naturel, qu'ils aiment et dont ils se savent aimés, persuadez-vous, dis-je, qu'ils se seroient montrés encore plus intraitables avec un supérieur précaire, regardé par eux comme un supérieur de violence, sans qualité pour l'être, revêtu d'une dignité qu'ils haïssent et qu'ils persécutent avec la dernière audace et la plus impunie : homme d'épée, qui est leur jalousie et leur mépris tout à la fois; et homme que personnellement ils haïssent et dont ils se croient haïs. Ils auroient pris pour une insulte d'avoir à traiter avec moi; leur cabale auroit répandu cent mauvais discours; les députés, par leurs propos, auroient exprès excité les miens, et tout le monde vous auroit reproché et la singularité d'un garde des sceaux d'épée, et le mauvais choix d'une manière d'ennemi pour travailler à une conciliation. Voilà ce qui en seroit résulté, c'est-à-dire un bien plus grand embarras pour vous, et un très-désagréable pour moi. Ainsi, n'ayez nul regret à mon refus. Tenez-le, au contraire, pour un avantage, qui vous est clairement démontré par l'occasion présente, et ne regrettez que de n'avoir pas eu sous la main un magistrat estimé royaliste et non parlementaire à faire garde des sceaux; mais cela ne s'étant pu trouver, vous avez fait la seule chose naturelle à faire, en rappelant et rendant les sceaux au chancelier, et à un homme de ce mérite et de cette réputation, puisque, pour d'autres raisons, vous les avez voulu ôter à celui qui les avoit, et qui étoit votre vrai homme tel qu'il vous le falloit dans les circonstances présentes, et pour le bien dire, au vol que le Parlement a pris et veut prendre de plus en plus, l'homme pour qui les sceaux étoient le plus faits pendant une régence; mais il faut partir d'où on est: avez-vous quelque plan formé pour sortir bien du détroit où vous êtes? Il faut laisser le passé, et voir ce qu'il y a à faire. »

M. le duc d'Orléans demeura muet sur les sceaux, se rabattit encore sur le chancelier, et me dit qu'il ne voyoit autre chose à faire que d'envoyer le Parlement à Blois. Je lui dis que cela étoit bon faute de mieux, non que j'imaginasse ce mieux, mais que je voyois avec peine que, par cet exil, le Parlement étoit puni, mais n'étoit ni ramené ni dompté. Le Régent en convint; mais il espéra que ces magistrats, accoutumés à Paris dans leurs maisons, leurs familles, leurs amis, se lasseroient bientôt d'en être séparés, se dégoûteroient de n'être plus qu'entre eux, s'ennuieroient encore plus de la dépense de l'éloignement de chez eux, et de la diminution du sac par celle des affaires qui suivroit nécessairement leur transplantation. Cela étoit vrai, et comme on ne pouvoit autre chose, il falloit bien s'en contenter. Je lui proposai ensuite de bien examiner tout ce qui pouvoit arriver, les remèdes prompts et sûrs à y apporter, parce [qu']il valoit sans comparaison mieux ne rien entreprendre que demeurer court et avoir le démenti de ce qu'on auroit entrepris, qui seroit la perte radicale de toute l'autorité. Il me dit qu'il y avoit déjà pensé, qu'il y réfléchiroit encore, qu'il comptoit tenir un petit conseil le lendemain au Palais-Royal, où il vouloit que j'assistasse, où tout seroit discuté. Il se mit après sur les maréchaux de Villeroy, Villars, Huxelles et sur quelques autres moins marqués, et ces propos terminèrent cette conversation.

J'allai donc le lendemain jeudi 18 juillet, sur les quatre heures, au Palais-Royal. Ce conseil fut tenu dans une pièce du grand appartement, la plus proche du grand salon, avec Monsieur le Duc, le duc de la Force, le chancelier, l'abbé du Bois, Canillac, la Vrillière et le Blanc. On étoit assis vers une des fenêtres, presque sans ordre, et M. le duc d'Orléans sur un tabouret comme nous et sans table. Comme on commençoit à s'asseoir, M. le duc d'Orléans dit qu'il alloit voir si quelqu'un n'étoit point là auprès, qu'il ne seroit pas fâché de faire venir, et l'alla chercher. Ce quelqu'un étoit Silly, de la catastrophe duquel j'ai parlé ailleurs d'avance, ami intime de Law, de Lassay, de Madame la Duchesse, qui le fit chevalier de l'ordre depuis, et qui étoit fort intéressé avec eux. Il entra donc à la suite de M. le duc d'Orléans, qui l'avoit relaissé dans son petit appartement d'hiver, et vint jusque tout contre nous. Je ne sais, et j'ai depuis négligé d'apprendre, ce qu'il avoit contre le Blanc. Mais dès qu'il l'avisa : « Monseigneur, dit-il en haussant la voix à M. le duc d'Orléans, je vois ici un homme, en regardant le Blanc, devant qui on ne peut parler, et avec lequel Votre Altesse Royale trouvera bon que je ne demeure pas. Elle m'avoit fait la grâce de me dire que je ne le trouverois pas ici. » Notre surprise à tous fut grande, et le Blanc fort étonné. « Bon ! bon ! répondit M. le duc d'Orléans, qu'est-ce que cela fait ? Demeurez, demeurez. — Non pas, s'il vous plaît, Monseigneur, » reprit Silly, et s'en alla. Cette incartade nous fit tous regarder l'un l'autre. L'abbé du Bois courut après, le prit par le bras pour le ramener.

Comme la pièce est fort grande, nous voyions Silly secouer du Bois et continuer son chemin, enfin passer la porte, et du Bois après lui. « Mais quelle folie ! » disoit M. le duc d'Orléans, qui avoit l'air embarrassé, et qui que ce soit qui dît un mot, excepté le Blanc, qui offrit à M. le duc d'Orléans de se retirer, qui ne le voulut pas. A la fin M. le duc d'Orléans alla chercher Silly ; son absence dura près d'un quart d'heure, apparemment à catéchiser Silly, qui méritoit mieux pour cette insolence d'être jeté par les fenêtres, comme lui-même s'y jeta depuis. Enfin M. le duc d'Orléans rentra, suivi de Silly et de l'abbé du Bois.

Pendant l'absence personne n'avoit presque rien dit que s'étonner un peu de l'incartade et de la bonté de M. le duc d'Orléans. Monsieur le Duc ne proféra pas un mot. Silly se mit donc dans le cercle, au plus loin qu'il put de le Blanc, et en s'asseyant combla l'impudence par dire à M. le duc d'Orléans que c'étoit par pure obéissance, mais qu'il ne diroit rien, parce qu'il ne le pouvoit devant M. le Blanc. M. le duc d'Orléans ne lui répondit rien, et tout de suite ouvrit la conférence par expliquer ce qui la lui avoit fait assembler par un récit fort net de l'état des choses, de la nécessité de prendre promptement un parti, de celui qui paroissoit le seul à pouvoir être pris, et finit par ordonner au chancelier de rendre compte à l'assemblée de tout ce qui s'étoit passé chez lui avec les cinq députés du Parlement susdits. Le chancelier en fit le rapport assez étendu avec l'embarras d'un arrivant d'exil qui n'y veut pas retourner, et d'un protecteur secret, mais de cœur et de toute son âme, du Parlement qu'il voyoit bien ne pouvoir sauver. Ce ne fut donc qu'en balbutiant qu'il conclut la fin de son discours : que les conjonctures forcées où on se trouvoit jetoient dans une nécessité triste et fâcheuse, sur quoi il n'avoit qu'à se rapporter à la prudence et à la bonté de Son Altesse Royale. Tous opinèrent à l'avis de M. le duc d'Orléans, qui s'étoit ouvert sur envoyer le Parlement à Blois. Monsieur le Duc, le duc de la Force et l'abbé du Bois parlèrent fortement ; les autres, quoique de même avis, se mesurèrent davantage et furent courts. Je crus ne devoir dire que deux mots sur une affaire résolue qui regardoit le Parlement. Silly tint parole, et ne fit qu'une inclination profonde quand ce fut à lui à opiner; de là on parla sommairement des précautions à prendre pour être sûrement obéi, puis on se leva. Alors le chancelier s'approcha de M. le duc d'Orléans, et lui parla quelque temps en particulier. L'abbé du Bois s'y joignit sur la fin, et cependant chacun s'écouloit. Monsieur le Duc fut appelé, enfin je sus qu'il s'agissoit de Pontoise au lieu de Blois, et cela fut emporté le lendemain matin. Ainsi le châtiment devint ridicule et ne fit que montrer la foiblesse du gouvernement, et encourager le Parlement, qui s'en moqua. Néanmoins ce qui s'étoit passé en ce petit conseil demeura tellement secret, que le Parlement n'eut pas la plus légère connoissance de ce qui y fut résolu que par l'exécution.

Le dimanche 21 juillet, des escouades du régiment des gardes avec des officiers à leur tête se saisirent à quatre heures du matin de toutes les portes du Palais. Des mousquetaires des deux compagnies avec des officiers s'emparèrent en même temps des portes de la grand'-chambre, tandis que d'autres investirent la maison du premier président, qui eut grand'peur pendant la première heure, et cependant d'autres mousquetaires des deux compagnies allèrent séparément quatre à quatre chez tous les officiers du Parlement leur rendre en main propre l'ordre du Roi de se rendre à Pontoise dans deux fois vingt-quatre heures. Tout se passa poliment de part et d'autre, en sorte qu'il n'y eut pas la moindre plainte; plusieurs obéirent dès le même jour, et s'en allèrent à Pontoise. Le soir assez tard, M. le duc d'Orléans fit porter au procureur général cent mille francs en argent, et autant en billets de banque de cent livres et de dix livres pour en donner à ceux qui en auroient besoin pour le voyage, mais non en don. Le premier président fut plus effronté et plus heureux : il fit tant de promesses, de bassesses, employa tant de fripons pour abuser de la foiblesse et de la facilité de M. le duc d'Orléans, dont il sut bien se moquer, que ce voyage lui valut plus de cent mille écus, que le pauvre prince lui fit compter sous la cheminée à deux ou trois diverses reprises, et trouva bon que le duc de Bouillon lui prêtât sa maison de Pontoise toute meublée, dont le jardin est admirable et immense au bord de la rivière, chef-d'œuvre en son genre, qui avoit fait les délices du cardinal de Bouillon, et qui fut peut-être la seule chose qu'il regretta en France. Avec de si beaux secours, le premier président, mal avec sa Compagnie, qui le méprisoit ouvertement depuis quelque temps, se raccommoda parfaitement avec elle. Il y tint tous les jours table ouverte pour tout le Parlement, qu'il mit sur le pied d'y venir tous les jours en foule, en sorte qu'il y eut toujours plusieurs tables servies également délicatement et splendidement, et envoyoit, à ceux qui vouloient envoyer chercher chez lui, tout ce qu'ils pouvoient desirer de vin, de liqueurs et de toutes choses. Les rafraîchissements et les fruits de toutes sortes étoient servis abondamment tant que les après-dînées duroient, et il y avoit force petits chariots à un et à deux chevaux toujours prêts pour les dames et les vieillards qui vouloient se promener, et force tables de jeu dans les appartements jusqu'au souper. Mesmes, sa sœur et ses filles faisoient les honneurs, et lui, avec cet air d'aisance, de magnificence, de politesse, de prévenance et d'attention, en homme qui saisissoit l'occasion de regagner ainsi ce qu'il avoit perdu, en quoi il réussit pleinement; mais ce fut aux doubles dépens du Régent, de l'argent duquel il fournissoit à cette prodigieuse dépense, et se moquoit encore de lui avec Messieurs du Parlement, tant en brocards couverts ou à l'oreille, qu'en trahissant une confiance si chèrement et si indiscrètement achetée, dont il leur faisoit sa cour, tant en la leur sacrifiant en dérision qu'en s'amalgamant à eux à tenir ferme et faisant tomber le Régent dans tous leurs panneaux par la perfidie du premier président, à qui M. le duc d'Orléans croyoit finement se pouvoir fier à force d'argent, et de cacher cette intelligence, dont le secret servoit à ce scélérat de couverture aux insolentes plaisanteries qu'il faisoit du Régent et du gouvernement avec ses confrères, qui ne pouvoient pas toutes échapper à M. le duc d'Orléans, et que le premier président et ses traîtres de protecteurs donnoient au Régent comme nécessaires à cacher leur intelligence. Lui vouloir ouvrir les yeux sur une conduite si grossière eût été temps perdu, de sorte que je ne lui en dis pas une parole. Je lui aurois été suspect plus que personne sur le premier président qui se joua de lui de la sorte, et qui, sans le moindre adoucissement dans la roideur du Parlement, le fit revenir à Paris quand, pour son intérêt personnel, et après s'être pleinement rétabli avec sa Compagnie, et mieux avec elle qu'il y eût jamais été, et maître de la tourner à son gré, il jugea à propos de procurer ce retour. Quelques principaux magistrats du Parlement firent demander à voir M. le duc d'Orléans avant partir, et en furent refusés.

Le Parlement avoit refusé l'enregistrement de l'édit de sa translation à Pontoise. On lui en envoya de nouveau une déclaration dans laquelle on osa avoir le courage de laisser échapper quelques expressions qui ne devoient pas lui plaire. Néanmoins il l'enregistra, mais avec la dérision la plus marquée et la plus à découvert. Comme cet enregistrement ne contient pas un seul mot qui ne la porte avec le ton et les termes du plus parfait mépris et de la résolution la plus ferme de ne reculer pas d'une ligne, j'ai cru devoir l'insérer ici.

« Registrées, ouï ce réquérant le procureur général du Roi, pour continuer par la cour ses fonctions ordinaires, et être rendu au Roi le service accoutumé tel qu'il a été rendu jusqu'à présent, avec la même attention et le même attachement pour le bien de l'État et du public qu'elle a eu dans tous les temps; continuant ladite cour de donner au Roi les marques de la même fidélité qu'elle a eue pour les rois ses prédécesseurs et pour ledit seigneur Roi, depuis son avénement à la couronne jusqu'à ce jour, dont elle ne se départira jamais. Et sera ledit seigneur Roi très-humblement supplié de faire attention à tous les inconvénients et conséquences de la présente déclaration, et de recevoir le présent enregistrement comme une nouvelle preuve de sa profonde soumission. Et seront copies collationnées de la présente déclaration et du présent enregistrement envoyées aux bailliages et sénéchaussées du ressort, pour y être lues, publiées et enregistrées. Enjoint aux substituts du procureur général du Roi d'y tenir la main et d'en certifier la cour dans un mois, suivant l'arrêt de ce jour. A Pontoise, en Parlement y séant, le 27 juillet 1720. Signé Gilbert. »

Les paroles et le tour de cet arrêt sont tellement expressifs et frappants, que ce seroit les affoiblir qu'en faire le commentaire. Le Régent n'en parut pas touché ni y faire la moindre attention. Je suivis la résolution que j'avois prise, je ne pris pas la peine de lui en dire un mot. Tout se soutint en conséquence à Pontoise. Les avocats, de concert avec le Parlement, ne feignirent[1] point de répandre qu'ils étoient gens libres, qu'ils profiteroient de cette liberté pour aller à la campagne se reposer au lieu d'aller dépenser leur argent à Pontoise, où ils seroient mal logés et fort mal à leur aise. En effet aucun bon avocat n'y mit le pied; il n'y eut que quelques jeunes d'entre eux et en fort petit nombre, destinés à monter cette garde de fatigue; parce qu'encore que le Parlement eût résolu de ne rien faire de sérieux, il ne voulut pas toutefois, après avoir enregistré sa translation, n'entrer point du tout, et pour entrer il falloit bien quelque pâture légère comme quelque défaut, quelque appointé à mettre, et autres bagatelles pareilles, qui les tenoient assemblés une demi-heure, rarement une heure,

---

1. Voyez tome V, p. 111 et note 1.

et souvent ils n'entroient pas. Ils en rioient entre eux, et malheur à qui avoit des procès; quelque peu de présidents riches tinrent quelquefois des tables. En un mot on n'y songea qu'à se divertir, surtout à n'y rien faire, à le montrer même, et à s'y moquer du Régent et du gouvernement.

Cette translation fut suivie de différentes opérations de finance et de plusieurs changements dans les emplois des finances. Des Forts en eut le principal, il exerça le contrôle général en toute autorité sans en avoir le nom. Je n'entrerai point, selon ma coutume, dans tout ce nouveau détail de finances. Leur désordre n'arrêta point les étranges libéralités, ou pour mieux dire facilités de M. le duc d'Orléans à l'égard de gens ou sans mérite ou sans besoin, et de pas un desquels il ne pouvoit se soucier; il donna à Madame la grande-duchesse une augmentation de quarante mille livres de ses pensions, une de huit mille livres à Trudaine, une de neuf mille livres à Châteauneuf, qu'il venoit de faire prévôt des marchands, une de huit mille à Bontemps, premier valet de chambre du Roi, une de six mille à la maréchale de Montesquiou, une de trois mille à Foucault, président du parlement de Toulouse, une de neuf mille à la veuve du duc d'Albemarle, remariée secrètement au fils de Mahoni, dont il a été fort parlé ici à propos de l'affaire de Crémone, où le maréchal de Villeroy fut pris. Cette femme étoit fille de Lussan, dont il a été fait aussi mention ici à propos du procès que me fit sa mère, qui me brouilla pour toujours avec Monsieur le Duc et Madame la Duchesse.

L'agiotage public étoit toujours établi dans la place de Vendôme, où on l'avoit transporté de la rue Quincampoix. Ce Mississipi avoit tenté tout le monde : c'étoit à qui en rempliroit ses poches à millions par M. le duc d'Orléans et par Law. Les princes et les princesses du sang en avoient donné les plus merveilleux exemples. On ne comptoit de gens à portée d'en avoir tant qu'ils en auroient voulu, que le chancelier, les maréchaux de Villeroy et de

Villars, et les ducs de Villeroy, de la Rochefoucauld et moi qui eussent constamment refusé d'en recevoir quoi que ce fût. Ces deux maréchaux et la Rochefoucauld étoient frondeurs de projet et d'effet, et le duc de Villeroy suivoit le bateau de sel. Ils étoient liés ensemble pour leur fronde, pensant mieux faire leurs affaires par là, et devenir de plus des personnages avec qui le gouvernement seroit forcé de compter. Ce n'étoit pas que la Rochefoucauld eût par soi, ni par sa charge, de quoi arriver à ce but, mais riche à millions, fier de son grand-père dans la dernière minorité, plus étroitement et de tout temps uni au duc de Villeroy, que par leur proximité de beaux-frères, il suivoit les Villeroy en tout; et cet air de désintéressement et d'éloignement du Régent, sans toutefois cesser d'être devant lui ventre à terre, leur donnoit dans le Parlement et auprès du peuple, les plus vastes espérances.

Un jour que le maréchal de Villars traversoit la place de Vendôme dans un beau carrosse, chargé de pages et de laquais, où la foule d'agioteurs avoit peine à faire place, le maréchal se mit à crier par la portière contre l'agio, et avec son air de fanfaron à haranguer le monde sur la honte que c'étoit. Jusque-là on le laissa dire, mais s'étant avisé d'ajouter que pour lui il en avoit les mains nettes, qu'il n'en avoit jamais voulu, il s'éleva une voix forte qui s'écria : « Eh! les sauvegardes! » Toute la foule répéta ce mot, dont le maréchal honteux et confondu, malgré son audace ordinaire, s'enfonça dans son carrosse, et acheva de traverser la place au petit pas, au bruit de cette huée qui le suivit encore au delà, et divertit Paris plusieurs jours à ses dépens sans être plaint de personne.

A la fin on trouva que cet agiotage embarrassoit trop la place de Vendôme et le passage public; on le transporta dans le vaste jardin de l'hôtel de Soissons. C'étoit en effet son lieu propre. M. et Mme de Carignan, qui occupoient l'hôtel de Soissons à qui il appartenoit, tiroient à toutes mains de toutes parts. Des profits de cent francs, ce qu'on auroit peine à croire s'il n'étoit très-reconnu, ne leur sembloient pas au-dessous d'eux, je ne dis pas pour leurs domestiques, mais pour eux-mêmes, et des gains de millions dont ils avoient tiré plusieurs de ce Mississipi, sans en compter d'autres pris d'ailleurs, ne leur paroissoient pas au-dessus de leur mérite, qu'en effet ils avoient porté au dernier comble dans la science d'acquérir avec toutes les bassesses les plus rampantes, les plus viles, les plus continuelles. Ils gagnèrent en cette translation un grand louage, de nouvelles facilités et de nouveaux tributs. Law, leur grand ami, qui avoit logé quelques jours au Palais-Royal, étoit retourné chez lui où il recevoit force visites. Le Roi alla voir à diverses reprises les troupes qu'on avoit fait approcher de Paris, après quoi elles furent renvoyées. Celles qui avoient formé un petit camp à Charenton retournèrent au leur de Montargis travailler au canal qu'on y faisoit.

Law avoit obtenu depuis quelque temps par des raisons de commerce que Marseille fût port franc. Cette franchise, qui y fit abonder les vaisseaux, surtout les bâtiments de Levant, y apportèrent[1] la peste faute de précaution, qui dura longtemps, et qui désola Marseille, la Provence, et les provinces les plus voisines. Les soins et les précautions qu'on prit la restreignirent autant qu'il fut possible, mais ne l'empêchèrent pas de durer fort longtemps, et de faire d'affreux désordres. Ce sont des détails si connus qu'on se dispensera d'y entrer ici.

1. Ce verbe est bien au pluriel.

CHAPITRE VII.

Déclaration pour recevoir la constitution *Unigenitus*, lue au conseil de régence sans y prendre là-dessus les avis de personne. — Mort, fortune et caractère du chevalier de Broglio. — Comte de Saxe entre au service de France; fait presque aussitôt maréchal de camp. — Mariage d'Alincourt et de Mlle de Boufflers. — Cellamare, ou le duc de Giovenazzo, disgracié depuis son retour, rappelé à la cour d'Espagne et bien traité. — La place du Parlement absent laissée vide par les autres cours à la procession de l'Assomption. — Le Parlement refuse d'enregistrer la déclaration en faveur de la constitution *Unigenitus*; le Régent la porte au grand conseil, y fait trouver les princes du sang, ducs et pairs et maréchaux de France; me prie de ne m'y point trouver, et l'y fait enregistrer à peine; nullité de cet enregistrement. — Mort et caractère de la Brue, évêque de Mirepoix; de l'évêque-comte de Châlons, frère du cardinal de Noailles; de Heinsius, pensionnaire d'Hollande. — Hoornbeck, pensionnaire de Rotterdam, fait pensionnaire d'Hollande. — Mort de Saint-Olon. — [Mort de Mme Dacier. —] Mort, extraction, fortune, famille, caractère et *Mémoires* de Dangeau; raisons de s'y étendre. — Duc de Chartres grand maître des ordres de Notre-Dame du mont Carmel et de Saint-Lazare. — Mort du duc de Gramont; son nom et ses armes. — Mort de Mme de Nogent, sœur du duc de Lauzun; réflexion.

L'abbé du Bois, qui ne pensoit qu'à faciliter sa promotion au cardinalat, et qui y sacrifioit l'État, le Régent, et toutes choses, fit si bien, que nous fûmes tous surpris qu'au conseil de régence tenu l'après-dînée du dimanche 4 août, Monsieur le chancelier tira de sa poche des lettres patentes pour accepter la constitution *Unigenitus*, et les lut par ordre de M. le duc d'Orléans, qui ne prit les voix de personne, dont je fus aussi aise que surpris. Cette nouveauté de ne prendre point les avis frappa tout le monde, et marqua bien solennellement qu'elles n'auroient point été pour la déclaration, et le tour de passe-passe et de violence d'en user hardiment de la sorte pour les faire passer pour approuvées, dans la certitude que personne n'oseroit réclamer. Ce fut un grand mérite que du Bois s'acquit auprès des jésuites et de toute la cabale de la constitution.

MORT DU CHEVALIER DE BROGLIO.

Le chevalier de Broglio, frère du premier maréchal, oncle de l'autre, mourut fort vieux en ce temps-ci, et auroit été bien étonné s'il eût vu leur fortune. C'étoit un homme très-bien fait, qui avoit passé les trois quarts de sa vie dans le subalterne de la guerre, l'extrême pauvreté, assez pourtant dans la bonne compagnie, entretenu par les dames, vivant sur le commun, qui presque tout à coup perça jusqu'à devenir lieutenant général, grand'croix de Saint-Louis et riche par la mort de son frère Revel et par un mariage dont il ne laissa qu'une fille qui est morte sans s'être mariée.

Ce fut en ce temps-ci que le comte de Saxe, bâtard du roi de Pologne, électeur de Saxe, et de Mlle de Königsmarck, qui s'est fait depuis un si grand nom à la tête de nos armées, vint se mettre au service de France, et fut fait maréchal de camp parce qu'il l'étoit dans les troupes de Saxe.

Alincourt, second fils du duc de Villeroy et le favori du maréchal son grand-père, épousa la fille de la maréchale de Boufflers dont le fils étoit gendre du duc de Villeroy. Cela devint donc un double mariage où la magnificence du maréchal de Villeroy fut déployée.

En ce même temps, Cellamare, qui fut arrêté ici pendant son ambassade, et qui, après la mort de son père, avoit pris le nom de duc de Giovenazzo, eut permission de venir saluer le roi d'Espagne à l'Escurial, qui, depuis son retour de France, n'avoit pas voulu le voir, et l'avoit tenu exilé, mais dans son gouvernement. Il fut bien reçu, et peu après fit sa couverture comme grand d'Espagne après son père, et demeura en cette cour, faisant les fonctions de sa charge de grand écuyer de la reine.

La procession accoutumée de la Notre-Dame d'août se fit à l'ordinaire, où le cardinal de Noailles officia. La chambre des comptes et la cour des aides y laissèrent vides les places que le Parlement a coutume d'y remplir, qui étoit lors à Pontoise.

Le Parlement ne voulant point enregistrer la déclaration du Roi pour l'acceptation de la constitution *Unigenitus*, et l'abbé du Bois, pressé par l'intérêt de son chapeau de donner des marques éclatantes de son zèle à Rome et aux jésuites, fit prendre la résolution à M. le duc d'Orléans de la faire enregistrer au grand conseil, et pour n'y point trouver les obstacles qu'il y craignoit, d'y aller lui-même et d'y mener tous les princes du sang, autres pairs et maréchaux de France, parce qu'en ce tribunal tous les officiers de la couronne y ont séance et voix délibérative, à la différence des parlements où ils ne l'ont que quand le Roi y va et qu'il les y mène. Arrivant de Meudon au Palais-Royal pour travailler avec M. le duc d'Orléans, je le trouvai seul dans son grand appartement, donnant des ordres à des garçons rouges pour aller avertir et convier ces Messieurs pour le lendemain matin. J'ignorois parfaitement de quoi il s'agissoit. Du Bois avoit peur que je n'eusse fait manquer la chose, et persuadé M. le duc d'Orléans de la foiblesse et de l'indécence d'une démarche si solennelle, si nouvelle et si inutile. Je demandai donc à M. le duc d'Orléans de quoi il s'agissoit; il me le dit, et tout de suite souriant et étendant ses bras vers moi, il me pria de ne me trouver point au grand conseil. Je me mis à rire aussi, et lui répondis qu'il ne pouvoit me donner un ordre plus agréable et que j'exécutasse plus volontiers, parce qu'il m'épargnoit la douleur de m'élever publiquement contre sa volonté et d'opiner de toute ma force contre elle. Il me dit qu'il s'en doutoit bien et que c'étoit pour cela qu'il m'avoit prié de n'y point venir. Je ne laissai pas, quoique de chose faite, de lui dire en deux mots qu'on lui faisoit faire un pas de clerc, afficher son impuissance pour un enregistrement valable *in loco majorum* dans le seul tribunal, j'entends les autres parlements comme celui de Paris pour leur ressort, en caractère d'enregistrer les édits et les déclarations et de les faire enregistrer par ses arrêts dans les tribunaux inférieurs ressortissants à lui; conséquemment que le grand conseil, et tout tribunal non parlement, n'en avoit le pouvoir que pour des choses intérieures à sa juridiction qui n'est pas universelle pour les choses publiques et générales, par là non obligatoires à personne, nouveauté étrangère au grand conseil et qui ne lui donnoit ni droit ni puissance par soi-même de tenir la main à l'exécution de son enregistrement. Je me contentai de ces deux mots parce qu'il n'étoit pas question d'espérer de rompre un parti pris si avancé, qui se devoit exécuter le lendemain matin, et que l'abbé du Bois regardoit comme sa propre et plus capitale affaire. Je fis ensuite ce que j'avois à faire avec M. le duc d'Orléans, et je m'en retournai à Meudon, fâché de ce qu'on lui faisoit faire, mais très-soulagé d'être dispensé, et, sans l'avoir demandé, d'aller au grand conseil. Le lendemain, 23 septembre, le Régent s'y rendit en pompe et y trouva les princes du sang, les autres pairs et les maréchaux de France en aussi grand nombre qu'il s'en trouva à Paris.

L'affaire ne se passa pas sans bruit. Plusieurs magistrats du grand conseil opinèrent contre avec beaucoup de lumière, de force et d'étendue, et ne s'étonnèrent point de quelques interruptions que leur fit le Régent, auquel ils répondirent avec respect, mais avec encore plus de raisons et de nerf, et il fut avéré par le compte des voix que la chose ne fut emportée que par le nombre de pairs et de maréchaux, qui tous avec très-peu de magistrats du grand conseil emportèrent la balance. Je sus que mon absence fut extrèmement remarquée, et que beaucoup de gens allèrent et envoyèrent visiter l'amas de carrosses pour voir si le mien y étoit. Je n'ose dire que le monde applaudit à mon absence, et qu'elle fâcha fort l'abbé du Bois, quoique il ne m'en eût point parlé, et qu'il fut fort surpris quand il sut de M. le duc d'Orléans que c'étoit lui qui m'avoit prié de n'y point aller, en m'apprenant la chose. Le succès fut tel que je le lui avois prédit : on se moqua et de la chose et de son appareil; on la regarda comme un épouvantail inutile, une foiblesse avouée, une bassesse pour Rome; on ne s'y méprit pas à l'intérêt de l'abbé du Bois, et il n'y eut personne qui ne regardât cet enregistrement comme sans aucune force ni autorité dans le royaume, à commencer par le grand conseil même.

La Brue, évêque de Mirepoix, mourut dans ces entrefaites. C'étoit un excellent évêque, résidant, aumônier, édifiant, instruisant, prêchant ses ouailles, dont il étoit adoré et de tout le pays, et d'ailleurs très-savant et fort éloquent. Il fut l'un des quatre évêques qui firent leur appel en Sorbonne, et qui en furent chassés de Paris.

L'évêque-comte de Châlons mourut en même temps d'une si courte maladie, que le cardinal de Noailles, son frère, parti dès qu'il le sut malade pour l'aller trouver, apprit sa mort en chemin. C'étoit un prélat d'un grand exemple, d'une rare piété et d'une grande fermeté contre la bulle *Unigenitus*. Son savoir et ses lumières étoient médiocres.

La France perdit aussi un de ses plus implacables ennemis, mais dans un temps où il ne pouvoit plus lui nuire, par la mort du célèbre Heinsius, pensionnaire d'Hollande, duquel il a souvent été fait mention. Il avoit quatre-vingt-un ans, la tête et le sens comme à quarante, la santé ferme. Il fut emporté par une maladie de peu de jours, le 3 août, à la Haye, à quoi le chagrin eu grand'part. Créature, puis confident intime, conseiller le plus accrédité du prince d'Orange, et l'instrument de l'autorité et du pouvoir sans bornes qu'il s'étoit acquis dans les Provinces-Unies, il en avoit épousé tous les intérêts, ses affections et ses haines. On a vu ici ailleurs, et pourquoi, le prince d'Orange étoit devenu l'ennemi personnel du Roi, et le plus grand ennemi de la France. Heinsius succéda non à ses charges et à l'autorité qu'elles donnent, mais à tout son crédit sur les esprits et à son art de gouverner et de devenir le premier mobile et comme le maître de toutes les délibérations importantes de sa république

Entraîné par son grand objet d'humilier la France et la personne du Roi, flatté par la cour rampante que lui faisoient sans ménagement le prince Eugène et le duc de Marlborough, jusqu'à attendre quelquefois deux heures dans son antichambre, il ne voulut jamais la paix, et tous trois ne visèrent pas à moins, au milieu de leurs énormes succès, qu'à réduire la France au-dessous de la paix de Vervins.

Les finances de l'Empereur, quoique le plus intéressé, étoient toujours fort courtes. Quelque animés que fussent les Anglois, leur parlement sentoit avec peine le poids d'une distribution si inégale, et n'alloit pas à beaucoup près à ce qu'il étoit nécessaire d'en tirer. Ce fut donc à la Hollande à suppléer pour ces deux puissances. La haine d'Heinsius, et les cajoleries des deux héros du temps l'aveuglèrent; il acheva de ruiner sa république, que son crédit et son autorité entraîna. Il fut trente ans pensionnaire, et jamais pensionnaire n'a été si maître de toutes les affaires, on pourroit dire si absolu, si la forme du gouvernement n'eût demandé des insinuations lumineuses et adroites, mais qui avoient toujours un plein succès. On peut juger par là de la capacité, des connoissances, de la dextérité, de l'éloquence, de l'expérience et de la force de tête de ce ministre, qui n'ayant point de stathouder depuis la mort du roi Guillaume, se trouvoit en tout genre le chef et le premier homme de sa république, de longue main si accoutumée du temps du roi Guillaume, et depuis, à suivre comme aveuglément ses impulsions et ses sentiments. Mais la paix faite, la République, désenivrée d'espérances fondées sur une guerre heureuse jusqu'au prodige, et ramenée sur elle-même, aperçut enfin jusqu'où la passion d'Heinsius l'avoit menée, et vit avec horreur la profondeur des engagements où il l'avoit jetée, et l'immensité de dettes dont elle se trouva accablée. Les yeux s'ouvrirent donc sur la conduite d'Heinsius, le mécontentement ne se contraignit pas, le crédit du ministre tomba, ses embarras à se défendre d'avoir précipité la

République dans cet abîme se multiplièrent, les dégoûts devinrent fréquents, puis continuels, qui le conduisirent amèrement au tombeau. Outre la place de pensionnaire, il avoit aussi les sceaux pour que rien ne manquât à son autorité. Les états généraux séparèrent ces deux grands emplois, et, après avoir délibéré six semaines et davantage, ils donnèrent, le 20 septembre, la garde du grand sceau au baron de Wassenaer-Stattemberg, et l'importante place de pensionnaire d'Hollande et de West-Frise à Hoornbeck, pensionnaire de la ville de Rotterdam.

Saint-Olon mourut fort vieux. Son nom étoit Pidou, et de fort bas aloi. Il étoit gentilhomme ordinaire chez le Roi; on n'en parle ici que parce qu'il avoit été longtemps employé en des voyages en pays étranger avec confiance et succès, et avoit été aussi envoyé du Roi à Maroc et à Alger, où il vint à bout d'affaires difficiles, et même fort périlleuses pour lui, avec une grande fermeté et beaucoup d'adresse et de capacité; d'ailleurs fort honnête homme, et qui ne s'en faisoit point accroire.

La mort de Mme Dacier fut regrettée des savants et des honnêtes gens. Elle étoit fille d'un père qui étoit l'un et l'autre, et qui l'avoit instruite. Il s'appeloit le Fèvre, étoit de Caen et protestant. Sa fille se fit catholique après sa mort, et se maria à Dacier, garde des livres du cabinet du Roi, qui étoit de toutes les Académies, savant en grec et en latin, auteur et traducteur. Sa femme passoit pour en savoir plus que lui en ces deux langues, en antiquités, en critique, et a laissé quantité d'ouvrages fort estimés. Elle n'étoit savante que dans son cabinet ou avec des savants, partout ailleurs simple, unie, avec de l'esprit, agréable dans la conversation, où on ne se seroit pas douté qu'elle sût rien de plus que les femmes les plus ordinaires. Elle mourut dans de grands sentiments de piété, à soixante-huit ans; son mari, deux ans après elle, à soixante et onze ans.

Philippe de Courcillon, dit le marquis de Dangeau,

mourut à Paris, à quatre-vingt-quatre ans, le 7 septembre ; ce fut une espèce de personnage en détrempe, sur lequel, à l'occasion de ses singuliers *Mémoires*, la curiosité engage à s'étendre un peu ici. Sa noblesse étoit fort courte, du pays chartrain, et sa famille étoit huguenote. Il se fit catholique de bonne heure, et s'occupa fort de percer et de faire fortune. Entre tant de profondes plaies que le ministère du cardinal Mazarin a faites et laissées à la France, le gros jeu et ses friponneries en fut une à laquelle il accoutuma bientôt tout le monde, grands et petits. Ce fut une des sources où il puisa largement, et un des meilleurs moyens de ruiner les seigneurs, qu'il haïssoit et qu'il méprisoit, ainsi que toute la nation françoise, et dont il vouloit abattre tout ce qui étoit grand par soi-même, ainsi que sur ses documents on y a sans cesse travaillé depuis sa mort, jusqu'au parfait succès que l'on voit aujourd'hui, et qui présage si sûrement la fin et la dissolution prochaine de cette monarchie. Le jeu étoit donc extrêmement à la mode à la cour, à la ville et partout, quand Dangeau commença à se produire.

C'étoit un grand homme fort bien fait, devenu gros avec l'âge, ayant toujours le visage agréable, mais qui promettoit ce qu'il tenoit, une fadeur à faire vomir. Il n'avoit rien, ou fort peu de chose ; il s'appliqua à savoir parfaitement tous les jeux qu'on jouoit alors : le piquet, la bête, l'hombre, grande et petite prime, le hoc, le reversi, le brelan, et à approfondir toutes les combinaisons des jeux, et celle des cartes, qu'il parvint à posséder jusqu'à s'y tromper rarement, même au lansquenet et à la bassette, à les juger avec justesse et à charger celles qu'il trouvoit devoir gagner. Cette science lui valut beaucoup, et ses gains le mirent à portée de s'introduire dans les bonnes maisons, et peu à peu à la cour, dans les bonnes compagnies. Il étoit doux, complaisant, flatteur, avoit l'air, l'esprit, les manières du monde, de prompt et excellent compte au jeu, où, quelques gros gains qu'il y ait faits, et qui ont fait son grand bien et la base et les moyens de sa fortune, jamais il n'a été soupçonné, et sa réputation toujours entière et nette. La nécessité de trouver de fort gros joueurs pour le jeu du Roi et pour celui de Mme de Montespan, l'y fit admettre; et c'étoit de lui, quand il fut tout à fait initié, que Mme de Montespan disoit plaisamment qu'on ne pouvoit s'empêcher de l'aimer ni de s'en moquer, et cela étoit parfaitement vrai. On l'aimoit parce qu'il ne lui échappoit jamais rien contre personne, qu'il étoit doux, complaisant, sûr dans le commerce, fort honnête homme, obligeant, honorable; mais d'ailleurs si plat, si fade, si grand admirateur de riens, pourvu que ces riens tinssent au Roi ou aux gens en place ou en faveur, si bas adulateur des mêmes, et depuis qu'il s'éleva, si bouffi d'orgueil et de fadaises, sans toutefois manquer à personne, ni être moins bas, si occupé de faire entendre et valoir ses prétendues distinctions, qu'on ne pouvoit pas s'empêcher d'en rire.

Établi dans les jeux du Roi et de sa maîtresse, il en profita pour se décorer, et comprit qu'il ne le pouvoit qu'à force d'argent. Il en donna donc à M. de Vivonne, à ce qu'il me semble, car ce fait est de 1670, tout ce qu'il voulut du gouvernement de Tours et de Touraine, et il acheta, peu de mois après, une des deux charges de lecteur du Roi, parce qu'elles donnent les entrées, si rares et si utiles sous Louis XIV. Son argent commença donc à en faire un homme du petit coucher, un gouverneur de province, et un familier dans les parties du Roi et de Mme de Montespan, qui jouoient presque tous les jours. Avec peu d'esprit, mais celui du grand monde et de savoir être toujours dans la bonne compagnie, il ne laissoit pas de rimailler. Le Roi s'amusoit quelquefois alors à donner des bouts-rimés à remplir. Dangeau souhaitoit ardemment un logement, qui étoient rares dans les premiers temps que le Roi s'établit à Versailles.

Un jour qu'il étoit au jeu avec Mme de Montespan, Dan-

geau soupiroit fadement en parlant de son desir d'un
logement à quelqu'un, assez haut pour que le Roi et
M™° de Montespan le pussent entendre ; ils l'entendirent
effectivement et s'en divertirent, puis trouvèrent plaisant
de mettre Dangeau sur le gril, en lui composant sur-le-
champ les bouts-rimés les plus étranges qu'ils pussent
imaginer ; les donnèrent à Dangeau, et comptant bien
qu'il ne pourroit jamais en venir à bout, lui promirent un
logement s'il les remplissoit sans sortir du jeu et avant
qu'il finît. Ce fut le Roi et M™° de Montespan qui en furent
les dupes. Les Muses favorisèrent Dangeau ; il conquit un
logement, et en eut un sur-le-champ. Il avoit été capitaine de cavalerie ; il obtint le régiment du Roi ; puis la
guerre étant moins son fait que la cour, non qu'il ait été
accusé de poltronnerie, il fut employé auprès de quelques
princes en Allemagne, puis en Italie. Au mariage de Monseigneur le Dauphin, il fit si bien qu'il fut un de ses menins, quoique tous les autres fussent de qualité distinguée. On a pu voir ici que M™° de Maintenon, qui vouloit
environner la Dauphine de gens à elle, fit passer la duchesse de Richelieu, dame d'honneur de la Reine, à
Madame la Dauphine, et que, pour adoucir cette complaisance, elle fit donner la charge de chevalier d'honneur de cette princesse au duc de Richelieu, avec promesse qu'après l'avoir gardée quelque temps, il la vendroit tout ce qu'il la pourroit vendre à qui il voudroit
qui seroit agréé. Il s'étoit étrangement incommodé au
jeu. Dangeau, déjà menin et gouverneur de province, fut
son homme ; il en tira cinq cent mille livres. Dangeau
devint ainsi chevalier d'honneur de Madame la Dauphine, et nécessairement par là chevalier de l'ordre, en
la grande promotion, trois ans après, le premier jour de
l'an 1689.

Il avoit épousé en 1682 une fille fort riche, d'un partisan qu'on appeloit Morin le Juif, qui le fit beau-frère du
maréchal d'Estrées, mari de l'autre. Dangeau en eut une
fille unique, qu'il maria au duc de Montfort, fils aîné du

duc de Chevreuse, dont il se bouffit fort. Étant devenu veuf, il se trouva assez riche pour se remarier à une comtesse de Lövenstein, fille d'honneur de Madame la Dauphine, et fille d'une sœur du cardinal de Furstemberg, laquelle avoit des sœurs grandement mariées en Allemagne, et des frères en grands emplois. On a vu ailleurs quels sont les Lövenstein, et le bruit que fit Madame, et même Madame la Dauphine, de voir les armes palatines accolées à celles de Courcillon, à la chaise de Mme de Dangeau, et combien il fut avec raison inutile. Mme de Dangeau n'avoit rien vaillant, mais elle étoit charmante de visage de taille et de grâces. On en a parlé souvent ici ailleurs. C'étoit un plaisir de voir avec quel enchantement Dangeau se pavanoit en portant le deuil des parents de sa femme, et en débitoit les grandeurs. Enfin, à force de revêtements l'un sur l'autre, voilà un seigneur, et qui en affectoit toutes les manières à faire mourir de rire. Aussi la Bruyère disoit-il, dans ses excellents *Caractères de Théophraste*, que Dangeau n'étoit pas un seigneur, mais d'après un seigneur[1].

Je fus brouillé avec lui longtemps, pour un fou rire qui partit malgré moi, et que j'ai eu lieu de croire qu'il ne m'a jamais bien pardonné. Il faisoit magnifiquement les honneurs de la cour, où sa maison et sa table, tous les jours grande et bonne, étoit ouverte à tous les étrangers de considération. Il m'avoit prié à dîner. Plusieurs ambassadeurs et d'autres étrangers s'y trouvèrent, et le maréchal de Villeroy, qui étoit fort de ses amis, et chez qui sa noce s'étoit faite. Il fit peu à peu tomber à table la conversation sur les gouvernements et les gouverneurs de province ; puis, se balançant avec complaisance, se mit à dire à la compagnie : « Il faut dire la vérité ; de tous nous autres gouverneurs de provinces, il n'y a que Monsieur le maréchal, en regardant Villeroy, qui soit demeuré maître de la sienne. » Les yeux de Mme de Dangeau et les

---

1. Voyez tome IV, p. 356 et note 1.

miens se rencontrèrent dans cet instant; elle sourit, et
moi je fis pis, quelque effort que je pusse faire, car il étoit
bon homme, et je ne voulois pas le fâcher, mais cette fatuité fut plus forte que moi. Un an après la mort de
M. de Louvois, le Roi se lassa d'être grand maître des
ordres de Saint-Lazare et de Notre-Dame du mont Carmel,
dont Louvois avoit toute la gestion en qualité de grand
vicaire, et donna cette grande maîtrise à Dangeau. L'envie de s'en divertir eut grande part à ce choix. Il traitoit
bien Dangeau, mais il s'en moquoit volontiers. Il connoissoit ses fadeurs, sa vanité, sa fatuité. Cette grâce en
devint une source. On a vu ici ailleurs avec quelle dignité
il tâcha d'imiter le Roi donnant l'ordre du Saint-Esprit,
en donnant celui de Saint-Lazare, combien le prié-Dieu[1]
étoit bien imité dans Saint-Germain des Prés, comment
ses prêtres de l'ordre, placés comme le sont les évêques
et les abbés au prié-Dieu du Roi, représentoient bien les
cardinaux avec leurs soutanes et leurs camails rouges;
avec quelle grâce et quel air de satisfaction et de bonté
Dangeau faisoit la roue au milieu de cette pompe et de
toute la cour, hommes et femmes, qui y alloient sur des
échafauds parés, et y rioient scandaleusement. Le Roi
après s'amusoit du récit qu'il lui en faisoit faire chez
Mme de Maintenon, et il étoit ou se montroit transporté de
la privance de ses conversations et des applaudissements
qu'il en recevoit. Il est pourtant vrai qu'il faisoit un très-
noble usage de sa commanderie magistrale, qui étoit
bonne, et qu'il abandonna toute entière pour y élever de
pauvres gentilshommes, qui y apprenoient gratuitement
tout ce qui peut convenir à leur état, et y étoient fort
honnêtement nourris et entretenus.

On a vu ici en son temps ce qui regarde le fils unique
qu'il eut de sa seconde femme, qu'il maria à la fille unique
du dernier de la maison de Pompadour et d'une fille de
M. et de Mme de Navailles, par conséquent sœur de la du-

1. Voyez tome II, p. 398, note 1.

chesse d'Elbœuf, mère de la dernière duchesse de Mantoue. Je ne fais ici que renouveler le souvenir de toutes ces alliances de sa femme et de son fils, nécessaires à savoir avant de parler de ses *Mémoires*. En 1696 il fut conseiller d'État d'épée, et on a vu ici en son lieu qu'au mariage de Mgr le duc de Bourgogne, le Roi lui rendit la charge de chevalier d'honneur qu'il avoit perdue à la mort de la Dauphine, et fit sa femme dame du palais, dont elle fut la première par la charge de son mari, n'y ayant point eu alors de duchesse, et on n'a pas oublié de remarquer les privances et la faveur de Mme de Dangeau auprès de Mme de Maintenon, qui lui attirèrent celles du Roi. Tout cela enfla Dangeau, et en augmenta merveilleusement les ridicules. Il adoroit le Roi et Mme de Maintenon ; il adoroit les ministres et le gouvernement ; son culte, à force de le montrer, s'étoit glissé jusque dans ses moelles. Leurs goûts, leurs affections, leurs éloignements, il se les adaptoit entièrement. Tout ce que le Roi faisoit, en quelque genre que ce fût, et quelquefois de plus étrange, transportoit Dangeau d'admiration, qui passoit du dehors jusqu'à l'intérieur. Il en étoit de même de tout ce qu'il voyoit que Mme de Maintenon aimoit, avançoit ou écartoit, et il s'incrusta si bien de tout cela qu'il en fit sa propre chose, même après leur mort. De là vient la partialité que toute sa tremblante politique n'a pu cacher dans ses *Mémoires* contre M. le duc d'Orléans et pour les bâtards en général, et spécialement pour la personne du duc du Maine, et de tout ce que l'ambition, ou le mécontentement, ou l'aveuglement lui avoit attaché, et pour tout ce qui se montroit ou étoit contraire à M. le duc d'Orléans.

Par même raison, et par plusieurs autres, il étoit grand partisan du Parlement, des bâtards et des princes étrangers, vrais et faux ; grand ennemi de la dignité des ducs, avec l'ignorance la plus profonde jusqu'à être surprenante dans un homme qui avoit passé sa vie à la cour, en sorte qu'il n'a pu se retenir là-dessus dans ses *Mé-*

moires, jusqu'à y avoir sacrifié la vérité bien des fois à cet égard, et d'autres fois passé grossièrement à côté, n'osant hasarder les négatives, et d'autres fois omettant ce qui s'étoit passé sous ses yeux. Cette aversion des ducs lui venoit de celle de Mme de Maintenon, la mie[1] ancienne et la protectrice des bâtards, qui, pour leur ranger tout obstacle, eût voulu anéantir la première dignité du royaume. Ainsi, tout ce qui s'opposoit à elle, en tout genre, pour nouveau et pour étrange qu'il fût, trouvoit appui en elle. Dangeau ne pouvoit se consoler de l'inutilité de tout ce qu'il avoit tenté pour se faire faire duc, et en avoit pris une haine particulière contre la dignité à laquelle il n'avoit pu atteindre; il croyoit ainsi s'en dédommager. Les alliances de sa femme, qui, en vraie Allemande, croyoit que rien ne pouvoit égaler un prince ni même un ancien comte de l'Empire, l'alliance de son fils, si proche avec les duchesses d'Elbœuf et de Mantoue, lui avoient tout à fait tourné la tête là-dessus. On a vu en son lieu l'étroite liaison de la comtesse de Furstemberg avec Mme de Soubise et la cause de cette union, et quelle étoit Mme de Soubise à l'égard du Roi et même de Mme de Maintenon. On a vu aussi quelle étoit cette comtesse de Furstemberg à l'égard du cardinal, frère du père de son mari et de la mère de Mme de Dangeau, qui vivoit avec eux en intimité de famille. Il n'en fallut pas davantage à Dangeau pour être comme à genoux devant les Rohans, et, par concomitance, devant les Bouillons, en ce que ces deux maisons avoient de commun ensemble. C'est ce qui paroît par sa partialité extrême dans ses *Mémoires*, par ses louanges ou son aridité, enfin par ses méprises ou d'ignorance, ou de pis, et par ses réticences. Après ces remarques nécessaires, venons aux *Mémoires* qu'il a laissés, qui le peignent si parfaitement lui-même, et si fort d'après nature.

Dès les commencements qu'il vint à la cour, c'est-à-dire

1. Voyez tome XII, p. 114 et note 1.

vers la mort de la Reine mère, il se mit à écrire tous les soirs les nouvelles de la journée, et il a été fidèle à ce travail jusqu'à sa mort. Il le fut aussi à les écrire comme une gazette sans aucun raisonnement, en sorte qu'on n'y voit que les événements avec une date exacte, sans un mot de leur cause, encore moins d'aucune intrigue ni d'aucune sorte de mouvement de cour ni d'entre les particuliers. La bassesse d'un humble courtisan, le culte du maître et de tout ce qui est ou sent le faveur, la prodigalité des plus fades et des plus misérables louanges, l'encens éternel et suffoquant jusque des actions du Roi les plus indifférentes, la terreur et la fadeur suprême qui ne l'abandonnent nulle part pour ne blesser personne, excuser tout, principalement dans les généraux et les autres personnes du goût du Roi, de Mme de Maintenon, des ministres, toutes ces choses éclatent dans toutes les pages, dont il est rare que chaque journée en remplisse plus d'une, et dégoûtent merveilleusement. Tout ce que le Roi a fait chaque jour, même de plus indifférent, et souvent les premiers princes et les ministres les plus accrédités quelquefois d'autres sortes de personnages, s'y trouve avec sécheresse pour les faits, mais tant qu'il se peut avec les plus serviles louanges, et pour des choses que nul autre que lui ne s'aviseroit de louer.

Il est difficile de comprendre comment un homme a pu avoir la patience et la persévérance d'écrire un pareil ouvrage tous les jours pendant plus de cinquante ans, si maigre, si sec, si contraint, si précautionné, si littéral à n'écrire que des écorces de la plus repoussante aridité. Mais il faut dire aussi qu'il eût été difficile à Dangeau d'écrire de vrais Mémoires, qui demandent qu'on soit au fait de l'intérieur et des diverses machines d'une cour. Quoique il n'en sortît presque jamais, et encore pour des moments, quoique il y fût avec distinction et dans les bonnes compagnies, quoique il y fût aimé, et même estimé du côté de l'honneur et du secret, il est pourtant vrai qu'il ne fut jamais au fait d'aucune chose, ni initié dans quoi que ce fût. Sa vie frivole et d'écorce étoit telle que ses *Mémoires*; il ne savoit rien au delà de ce que tout le monde voyoit; il se contentoit aussi d'être des festins et des fêtes, sa vanité a grand soin de l'y montrer dans ses *Mémoires*, mais il ne fut jamais de rien de particulier. Ce n'est pas qu'il ne fut instruit quelquefois de ce qui pouvoit regarder ses amis, par eux-mêmes, qui, étant quelques-uns des gens considérables, pouvoient lui donner quelques connoissances relatives, mais cela étoit rare et court. Ceux qui étoient de ses amis de ce genre, en très-petit nombre, connoissoient trop la légèreté de son étoffe pour perdre leur temps avec lui.

Dangeau étoit un esprit au-dessous du médiocre, très-futile, très-incapable en tout genre, prenant volontiers l'ombre pour le corps, qui ne se repaissoit que de vent, et qui s'en contentoit parfaitement. Toute sa capacité n'alloit qu'à se bien conduire, ne blesser personne, multiplier les bouffées de vent qui le flattoient, acquérir, conserver et jouir d'une sorte de considération, sans vouloir s'apercevoir qu'à commencer par le Roi, ses vanités et ses fatuités divertissoient souvent les compagnies, ni des panneaux où on le faisoit tomber souvent là-dessus. Avec tout cela, ses *Mémoires* sont remplis de mille faits que taisent les gazettes, gagneront beaucoup en vieillissant, serviront beaucoup à qui voudra écrire plus solidement, pour l'exactitude de la chronologie, et pour éviter confusion. Enfin ils représentent, avec la plus desirable précision, le tableau extérieur de la cour, des journées, de tout ce qui la compose, les occupations, les amusements, le partage de la vie du Roi, le gros de celle de tout le monde, en sorte que rien ne seroit plus desirable pour l'histoire que d'avoir de semblables Mémoires de tous les règnes, s'il étoit possible, depuis Charles V, qui jetteroient une lumière merveilleuse parmi cette futilité sur tout ce qui a été écrit de ces règnes.

Encore deux mots sur ce singulier auteur. Il ne se cachoit point de faire ce journal, parce qu'il le faisoit de manière qu'il n'en avoit rien à craindre; mais il ne le montroit pas; on ne l'a vu que depuis sa mort. Il n'a point été imprimé jusqu'à présent, et il est entre les mains du duc de Luynes, son petit-fils, qui en a laissé prendre quelques copies. Dangeau, qui ne méprisoit rien, et qui vouloit être de tout, avoit brigué et obtenu de bonne heure une place dans l'Académie françoise, dont il est mort doyen, et une dans l'Académie des sciences, quoique il ne sût rien du tout en aucun genre, quoique il s'enorgueillît d'être de ces Compagnies et de fréquenter les illustres qui en étoient. Il se trouve dans ses *Mémoires* des grossièretés d'ignorance sur les duchés et sur les dignités de la cour d'Espagne qui surprennent au dernier point. Il essuya la grande opération de la fistule, dont il pensa mourir, et fut taillé d'une fort grosse pierre. Il a vécu depuis sans aucune incommodité de la première, et longues années parfaitement guéri et sans aucune suite de l'autre. Deux ans avant sa mort, il fut taillé pour la seconde fois; la pierre n'étoit pas grosse, à peine eut-il quelques heures de fièvre; il fut guéri en un mois, et s'en est bien porté depuis. A la fin, le grand âge, et peut-être l'ennui de ne voir plus de cour ni de grand monde, termina sa vie par une maladie de peu de jours.

N'attendons pas le temps de la mort de l'abbé de Dangeau son frère, qui arriva le 1ᵉʳ janvier 1723, pour parler de lui tout de suite. Il naquit huguenot, il y persévéra plus longtemps que son frère, et je ne sais s'il y a jamais bien renoncé. Il avoit plus d'esprit que son aîné, et quoique il eût assez de belles-lettres, qu'il professa toute sa vie, il n'eut ni moins de fadeur ni moins de futilité que lui; il parvint de bonne heure à être des Académies. Les bagatelles de l'orthographe et de ce qu'on entend par la matière des rudiments et du Despotère furent l'occupation et le travail sérieux de toute sa vie. Il eut plusieurs bénéfices, vit force gens de lettres et d'autre assez bonne compagnie, honnête homme, bon et doux dans le commerce, et fort uni avec son frère. Il avoit été envoyé étant jeune en Pologne, et il avoit trouvé le moyen de se faire décorer d'un titre de camérier d'honneur par Clément X, qu'il avoit connu en Pologne, non à Rome, où il n'alla jamais, et de se le faire renouveler par Innocent XII; il avoit aussi acheté une des deux charges de lecteur du Roi pour en conserver les entrées, et venoit de temps en temps à la cour; il y étoit peu, n'y sortoit guère de chez son frère, et y avoit peu d'habitude.

Je ne sais de quoi M. le duc d'Orléans s'avisa de faire donner à Monsieur son fils la grande maîtrise de Saint-Lazare. On lui fit sans doute accroire que cela donneroit des créatures à ce jeune prince. Ceux qui prenoient cet ordre si dégradé de biens et d'honneurs n'étoient pas pour lui en faire. Le Régent ne m'en parla point, et la chose faite, je ne lui en dis rien non plus.

Le duc de Gramont mourut en même temps à Paris, à près de quatre-vingts ans; il en [a] tant été parlé ici à l'occasion de son étrange et second mariage, et de son ambassade en Espagne, qu'il n'y a rien à y ajouter. Il étoit frère cadet du célèbre comte de Guiche, qui a tant fait parler de lui, et fils et père des deux maréchaux de Gramont. Leur nom est Aure, connu par la possession de plusieurs fiefs et du vicomté d'Arboust, vers 1380; Sance-Garcie d'Aure servit le Roi en 1405, sous J. de Bourbon, à la conquête de Guyenne, avec dix-neuf écuyers. Menaud d'Aure, fils d'une bâtarde de Béarn, épousa en 1523 Claire de Gramont, qui étoit de cette maison de Gramont si illustre en Béarn, Gascogne, Navarre et Aragon, et par les guerres qu'elle y soutint si longtemps contre la maison de Beaumont, bâtards de la maison de France, qui s'étoient grandement élevés en ces pays-là. Cette Claire de Gramont, lorsqu'elle fut mariée, avoit des frères et des neveux desquels tous elle devint héritière. Ant. d'Aure, son fils, vicomte d'Aster, prit gratuitement le nom et les armes de Gramont, car, quoi qu'en dise le *Moreri*, il le fit sans aucune obligation, et il composa son écusson d'une manière à montrer qu'il ne faisoit pas grand cas de ses armes. Il porta au premier quartier d'or au lion d'azur qui est Gramont, au second et troisième les trois flèches en pal, la pointe en bas, d'Aster, et d'Aure au quatrième qui est d'argent à la levrette de sable, à la bordure de sable chargée de huit besants d'or. L'héritière d'Aster étoit la grand'mère paternelle de ce Mahaut d'Aure qui quitta son nom pour prendre le nom de Gramont. Son mariage est de 1525, et sa mort est de 1534; sa femme, Claire de Gramont, le survécut plus de vingt ans. Ant. d'Aure, qui, comme on vient de le dire, prit volontairement le nom de Gramont et abandonna le sien, comme fit sa postérité après lui, eut un fils aîné, dit Antoine de Gramont, qui épousa Hélène de Clermont, dame de Traves et de Toulongeon. Leur fils aîné, Philbert, dit de Gramont, épousa la fille unique de Paul d'Andouins, vicomte de Louvigny et seigneur de Lescun. C'est la belle Corisande dont Henri IV, en sa jeunesse, fut si amoureux, qu'il disparut aussitôt après sa victoire de Coutras, et, suivi d'un seul page, alla lui présenter son épée, ce qui lui fit perdre tous les avantages qu'il pouvoit tirer de ce grand succès, où le duc de Joyeuse, général de l'armée catholique, et tant d'autres gens de marque avoient été tués, qui avoit défait cette armée et en avoit mis les restes en désarroi. Celle des huguenots, quoique victorieuse, demeura sans rien faire dans l'étonnement de la disparution[1] du roi de Navarre aussitôt après le combat, ne sachant s'il étoit tué, pris ou ce qu'il étoit devenu pendant six ou sept jours qu'il revint après ce fatal tour de jeunesse. Cet amour valut au mari de la belle le gouvernement de Bayonne et la charge de sénéchal de Béarn. Il s'étoit marié en 1567, et il fut tué à vingt-six ans devant la Fère, en 1580. Sa femme le survécut longtemps et rendit des services considérables à son royal amant, pendant les guerres de religion. De son mariage vint la grand'mère paternelle du duc de

---

1. Voyez tome IX, p. 192 et p. 244.

Lauzun et le père du premier maréchal de Gramont.

M⁰ᵉ de Nogent mourut aussi, à quatre-vingt-huit ans. Elle étoit sœur du duc de Lauzun. Elle étoit fille de la Reine, et n'avoit rien, lorsqu'en 1663 elle épousa Bautru, dit le comte de Nogent, capitaine de la porte, puis maître de la garde-robe du Roi, qui fut tué lieutenant général au passage du Rhin, 12 juin 1672, dont elle porta le premier grand deuil le reste de sa vie. Son fils est mort sans enfants, et sa fille épousa Biron, devenu enfin duc, pair et maréchal de France, qui, du chef de cette Bautru par sa mère, a hérité de plus de douze cent mille livres des ducs de Foix et Lauzun : autre exemple terrible des mariages de filles de qualité pour rien avec des gens aussi de rien et qui deviennent héritières. Heureusement que c'est Biron, et non pas un Bautru, qui en a profité, mais par le plus grand hasard du monde.

CHAPITRE VIII.

Lede, fait grand d'Espagne, est victorieux en Afrique. — Mortification du cardinal del Giudice à Rome, dépouillé de la protection d'Allemagne en faveur du cardinal d'Althan, qu'il courtise bassement. — Princesse des Ursins à Rome pour toujours, où elle est considérée. — Barbarigo, Borgia et Cienfuegos faits cardinaux ; quels. — Saint-Étienne de Caen au cardinal de Mailly ; la survivance des gouvernements du duc d'Uzès à son fils. — Voyages et retour à Paris de la duchesse d'Hanovre ; sa nullité à Vienne ; son changement de nom ; son état ambigu et délaissé à Paris ; nouveautés étranges, mais sans suite, à son égard. — La Houssaye contrôleur général ; quel. — Triste fin et mort de Guiscard. — Mort et caractère de Caumartin. — Époque du velours en habits ordinaires pour les gens de robe. — Le Parlement enregistre la déclaration pour recevoir la constitution et revient à Paris. — Chambre établie aux Grands-Augustins pour vider force procès. — Mariage du duc de Lorges avec Mˡˡᵉ de Mesmes. — Mariage du duc de Brissac avec Mˡˡᵉ Pécoil ; mort étrange du vieux Pécoil. — Ambassadeur du Grand Seigneur en France. — Congrès de Cambray inutile ; Saint-Contest et Morville y vont ambassadeurs plénipotentiaires ; sage pensée du cardinal Gualterio. — Maulevrier-Langeron envoyé en Espagne. — Law sort enfin du royaume ; son caractère, sa fin, sa famille.

On a ici vu en son lieu que l'extrême supériorité des Anglois par mer et des Impériaux par terre, joints à eux, avoit fait avorter les grands desseins de l'Espagne sur l'Italie, et le traité qui s'en suivit. Le marquis de Lede, tout foible qu'il fût à la tête de l'armée d'Espagne, s'y étoit montré grand, vaillant et habile capitaine. Le roi d'Espagne, qui aimoit à faire la guerre, ne voulut pas laisser ses troupes inutiles ni les licencier. Il étoit avec raison fort content du marquis de Lede. Il le fit grand d'Espagne et le fit passer en Afrique avec l'armée qu'il commandoit. Il fit lever aux Maures le siége de Ceuta qu'ils faisoient depuis longtemps, reprit Oran, gagna plusieurs victoires et revint en Espagne avec la plus grande réputation, où il reçut l'ordre de la Toison d'or. J'aurai occasion de parler de lui si j'ai le temps d'écrire mon ambassade en Espagne, où je l'ai beaucoup vu.

Le cardinal del Giudice, dont il a été tant parlé ici, reçut en ce temps-ci une grande mortification. Transfuge forcé par Alberoni du service du roi d'Espagne, il s'étoit jeté dans celui de l'Empereur, dont il n'avoit pas honte d'être chargé des affaires à Rome, où il se baignoit d'aise de l'état d'Alberoni, vagabond, caché, et accusé juridiquement devant le Pape, depuis qu'il avoit été chassé d'Espagne. L'Empereur avoit un favori. C'étoit le comte d'Althan qui étoit devenu le maître de son cœur et de son esprit. Il avoit fait son frère cardinal, et ce nouveau cardinal arriva à Rome pour prendre le chapeau, et être chargé en même temps des affaires de l'Empereur, dont il dépouilla Giudice avec toute la hauteur d'un favori allemand. Giudice, qui n'avoit plus de ressource ni de nouveau maître à prendre, ploya les épaules, et eut la bassesse de donner chez lui une fête magnifique au cardinal d'Althan. Cette douleur fut incontinent suivie d'une petite consolation. Il vit arriver à Rome la princesse des Ursins, qui, lassée enfin du séjour de Gênes, s'étoit déterminée à venir fixer son séjour dans son ancienne demeure, où elle fut reçue avec beaucoup de considération du Pape

et de sa cour, du roi et de la reine d'Angleterre, à qui elle
s'attacha, du sacré collége, et de tout ce qu'il y avoit de
principal et de plus grand à Rome; mais Giudice ne la
vit pas. Le Pape fit presque en même temps trois cardinaux : Barbarigo, Vénitien, évêque de Bresce[1], réservé
in petto de la dernière promotion; Borgia, Espagnol,
patriarche des Indes, que j'ai fort vu en Espagne, et
dont j'espère parler, et le fameux jésuite espagnol Cienfuegos, homme de tant d'esprit et d'intrigue, qui dé-
baucha l'amirante de Castille, dont il étoit confesseur et
qui l'accompagna dans sa fuite en Portugal, comme il a
été dit ici en son temps. Il s'étoit depuis retiré à Vienne
où l'Empereur l'employoit en beaucoup d'affaires. Ces
trois cardinaux étoient de la nomination de l'Empereur,
du roi d'Espagne et de la république de Venise.

J'obtins l'abbaye de Saint-Étienne de Caen pour le cardinal de Mailly, et la survivance des gouvernements
de Saintonge et d'Angoumois du duc d'Uzès pour son
fils.

On a vu, vers les commencements de ces *Mémoires*,
que la duchesse d'Hanovre étoit depuis longtemps en
France avec ses deux filles sans aucune sorte de distinction, la mortifiante aventure qui, de dépit, la fit se
retirer en Allemagne, d'où elle fit le mariage de son aînée
avec le duc de Modène, qui, par la mort de son neveu
aîné, avoit eu sa succession, et quitté le chapeau de cardinal, et c'est de ce mariage qu'est venu le duc de
Modène, gendre de M. le duc d'Orléans. On y a vu en
même temps par quel bonheur de conjonctures et d'intrigues sa seconde fille épousa l'empereur Joseph. On y a
vu encore qu'arrivée peu après à Vienne dans l'espérance
d'y recevoir les plus grands honneurs, elle y fut tellement trompée qu'elle ne put jamais se montrer à la cour,
ni voir sa fille, ni les personnes impériales que par un
escalier secret, en particulier, et cela encore rarement et

1. De Brescia.

courtement, tant qu'enfin, dépitée de ne réussir en pas une de ses prétentions, et de n'être même visitée de personne, elle prit assez promptement le parti de se retirer à Modène auprès de son autre fille, qui, au bout de quelques années, mourut entre ses bras, en septembre 1710[1].

La duchesse d'Hanovre, qui ne savoit où se retirer, demeura à Modène, sous prétexte d'y élever ses deux petites-filles; elle avoit aussi deux petits-fils. Mais, lasse au bout de dix ans des caprices de son gendre, elle résolut de tenter encore une fois fortune à Vienne, et si elle n'y réussissoit pas, de venir en France, où elle n'ignoroit pas que tout avoit changé de face, les prétentions les plus absurdes bien reçues, tout désordre et toute confusion protégée, tout ordre, toute règle, tout droit proscrit; elle espéra donc tout du crédit de Monsieur le Duc, par sa sœur, Madame la Princesse, et s'achemina lentement en Allemagne, où elle n'avoit point de demeure que triste et solitaire, où elle ne put se résoudre d'habiter. En approchant de Vienne, elle apprit qu'elle n'y pouvoit aller. On s'y souvenoit avec dégoût des prétentions qu'elle y avoit montrées, et quoique elles n'eussent eu aucun succès, la cour de Vienne aima mieux ne l'y point voir que de les voir renouveler; on la fit donc demeurer à Aschau à quelques journées de Vienne, où l'Impératrice sa fille l'alla voir, et l'y fit recevoir par ses officiers. Elle n'y demeura que quelques jours avec elle, et s'en retourna à Vienne. L'Empereur offrit à la duchesse d'Hanovre la demeure du château et de la ville de Lintz, ou dans tel autre appartenant à la maison d'Autriche qu'elle aimeroit le mieux; mais les espérances de France la touchèrent davantage. Elle partit d'Aschau le même jour que l'Impératrice, et prit le chemin de France par Munich à petites journées, pour s'assurer en chemin de ce qu'elle espéroit.

Elle crut faire oublier la façon dont elle y avoit été

---

1. 1610, au manuscrit.

traitée, en changeant de nom, et prit en chemin celui de
duchesse de Brunschweig, que les François prononcent
Brunsvic. Madame la Princesse obtint pour elle l'un des
deux grands appartements de Luxembourg[1], avec les
logements nécessaires pour sa suite et son service, parce
que, depuis la mort de Mme la duchesse de Berry, les
deux grands appartements principaux étoient vides, et
les autres n'étoient occupés que par des particuliers, dont
plusieurs furent délogés. Peu de jours après son arrivée,
on vit une chose sans exemple, que l'abbé du Bois, pour
l'intérêt de son chapeau, arracha de M. le duc d'Orléans,
dans la pensée d'en faire bien sa cour au roi d'Angleterre,
qui étoit de la maison de Brunsvic, mais d'une branche
fort éloignée de celle du mari de cette prétendue nouvelle
hôtesse de la France. Le Roi l'alla voir, à l'étonnement
public et quelque chose de plus : la visite se passa debout,
et fut de peu de moments; puis alla voir Madame, nouvellement revenue de Saint-Cloud. Deux jours après, la
duchesse de Brunsvic eut la bonté de faire l'honneur au
Roi de lui rendre sa visite. Elle se passa comme l'autre, et
depuis elle ne le vit plus chez elle, et une ou deux fois
l'année au plus chez lui.

Ce début lui fit prendre de grands airs, et vouloir se
donner tous les avantages dont jouissent les princesses
du sang, et même en usurper davantage. Soutenue de
la maison de Condé, de la foiblesse et de l'indifférence
de M. le duc d'Orléans, et de la chimère de l'abbé du Bois
de plaire au roi d'Angleterre, qui pourtant ne montra
jamais prendre le plus léger intérêt en ceux de cette
cousine, elle se mit sur le pied qu'elle voulut; mais elle
n'y put mettre le monde, malgré la sottise si ordinaire
en ce genre aux François. Qui que ce soit, hommes ni
femmes, ne lui donna signe de vie; elle ne put apprivoiser
que des gens de rien et des bourgeoises inconnues,
ravies de se croire admises à une petite cour où elles fai-

---

1. Voyez tome I, p. 40, tome IV, p. 96 et note 1, etc.

soient bonne chère et jouoient un petit jeu à leur portée. Force étrangers y fréquentèrent aussi; d'autres gens pas un. Madame la Princesse, qui logeoit au petit Luxembourg, qu'elle avoit acheté et magnifiquement rebâti, lui étoit de quelque ressource; elle étoit sa plus proche voisine; mais elles ne se voyoient qu'en particulier et ne mangeoient jamais l'une chez l'autre. Pour les enfants et petits-enfants de Madame la Princesse, ils ne la voyoient que fort rarement, en particulier et courtement; mais elle étoit riche, se repaissoit de ses chimères, et vivoit contente dans sa petite et mauvaise compagnie, où elle jouoit la petite souveraine. Elle vit ausssi Madame fort rarement, et comme point M. et Mme la duchesse d'Orléans.

Tout à la fin de l'année, Pelletier de la Houssaye fut contrôleur général. Il n'étoit pas de la même famille que Pelletier des Forts, fils de Pelletier de Sousy, qui étoit du conseil de régence, lequel étoit frère de Pelletier qui avoit été contrôleur général après M. Colbert, et ministre d'État, père et grand-père de deux premiers présidents du parlement de Paris. La Houssaye étoit frère de la femme d'Amelot, si estimé dans ses ambassades, duquel il a été souvent parlé ici. Ce la Houssaye étant conseiller d'État et intendant d'Alsace, est le même qui fut nommé troisième ambassadeur avec le maréchal de Villars et le comte du Luc, pour aller signer la paix à Baden, qui se fit moquer de lui en refusant de céder au comte du Luc, et comme il n'y a en France qu'à prétendre et entreprendre pour réussir, pourvu qu'on ait tort, fit la planche par ce refus que les conseillers d'État ne veulent plus céder qu'aux ducs et aux officiers de la couronne. On tortille depuis là-dessus, on le trouve ridicule, mais on le souffre. La Houssaye avoit fort réussi en Alsace, il en écrivoit des lettres de sa main et des mémoires, dont la netteté et la capacité étoient merveilleuses. Cette réputation l'en fit rappeler pour le mettre dans les grandes commissions des finances. C'étoit un grand homme très-bien fait, de fort bonne mine, dont l'air et le ton étoit imposant. Mais à travers cette écorce et la réputation qu'il avoit usurpée, il montra bientôt le tuf. On découvrit qu'il avoit un secrétaire extrêmement capable, qui lui étoit fort attaché, qui contrefaisoit son écriture, à ne les pouvoir distinguer, qui envoyoit d'Alsace ces lettres et ces mémoires, qu'on admiroit comme étant de la main de la Houssaye, qui se divertissoit pendant que [son] secrétaire travailloit pour lui, car il étoit homme de plaisir en tout genre, et qui ne s'en contraignoit pas, sans même en trop craindre l'indécence. Cela même suppléa à sa capacité. Il plut à M. le duc d'Orléans, il s'attacha à l'abbé du Bois, et fut ainsi contrôleur général, où il prit beaucoup de morgue et d'insolence, et montra l'épaisseur de son esprit et de sa compréhension, jusqu'à n'entendre pas la moindre affaire.

Guiscard mourut en ce temps-ci d'une manière étrange. Il étoit gouverneur de Sedan, et l'avoit été de Dinan et de Namur, dont la défense sous le maréchal de Boufflers lui valut le collier de l'ordre. On a souvent ici parlé de lui. Il avoit été après d'Avaux ambassadeur en Suède, et il avoit marié sa fille unique, qui étoit très-riche, à Villequier, fils aîné du duc d'Aumont; il avoit eu plus de malheur que de part à la défaite du maréchal de Villeroy à Ramillies, mais il ne put revenir sur l'eau, comme il fit. Il étoit fort des amis du maréchal de Villeroy, qui, après son retour dans la faveur du Roi par Mme de Maintenon, eut grand'peine à obtenir qu'il revînt à la cour. Le Roi l'y reçut mal, et ne put revenir sur son compte. Il étoit frère de ces deux scélérats de la Bourlie dont il a été parlé ici, où leur naissance et leur fortune a été expliquée. Guiscard étoit bon homme, honnête homme, doux et d'un commerce agréable et fort honorable. Avec ses biens, son cordon bleu, ses amis, car il en avoit, l'alliance de sa fille, il se pouvoit passer de la cour et mener une vie agréable; mais il avoit de l'honneur et de l'ambition. Sa disgrâce et plus encore la cause de sa disgrâce troubloit tout son repos et tous les agréments de l'état où sa fortune l'avoit mis. La mort du Roi et le brillant du maréchal de Villeroy dans la régence avoient fait renaître ses espérances. Il se flatta longtemps, je ne sais de quoi ni pourquoi. Voyant enfin qu'on ne songeoit à lui pour rien, il se retira tout à fait en Picardie auprès de Chaulnes, dans une terre qui s'appeloit Magny, à qui il avoit fait donner le nom de Guiscard, dont il avoit rendu la demeure fort agréable. La mélancolie l'y gagna de plus en plus. Au bout de dix-huit mois, il eut un peu de goutte légère. Sa fille l'alla voir; il quitta son appartement sans cause que caprice, peut-être pis, et s'alla mettre dans une tour à l'autre bout de la cour. Il y fut quelques jours sans sortir de sa chambre, où il ne se laissa voir qu'à sa fille et aux valets purement nécessaires. Il ne lui paroissoit ni fièvre ni aucun autre mal, et cependant gardoit son lit. Sa fille, au bout de quelques jours, le pressa de se lever. Il lui répondit que ce n'étoit plus la peine, et lui tint quelques discours ambigus. La conclusion fut que, sans nul accident qui parût, il mourut le soir de ce même jour, à septante et un ou deux ans[1].

Caumartin, conseiller d'État et intendant des finances, mourut aussi en ce même temps à soixante-cinq ou six ans. C'étoit un grand homme très-bien fait et de fort bonne mine; on voyoit bien encore qu'il avoit été beau; il avoit pris tous les grands airs et les manières du maréchal de Villeroy, et s'étoit fait par là un extérieur également ridicule et rebutant. Il avoit l'écorce de hauteur d'un sot grand seigneur, il en avoit aussi le langage, et le ton d'un courtisan qui se fait parade de l'être; ces façons lui aliénèrent beaucoup de gens. Il étoit fort proche parent et ami intime du chancelier de Pontchartrain; il eut toute sa confiance tant qu'il fut contrôleur général; toute la finance passoit par ses mains. C'est ce qui gâta encore ses façons. Le dedans étoit tout autre

1. Il y a au manuscrit : « à 71 ou deux ans. »

que le dehors : c'étoit un très-bon homme, doux, sociable, serviable, et qui s'en faisoit un plaisir, qui aimoit la règle et l'équité, autant que les besoins et les lois financières le pouvoient permettre ; et au fond honnête homme, fort instruit dans son métier de magistrature et dans celui de finance, avec beaucoup d'esprit, et d'un esprit accort, gai, agréable. Il savoit infiniment d'histoire, de généalogie, d'anciens événements de la cour. Il n'avoit jamais lu que la plume ou un crayon à la main ; il avoit infiniment lu, et n'avoit jamais rien oublié de ce qu'il avoit lu, jusqu'à en citer le livre et la page. Son père, aussi conseiller d'État, avoit été l'ami le plus confident et le conseil du cardinal de Retz. Le fils, dès sa première jeunesse, s'étoit mis par là dans les compagnies les plus choisies et les plus à la mode de ces temps-là. Cela lui en avoit donné le goût et le ton, et de l'un à l'autre il passa sa vie avec tout ce qu'il y avoit de meilleur en ce genre. Il étoit lui-même d'excellente compagnie, et avoit beaucoup d'amis à la cour et à la ville. Il se piquoit de connoître, d'aimer, de servir les gens de qualité, avec lesquels il étoit à sa place, et point du tout glorieux, et parfaitement libre des chimères de la robe ; avec cela très-honorable et même magnifique, point conteur, mais très-amusant, et quand on vouloit, un répertoire le plus instructif et le plus agréable. Il aimoit et faisoit fort bonne chère, et il n'avoit pas été indifférent pour les dames. C'est le premier homme de robe qui ait hasardé de paroître en justaucorps et manteau de velours dans les dernières années du Roi. Ce fut d'abord une huée à Versailles, il la soutint, on s'y accoutuma ; nul autre n'osa l'imiter de longtemps, et puis peu à peu ce n'est plus que velours pour les magistrats, qui d'eux a gagné les avocats, les médecins, les notaires, les marchands, les apothicaires, et jusqu'aux gros procureurs.

L'abbé du Bois et M. le duc d'Orléans, celui-ci par foiblesse, l'autre pour son chapeau, avoient toujours en tête leur déclaration pour faire recevoir la constitution *Uni-*

genitus. Ils ne furent pas longtemps à s'apercevoir de l'inutilité et du ridicule effet d'avoir, avec tant de pompe et de seigneurs bas et flatteurs, forcé le grand conseil à l'enregistrer; ils se mirent bientôt après à reprendre leurs négociations avec le Parlement; elles durèrent trois mois, et ces trois mois furent une mine et une abondante veine d'or pour le premier président, qui vendoit le Régent à sa Compagnie, pour s'y réaccréditer, et qui enfin la vendit au Régent. Quand il se crut au point qu'il desiroit avec le Parlement aux dépens du Régent, qui fournissoit à ses profusions et à ses brocards, et qu'il comprit qu'il étoit temps de finir l'affaire, pour ne pas tarir cette veine, et ne pas passer l'hiver à Pontoise, au hasard, s'il poussoit le Régent à bout, de lui fermer la main, de se voir forcé à mettre bas sa table, et à tomber de l'énorme splendeur qu'il avoit soutenue jusqu'alors, il se fit valoir à sa Compagnie, fort lasse de l'éloignement de ses foyers; qu'il la ramenoit[1] à Paris si elle vouloit enregistrer une déclaration qu'ils sauroient toujours bien expliquer dans la pratique, et qui au fond ne donneroit guère plus à la constitution, qui avoit un si nombreux parti dans l'Église, et toute l'autorité du gouvernement pour elle. Il en vint à bout : le Parlement l'enregistra le 4 décembre, et deux jours après il eut son rappel à Paris, où il revint incontinent reprendre sa séance ordinaire, et se remettre tout de bon à écouter et à juger les procès.

Quelque temps avant le retour du Parlement à Paris, on établit aux Grands-Augustins une chambre pour juger en dernier ressort quantité de procès restés depuis longtemps aux rôles et divers autres encore restés en arrière. Armenonville fut choisi pour y présider, avec six autres conseillers d'État ses cadets, dix maîtres des requêtes et un onzième pour servir de procureur général. On douta si les parties s'y présenteroient volontiers dans la crainte que le Parlement de retour prétendît invalider tout ce

---

1. Le manuscrit porte bien *ramenoit*, et non *ramèneroit*.

qui y auroit été instruit et jugé. Néanmoins, peu à peu les affaires s'y portèrent. Le Parlement de retour consentit à cette juridiction extraordinaire, pour un temps, parce qu'il sentit qu'il étoit si chargé et si arriéré de procès, à force de s'être abandonné aux affaires publiques et à ne rien faire à Pontoise, qu'il étoit indispensable d'y pourvoir autrement. Ce nouveau tribunal, qui dura assez longtemps, se rendit recommandable par son équité, son travail et son expédition; il vida tout ce qui y fut porté, et Armenonville en particulier s'y acquit beaucoup d'honneur.

Vers le milieu du séjour du Parlement à Pontoise, travaillant une après-dînée seul avec M. le duc d'Orléans, il m'apprit que le premier président lui avoit demandé son agrément pour le mariage de sa fille aînée arrêté avec le duc de Lorges. Ma surprise et ma colère me firent lever brusquement et jeter mon tabouret à l'autre bout du petit cabinet d'hiver où nous étions. Il n'y avoit sorte de plaisirs essentiels que je n'eusse faits toute ma vie à ce beau-frère, non pour l'amour de lui, car je le connoissois bien, mais par rapport à Mme de Saint-Simon. On a vu en son lieu que je l'avois fait capitaine des gardes et ce qu'il m'en arriva, et comme j'obtins pour rien un régiment pour son fils aîné à qui il n'en eût jamais acheté, et combien peu il en fut touché. J'ajouterai ici qu'à la mort de M. le maréchal de Lorges, je lui quittai près de dix mille écus qui, sans dispute ni difficulté, revenoient à Mme de Saint-Simon, sur le brevet de retenue de la charge de capitaine des gardes qu'eut le maréchal d'Harcourt; et malgré une conduite étrange et misérable, j'avois toujours très-bien vécu avec lui. Je n'avois donc garde de m'attendre qu'il choisît la fille d'un homme que je traitois en ennemi déclaré, à qui je refusois publiquement le salut, duquel je parlois sans aucune mesure, et à qui je faisois des insultes publiques tout autant que l'occasion s'en présentoit, ce qui arrivoit le plus ordinairement au Palais-Royal, n'ayant guère ou point d'occasion de le rencontrer ailleurs. Je ne me contraignis donc pas avec M. le duc d'Orléans sur un mariage qui m'offensoit si vivement. M. le duc d'Orléans n'osa trop rire du torrent que je débondai, me voyant si outré; il trouva pourtant que j'avois raison.

Je venois nouvellement de sauver une cruelle affaire au duc de Lorges. Il avoit une maison dans le village de Livry, où il se croyoit tout permis. Non content de désoler Livry sur les chasses, et Livry en étoit capitaine et seigneur du lieu, avec qui je le raccommodai bien des fois, il s'avisa d'ouvrir, devant une grille de son jardin, une route prodigieusement large tout à travers de la forêt de Livry et de faire cette expédition avec tant d'ouvriers qu'elle fut achevée avant qu'on s'en fût aperçu. On peut juger des cris des officiers des eaux et forêts et de l'intendant des finances qui les avoit dans son département, et des suites ruineuses et même personnelles de leurs procédures si la bonté de M. le duc d'Orléans pour moi ne leur eût imposé silence tout aussitôt et fait rendre un arrêt du conseil antidaté qui ordonnoit cette ouverture et cette coupe de bois du Roi. De cela et de tant d'autres bottes que j'avois parées au duc de Lorges, et de tant d'autres choses faites pour lui, tel fut le salaire. Je retournai à Meudon, où j'appris ce beau mariage à Mme de Saint-Simon, qui en fut consternée. Je lui déclarai qu'elle ni moi ne verrions jamais son frère ni celle qu'il alloit épouser, et qu'elle fît savoir à Mme la maréchale de Lorges et à M. et à Mme de Lauzun que, s'ils signoient le contrat de mariage ou s'ils assistoient à cette noce, nous ne les verrions de notre vie. Dans le public, je m'expliquai sans aucune sorte de ménagement ni en choses ni en termes. Le contrat ne fut point signé de Mme la maréchale de Lorges ni de M. et de Mme de Lauzun, et ils n'allèrent point à ce mariage, qui se fit à Pontoise, avec toute la magnificence du premier président, qui y convia tout le Parlement, lequel il fit signer au contrat de mariage.

Parmi tout ce vacarme que je fis, rien n'échappa au premier président ni aux siens. Au contraire, force regrets de ma colère, force desirs de l'apaiser, force respects, malgré toute leur gloire. Il faut achever cet épisode tout de suite. Après quelque temps et qu'ils se flattèrent que leur conduite à mon égard, tandis que je ne me refusois rien, auroit pu émousser ma colère, ils me firent parler par plusieurs de mes amis dans les termes les plus propres à se faire écouter. Cela dura longtemps sans autre réponse que mes propos accoutumés sur le beau-père et le gendre. A la fin ce fut quelque chose de plus intime et de plus cher qui m'abattit plutôt qu'il ne me gagna. Mme de Saint-Simon ne cessoit de répandre des larmes en silence; elle ne mangeoit et ne dormoit plus; sa santé délicate s'altéroit visiblement. Cet état, qui ne pouvoit se changer que par une réconciliation, fit en moi un combat intérieur, dont les fougues et les élans ne se peuvent décrire entre ce que je respectois et que j'aimois le plus tendrement, entre une douleur continuelle qui la minoit et qui me perçoit le cœur, et de me réconcilier avec deux hommes qui avec tant de raison m'étoient si démesurément odieux, et qui ne m'étoient pas moins méprisables. Enfin, pour abréger, je fis à la conservation de Mme de Saint-Simon un sacrifice vraiment sanglant, et au bout de six ou sept mois, la réconciliation se fit en cette sorte : je consentis que le contrat fût signé, et de voir la duchesse de Lorges à l'hôtel de Lauzun, sans personne que la duchesse de Lauzun. Cela se passa debout en un moment, et fort cavalièrement de ma part. Le lendemain le premier président vint chez moi en robe de cérémonie, où il m'accabla de compliments et de respects. Je fus sec, mais poli, comme je m'y étois engagé. Les jours suivants, Mme de Fontenilles sa sœur, le bailli de Mesmes et leurs plus proches vinrent au logis, où je les reçus civilement, mais très-froidement; le premier président y revint encore sur ce que j'avois déclaré que je ne voulois point voir son gendre. C'étoit lui pourtant qu'il falloit que je revisse pour essuyer les larmes de Mme de Saint-Simon ; et enfin j'y consentis. Il vint chez moi, conduit par elle. Je le reçus fort mal, quoique le moins mal que je pus gagner sur moi. J'allai après chez le premier président, qui me reçut avec des empressements et des civilités extrêmes. Il n'épargna ni le terme de respect ni celui de reconnoissance ; en un mot, il continua d'oublier sa morgue, et se répandit en bien dire.

Mme de Lorges et sa sœur étoient venues chez moi, menées par Mme de Lauzun, dès que j'eus vu la duchesse de Lorges à l'hôtel de Lauzun ; puis peu à peu j'allai voir la sœur, le frère et la belle-mère du premier président. Il désira avec grande ardeur donner une espèce de repas de noce où je voulusse bien être avec Mme de Saint-Simon, qu'il avoit visitée dans son appartement toutes les fois, et dès la première qu'il étoit venu chez moi, et mes enfants aussi ; enfin j'y consentis encore ; le repas fut excellent et magnifique, et accompagné, de la part du premier président et des siens, de tout ce qui me pouvoit plaire en façons et en discours. De l'un à l'autre on se laisse conduire à tout. Mme de Saint-Simon desira si fort que nous leur donnassions un repas aussi comme de noce, qu'il fallut bien y consentir. Le premier président ne l'osoit espérer, et en parut transporté de joie. Il fut des mêmes personnes qui avoient été de celui du premier président, et je m'y donnai la torture pour y faire médiocrement bien. Ainsi finit la division atroce qui me séparoit du premier président, avec tant d'éclat si continuellement soutenu depuis l'affaire du bonnet, et que ce mariage avoit comblée de nouveau. Dans la suite, le premier président vint de temps en temps chez moi, puis plus souvent, moi quelquefois chez lui, jusqu'à la fin de sa vie ; on peut croire qu'il n'y eut que de la civilité, et que la conversation n'étoit pas intéressante. Mais pour Mme de Fontenilles, nous nous accommodâmes d'elle et elle de nous peu à peu, en telle sorte que nous sentîmes tous son mérite, sa vertu, son esprit, les agréments et la sûreté de son commerce, et que la liaison et l'amitié se forma étroite et a toujours duré depuis.

Le duc de Brissac épousa en même temps M{ll.e} Pécoil, très-riche héritière, dont le père étoit mort maître des requêtes, et la mère étoit fille de le Gendre, très-riche négociant de Rouen. Le père de Pécoil étoit un bourgeois de Lyon, gros marchand et d'une avarice extrême. Il avoit un grand coffre-fort rempli d'argent dans un fond de cave, fermé d'une porte de fer à secret où on n'arrivoit qu'en passant d'autres portes. Il disparut un jour si longtemps que sa femme et deux ou trois valets ou servantes qu'ils avoient le cherchèrent partout. Ils savoient bien qu'il avoit une cache, parce qu'ils l'avoient quelquefois surpris descendant dans sa cave un martinet à la main, mais jamais personne ne l'y avoit osé suivre. En peine de ce qu'il étoit devenu, ils y descendirent, enfoncèrent les dernières portes et trouvèrent enfin celle de fer. Il fallut des ouvriers pour l'enfoncer ou l'ouvrir, en attaquant les côtés de la muraille où elle tenoit. Après un long travail ils entrèrent et trouvèrent le vieil avare mort auprès de son coffre-fort, qui apparemment n'avoit pu retrouver le secret de la serrure après s'être enfermé en dedans, et n'avoit pu l'ouvrir : fin bien horrible en toutes manières[1]. MM. de Brissac ne sont pas délicats depuis longtemps en alliances, et toutefois n'en paroissent pas plus riches. Les écus s'envolent, la crasse demeure.

Le Grand Seigneur avoit nommé et fait partir un ambassadeur pour venir complimenter le Roi sur son avénement à la couronne. Comme c'est une chose fort peu usitée à l'orgueil de la Porte, notre cour en fut extrêmement flattée. Outre l'honneur et la considération des lieux saints de la Palestine, l'intérêt du commerce et de la bannière de France dans la Méditerranée ne contribua pas moins à en être touché ; il débarqua à Toulon, et à cause de la peste on l'obligea à la quarantaine,

1. On a déjà vu cette anecdote, tome XVI, p. 255-257.

et on le fit venir par Toulouse à Bordeaux, et de là à Paris.

On étoit près d'ouvrir le congrès de Cambray, dont l'objet étoit de régler ce qui ne l'avoit pu être entre l'Empereur et l'Espagne, et quelques suites de ce qui l'avoit été à Baden. Saint-Contest, qui, comme on l'a vu et pourquoi, avoit été troisième ambassadeur plénipotentiaire à la paix de Baden, le fut en premier à Cambray avec Morville, fils d'Armenonville, ambassadeur en Hollande. Toutes les puissances de l'Europe y envoyèrent. Cette assemblée dura longtemps, où les cuisiniers eurent plus d'affaires que leurs maîtres. Elle se sépara à la fin sans avoir rien fait. Le cardinal Gualterio, avec qui j'étois en commerce réglé toutes les semaines, m'écrivit pendant ce congrès une chose très-sensée : c'étoit de profiter de cette assemblée des ministres de toutes les grandes puissances de l'Europe, pour convenir entre elles des entrées et de la suite de leurs ambassadeurs dans toutes les cours, dont la dépense toujours plus grande croissant toujours, à qui aura plus de carrosses et d'équipages les plus magnifiques, et le plus de gentilshommes de suite, de riche et nombreuse livrée de toutes façons, ruinent les ambassadeurs en coûtant fort cher à leurs maîtres; de mettre ainsi des bornes à l'émulation et à la dépense.

L'abbé de Maulevrier, qui avoit été aumônier du Roi, dont il a été parlé plus d'une fois ici, fit tant qu'il persuada à l'abbé du Bois d'envoyer en Espagne Maulevrier, son neveu, qui étoit lieutenant général. Leur nom est Andrault, fort léger : ils sont de Bourbonnois, originaires d'autour de Lyon, très-attachés de tout temps aux Villeroy, domestiques de l'hôtel de Condé, et celui qui étoit mort lieutenant général des armées navales et sa famille tout à M. et à Mme du Maine. Ce n'étoit pas là des titres à faire valoir à M. le duc d'Orléans pour être envoyé du Roi en Espagne; néanmoins il le fut. On lui joignit, mais sans titre, une espèce de financier marchand qui s'appeloit Robin, pour les affaires du commerce. On verra dans la suite si j'ai le temps d'écrire mon ambassade en Espagne, qu'il lui en auroit fallu encore un autre pour la négociation.

La maladie du Pape, qu'on crut trop tôt désespérée, attira l'ordre à nos cardinaux de se préparer diligemment à partir, et le retour du cardinal de Polignac de son abbaye d'Anchin en Flandres, où on a vu qu'il étoit exilé. L'alarme cessée suspendit leur départ, et le cardinal de Polignac eut permission de saluer le Roi et M. le duc d'Orléans, et de demeurer à Paris en attendant des nouvelles de Rome plus pressantes.

L'année finit par le départ subit et secret de Law, qui n'avoit plus de ressources, et qu'il fallut enfin sacrifier au public. On ne le sut que parce que le fils aîné d'Argenson, intendant à Maubeuge, eut la bêtise de l'arrêter. Le courrier qu'il envoya pour en donner avis lui fut redépêché sur-le-champ, avec une forte réprimande de n'avoir pas déféré aux passe-ports que M. le duc d'Orléans lui avoit fait expédier. Son fils étoit avec lui ; ils allèrent à Bruxelles, où le marquis de Prié, gouverneur des Pays-Bas impériaux, le reçut très-bien, et le régala ; il s'y arrêta peu, gagna Liége et l'Allemagne, où il alla offrir ses talents à quelques princes qui tous le remercièrent. Après avoir ainsi rôdé, il passa par le Tyrol, vit quelques cours d'Italie, dont pas une ne l'arrêta, et enfin se retira à Venise, où cette république n'en fit aucun usage. Sa femme et sa fille le suivirent quelque temps après ; je n'ai point su ce qu'elles sont devenues, ni même son fils. Law étoit Écossois, fort douteusement gentilhomme, grand et fort bien fait, d'un visage et d'une physionomie agréables, galant et fort bien avec les dames de tous pays, où il avoit fort voyagé. Sa femme n'étoit point sa femme ; elle étoit de bonne maison d'Angleterre et bien apparentée, qui avoit suivi Law par amour, en avoit eu un fils et une fille, et qui passoit pour sa femme et en portoit le nom sans l'avoir épousé. On s'en doutoit sur les fins : après leur départ cela devint certain. Cette femme avoit un œil et le haut de la joue couverte d'une vilaine tache de vin, du reste bien faite, haute, altière, impertinente en ses discours et en ses manières, recevant les hommages, rendant peu ou point, et faisant rarement quelques visites choisies, et vivoit avec autorité dans sa maison. Je ne sais si son crédit étoit grand sur son mari; mais il paroissoit plein d'égards, de soins et de respect pour elle. Tous deux avoient, lors de leur départ, entre quarante-cinq et cinquante ans. Law laissa en partant sa procuration générale au grand prieur de Vendôme et à Bully, qui avoient bien gagné avec lui. Il avoit fait force acquisitions de toutes sortes, et encore plus de dettes, de façon que ce chaos n'est pas encore débrouillé par une commission du conseil nommée pour régler ses affaires avec ses créanciers. J'ai dit ici ailleurs, et je le répète, qu'il n'y eut ni avarice ni friponnerie en son fait. C'étoit un homme doux, bon, respectueux, que l'excès du crédit et de la fortune n'avoit point gâté, et dont le maintien, l'équipage, la table et les meubles ne purent scandaliser personne. Il souffrit avec une patience et une suite singulière toutes les traverses qui furent suscitées à ses opérations, jusqu'à ce que vers la fin, se voyant court de moyens, et toutefois en cherchant et voulant faire face, il devint sec, l'humeur le prit, et ses réponses furent souvent mal mesurées. C'étoit un homme de système, de calcul, de comparaison, fort instruit et profond en ce genre, qui, sans jamais tromper, avoit partout gagné infiniment au jeu, à force de posséder, ce qui me semble incroyable, la combinaison des cartes.

Sa banque, comme je l'ai dit ailleurs, étoit une chose excellente dans une république ou dans un pays comme l'Angleterre, où la finance est en république. Son Mississipi, il en fut la dupe, et crut de bonne foi faire de grands et riches établissements en Amérique. Il raisonnoit comme un Anglois, et ignoroit combien est contraire au commerce et à ces sortes d'établissements la légèreté de la nation, son inexpérience, l'avidité de s'enrichir tout d'un coup, les inconvénients d'un gouvernement despotique, qui met la main sur tout, qui n'a que peu ou point de suite, et où ce que fait un ministre est toujours détruit et changé par son successeur. Sa proscription d'espèces, puis de pierreries, pour n'avoir que du papier en France, est un système que je n'ai jamais compris, ni personne, je pense, dans tous les siècles qui se sont écoulés depuis celui d'Abraham, qui acheta un sépulcre en argent pour Sara quand il la perdit, pour lui et pour ses enfants. Mais Law étoit un homme à système, et si profond qu'on n'y entendoit rien, quoique naturellement clair et d'une élocution facile, quoique il y eût beaucoup d'anglois dans son françois. Il vécut plusieurs années à Venise avec fort peu de bien, et y mourut catholique, ayant vécu honnêtement, quoique fort médiocrement, sagement et modestement, et reçut avec piété les sacrements de l'Église. Ainsi se termina l'année 1720.

CHAPITRE IX.

Année 1721. — Chaos des finances. — Retraite de Pelletier Sousy. — Conseil de régence curieux sur les finances et la sortie de Law du royaume. — Réflexions sur ce conseil de régence. — Prince de Conti débanque Law. — Continuation de réflexions sur ce conseil de régence, orageux entre le Régent et Monsieur le Duc à l'occasion de la retraite de Law. — M. le duc d'Orléans veut de nouveau ôter au maréchal de Villeroy la place de gouverneur du Roi et me la donner ; il s'y associe Monsieur le Duc ; je refuse ; le combat dure plus d'un mois ; je demeure si ferme que le maréchal de Villeroy conserve sa place auprès du Roi, faute de qui la remplir ; sa misère là-dessus. — Le maréchal de Villeroy découvre le péril qu'il a couru pour sa place ; il [ne] me pardonne pas d'avoir pu la remplir, si je l'avois voulu ; je le méprise.

Depuis le changement du ministère des finances et la disjonction de tous les droits et revenus royaux d'avec la compagnie des Indes, excepté la ferme du tabac qui lui demeura unie, tout étoit resté dans l'inaction qui, jointe au défaut de confiance, achevoit de perdre le crédit du Roi, et laissoit une incertitude extrême dans la fortune des particuliers. Tout en ce genre se passoit entre le Régent et la Houssaye, nouveau contrôleur général, qui, outre le chaos des finances, n'y avoit trouvé ni registres, ni notions, ni qui que ce fût en aucune place, ni personne qui s'y présentât, parce qu'avec Law étoient tombés ceux qu'il y avoit mis. Toute circulation se trouvoit arrêtée, enfin un épuisement et une confusion au delà de tout ce qu'il s'en [peut] imaginer. Le duc de Noailles, lorsqu'il étoit chargé des finances, avoit montré l'exemple d'en communiquer les affaires tout le moins qu'il le pouvoit au conseil de régence, quoique vrai conseil alors, surtout dans la fin de son administration, que ce conseil commençoit à tomber. Argenson, qui lui succéda avec l'autorité des sceaux, l'imita par une soustraction entière, qui fut incontinent suivie de celle de toutes les autres véritables matières. Law, qui dans la suite administra les finances en diverses façons, passa jusqu'à ne donner pas même connoissance au conseil de régence des édits, des déclarations ni des arrêts qui étoient affichés en foule par les rues. La Houssaye commença son administration de la même manière, et notamment pour disjoindre de la compagnie des Indes tout ce qui y avoit été uni des droits et revenus royaux. Résolu d'aller plus avant, il crut apparemment devoir s'appuyer du nom du conseil de régence, quelque vain que ce conseil fût devenu, tellement que la première fois qu'il y entra en qualité de contrôleur général des finances, ce fut un jour où il se passa des choses qui méritent bien d'être rapportées, que j'écrivis dès que j'en fus sorti pour n'en pas perdre une exacte mémoire; le voici :

CONSEIL DE RÉGENCE TENU AUX TUILERIES LE DIMANCHE 24 JANVIER 1721, À QUATRE HEURES APRÈS-MIDI ; PRÉSENTS ET SÉANTS EN CETTE SORTE :

Le Roi.

M. le duc d'Orléans, régent.
Monsieur le Duc, chef du conseil de régence.
M. le comte de Toulouse.
M. le duc de Saint-Simon.
M. le maréchal-duc de Gramont.
M. le duc de Saint-Aignan.
M. le maréchal-duc de Villars.
M. le maréchal-duc de Tallart.
M. le maréchal d'Huxelles.
M. de Torcy.
M. le marquis de Canillac.
Monsieur l'archevêque de Rouen, Besons.
M. de la Houssaye, contrôleur général, mandé.
M. le duc de Chartres.

M. le prince de Conti.
Monsieur le chancelier.
M. le duc de la Force.
M. le maréchal-duc de Villeroy.
M. le duc de Noailles.
M. le duc d'Antin.
M. le maréchal d'Estrées.
M. le maréchal de Besons étoit malade et absent.
Monsieur l'ancien évêque de Troyes, Bouthillier.
M. de la Vrillière, secrétaire d'État.
Monsieur l'archevêque de Cambray, du Bois, secrétaire d'État.
M. d'Armenonville, secrétaire d'État.
M. le Blanc, secrétaire d'État.

M. le Pelletier de Sousy, doyen du conseil, qui étoit aussi du conseil de régence, avoit obtenu depuis quatre jours la permission de ne plus faire aucune fonction de ses emplois, à cause de son âge, qui passoit quatre-vingts [ans], mais avec la tête bonne et la santé aussi, chagrin contre des Forts, son [fils], avec qui il logeoit, et alla se retirer à Saint-Victor, où l'ennui le gagna bientôt et peut-être le repentir.

Tout le monde assis, M. le duc d'Orléans dit au Roi qu'il y avoit une affaire fort importante à délibérer, qui regardoit la compagnie des Indes, et qui concernoit les papiers royaux, laquelle méritoit toute l'attention du conseil, dont M. de la Houssaye alloit rendre compte. Il ajouta vaguement deux périodes, après quoi M. le comte de Toulouse rapporta une bagatelle concernant une augmentation à la ville de Saint-Malo, laquelle finie, le Régent donna la parole à la Houssaye.

En cet instant, Monsieur le Duc se leva, contre l'usage de ceux qui opinent ou qui veulent parler, fit signe à la Houssaye d'attendre, se rassit, et dit au Roi qu'il n'étoit informé que de ce matin même de ce qui se devoit présentement proposer au conseil; qu'intéressé comme il l'étoit avec la compagnie des Indes, il s'étoit d'abord proposé de ne point opiner, pour éviter que ce qu'il diroit pût être interprété d'intérêt particulier; mais que depuis il avoit estimé plus convenable de se mettre en liberté pour pouvoir dire ce qu'il croyoit utile pour le bien de l'État; qu'il avoit eu et déposé quinze cents actions; qu'en outre il en avoit encore quatre-vingt-quatre sous son nom, qui ne lui appartenoient pas; que, si celui qui en étoit chargé se fût trouvé chez lui, il auroit déjà porté les siennes à M. le duc d'Orléans pour qu'il eût la bonté de les remettre à Sa Majesté, ou à la compagnie, ou bien de les brûler, comme il auroit voulu; que ce qu'il n'avoit pu exécuter cejourd'hui il le feroit le lendemain dans la matinée; et que, le déclarant en si bonne compagnie, il se croyoit dès lors pouvoir compter hors d'intérêt et en état de pouvoir dire son sentiment sur la matière qu'on avoit à traiter, d'autant plus qu'il n'avoit jamais été pour la compagnie qu'autant qu'il avoit cru le devoir pour le service de Sa Majesté et pour le bien de ses sujets.

M. le prince de Conti prit alors la parole, et dit que tout le monde savoit bien que depuis longtemps il n'avoit point d'actions, que ce qu'il en avoit eu il l'avoit rendu à Law, et qu'il offroit de remettre le duché de Mercœur, qui en étoit le bénéfice. Monsieur le Duc répondit assez bas que des offres vagues ne suffisoient pas, qu'il en falloit la réalité et l'exécution.

La Houssaye commença son discours sur les comptes de la compagnie avec le Roi : tout son rapport fut parfaitement beau. Il conclut que la compagnie fût déclarée redevable de tous les billets de banque, et que ceux qui ne seroient point éteints par les quinze cents millions de récépissés retirés par la compagnie, elle devroit au Roi l'excédant, attendu que le Roi s'en charge; que c'étoit une suite naturelle de l'union qui avoit été faite de la banque à la compagnie des Indes au mois de février dernier, où le Roi avoit donné à la compagnie le bénéfice et la charge de la banque.

Monsieur le Duc prit alors la parole, et dit que, par la même assemblée de la compagnie, il avoit été réglé qu'on ne feroit plus d'achats d'actions, et qu'il ne seroit point fait de billets de banque, sinon par une assemblée générale; qu'il n'y en a point eu ; que s'il a été fait des achats d'actions et de billets, que ç'a été par ordres du Roi et arrêts du conseil du propre mouvement, qu'ainsi c'est le Roi qui en doit être tenu.

M. le duc d'Orléans a répliqué que M. Law étoit l'homme de la compagnie aussi bien que celui du Roi ; que ce qu'il avoit fait, il le croyoit du bien de la compagnie ; que cela est si vrai que dans l'arrêt qui ordonne l'achat des actions, il est dit que la dividende[1] accroîtra aux autres actionnaires ; que c'étoit aussi Law qui avoit fait faire des billets de banque pour cet emploi, afin de faire valoir les actions.

Monsieur le Duc a répondu que M. Law ne pouvoit pas engager la compagnie, puisqu'il étoit l'homme du Roi comme contrôleur général; qu'il n'y avoit d'arrêts que pour douze cents millions de billets de banque ; qu'il avoit même été dit dans l'assemblée générale qu'on supprimeroit les billets de banque de dix livres, que, loin de cela, on en avoit fait pour plus de cent millions des mêmes, et qu'il y avoit dans le public pour plus de deux

---

1. Saint-Simon fait *dividende* du féminin.

milliards sept cent millions de billets de banque ; que cela ne pouvoit jamais être regardé comme un fait de la compagnie.

M. le duc d'Orléans expliqua que l'excédant des billets de banque avoit été fait par des arrêts du conseil rendus sous la cheminée; que le grand malheur venoit de ce que M. Law en avoit fait pour douze cents millions au delà de ce qu'il en falloit; que les premiers six cents millions n'avoient pas fait grand mal, parce qu'on les avoit enfermés dans la banque ; mais qu'après l'arrêt du 21 mai dernier, lorsqu'on donna des commissaires à la banque, il se trouva pour autres six cents millions de billets de banque que Law avoit fait faire et répandus dans le public, à son insu de lui Régent, et sans y être autorisé par aucun arrêt, pour quoi M. Law méritoit d'être pendu ; mais que, lui Régent l'ayant su, il l'avoit tiré d'embarras par un arrêt qu'il fit expédier et antidater, qui ordonnoit la confection de cette quantité de billets.

Là-dessus Monsieur le Duc dit à Monsieur le Régent : « Mais, Monsieur, comment, sachant cela, l'avez-vous laissé sortir du royaume ? — C'est vous, Monsieur, répliqua le Régent, qui lui en avez fourni les moyens. — Je ne vous ai jamais demandé, répondit Monsieur le Duc, de le faire sortir du royaume. — Mais, insista le Régent, c'est vous-même qui lui avez envoyé les passe-ports. — Il est vrai, Monsieur, répondit Monsieur le Duc, mais c'est vous qui me les avez remis pour les lui envoyer; mais je ne vous les ai jamais demandés, ni qu'il sortît du royaume. Je sais qu'on m'a voulu jeter le chat aux jambes dans le public là-dessus, et je suis bien aise d'expliquer ici ce qui en est, puisque j'en ai l'occasion. Je me suis opposé qu'on mît M. Law à la Bastille, ou dans quelque autre prison, comme on le vouloit, parce que je ne croyois pas qu'il fût de votre intérêt de l'y laisser mettre après vous en être servi comme vous avez fait; mais je ne vous ai jamais demandé qu'il sortît du royaume, et, je vous prie, Monsieur, de vouloir bien dire en la présence du Roi, et de-

vant tous ces messieurs, si je vous l'ai jamais demandé.
— Il est vrai, répondit Monsieur le Régent, que vous ne
me l'avez pas demandé; je l'ai fait sortir parce que j'ai
cru que sa présence en France nuiroit au crédit public et
aux opérations qu'on vouloit faire. — Je suis, reprit
Monsieur le Duc, si éloigné, Monsieur, de vous l'avoir
demandé, que, si vous m'aviez fait l'honneur de m'en
demander mon avis, je vous aurois conseillé de vous
bien garder de le laisser sortir du royaume. »

La Houssaye continua ensuite son rapport. Il lut la
requête de la compagnie à ce que la banque lui fût unie,
et que tous les profits d'icelle lui fussent donnés. On lut
aussi les deux articles de l'arrêt du conseil qui intervint
le lendemain de la requête qui faisoient à la question, et
la Houssaye conclut que la compagnie seroit débitrice
envers le Roi des billets de banque.

Armenonville proposa là-dessus une opinion que la
compagnie fût entendue. Le maréchal d'Estrées appuya
cet avis; le Régent y fit des objections très-fortes, et tout
le conseil, excepté ces deux, furent de l'avis de M. de la
Houssaye.

Ensuite il proposa que, comme il y avoit plusieurs particuliers qui avoient mis tout leur bien dans les actions
sur la foi publique, il n'étoit pas juste que par la dette
immense de la compagnie envers le Roi ils se trouvassent
ruinés, et que réciproquement que ceux qui étoient sortis
de la compagnie dans le bon temps, qui avoient converti
leurs actions en billets, ou qui les avoient achetées à vil
prix sur la place, ou employées en rentes perpétuelles ou
viagères, ou en comptes en banque, profitassent du malheur des actionnaires de bonne foi ; qu'ainsi il falloit
nommer des commissaires pour liquider tous ces papiers
et parchemins, et annuler ceux qui ne procéderoient
point de biens réels.

Monsieur le Duc dit à cela : « Il y a quatre-vingt mille
familles au moins dont tout le bien consiste en ces effets :
de quoi vivront-elles pendant cette liquidation ? » La

Houssaye répondit qu'on nommeroit tant de commissaires, que cela seroit bientôt fait.

Monsieur le Duc dit ensuite que, s'il y avoit des gens à liquider, ce n'étoit pas ceux qui étoient anciens porteurs des effets publics; que le discrédit les ruineroit assez; mais qu'il falloit chercher ceux qui avoient réalisé en argent ou en terres ou en maisons, ou qui avoient vendu leurs meubles à des prix exorbitants, ou qui avoient arrangé leurs affaires aux dépens de leurs créanciers.

La Houssaye dit qu'on les taxeroit aussi par rapport à ceux qui avoient des immeubles, mais que, par rapport à ceux qui avoient réalisé en argent, c'étoit une chose fâcheuse par la peine qu'il y avoit à les connoître; qu'il arriveroit cependant un bien de l'arrangement qu'on proposoit aujourd'hui, parce que le Roi reprenant un nouveau crédit par la liquidation, et absorbant une partie des dettes, les réaliseurs en argent le mettroient un jour pour le prêter au Roi, vu la facilité des billets payables au porteur.

M. de la Houssaye continua son discours. Après qu'il fut fini, il fut arrêté tout d'une voix qu'il seroit nommé des commissaires pour liquider les rentes sur le Roi tant perpétuelles que viagères, les actions rentières et intéressées, les comptes en banque et les billets de banque.

M. le duc d'Orléans dit qu'il falloit faire un règlement qui seroit porté au premier conseil de régence pour prescrire aux commissaires les règles qu'on devoit tenir, après quoi il ne s'en mêleroit en aucune façon, renvoyeroit tout aux commissaires, et ne feroit grâce à personne.

Monsieur le Duc lui dit là-dessus que ce seroit le moyen que tout se passât dans la règle; sur quoi le Régent, s'adressant au Roi, le supplia de lui permettre de dire qu'il lui avoit défendu de s'en mêler, et ordonné de laisser tout faire par les commissaires.

Le maréchal de Villeroy s'écria, en s'adressant à M. le duc d'Orléans : « N'êtes-vous pas revêtu de toute son autorité (parlant de celle du Roi), et n'en avez-vous pas aussi toute la confiance? » et à l'instant on leva le conseil.

On a omis plusieurs propos de ceux qui n'ont aucune importance, mais il ne faut pas oublier que le comte de Toulouse offrit ses actions, que le Régent ne voulut pas accepter, comme provenantes[1] effectivement des remboursements qu'il avoit reçus.

Le duc d'Antin déclara aussi qu'il en avoit quatre cents qu'il rapporteroit le lendemain.

L'étonnement fut grand dans tous ceux qui se trouvèrent à ce conseil. Personne n'ignoroit en gros le désordre des finances; mais le détail de tant de millions factices, qui ruinoient le Roi ou les particuliers, ou pour mieux dire l'un et l'autre, effraya tout le monde. On vit alors à découvert où avoit conduit un jeu de gobelets, dont toute la France avoit été séduite, et quelle avoit été la prodigalité du Régent, par la facilité de battre monnoie avec du papier, et de tromper ainsi l'avidité publique. Il y falloit un remède[2], parce que les choses étoient arrivées à un dernier période, et ce remède, qui alloit au dernier détriment des actionnaires et des porteurs de billets de banque, ne se pouvoit trouver que par le dévoilement de tout le mal, si longtemps tenu caché autant qu'il avoit été possible, pour que chacun vît enfin où on en étoit au vrai, et[3] la nécessité pressante aussi bien que les difficultés du remède.

Depuis l'arrêt du 22 mai, qui fut l'époque de la décadence de ce qui étoit connu sous les noms de Mississipi et de banque, et la perte de toute confiance par la triste découverte qu'il n'y avoit plus de quoi faire face

---

1. *Provenants*, au manuscrit.
2. Saint-Simon a écrit : *une remède* ; mais il y a bien *ce remède* à la ligne suivante.
3. On lit ici le mot *a* au manuscrit.

au payement des billets, par leur excédant prodigieux au delà de l'argent, chaque pas n'avoit été qu'un trébuchement, chaque opération qu'un palliatif très-foible. On n'avoit pu chercher qu'à gagner des jours et des semaines, dans des ténèbres qu'on épaississoit à dessein, dans l'horreur qu'on avoit de laisser voir au jour tant de séduction et de monstres de ruine publique. Law ne pouvoit se laver à la face du monde d'en avoir été l'inventeur et l'instrument, et il auroit couru grand risque, au moment de ce terrible et public dévoilement; et M. le duc d'Orléans, qui, pour suffire à sa propre facilité et prodigalité, et satisfaire à l'avidité prodigieuse de chacun, avoit forcé la main à Law et l'avoit débanqué de tant de millions, au delà de tous moyens d'y faire face, et l'avoit précipité dans cet abîme, ne pouvoit se mettre au hasard de l'y laisser périr, et moins encore, pour le sauver, se déclarer le vrai coupable. Ce fut donc pour se tirer de ce premier et si mauvais pas qu'il fit sortir Law du royaume, lorsqu'il se vit acculé et forcé de montrer à la lumière l'état des finances et de cette énorme gestion qui n'étoit que tromperie. Cette manifestation qui intéressoit si fort les actionnaires et les porteurs de billets de banque en général, mais bien plus vivement ceux qui les tenoient de leur autorité ou de leur faveur, et qui n'en pouvoient montrer d'autre origine, les mit tous au désespoir. Les plus importants, comme les princes du sang, les plus avant dans ces affaires, comme d'Antin, le maréchal d'Estrées, Lassay, Madame la Duchesse, Mme de Verue et d'autres en petit nombre, qui y avoient si gros, et dont les profits jusqu'alors avoient été immenses, avoient, de force ou d'industrie, arrêté cette manifestation tant qu'ils avoient pu, soutenu ce puissant mur, qui s'écrouloit malgré eux, et suspendu le moment si funeste pour eux. Comme ils savoient à peu près le fond des choses, ils voyoient que le moment qu'elles seroient connues finiroit ces gains prodigieux et mettroit à néant les papiers dont ils s'étoient farcis à toutes mains et pur profit, sans y avoir mis un sou du leur pour les acquérir. C'est ce qui engagea M. le duc d'Orléans à leur cacher le jour de cette manifestation, pour éviter d'être importuné d'eux pour différer ce qui ne pouvoit plus l'être, et pour, en les surprenant, leur ôter le temps de se préparer à former des difficultés et des réponses aux opérations que la Houssaye avoit à proposer à leurs dépens. C'est aussi ce qui mit Monsieur le Duc en fureur, et qui causa cette scène étrange entre lui et M. le duc d'Orléans, qui scandalisa et qui effraya tous ceux qui dans ce conseil en furent témoins; tous deux y firent un mauvais personnage.

Monsieur le Duc débuta par une vaine parade de la remise de ses actions, qu'il ne pouvoit plus garder, parce qu'elles étoient sans origine, et il ne fit qu'en manifester l'énorme quantité. Il crut par là imposer et se mettre en liberté de protéger la compagnie de toutes ses forces, parce qu'il y avoit le plus gros intérêt personnellement, ainsi que Madame la Duchesse sa mère. Personne ne l'ignoroit, aussi n'imposa-t-il à personne. Il haïssoit et méprisoit le prince de Conti au dernier point. Il est vrai qu'en cela il étoit du sentiment unanime. Aussi ne put-il pas s'empêcher de relever l'offre de la remise du duché de Mercœur, volé à Lassay par un retrait et un procès indigne, offre qu'il étoit bien sûr qui ne seroit pas acceptée. Ce prince avoit raison d'avancer que tout le monde savoit bien qu'il n'avoit point d'actions. Mais un peu de jugement l'auroit retenu de faire une protestation qui faisoit souvenir tout le monde qu'il avoit porté le premier et le plus mortel coup à la banque, en se faisant tout à coup rembourser en argent de tout son papier, dont Law ne s'est pu relever depuis. On vit arriver publiquement à l'hôtel de Conti quatre surtouts[1] chargés d'argent, et le prince de Conti pendu à ses fenêtres pour les voir entrer chez lui.

1. Charrettes légères qui servent à porter du bagage.

M. le duc d'Orléans, qui de goût, et depuis par nécessité, vivoit de ruses et de finesses, crut avoir fait merveilles d'avoir chargé Monsieur le Duc des passes-ports de Law, et d'avoir caché ce qui se devoit traiter dans ce conseil de régence. Il vouloit affubler Monsieur le Duc de la retraite de Law hors du royaume, et le prendre au dépourvu en ce conseil, pour lui ôter les moyens de contredire. Il en fut cruellement la dupe; la matière touchoit à Monsieur le Duc d'un si grand intérêt, qu'il étoit par lui, et par d'autres principaux intéressés, continuellement alerte[1] sur ce qui devoit se proposer, et il arriva qu'il fut assez tôt averti pour bien apprendre sa leçon. La hardiesse et la fermeté ne lui manquoient pas; il n'avoit rien à craindre, il connoissoit d'ailleurs par une expérience continuelle l'extrême foiblesse de M. le duc d'Orléans, il en voulut profiter, et puisque tout ce mystère d'iniquité se devoit enfin révéler en présence du Roi et du conseil (et nombreux comme il étoit, c'étoit dire au public), il se proposa de ne garder aucun ménagement pour tirer son épingle du jeu, faire retomber tout sur M. le duc d'Orléans, et se montrer soi comme le beau personnage, piqué de plus du secret qui lui avoit été fait de ce qui se devoit proposer en ce conseil, plus encore peut-être de la proposition même si contraire à la compagnie, et au grand intérêt qu'il y avoit; piqué de plus de ce que M. le duc d'Orléans avoit adroitement fait passer à Law ses passe-ports par lui, pour donner lieu au monde de se persuader que Monsieur le Duc les avoit demandés, conséquemment que c'étoit lui qui avoit obtenu de M. le duc d'Orléans sa sortie du royaume. Aussi fut-ce là-dessus qu'il pressa impitoyablement M. le duc d'Orléans, qu'il l'interpella, et qu'il le força d'avouer qu'il ne lui avoit jamais demandé cette sortie, qu'il protesta que, s'il en avoit été consulté, il n'en auroit jamais été d'avis, et qu'il reprocha si durement à M. le duc d'Or-

1. Voyez tome III, p. 313 et note 1.

léans d'avoir laissé sortir Law du royaume, après avoir fait de son chef pour six cents millions de billets de banque contre les défenses si expresses de les multiplier davantage. Ce conseil donc nous apprit deux choses : que Law étoit mis à la Bastille sans Monsieur le Duc, et qu'à l'insu du Régent Law avoit fait et répandu dans le public pour six cents millions de billets de banque, non-seulement sans y être autorisé par aucun arrêt, mais contre les défenses expresses.

Pour la première, je ne sais qui avoit pu donner un conseil si dangereux à M. le duc d'Orléans, qui au ton qu'il avoit laissé prendre au Parlement, et que le Parlement ne quittoit point malgré le lit de justice et son voyage de Pontoise, auroit profité du désordre connu des finances et de leur incroyable déprédation, et plus encore du mécontentement public pour en prendre connoissance et se venger enfin de Law, qui depuis si longtemps étoit sa bête, et par lui de M. le duc d'Orléans, qui se seroit trouvé bien empêché, et peut-être hors d'état de le tirer de prison, après l'y avoir mis, et de l'arracher au Parlement, qui se seroit fait honneur et délice de le faire pendre malgré le Régent. Il y avoit bien de quoi, puisque le Régent, acculé par Monsieur le Duc, l'avoua en plein conseil, et que, pour le tirer de péril, il avoit fait rendre un arrêt du conseil antidaté, qui ordonnoit cette confection si prodigieuse de billets de banque faits et répandus par Law de sa propre autorité. Mais quel aveu d'un régent du royaume, en présence du Roi et d'un si nombreux conseil, dont la plupart ne lui étoient rien moins qu'attachés! et à qui espéra-t-il avec quelque raison de persuader que Law eût fait un coup si hardi, et de cette importance, à l'insu de lui régent, son seul appui contre le public ruiné, et contre le Parlement, qui ne cherchoit qu'à le perdre, et cela, pour la première opération qu'il eût jamais faite sans l'aveu et l'approbation du Régent? Voilà pourtant où les finesses dont ce prince se repaissoit le conduisirent, et ce que le dépit et la férocité de

Monsieur le Duc le forcèrent à un si étonnant aveu[1], et si dangereux, en présence du Roi et d'une telle assemblée. J'en frémis en l'entendant faire, et il est incroyable que ce terrible aveu n'ait pas eu la moindre des suites que j'en craignis.

Pour la personne de Law, Monsieur le Duc, tout bouché qu'il fût de soi-même, étoit trop éclairé par le grand intérêt qu'il avoit au papier, et trop bien conseillé par les siens, qui n'y en avoient pas un moindre, qui étoient habiles et avoient les yeux bien ouverts, pour laisser mettre Law en prison, exposé à des suites aisément funestes, à tout le moins destructives de ce qu'ils comptoient bien sauver du naufrage et que par l'événement ils en sauvèrent en effet. A l'égard de la sortie de Law hors du royaume, c'est une obscurité entre M. le duc d'Orléans et Monsieur le Duc, que je n'ai pu démêler. Bien ai-je expliqué ci-dessus les raisons qui m'ont paru celles qui engagèrent M. le duc d'Orléans à faire sortir Law du royaume, et sa petite finesse de lui en faire mettre les passe-ports entre les mains par Monsieur le Duc, pour se décharger sur lui de cette sortie : car de tout cela M. le duc d'Orléans ne m'en dit rien, et la chose faite, je ne cherchai pas à en rien apprendre de lui ; mais que Monsieur le Duc, qui avoit pour ses trésors de lui et des siens le même intérêt de ne pas exposer Law, non-seulement à sa perte, mais encore à la nécessité de répondre juridiquement, et de parler, comme on dit des criminels, fût contraire à sa sortie du royaume, j'avoue que c'est ce que je n'entends pas; moins encore qu'y étant si contraire, il ne l'ait pas témoigné à M. le duc d'Orléans, et fait effort pour l'empêcher lorsqu'il reçut de lui les passe-ports pour les remettre à Law, dont l'occasion étoit si naturelle, puisqu'il savoit bien que ces passe-ports étoient pour sortir du royaume ; qu'il ne l'ait pas fait alors, cela est clair, puisqu'il ne s'en seroit pas tu

---

1. Ce membre de phrase irrégulier est conforme au texte du manuscrit, où *ce que* semble corriger *où*.

en ce conseil, et d'autre part, que M. le duc d'Orléans, si malmené par lui sur cette sortie, ne lui ait pas reproché ce silence en lui remettant les passe-ports, c'est encore ce que je ne puis comprendre.

Autre chose encore difficile à entendre. Quelque bouché et peu préparé que pût être Monsieur le Duc à cette remise des passe-ports entre ses mains pour les donner à Law, comment voulut-il s'en charger, et comment ne sentit-il pas le but de ce passage par ses mains? Quelle autre raison de ce passage put-elle se présenter à lui? et tout homme en place de finance, ou le Blanc ou un autre secrétaire d'État, n'étoient-ils pas aussi bons et bien plus naturels que non pas Monsieur le Duc, pour remettre à Law ses passe-ports? En un mot ce sont des ténèbres que j'avoue que je n'ai pu percer. Du reste, Monsieur le Duc étoit venu bien préparé pour soutenir la compagnie en laquelle lui et les siens se trouvoient si grandement intéressés. Aussi faut-il convenir qu'il plaida bien cette cause, et qu'il n'omit rien de plausible de tout ce qu'il se pouvoit dire en sa faveur. Le rare est qu'après une scène si forte, si poussée, si scandaleuse, si publique, il n'y parut pas entre Monsieur le Duc et M. le duc d'Orléans. Le Régent sentoit le poids énorme dont sa gestion étoit chargée par la confiance aveugle jusqu'au bout, et la protection si déclarée qu'il avoit donnée à Law envers et contre tous. Il étoit foible, je le dis à regret; il craignoit Monsieur le Duc, ses fougues, sa férocité, son peu de mesure, quoique d'ailleurs il connût bien le peu qu'il étoit. Cette débonnaireté, que je lui ai si souvent reprochée, lui fit avaler ce calice comme du lait, et le porta à vivre à l'ordinaire avec Monsieur le Duc, pour ne le point aigrir davantage, et à ne l'aliéner pas de lui. A l'égard de Monsieur le Duc, ce n'étoit pas à lui à se fâcher, il avoit poussé M. le duc d'Orléans à bout sans le plus léger ménagement, toujours l'attaquant, toujours le faisant battre en retraite, jusqu'à lui avoir arraché l'aveu le plus étonnant et le plus dangereux. Il étoit donc content de l'issue de ce combat d'homme à homme, mais il n'avoit garde de l'être des résolutions prises au conseil, quoi-qu'il eût pu dire en faveur de la compagnie, et par là il sentit le besoin qu'il auroit de M. le duc d'Orléans pour soi et pour les siens, pour n'être pas enveloppés dans la fortune commune des porteurs de papiers, et pour sauver les leurs du naufrage, comme il arriva en effet ; car ces quinze cents actions de la remise desquelles il fit tant de parade, quelque énorme qu'en fût le nombre, n'étoient rien en comparaison de celles qui lui restoient sous d'autres formes, et pareillement à Madame la Duchesse, à Lassay, à Mme de Verue, et à d'autres des siens, et qui profitèrent depuis si furieusement et pour longtemps encore. Ce n'est donc pas merveilles si, après une si étrange scène où il avoit eu tout l'avantage sur M. le duc d'Orléans, il ne chercha depuis qu'à la lui faire oublier.

La fin de ce conseil ne fut pas plus heureuse pour M. le duc d'Orléans. Il s'y montra battu de l'oiseau, en protestant, je n'oserois dire bassement, qu'il laisseroit faire aux commissaires la liquidation dont ils seroient chargés, en pleine liberté, sans s'en mêler ; encore pis, quand Monsieur le Duc lui fit comme une nouvelle injure par la façon dont il l'approuva et l'y exhorta en deux mots si énergiques, de se tourner au Roi, et lui demander permission de publier que Sa Majesté lui avoit défendu de se mêler des liquidations. C'étoit avouer le peu de confiance que le public pouvoit prendre en lui et s'en moquer en même temps, en demandant cette permission ridicule à un roi sans pouvoir par le défaut de son âge, d'ordonner ni de défendre rien d'important, et moins encore que quoi que ce fût, au dépositaire de toute son autorité. Aussi le maréchal de Villeroy ne put-il contenir cette exclamation, également ironique et satirique, qui marquoit combien il trouvoit l'autorité du Roi mal déposée, et le ridicule d'une confiance que le Roi n'étoit pas en état d'accorder ni de refuser.

Je ne sais si cette dérision du maréchal de Villeroy,

si impertinente et si publique, réveilla dans M. le duc
d'Orléans le desir de le déplacer, mais peu après il me fit
en général ses plaintes de la conduite du maréchal de
Villeroy à son égard, de ses liaisons, de ses vues folles,
mais dangereuses, et du péril pour lui Régent de laisser
croître le Roi entre ses mains, et les conclut par me déclarer résolûment qu'il me vouloit mettre en sa place. Je
lui opposai les mêmes raisons que je lui avois alléguées
les autres fois que cette même tentation l'avoit surpris. Je
le fis souvenir combien il avoit approuvé le conseil que
je lui avois donné vers la fin de la vie du feu Roi, qu'au
cas qu'avant sa mort, ou par testament, il ne disposât
pas de la place de gouverneur de son successeur, lui,
M. le duc d'Orléans, après toutes les horreurs qu'on avoit
eu tant de soin de répandre partout, devoit se garder
sur toutes choses de mettre en une place si immédiate à
la personne du jeune Roi aucun de ceux qui étoient
publiquement ses serviteurs particuliers, moi moins que
pas un, qui, dans tous les temps, ne m'étois jamais caché
de l'être, et le seul qui eût continué à le voir hardiment,
publiquement et continuellement dans l'abandon général
où il s'étoit trouvé. J'insistai que cette même raison qui
m'avoit engagé à le remercier avec opiniâtreté les autres
fois qu'il m'avoit pressé d'accepter cette place, subsis-
toient toutes[1] pour me la faire encore refuser. J'ajoutai
que, convenant avec lui de tout sur le maréchal de Villeroy, ces mêmes raisons qui m'éloignoient de lui vouloir
succéder, militoient toutes pour l'y faire conserver; que
de plus le désordre dévoilé des finances, et la sortie de
Law du royaume, auquel le maréchal de Villeroy s'étoit
opposé dans tous les temps avec éclat, n'étoit pas le
moment de l'ôter d'auprès du Roi, et qu'il seroit tôt ou
tard trop dangereux, après avoir renvoyé le duc du Maine,
de réunir en faveur du maréchal de Villeroy et contre
Son Altesse Royale le renouvellement des plus affreux

1. Ces deux mots sont bien au pluriel.

soupçons, et le spécieux martyre du bien public, et de l'ennemi de Law et des ruines dont il avoit accablé l'État, mettre en furie Paris qui croyoit la vie du Roi attachée à sa vigilance, le parti du duc du Maine caché sous la cendre, tout ce qui s'appeloit la vieille cour, c'est-à-dire presque tous les plus grands seigneurs, enfin le Parlement et toute la robe, que le maréchal de Villeroy avoit toujours bassement courtisée, et qui l'aimoit et le consideroit comme un protecteur.

Quelque fortes que fussent ces raisons, elles ne persuadèrent point M. le duc d'Orléans : il ne sut trop que répondre, parce qu'elles étoient péremptoires, mais le maréchal de Villeroy étoit une guêpe qui l'infestoit et que la vue du futur auprès du Roi lui rendoit encore plus odieuse. Voir, par rapport à Son Altesse Royale, ce jeune monarque entre les mains du maréchal de Villeroy ou entre les miennes, étoit un contraste si puissant sur lui qu'il ne s'en put déprendre, et qui forma deux longues conversations fort vives entre lui et moi. Depuis le lit de justice des Tuileries, j'étois demeuré en grande familiarité, et même fort en confiance avec Monsieur le Duc. Le Régent en étoit bien aise, et tous deux se servoient de moi l'un envers l'autre assez souvent. M. le duc d'Orléans espéra apparemment plus de force sur moi en joignant Monsieur le Duc à lui; car je vis entrer Millain chez moi un matin deux jours après, qui, à ma grande surprise, me dit que Monsieur le Duc l'avoit chargé de me dire que M. le duc d'Orléans ne lui avoit pas caché son desir de me faire gouverneur du Roi, et ma résistance; qu'il trouvoit que M. le duc d'Orléans avoit toutes sortes de raisons les plus solides d'ôter le maréchal de Villeroy d'auprès du Roi, et n'avoit pas un meilleur choix, ni un autre choix à faire que de moi pour mettre en cette place, ni de qui que ce pût être que lui Monsieur le Duc desirât davantage. Là-dessus, Millain se mit sur son biendire, tant pour l'expulsion du maréchal de Villeroy que pour me cajoler, m'enivrer, s'il avoit pu, de louanges et de persuasions, sans avoir pu faire ni l'un ni l'autre. Je le priai d'abord de témoigner à Monsieur le Duc combien j'étois sensible à une si grande marque de son estime et de sa bienveillance, et que si quelque chose, après la volonté de M. le duc d'Orléans et son service, me pouvoit tenter d'accepter la place de gouverneur du Roi, [ce] seroit d'avoir à compter d'une éducation si importante avec un surintendant non bâtard, mais prince du sang, et tel que Monsieur le Duc; mais que je le suppliois de considérer toutes les raisons que j'avois alléguées à M. le duc d'Orléans, tant contre le déplacement du maréchal de Villeroy que contre le choix à faire de moi pour remplir sa place. Je les détaillai toutes à Millain, je n'y oubliai ni force ni étendue, et je conclus par le prier de faire observer à Monsieur le Duc que je méritois d'autant plus d'être cru, qu'il n'ignoroit pas que, si je m'opposois au déplacement du maréchal de Villeroy, ce n'étoit ni par estime ni par amitié, et que, si je tenois ferme au refus, ce n'étoit pas que je ne sentisse tout l'honneur du choix des deux princes, et tout l'avantage et la considération que cette grande place, et si importante, apporteroit à moi et aux miens.

Millain, bien instruit par Monsieur le Duc, qui m'aimoit depuis que je l'avois connu chez le chancelier de Pontchartrain, et qui, depuis le lit de justice des Tuileries, étoit demeuré dans l'habitude de suppléer, tant que cela se pouvoit, aux conférences entre Monsieur le Duc et moi, contesta mes raisons plus de deux grosses heures sans me faire perdre une ligne de terrain. Les deux princes furent étonnés et fâchés de cette résistance, tous deux me le témoignèrent. La dispute recommença, M. le duc d'Orléans s'y prit de toutes les façons et à force reprises; Millain m'assiégeoit sans cesse chez moi. Enfin, ils me déclarèrent qu'ils ne quitteroient point prise que je n'eusse accepté, et que cette lutte dureroit tant qu'il me plairoit, et jusqu'à ce que je la voulusse finir de la sorte : elle dura ainsi cinq semaines. J'en étois excédé,

et en même temps peiné de répondre si durement à
l'amitié, à la confiance, et à leur sentiment intime de la
nécessité, surtout pour l'avenir si délicat et si important
pour M. le duc d'Orléans. Ces considérations toutefois,
quelque fortes qu'elles fussent, n'ébranlèrent aucune de
mes raisons : elles ne faisoient qu'accroître mon malaise,
et l'importunité que je recevois d'entendre et de répéter
les mêmes raisons presque tous les jours.

A la fin je voulus terminer une contestation si journalière et si longue, et finir par Millain pour finir avec plus
de mesure et moins durement. Je dis donc à Millain que,
sans me départir d'aucune des raisons que j'avois si
souvent alléguées aux deux princes et à lui, tant contre
le déplacement du maréchal de Villeroy que contre le
choix à faire de moi pour remplir sa place auprès du Roi,
que je croyois péremptoires et sans réplique devant tout
homme éclairé et indifférent, je lui en dirois une autre,
à moi plus personnelle et plus intime, que j'avois expliquée à M. le duc d'Orléans, et qu'il falloit donc aussi que
Monsieur le Duc sût, puisqu'il me pressoit avec tant de
force et de persévérance. C'étoit en deux mots que,
quelque attaché que je fusse à M. le duc d'Orléans, et
quelque serviteur que je fusse de Monsieur le Duc, mon
honneur m'étoit plus cher que l'un ni l'autre, et que tout
ce que la plus grande fortune me pourroit présenter;
qu'il savoit lui Millain, que personne n'ignoroit ce que de
tout temps j'étois à M. le duc d'Orléans : qu'il n'ignoroit
pas aussi les horreurs si souvent renouvelées et répandues contre ce prince depuis leur première invention;
que, mis par lui en la place du maréchal de Villeroy,
l'effroi factice des joueurs de ressorts de ces horreurs
éclateroit de plus belle contre le Régent, et le contre-coup
sur moi; que nul ne pouvoit me garantir que le Roi fût
exempt de tout accident et de toute maladie tant qu'il
seroit entre mes mains; que cette garantie se pouvoit
étendre aussi peu sur sa vie, puisqu'il étoit mortel
comme tous les autres hommes de son âge; que s'il lui

arrivoit accident ou maladie, je me sentois incapable de soutenir tout ce qui se répandroit sur M. le duc d'Orléans, et qui en plein rejailliroit sur moi ; que si malheur arrivoit au Roi, je courois toutes sortes de risques d'entendre publier qu'il n'auroit été mis entre mes mains que pour avoir plus de liberté de s'en défaire, soit par ma négligence, soit par ma connivence, à quoi je me sentois radicalement incapable de survivre un moment, par conséquent qu'il voyoit, et que Monsieur le Duc verroit à plein par le compte qu'il alloit lui rendre combien radicalement aussi j'étois incapable de me laisser vaincre par quoi que ce pût être pour accepter la place de gouverneur du Roi, même quand elle vaqueroit par mort.

Millain, tout consterné qu'il me parût d'une résistance si ferme et si bien causée, ne se tint point battu ; il se mit à tâcher de m'éblouir, à vanter ma réputation, qui ne pouvoit être attaquée ; à m'alléguer qu'elle étoit demeurée intacte à la mort de nos princes, lors de la plus grande fureur et des discours les plus horribles répandus contre M. le duc d'Orléans ; et lorsqu'il avoit été si longtemps dans le décri et dans un abandon si général, que qui que ce soit, sans exception, n'osoit le voir ni même lui parler, tandis que moi, unique, n'avois jamais cessé un moment de le voir et de l'entretenir chez lui et jusque sous les yeux du Roi, dans le salon et dans les jardins de Marly, à Versailles, et partout, sans que pas un de ceux qui m'aimoient le moins aient jamais ni dit ni laissé entendre quoi que ce pût être qui pût m'intéresser. Il pressa tant qu'il put cet argument, qu'il trouvoit si fort. En effet, ce qu'il disoit étoit vrai, et j'eus ce rare bonheur que les inventeurs, les instigateurs, les prôneurs de ces horreurs contre M. le duc d'Orléans, qui d'ailleurs et de plus, par mon attachement pour lui, étoient mes ennemis, n'imaginèrent jamais de laisser tomber sur moi l'ombre de soupçon le plus léger, ni le public, à qui ils donnoient l'impulsion. Je convins avec Millain de cette vérité ; mais je ne pus être persuadé que cette vérité, pour flatteuse qu'elle pût être, me mît à couvert sur ce qui pouvoit arriver du Roi entre mes mains. Raisonnant un moment comme les inventeurs et les semeurs des bruits horribles si étrangement répandus contre M. le duc d'Orléans à la mort de nos princes, M. le duc d'Orléans non-seulement n'avoit aucun besoin de moi pour l'exécution de tels crimes, mais au contraire grand besoin de s'en cacher de moi. « Je laisse, dis-je à Millain, la religion, l'honneur, la probité ; je ne toucherai que l'intérêt. »

Monseigneur étoit mort : le Roi avoit pris toute confiance dans le nouveau Dauphin, il lui renvoyoit les ministres et les affaires, il donnoit les plus grandes charges à son choix, témoin le duc de Charost. Ce prince, par ses vertus, son application, l'autorité que le Roi lui faisoit prendre ; la Dauphine, par ses charmes envers tout le monde, qu'elle animoit partout, étoit l'objet de la tendresse de son époux, de celle du Roi, de celle de tout le monde. Le duc de Beauvillier se trouvoit dans la plus grande splendeur par l'influence entière qu'il avoit conservée sur son ancien pupille. Personne n'ignoroit à la cour, et M. le duc d'Orléans moins qu'aucun, que le duc de Beauvillier m'aimoit plus qu'un fils, et me confioit presque toutes choses, depuis bien des années que sa confiance alloit toujours croissant. Il avoit transpiré malgré toutes nos précautions qu'il m'avoit initié dans celle du Dauphin, que la Dauphine vouloit que Mme de Saint-Simon succédât à la duchesse de Lude, fort âgée déjà, et accablée de goutte. La couronne ne pouvoit tarder longtemps à tomber sur la tête du Dauphin. Que n'avois-je donc point à perdre en le perdant, comme j'y ai tout perdu en effet, sans compter ce qui est mille fois plus cher que les fortunes ? C'étoit cette perspective charmante que le monde voyoit s'ouvrir devant moi, qui m'en attiroit l'envie et la jalousie, et qui étoit incompatible avec le partage ou la confidence des crimes dont on accabloit la réputation de M. le duc d'Orléans, dont le règne, s'il fût arrivé même sans trouble, quelque favorable qu'il me pût être, ne pouvoit jamais me dédommager du personnel incomparable du Dauphin, ni pour la fortune, de ce que j'en pouvois attendre, sans compter ce que m'eût été de voir la couronne sur la tête d'une bâtarde de Mme de Montespan, au lieu de cette Dauphine si aimable, et de là sur les petits-fils de cette Montespan. Par conséquent quel rejaillissement sur ses frères, sur ses neveux, et quel éternel désespoir pour l'antipode si déclaré de la bâtardise! Monsieur le Duc étoit trop éloigné de la couronne, pour que ce propos fût déplacé, et M. le duc d'Orléans, trop frivole, trop peu touché par soi-même de la possibilité de régner, enfin trop accoutumé à moi, à mes sentiments, à mes manières, pour en être embarrassé avec lui. J'ajoutai à Millain qu'il prît garde à la différence des temps et des circonstances, pour en faire la comparaison, et porter un jugement sain de mon refus; qu'il étoit clair que j'avois tout à perdre en perdant le Dauphin et la Dauphine, qu'il ne l'étoit guère moins, pour continuer à ne traiter que l'intérêt, et de faire abstraction de toute autre considération, [que] je n'avois rien à perdre que de commun avec toute la France, si le Roi lui étoit ravi, tandis qu'en mon particulier je ne perdrois que l'espérance très-légère qu'un gouverneur nouveau venu pourroit fonder de s'acquérir auprès d'un enfant qui avant quatorze ans seroit son maître, environné de gens qui ne songeroient qu'à l'entraîner, et à lui rendre son gouverneur odieux, tout au moins contraignant, importun et ridicule, tandis que j'avois tout à me promettre de M. le duc d'Orléans devenu roi. J'insistai avec raison et force sur cette si extrême différence des temps et des circonstances; d'où je conclus que si ma réputation étoit demeurée intacte à la mort de nos princes, j'avois tout lieu de craindre qu'elle ne la demeurât pas si, étant gouverneur du Roi, j'avois le malheur de le perdre, de quelque accident et de quelque maladie que ce pût être, pour palpablement naturelle qu'elle fût et qu'elle parût; enfin qu'il fît considérer à Monsieur le Duc une raison si touchante, que rien dans le monde ne me feroit passer pardessus.

Millain, étourdi de la solidité de cette raison finale, ne laissa pas de se reprendre aux branches, et d'insister sur ma réputation, qui ne pouvoit jamais être tant soit peu attaquée. Je lui répondis que je m'en flattois parce que je m'étois conduit toute ma vie principalement vers ce but, mais que le moyen le plus certain de la conserver entière, sans tache et sans rides, étoit ne l'exposer pas à aucun des cas qui pouvoient la gâter, quelque injustement que ce pût être, et de n'être ni assez présomptueux à cet égard, ni assez ambitieux pour risquer quoi que ce pût être, qui pût entraîner sur elle le doute le plus léger, quoique le plus visiblement mal fondé. Je finis une conversation qui consomma presque toute cette matinée, par l'assurer que je ne serois ébranlé par rien, que j'étois las de tant de redites, sur une matière plus qu'épuisée; que je conjurois Monsieur le Duc que je n'en entendisse plus parler et que je ferois la même déclaration à M. le duc d'Orléans; ja la lui fis en effet deux jours après, sur ce qu'il me pressa encore. Néanmoins, il se fonda encore en raisonnements, c'est-à-dire que les mêmes sur le maréchal de Villeroy et sur moi furent amplement rebattus, parce qu'il n'y avoit plus rien de nouveau à en dire. Il me demanda plusieurs fois si je le voulois livrer en proie au maréchal de Villeroy, et je vis combien il étoit touché et frappé de la différence, pour lui, de voir le Roi entre de telles mains ou entre les miennes. En cela il n'avoit pas tort; mais, comme je l'ai déjà dit, d'autres considérations plus fortes par un grand malheur devoient l'emporter pour conserver le maréchal de Villeroy dans sa place; et quoique véritablement sensible à la peine de M. le duc d'Orléans de mon refus, ma réputation et mon honneur m'étoient trop chers pour les exposer le moins du monde, outre mes autres raisons, qui ont été expliquées.

Je comptai donc l'affaire finie à mon égard, et que

faute de trouver quelque autre bien à point, le maréchal de Villeroy conserveroit sa place, comme en effet il arriva. Mais à mon égard, la persécution, si j'ose me servir de ce terme, n'étoit pas finie. Millain eut ordre de revenir encore à la charge, et il s'en acquitta si bien qu'il me mit enfin en colère ; je lui dis que c'étoit une tyrannie qu'exiger d'un serviteur, sur qui on a raison de compter, d'exposer son honneur et sa réputation au hasard d'un futur contingent que j'espérois bien qui n'arriveroit pas, mais qui n'étoit que trop possible par les accidents communs à tous les hommes, et par la rougeole et la petite-vérole, que le Roi n'avoit point eues, et qui tourneroient la tête aux médecins ; qu'outre un si cher intérêt que celui de mon honneur et de ma réputation, j'avois allégué plusieurs fois à ces princes des raisons qui regardoient M. le duc d'Orléans, si péremptoires pour laisser le maréchal de Villeroy dans sa place, et pour, quoi qu'il arrivât de lui, ne me la jamais donner, que je ne pouvois attribuer cette opiniâtreté qu'à une espèce d'ensorcellement ; mais qu'en un mot, je l'avertissois pour le rendre à Monsieur le Duc, et Monsieur le Duc à M. le duc d'Orléans, si bon lui sembloit, que je ne me défendrois plus ; que de mon silence, ils en inféreroient tout ce qu'il leur plairoit ; que si le maréchal de Villeroy étoit ôté d'auprès du Roi, je ne dirois pas une parole, mais que si j'étois nommé pour la remplir, je refuserois ferme et net ; que ce refus m'attireroit les applaudissements de tout le monde aux dépens de M. le duc d'Orléans, et peut-être de Monsieur le Duc, qui pourroient bien m'envoyer à la Bastille et me retirer l'honneur de leurs bonnes grâces ; que je serois au désespoir d'être loué à leurs dépens, mais que, ne me restant plus que ce moyen pour me garantir d'une place qui pouvoit devenir funeste à mon honneur et à ma réputation, quelque faussement et injustement que ce pût être, je l'embrasserois comme un fer rouge, plutôt que de m'y exposer, que je ne les trompois point en cela, puisque je le lui disois à lui, pour qu'ils en fussent avertis, après quoi je n'ouvrirois plus la bouche sur une affaire si longuement rebattue, et qui auroit dû être finie et abandonnée depuis longtemps. Cela dit avec quelque force, je me levai, et par ma contenance, je fis entendre à Millain que tout étoit épuisé, et civilement qu'il n'avoit qu'à s'en aller. Telle fut la fin finale de cette affaire dont les deux princes ni Millain ne me parlèrent plus. M. le duc d'Orléans fut un peu fâché; mais avec moi surtout ses fâcheries étoient légères et courtes. Pour Monsieur le Duc, il me parut qu'il se paya, quoique à regret, de raison. Mon refus opéra la conservation du maréchal de Villeroy auprès du Roi, faute, comme je l'ai dit, de trouver de qui la remplir.

M. le duc d'Orléans conta tout cela à l'abbé du Bois; je l'appelle toujours ainsi, quoique sacré archevêque de Cambray. On a vu ailleurs ici que souvent les choses intérieures les plus secrètes transpiroient du Palais-Royal et se savoient au dehors. Le maréchal de Villeroy apprit le risque qu'il avoit couru, et qu'il n'avoit tenu qu'à moi d'avoir sa place. Tout autre que lui auroit pu en être piqué contre M. le duc d'Orléans et contre Monsieur le Duc, mais m'auroit su gré de mon refus et de ma conduite qui l'avoit conservé, d'autant que ce n'étoit pas pour la première fois, ni même pour la seconde, que pareil cas étoit arrivé, comme on l'a pu voir ici en son temps, quoi[que] avec moins de dispute et de longueur.

Ce sentiment à mon égard ne fut pas celui du maréchal de Villeroy. Trop fâché pour se contenir, trop bas et trop timide pour s'en prendre au Régent, quoique si hardi en d'autres choses, mais qui alloient à ses projets, dont la cheville ouvrière étoit sa place auprès du Roi, qu'il ne vouloit pas hasarder par une scène avec M. le duc d'Orléans, des intentions duquel et de celles de Monsieur le Duc il ne pouvoit douter, il s'en prit honteusement à la partie foible, dont pourtant l'opiniâtre refus l'avoit sauvé. Il renouvela donc ses anciennes plaintes là-dessus et son ancien dépit contre moi. Malheureusement pour lui il ne sut et ne put par où me prendre. Il eut recours à de misérables généralités et à aboyer à la lune. Cela me revint bientôt et de plusieurs côtés. Je ne voulois pas avouer, non plus que les précédentes fois, que la place de gouverneur du Roi m'avoit été offerte ; je ne crus pas aussi devoir, comme la dernière fois, rassurer le maréchal de Villeroy, qui payoit si mal le service si essentiel que je lui avois rendu, et dont la basse jalousie allumoit l'ingratitude. Je pris le parti de mépriser ses discours, comme je faisois de tout temps sa personne, mais sans me lâcher sur lui en rien. Je me contentai d'en hausser les épaules et de traiter de radotage ce qu'on m'en contoit. Je n'avois jamais eu de commerce avec lui que de rare et légère bienséance pendant et depuis le dernier règne, excepté les derniers temps de la vie du feu Roi, qu'on a vu en son lieu qu'il se jeta à moi pour essayer de me pomper [1] avec une importunité extrême. J'allois peu chez le Roi, dont l'âge ne comportoit pas l'assiduité du mien, et où encore je ne le rencontrois presque point, tellement que je ne le voyois qu'au conseil, où nous ne nous abordions guère, au plus que des moments, et où il étoit difficile, par l'ordre de la séance, que nous nous trouvassions l'un auprès de l'autre ; je n'eus donc rien à changer dans ma conduite à son égard, et je me contentai de piquer de plus en plus, par mon parfait silence, son orgueil et sa vanité blessée.

CHAPITRE X.

Forte conversation entre M. le duc d'Orléans et moi, qui ébranle l'abbé du Bois fortement, mais inutilement. — Foiblesse étrange de M. le duc d'Orléans, qui dit tout à l'abbé du Bois, se laisse irriter contre moi jusqu'à me faire de singuliers reproches, dont à la fin il demeure honteux ; m'avoue sa foiblesse, et défend à l'abbé du Bois de lui jamais parler de moi. — Étrange trait sur le chapeau de

1. Voyez tome VI, p. 204 et note 1.

du Bois entre M. le duc d'Orléans et Torcy. — Naissance du prince de Galles à Rome. — Sentiments anglois sur cette naissance. — Mort du comte de Stanhope et de Craggs, secrétaires d'État d'Angleterre, succédés par Townsend et Carteret; leur caractère; mort du docteur Sacheverell. — Mort et caractère de Huet, ancien évêque d'Avranches; de la duchesse de Luynes; de la duchesse de Sully Coislin; de la duchesse de Brissac Vertamont. — Embrasement de Rennes; cailloux singuliers.

Quoique M. le duc d'Orléans ne me mît plus au fait de tout comme avant que l'abbé du Bois se fût entièrement et ouvertement rendu le maître de toutes les affaires du dehors et du dedans, et fût parvenu à tenir de court son maître et à le resserrer avec ses plus sûrs serviteurs, avec moi sur tous, dont il craignoit la liberté et l'ancienne habitude avec ce prince, il ne put néanmoins le tenir de si court à mon égard, que, quelque réservé que je me rendisse depuis que j'avois aperçu la réserve insolite de M. le duc d'Orléans avec moi, l'abbé du Bois, dis-je, ne put si bien faire qu'il n'échappât toujours quelque chose à l'habitude et à la confiance pour moi. Je l'ai déjà dit et il faut le répéter ici, les petits chagrins que ce prince avoit quelquefois contre moi, étoient légers et courts. Ainsi celui qu'il avoit pris de mon opiniâtre refus de la place de gouverneur du Roi tomba incontinent après. Une après-dînée que je travaillois avec lui, seul à mon ordinaire, il me parla du traité entre l'Espagne et l'Angleterre, qui s'avançoit fort, et m'en apprit des détails qui donnoient les plus grands avantages au commerce d'Angleterre, aux dépens de l'Espagne, qui avoit grand'peine à y consentir, et qui ruinoit celui de France, en transportant aux Anglois tous les avantages que les François y avoient eus depuis l'avénement de Philippe V à la couronne, la plupart conservés de façon ou d'autre depuis la paix d'Utrecht. Nous y avions perdu à la vérité la traite des nègres; mais le vaisseau de permission[1] et beaucoup d'autres avantages nous étoient restés, que l'Angleterre

---

1. Voyez tome XIII, p. 64 et note 1.

prétendoit nous faire ôter et les obtenir, et desquels l'abbé du Bois ne leur faisoit pas moins litière qu'il ne pressoit l'Espagne de se couper la gorge à elle-même en faveur des Anglois.

Dès les commencements de la régence, on a pu voir ici et plusieurs fois depuis combien ce joug anglois me pesoit; plus il s'appesantissoit, plus il me devenoit insupportable. Je ne pus donc tenir au récit que me fit M. le duc d'Orléans. Je lui fis sentir le préjudice extrême que le commerce de France alloit recevoir, et l'Espagne elle-même si elle se laissoit entraîner aux conditions qu'il m'exposoit, et combien lui-même seroit un jour comptable au Roi et à la nation d'avoir souffert que l'abbé du Bois vendît des intérêts si grands et si chers à l'Angleterre, qui sauroit bien dans tous les temps se conserver ce qui lui seroit accordé. Je l'exhortai du moins à laisser traiter cette affaire au congrès de Cambray, qui s'alloit ouvrir, où presque tous les ministres des premières puissances étrangères étoient arrivés, duquel l'objet n'étoit pas moins de régler les difficultés entre l'Angleterre et l'Espagne sur le commerce et avec nous-mêmes, que de tâcher d'ajuster l'Espagne avec l'Empereur et de parvenir à une paix entre eux; que là, en présence de tant de ministres, des Hollandois surtout, quoique si liés à l'Angleterre par terre, mais jaloux et si las de leur progrès au delà des mers, l'Espagne trouveroit des secours et l'Angleterre des embarras et des difficultés très-profitables; à tout le moins, lui Régent éviteroit le blâme de s'être hâté d'égorger la France et l'Espagne sous la cheminée, en procurant à l'Angleterre toutes ses nouvelles et très-injustes prétentions. Le détail fut long sur les plaies qui étoient portées par les conditions demandées par les Anglois à l'Espagne, et au commerce de France qu'elles ruinoient, et à celui de toute l'Europe qu'elles attaquoient, et qui en demeureroit extrêmement affoibli si elles étoient accordées, et sur la certitude qu'elles demeureroient à toujours aux Anglois, si elles tomboient une fois entre les serres d'une nation si avide, si avantageuse, si puissante par mer, si fort née pour les colonies et pour le commerce, si jalouse d'y dominer, si suivie, si pénétrée de son intérêt, du commerce, dis-je, qui intéresse chaque particulier, et qui est tout entier et dans toutes ses parties entre les mains de la nation, dans les parlements, et absolument hors de prise à leur roi et à ses ministres. J'insistai donc sur le grand intérêt de la France et de l'Espagne de laisser porter ces prétentions au congrès de Cambray, où l'intérêt palpable du commerce de toute l'Europe tiendroit les yeux de tous les ministres ouverts, et formeroit des obstacles et des entraves aux Anglois, dont le Régent n'auroit point le démérite, tout au plus ne feroit que le partager avec toutes les autres puissances, et sauveroit ainsi en tout ou en la plus grande partie le commerce de France, celui d'Espagne et le commerce de toute l'Europe dont l'Angleterre se vouloit emparer, et deviendroit enfin la maîtresse de l'Europe, puisqu'elle en posséderoit seule tout l'argent, qui par le commerce s'est jusqu'ici distribué en toutes ses parties plus ou moins inégalement à proportion du commerce de chacune.

Ce discours, plus fort et bien plus détaillé et plus long que je ne le rapporte, fit une grande impression à M. le duc d'Orléans. Il entra en discussion, il convint avec moi de beaucoup de choses, et peu à peu que j'avois raison. Cela m'encouragea, de sorte qu'après l'avoir battu sur ses objections par rapport à ses entraves avec l'Angleterre, je lui dis qu'il n'avoit qu'à voir où l'intérêt personnel de l'abbé du Bois l'avoit conduit; que je lui avois souvent dit qu'il ne songeoit qu'à être cardinal, et que toujours, lui Régent, s'étoit récrié d'indignation, vraie ou feinte, et qu'il le feroit mettre dans un cul de basse-fosse s'il le surprenoit dans une telle pensée; que néanmoins rien n'étoit plus vrai; que je ne lui enviois le cardinalat en aucune sorte, qu'il ne seroit pas le premier cuistre ni le centième qui le seroit devenu; qu'un régent de France,

tel qu'il l'étoit, devoit assez se sentir, et être en effet assez
considérable, pour pouvoir récompenser d'un chapeau
qui que ce fût, surtout un homme qui avoit le vernis
d'avoir été son précepteur, et acquis depuis le caractère
épiscopal d'un grand siége et celui de ministre très-principal ; mais qu'il étoit vrai que je ne pouvois souffrir que
l'abbé du Bois se fît cardinal par l'autorité que l'Empereur exerçoit despotiquement à Rome, et par le crédit
tout-puissant du roi d'Angletérre sur l'Empereur ; que
pour se rendre le roi d'Angleterre et ses ministres non-
seulement favorables à Vienne, mais pour leur faire
épouser son intérêt par le leur, il n'avoit songé qu'à lier
lui Régent à l'Angleterre, à se rendre nécessaire pour
serrer cette union, faire plusieurs voyages à Hanovre et à
Londres, parce qu'on dit ce qu'on n'ose écrire, peu à
peu engagé[1] la rupture, puis la guerre, entre la France
et l'Espagne, sans autre intérêt que le sien, pour flatter
Londres et Vienne, non-seulement contre l'intérêt de la
France, mais en exposant lui Régent personnellement aux
derniers dangers, comme je le lui avois prédit dans le
temps, comme il en [a] éprouvé une partie dans l'affaire
de Cellamare, et comme il a hasardé bien pis, si la guerre
eût duré et se fût échauffée ; que lui seul n'avoit pas
voulu voir ce qui fut clair alors à toute l'Europe, que
cette guerre n'eut jamais d'autre objet que de satisfaire
la jalousie des Anglois sur la marine renaissante d'Espagne dont le maréchal de Berwick eut l'ordre, qu'il
exécuta, de brûler tous les vaisseaux, tous les chantiers,
tous les magasins des ports du Ferrol et des autres voisins, ce qui anéantit toute la marine d'Espagne ; tout aussitôt après quoi l'abbé du Bois termina cette déplorable
guerre. « De là, ajoutai-je, il vous a fait entièrement
passer sous le joug des Anglois, a été leur homme auprès
de vous plus que ne le fut jamais l'impudent Stairs, son
bon ami ; et maintenant il vend, pour son chapeau, la

1. Peu à peu il avait engagé.

France, l'Espagne, le commerce de toutes les nations de l'Europe à l'Angleterre sans le moindre retour, et se vend en même temps à eux, et s'applaudit de sa trahison et de sa ruse, qui lui va incessamment procurer le chapeau auquel votre considération n'aura pas la moindre part, mais la seule autorité de l'Empereur, par la vive et pressante entremise du roi d'Angleterre, ou plutôt en vertu du traité secret de ses ministres avec l'abbé du Bois. »

L'impression de ce vif et trop vrai raccourci de la conduite de l'abbé du Bois, si pourpensée[1] et si bien suivie, frappa le Régent au delà de ce que je l'ai jamais vu. Il s'appuya les coudes sur la table qui étoit entre lui et moi, se prit la tête entre ses deux mains et y demeura quelque peu en silence, le nez presque sur la table. C'étoit sa façon quand il étoit assis et fort agité. Enfin il se leva tout à coup, fit quelques pas sans parler, puis se prit à se dire à soi-même : « Il faut chasser ce coquin. — Mieux tard que jamais, repris-je ; mais vous n'en ferez rien. » Il se promena un peu en silence avec moi. Je l'examinois cependant, et je lisois sur son visage et dans toute sa contenance la vive persuasion de son esprit, même de sa volonté, combattue par le sentiment de sa foiblesse, et de l'empire absolu qu'il avoit laissé prendre sur lui. Il répéta ensuite deux ou trois fois : « Il faut l'ôter, » et comme l'habitude me le faisoit connoître très-distinctement, je croyois à son ton et à son maintien entendre tout à la fois l'expression la plus forte d'une nécessité instante et de l'insurmontable embarras d'avoir la force de l'exécuter ; dans cet état, je vis clairement qu'il ne me restoit plus rien à dire pour arriver à la conviction parfaite de la nécessité urgente de chasser l'abbé du Bois ; mais que pour lui en inspirer la force, mes paroles seroient inutiles, et ne feroient qu'affoiblir celles qui lui avoient fait une si forte impression, parce qu'elles ne feroient que le dépiter

---

1. Voyez tome XI, p. 229 et note 1.

en lui faisant sentir plus fortement sa foiblesse, sans lui donner la force de la surmonter. Cela m'engagea à me retirer pour le laisser à lui-même, et le soulager de la peine et de la honte de me voir le témoin de ce combat intérieur. Je lui dis donc que je n'avois plus rien à ajouter à une matière si importante à l'État, à toute l'Europe, singulièrement à lui-même, que je le laissois à ses réflexions, et qu'il ne me restoit qu'à desirer qu'elles eussent sur lui tout le pouvoir qu'elles devoient avoir. Il étoit si occupé qu'à peine me répondit-il je ne sais quoi, et me laissa aller sans peine, contre son ordinaire toutes les fois qu'il se trouvoit fort agité. Je m'en allai content d'avoir rempli mon devoir par une conversation si forte et si nécessaire, mais avec peu d'espérance du fruit qu'elle devoit si naturellement produire.

Achevons cette matière tout de suite, trop intéressante et trop curieuse pour être interrompue et en faire à deux fois. Trois semaines à peu près se passèrent sans que j'aperçusse rien que d'ordinaire en M. le duc d'Orléans avec moi. Dans mes jours de travail, il ne me parla ni d'affaires étrangères, ni de l'abbé du Bois ; de mon côté, je me gardai bien de lui en ouvrir la bouche. Néanmoins, j'avois su que le lendemain de la conversation que je viens de raconter, il y avoit tant de bruit, et si long par reprises, entre M. le duc d'Orléans et l'abbé du Bois, que les chambres voisines s'en étoient fortement aperçues, malgré des pièces vides entre-deux, et je fus informé aussi que M. le duc d'Orléans avoit paru longtemps occupé et de mauvaise humeur, lui qui n'en montroit et n'en avoit même comme jamais ; en même temps, que l'abbé du Bois étoit plus furieux et plus intraitable qu'il ne l'avoit jamais paru. J'en conclus de plus en plus la volonté et la foiblesse ; qu'il y avoit eu des reproches et des éclats qui ne menoient à rien ; car il n'y avoit qu'à le chasser sans le voir et sans donner prise à la foiblesse ; enfin que cette foiblesse l'emporteroit sur les plus importantes considérations, et que l'abbé du Bois demeureroit le maître. Je ne me trompai pas.

Vers la fin des trois semaines depuis la conversation, allant travailler avec M. le duc d'Orléans, je le trouvai seul qui se promenoit dans la pièce de son grand appartement la plus proche du passage de son petit appartement. Il me reçut contre son ordinaire d'un air si froid et si embarrassé, qu'après quelque peu de mots indifférents je lui demandai franchement à qui il en avoit, et que je voyois bien qu'il y avoit quelque chose sur mon compte. Il balança, il tergiversa. Je le pressai, l'apostume creva. Il me dit donc, puisque je voulois le savoir, qu'il étoit fort peiné contre moi, et tout de suite me débagoula[1] (car c'est le terme qui convient à la façon dont il se déchargea) que je voulois qu'il fît tout ce qu'il me plaisoit, et que je refusois de faire tout ce qui ne me plaisoit pas; que j'avois refusé les finances, la place de chef du conseil des affaires du dedans, depuis de me trouver avec lui et tout les pairs et les maréchaux de France au grand conseil, les sceaux après, et trois fois de le délivrer de la plus fâcheuse épine en refusant autant de fois la place de gouverneur du Roi. « N'y a-t-il que cela, lui répondis-je, qui vous mette en cette humeur contre moi? — Non, reprit-il vivement, il me semble que c'est bien assez. — Or bien, Monsieur, lui dis-je, il faut commencer par les refus que vous me reprochez, parce que ce sont des faits; nous viendrons après à la plainte vague de vouloir vous faire faire tout ce qu'il me plaît. Des deux premiers refus, souvenez-vous s'il vous plaît qu'il n'y en a qu'un qui porte, qui est celui des finances. Il est vrai que vous fûtes fâché, il est plus vrai encore que vous l'auriez été davantage, si je les avois acceptées; ma raison de les refuser fut mon incapacité et mon dégoût naturel de ces matières, j'y aurois fait autant de fautes que de pas, et en finances il n'y a point de petites

1. Me vomit.

fautes. Si je n'entends rien aux finances ordinaires, comment aurois-je pu comprendre les diverses opérations de Law, et tenir ce timon qui a enfin rompu entre vos mains à vous-même ; et si la souplesse et la bassesse du duc de Noailles pour le Parlement, jusqu'à rendre compte des finances à ses commissaires, n'a pu émousser ses entreprises à cet égard, pensez-vous que ma conduite lui [eût] été plus agréable avec l'affaire du bonnet et ma rupture sans nul ménagement avec le premier président? Voilà donc, Monsieur, pour les finances. A quoi on n'a jamais imputé à mal à personne le refus d'une place grande par son autorité, son importance et ce qu'elle vaut, ni l'aveu d'une incapacité véritable. J'oserois dire, s'il s'agissoit d'un autre, que ce refus mériteroit louange et estime, et qu'il n'est pas commun. La place de président du conseil des affaires du dedans, il est vrai que je la refusai, parce que la trouvois trop forte et trop laborieuse à me charger du détail de tout ce qui vient de procès, de disputes, de règlements au conseil de dépêches, et de les rapporter au conseil de régence ; souvenez-vous du peu d'ambition que je témoignai dans la formation des conseils : vous me demandâtes sur ces deux refus ce que je voulois donc prendre ; et que j'eus l'honneur de vous répondre que c'étoit à moi à vous laisser disposer de moi, mais que, si vous vouliez m'employer à quelque chose, et me mettre à ce dont je croirois m'acquitter le moins mal, ce seroit de me donner une place dans ce même conseil des affaires du dedans, sur quoi vous vous moquâtes de moi, et me dîtes avec bonté, que, ne voulant ni des finances ni de la place de chef de ce conseil du dedans, il n'y en avoit point d'autre pour moi, que dans le conseil où vous seriez vous-même. J'ai donc raison de dire que ce refus-ci ne porte pas, puisque je me contentois de bien moins dans le même conseil, et que vous n'avez pas eu lieu de vous plaindre du travail, de l'onction, de la capacité de d'Antin, que je vous proposai pour chef de ce conseil, et que vous en chargeâtes. Quant au grand conseil, dites-moi,

Monsieur, en avez-vous sitôt perdu la mémoire? Si cela est, rappelez-vous, s'il vous plaît, que je ne savois pas un mot de cette belle séance, lorsque j'arrivai de Meudon, pour travailler avec vous ; que je vous trouvai dans cette même pièce-ci, donnant vous-même des commissions à des garçons rouges et à d'autres de vos gens ; que je vous demandai ce que c'étoit que tout cela, que je n'entendois qu'à bâton rompu ; que vous me l'expliquâtes, et tout de suite me dites en souriant qu'à mon égard ce seroit le contraire des autres pairs mandés ; que vous me priiez de ne me pas trouver au grand conseil, parce que sûrement je ne serois pas de l'avis que vous vouliez qui y passât et que je disputerois contre comme un diable ; à quoi j'eus l'honneur de vous répondre que je réputois à grâce très-particulière cette défense, qui me délivroit de la nécessité de vous déplaire en public, et peut-être de vous embarrasser beaucoup, pour suivre le mouvement de ma conscience et de mon honneur pour le service de l'État, et en particulier de l'Église et de la vérité. Vous vous mîtes à rire de ma réponse, avec votre légèreté ordinaire là-dessus ; la conversation se fit ensuite sur cette séance du lendemain, que je ne pus approuver ; j'eus ensuite l'honneur de travailler avec vous. Vous ne fûtes fâché ni alors ni depuis, et aujourd'hui est la première fois que vous vous en avisez : franchement, Monsieur, pardonnez-moi si je vous le dis, cela est-il raisonnable ? Passons maintenant aux sceaux, permettez-moi de vous dire que je n'ai jamais compris quelle a été la fantaisie de me les vouloir donner, et une fantaisie aussi opiniâtre : faire une sorte d'insulte à toute la magistrature de les donner à un homme d'épée, à un homme entièrement ignorant du sceau et de tout ce qui y a rapport, à un homme pour être entre vous et le Parlement, répondre à ses remontrances et à ses entreprises, y présider, y parler, y prononcer en cas de lit de justice, toutes choses très-difficiles à allier, pour ne pas dire incompatibles, avec la séance et la fonction de pair ; et de tous les pairs choisir l'ennemi déclaré du premier président, avec qui, en tant d'occasions, il faut conférer, et de plus des moins agréables au Parlement, et, par rapport à vous, montrer une légèreté singulière en ôtant les sceaux au chancelier, à qui vous veniez si nouvellement de les rendre et de le rappeler de Fresnes où vous l'aviez exilé. Mon refus que j'ose dire avoir été sage, fit laisser les sceaux au chancelier, et vous avez vu qu'il ne vous en est pas arrivé le moindre inconvénient ni le moindre embarras. Reste donc la place de gouverneur du Roi; mais cette place n'est-elle pas assez importante, assez brillante, ne tire-t-elle pas naturellement d'assez grandes suites, pour tenter un homme de mon âge, qui a une famille, qui n'est revêtu que de sa dignité de duc et pair, et qui n'a jamais été avec le maréchal de Villeroy sur aucun pied de sentir le moindre embarras de recevoir sa place, avec la satisfaction de ne l'avoir ni demandée ni desirée? Enfin, cette place, en honneur, en confiance, en considération, en toutes sortes d'avantages réels, peut-elle [être] refusée, et refusée jusqu'à trois différentes fois, sans des considérations de contre-poids les plus fortes et les plus démontrées? Leur base est une suite d'horreurs dont il a fallu vous remettre trop souvent devant les yeux pour vous les renouveler encore. Mais au nom de Dieu, Monsieur, faites-y réflexion, et je m'assure que vous me rendrez justice. »

Jusqu'ici M. le duc d'Orléans m'avoit laissé parler sans l'interrompre[1]. Ou il n'avoit pas trouvé de réplique à mes réponses, ou ces refus ne l'avoient affecté que dans le moment que l'abbé du Bois l'avoit poussé, dont mes réponses effaçoient l'impression; mais l'importunité qu'il recevoit du maréchal de Villeroy, que rien de sa part n'avoit pu gagner, et ce qu'il en craignoit auprès du Roi dans les suites, lui tenoit au cœur. Il ne put donc se satisfaire de mes réponses sur mon refus si opiniâtre et

1. Il y a bien *l'interrompre*, et non *m'interrompre*.

si constant de la place de gouverneur du Roi. Il m'en fit des plaintes amères, et me contraignit de reprendre avec lui les raisons de mon refus, qu'on a vues ici, avec beaucoup plus d'étendue. Comme cette longue explication ne roula que sur les mêmes principes, tant à l'égard des raisons de ne point ôter le maréchal de Villeroy de cette place, quelque mal qu'il s'en acquittât, quelque incapable qu'il en parût et qu'il en fût, quelque dangereux qu'il y pût être au Régent, et sur celles de ne m'y point mettre quand même elle deviendroit vacante par mort, je n'en allongerai pas ce récit. Je me contenterai de dire que je mis enfin M. le duc d'Orléans à bout sur cet article, après une longue et forte discussion, et que je le forçai de convenir que tous mes refus ne méritoient point de reproches, et que j'avois eu raison de les faire. De là, j'eus beau jeu sur le reproche général que je ne voulois rien faire que ce qui me plaisoit, et que je voulois lui faire faire tout ce que bon me sembloit.

Sur la première partie, je le fis souvenir de la façon dont je m'étois conduit chez le chancelier dans ce comité de finances dont il voulut si absolument que je fusse, quoi que j'eusse pu dire et supplier au contraire plusieurs fois dans son cabinet de ma juste répugnance, par mon incapacité sur les finances où je n'entendois rien, de mon ignorance de la gestion du duc de Noailles qui en cachoit tout au conseil de régence, et sur le personnel du duc de Noailles, avec lequel j'étois hors de toute mesure, qui avoit apparemment ses raisons pour vouloir que je fusse de ce comité, et que je ne me rendis qu'au commandement inattendu et absolu qu'il m'en fit en nommant les commissaires de ce comité au conseil de régence, dans lequel je protestai de mon incapacité en cette matière, et de mon inutilité en choses où je n'entendois rien. Je le priai encore de se souvenir de diverses autres choses qu'il avoit exigées de mon obéissance, à quoi je m'étois soumis malgré moi, et du commerce qu'il avoit si fortement voulu que j'eusse une fois au moins la semaine avec Law sur sa banque et son Mississipi, auxquels il savoit que je m'étois si fort opposé dans son cabinet, et en plein conseil de régence, lorsqu'il fut question de les établir. « Vous m'avez, malgré tout ce que je pus faire, dire et prédire, forcé par une violence d'autorité absolue d'aller apprendre à Mme la duchesse d'Orléans la chute de son frère, au sortir du lit de justice des Tuileries, ce qui depuis m'a brouillé entièrement avec elle, comme je le prévis et ne pus vous en persuader. Enfin, Monsieur, ajoutai-je, je n'ai refusé en rien de tout ce que vous avez desiré de moi, en choses générales et faisables, tant qu'il m'a été possible, et vous ne m'en sauriez citer une seule que j'aie refusée, sans que vous ayez trouvé que j'eusse raison : voilà pour la première partie de votre reproche général. A l'égard de la seconde, vous savez si je vous ai importuné pour moi ou pour les miens. Pour ce qui est des autres, je ne vous ai jamais rien demandé que de juste ou de convenable à votre réputation pour les choix, et à votre intérêt, très-souvent sans égard à mon amitié pour les personnes, témoin les chefs des conseils et plusieurs membres que je vous ai proposés et que vous avez faits. Si vous et moi pouvions nous souvenir de quantité de grâces que j'ai procurées, par les représentations que j'ai cru vous devoir faire, vous trouveriez que le même principe m'a conduit, et que vous en trouveriez fort peu, et encore de celles-là de conséquence indifférente, où mon amitié ou ma considération pour les gens aient eu toute la part. Si de là vous passez à vous rappeler les affaires, vous trouverez que celles que j'ai eues le plus à cœur ne sont pas celles qui ont réussi, comme le rang des bâtards, l'affaire du bonnet si criante, et si souvent et solennellement promises, les autres querelles du Parlement, ses entreprises sur vous-même, les dangereuses et folles démarches de cette prétendue noblesse, toutes choses où vous vous êtes laissé abuser, dont vous vous êtes très-mal tiré, qui en ont enfanté de pires, comme je vous l'avois prédit, et dont vous ne sauriez me nier que vous ne vous soyez repenti de la conduite que vous y avez tenue, puisque vous me l'avez avoué vous-même, et traité de fripons ceux qui vous y ont entraîné. Souvenez-vous donc, s'il vous plaît, que rien ne m'a jamais si vivement intéressé que ces choses-là, mais qu'après vous avoir pressé à mesure sur chacune, et remontré tout ce que j'ai cru vous devoir être représenté, j'ai embrassé tellement le parti du silence que je ne vous en ai depuis ouvert la bouche une seule fois, et que, quand vous avez voulu quelquefois me mettre sur ces chapitres, je n'y ai jamais pris, et toujours détourné la conversation à autre chose sur-le-champ. Est-ce donc là, Monsieur, vouloir vous faire faire tout ce qui me plaisoit, et quand [il] vous[1] a plu à vous de faire si souvent tout l'opposé de ce qui m'affectoit le plus, m'avez-vous vu après moins attaché à vous et moins occupé de votre intérêt et de votre avantage? Sur les affaires publiques, vous m'avez trouvé également fidèle à ce que j'ai cru de l'intérêt de l'État, à vous le représenter tout le plus fortement de raisons qu'il m'a été possible, à demeurer inébranlable dans mon avis quand ce que vous ou vos ministres y ont opposé ne [m'a] pas paru[2] solide, à vous proposer de m'abstenir du conseil quand vous y craindriez que mon opposition préjudiciât à ce que vous aviez à cœur d'y faire passer, et à m'en abstenir en effet, sous prétexte de quelque incommodité, toutes les fois que vous l'avez desiré; il me semble donc, Monsieur, que mes réponses à vos reproches, tant en gros qu'en détail, sont catégoriques, plus que suffisantes et sans aucune sorte de réplique. J'attends la vôtre, si tant est que vous en trouviez, et cependant je n'en puis être en peine. »

M. le duc d'Orléans demeura quelque temps sans parler.

1. Il y a deux fois *vous* au manuscrit, une fois en abrégé, une fois en toutes lettres.
2. Saint-Simon a écrit : « ne pas pas paru. »

Il étoit la tête basse comme quand il se sentoit embarrassé et peiné, tantôt marchant, tantôt nous arrêtant pendant cette conversation. Rompant enfin le silence, il se tourna à moi, et me dit en souriant que tout ce que j'avois dit étoit vrai, et qu'il ne falloit plus penser à tout cela; qu'il étoit vrai que ce groupe de refus s'étoit présenté à lui sous une autre face, et l'avoit fâché, et que je voyois qu'il n'avoit pas été longtemps sans me le dire franchement; mais qu'encore une fois il n'y falloit plus penser et parler d'autre chose. « Très-volontiers, lui répondis-je, Monsieur, mais qu'il me soit permis aussi de vous parler franchement à mon tour. Vous avez été conter à l'abbé du Bois ce que je vous dis dernièrement du traité d'Angleterre et d'Espagne, et de sa conduite énorme pour obtenir un chapeau par le ricochet du roi d'Angleterre à l'Empereur et de l'Empereur au Pape, et de là cet honnête prêtre et si désintéressé vous a mis dans la tête tous ces potages réchauffés que vous venez si bien de m'étaler et que j'ai encore mieux fait fondre? Avouez-moi la vérité. — Mais, me répondit-il d'un air honteux et embarrassé au dernier point, cela est vrai, c'est l'abbé du Bois qui m'a rabâché tous ces refus, qui m'a poussé et qui m'a fâché contre vous. — Hé bien! Monsieur, lui répliquai-je, mes réponses vous ont-elles pleinement satisfait? — Oui, me dit-il, il n'y a rien à y répondre; je le savois bien, mais il m'a embrouillé l'esprit. »

La même foiblesse qui lui avoit fait tout dire à l'abbé du Bois, et recevoir de lui, malgré toute sa connoissance, les impressions qu'il avoit voulu lui donner contre moi, fit le même effet lorsqu'à mon tour je le tins tête à tête, opéra le renouvellement de sa première conviction sur ma conduite, dès que je la lui justifiai ainsi en détail, enfin l'aveu implicite d'avoir révélé à l'abbé du Bois ce que je lui avois dit de lui, et l'aveu formel que c'étoit l'abbé du Bois qui lui avoit aigri l'esprit contre moi et fourni les reproches qu'il m'avoit faits. Alors je le suppliai de réfléchir en quelles mains il s'étoit livré, et si qui que ce soit leur pouvoit échapper, si son plus ancien et son plus assuré serviteur n'en étoit pas hors de prise, et sur choses hors de toute sorte de raison et connues pour telles par Son Altesse Royale, et ce que pourroit devenir tout homme hors de portée de sa privance et d'explications avec elle, toutes les fois qu'il plairoit à l'abbé du Bois de l'écarter et de le perdre. « Vous avez raison, me répondit M. le duc d'Orléans, dans la dernière honte à ce qu'il me parut; je lui défendrai si bien et si sec de me parler de vous que cela ne lui arrivera plus. Allons, qu'avez-vous pour aujourd'hui? » J'eus pitié, si je l'ose dire, de l'état où je le vis. Je ne répondis rien, et je me mis à lui rendre compte de ce que j'avois pour ce jour-là. Peu après il entra dans son petit cabinet. J'y travaillai avec lui assez courtement, parce que l'entretien que je viens de rapporter avoit été fort long; et sans plus en rien remettre en avant, nous nous séparâmes le mieux du monde sans qu'il y ait du tout paru depuis, et j'eus lieu de croire par la suite que M. le duc d'Orléans m'avoit tenu parole, et défendu à l'abbé du Bois de lui parler de moi. On peut juger des dispositions de ce bon ecclésiastique à mon égard, après une pareille confidence de son maître, de ce que je lui avois dit de lui, entée sur tant d'autres choses, qui m'avoient mis fort mal avec lui. Le récit simple, tel qu'on vient de le voir de cette dernière, supplée à toutes réflexions, et peint au naturel quels étoient le maître et le valet à l'égard l'un de l'autre.

Mais, pour achever le coup de pinceau, je joindrai ici ce qui arriva peu après à Torcy, et qu'il m'a conté lui-même. Quelques mesures que prît du Bois pour cacher ses machines à Rome, Torcy vit tant de choses par le secret de la poste, qu'il crut devoir avertir M. le duc d'Orléans des menées de l'abbé du Bois à Rome. Il lui dit donc, avec sa mesure accoutumée, que si cet abbé y travailloit pour son chapeau de l'aveu de Son Altesse Royale, il n'avoit rien à dire; mais que, dans l'incertitude, il avoit cru de son devoir de l'avertir de ce qu'il en

voyoit. M. le duc d'Orléans se mit à rire. « Cardinal!
répondit-il, ce petit faquin! vous vous moquez de moi;
il n'oseroit y avoir jamais songé; » et sur ce que Torcy
insista et montra les preuves, le Régent se mit en colère,
et dit que, si ce petit impudent se mettoit cette folie dans
la tête, il le feroit mettre dans un cul de basse-fosse. Ce
même propos fut répété à Torcy deux ou trois fois, c'est-
à-dire toutes celles que Torcy lui rendoit un nouveau
compte de ce qu'il trouvoit dans les lettres étrangères sur
la continuation de l'intrigue pour ce chapeau. Enfin, la
dernière fois, qui fut proche du temps que ce chapeau
fut obtenu, Torcy reçut la même réponse avec la même
colère; mais le lendemain précis de cette réponse, Torcy
étant allé au Palais-Royal, M. le duc d'Orléans l'appela, le
tira dans un coin et lui dit : « A propos, Monsieur, il faut
écrire de ma part à Rome pour le chapeau de Monsieur
de Cambray; voyez à cela, il n'y a pas de temps à perdre. »
Torcy demeura sans parole comme une statue, et le Régent
le quitta dès qu'il lui eut donné cet ordre avec le même
sens froid[1] que s'il ne se fût pas emporté là-dessus avec
Torcy, la veille, et qu'il eût toujours été question entre
lui et Torcy de favoriser l'abbé du Bois à Rome. C'est bien
de ceci qu'on peut dire ce mauvais proverbe : Cela lève la
paille. Aussi Torcy n'en pouvoit-il revenir, non de la conduite actuelle de M. le duc d'Orléans sur ce chapeau, non
qu'il n'eût toujours soupçonné de la comédie dans les
réponses menaçantes de M. le duc d'Orléans là-dessus,
mais de la transition en vingt-quatre [heures] de ces
mêmes menaces de cul de basse-fosse, tout archevêque
qu'il fût, à ordonner à Torcy, qui ne lui en donnoit aucune
occasion, et qu'il appela exprès, d'écrire à Rome en son
nom, de lui Régent, pour favoriser le chapeau de l'abbé
du Bois, avec la tranquillité la plus parfaite. Tel étoit le
terrain d'alors.

Rome me fait souvenir qu'on apprit alors la naissance

1. Voyez tome I, p. 221 et note 1, tome II, p. 255 et note 1, etc. Nous
trouverons l'orthographe *sang-froid* ci-après, p. 209.

du prince de Galles, le dernier décembre 1720. Les cardinaux Paulucci, secrétaire d'État, Barberin, chef de l'ordre des cardinaux-prêtres, Sacripanti, protecteur d'Écosse, Gualterio, protecteur d'Angleterre, Imperiali, protecteur d'Irlande, Ottoboni, protecteur de France et vice-chancelier de l'Église, n'y ayant point de chancelier, et Albane, neveu du Pape et camerlingue de l'Église, tous cardinaux des plus distingués du sacré collége, se trouvèrent à ces couches, par ordre et de la part du Pape. Le sénat romain y fit assister de sa part les évêques de Segni et de Montefiascone, Falconieri, gouverneur de Rome, depuis cardinal, Colligola et Rusponi, protonotaires apostoliques. Les ambassadeurs de Bologne[1] et de Ferrare s'y trouvèrent aussi. Les princesses des Ursins, Piombino, Palestrine et Giustiniani, et les duchesses de Fiano et Salviati. Le prince fut baptisé sur-le-champ par l'évêque de Montefiascone, et nommé Charles. Le Pape envoya complimenter ces Majestés Britanniques, et porter au roi d'Angleterre dix mille écus romains, un brevet à vie de jouissance de la maison de campagne jusqu'alors prêtée à Albano, et deux mille écus pour la meubler. On chanta un *Te Deum* dans la chapelle du Pape, en sa présence, et il y eut des réjouissances à Rome. Lorsque la reine d'Angleterre vit du monde, le cardinal Tanara la fut complimenter en cérémonie de la part du sacré collége. Le décanat vaquoit alors, contesté entre Tanara, qui l'emporta enfin, et Giudice, par un jugement contradictoire du Pape et du sacré collége. Cette naissance[2] fut très-sensible à la cour d'Angleterre et aux papistes et jacobites de ce pays, en sentiments fort différents : non-seulement les catholiques et les protestants, ennemis du gouvernement, en furent ravis, mais presque tous les trois royaumes en marquèrent de la joie autant qu'ils osèrent, non par attachement pour la maison détrônée, mais par la satisfaction de voir continuer une lignée dont ils pussent

1. Voyez tome IX, p. 334, et note 1.
2. On lit ici le mot *qui* au manuscrit.

toujours menacer leurs rois et leur famille, et la leur pouvoir opposer. On n'osa en France rien marquer là-dessus ; on y étoit trop sujet de l'Angleterre, et le Régent et du Bois trop grands serviteurs de la maison d'Hanovre, dans le point surtout où du Bois en étoit pour son chapeau.

L'Angleterre perdit en ce même temps deux ministres, dont on a vu ci-devant beaucoup de choses en rapportant les affaires étrangères, le comte Stanhope et Craggs, les deux secrétaires d'État, qui moururent à peu de jours l'un de l'autre. Craggs étoit violent et emporté; Stanhope ne perdoit point le sang-froid, rarement la politesse, avoit beaucoup d'esprit, de génie et de ressources. Ils furent remplacés par Townsend et Carteret, deux grands ennemis de la France, indépendamment de la raison d'État. Un autre personnage singulier, qui avoit fait grand bruit en son temps, les suivit de fort près, le docteur Sachewerell qui, par ses sermons sous la reine Anne, commença à attaquer le ministère et le système d'alors, qui ne vouloit que la guerre, dont la reine se défit après.

En même temps, il y eut aussi en ce pays-ci plusieurs morts :

Huet, si connu de toutes sortes de savants, à quatre-vingt-huit ans, avec la tête encore entière et travaillant toujours. Sa science vaste et nette, et sa sage et sûre critique, avec de très-bonnes mœurs, l'avoient fait associer au célèbre Fléchier, depuis évêque de Nîmes, dans la place de sous-précepteur de Monseigneur. Huet eut ensuite l'évêché de Soissons, qu'il troqua pour celui d'Avranches, avec Sillery, frère de Puysieux, qui se vouloit rapprocher de la cour. L'étude, qui étoit la passion dominante d'Huet, comme la fortune étoit celle de Sillery, le fit défaire enfin de son évêché d'Avranches pour une abbaye ; il se retira à Paris dans un appartement que lui donnèrent les jésuites, dans leur maison professe, pour y jouir à son aise de leur belle bibliothèque et de la conversation de leurs savants. Il y mourut après y avoir passé un grand nombre d'années, toujours dans l'étude, sans presque sortir, et menant une vie très-frugale. Il y voyoit beaucoup de savants, et n'avoit point d'autre plaisir ni de commerce.

La duchesse de Luynes, à vingt-quatre ans, dont ce fut grand dommage, qui laissa des enfants et beaucoup de regrets. Elle étoit fille unique d'un bâtard obscur du dernier comte de Soissons, prince du sang, tué à la bataille de Sedan ou la Maffée. Mme de Nemours, irritée contre M. le prince de Conti et contre tous ses héritiers, fit légitimer ce bâtard, lui donna tout ce qu'elle put, qui fut immense, et lui fit épouser la fille du maréchal-duc de Luxembourg.

La duchesse de Sully à cinquante-six ans : elle étoit fille et nièce du duc et du cardinal de Coislin, la meilleure femme du monde, et qui seroit morte de faim sans son frère l'évêque de Metz. Sa mort ne démentit point son nom : il lui vint un abcès en lieu que la modestie ne lui permit pas de montrer à un chirurgien. Une femme de chambre la pansa quelque temps en cachette, puis expliqua le mal aux chirurgiens. Ce n'étoit rien s'ils eussent pu la traiter comme un autre[1] ; mais jamais personne ne put gagner cela sur elle. La femme de chambre disoit l'état du mal à travers la porte aux chirurgiens, et faisoit ce qu'ils lui prescrivoient ; mais cette manière de traiter par procureur la conduisit bientôt au tombeau. Elle étoit veuve sans enfants.

La duchesse de Brissac à soixante-trois ans. C'étoit une petite bossue, sœur de Vertamont, premier président du grand conseil, extrêmement riche, que le duc de Brissac, frère de la dernière maréchale de Villeroy, veuf sans enfants de ma sœur, avoit épousée pour son bien, qu'il mangea. Devenue veuve et parfaitement ruinée, son frère la prit chez lui et lui donnoit jusqu'à des souliers. Elle avoit beaucoup de vertu, infiniment d'esprit, de conversation agréable et de lecture. La duchesse de Lesdi-

---

1. Il y a bien *un autre*, et non *une autre*.

guières Gondi, qui l'aimoit fort, lui avoit donné en mourant une pension assez honnête.

On n'a su par quel accident l'embrasement d'une maison d'artisan embrasa toute la ville de Rennes ; le malheur fut complet pour la vie et les biens. La ville a été rebâtie depuis beaucoup mieux qu'elle ne l'étoit auparavant, et avec bien plus d'ordre et de commodités publiques. Il se trouva parmi l'ancien pavé des cailloux précieux par leurs couleurs et leur vivacité et variété, dont on fit beaucoup de tabatières de différentes formes, qui égalèrent presque les plus belles de ces sortes de beaux cailloux.

CHAPITRE XI.

Affaire du duc de la Force. — Saint-Contest et Morville, plénipotentiaires au congrès de Cambray. — Mort, fortune et caractère de Foucault, conseiller d'État. — Méliant, Harley, Ormesson, conseillers d'État. — Alliance des Neuville et des Harley. — Mort de Coettenfao ; de Joffreville ; d'Ambres ; son caractère ; de la comtesse de Matignon. — Ambassadeur extraordinaire du Grand Seigneur à Paris. — Son entrée. — Sa première audience. — Vienne, en Autriche, archevêché. — Mort de la reine de Danemark Meckelbourg ; dix-huit jours après le roi épouse la Rewenclaw, sa maîtresse. — Duperie étrange du cardinal de Rohan par du Bois ; mort de Clément XI Albane ; Innocent XIII Conti élu ; condition étrange de son exaltation ; Alberoni à Rome et rétabli ; intérêt des cardinaux. — Robert Walpole comme grand trésorier d'Angleterre. — M. le duc de Chartres colonel général de l'infanterie. — Survivance de premier écuyer et du gouvernement de Marseille au fils de Beringhen, et des bâtiments au fils de d'Antin. — Perfidie du maréchal de Villeroy à Torcy et à moi.

En ce temps-ci commença une affaire si honteuse à la foiblesse de M. le duc d'Orléans, si fort ignominieuse à celle des pairs, si scandaleuse au Parlement, à son animosité et à ses entreprises, si scélérate au premier président, si abominable à l'avarice du prince de Conti, en un mot si infâme en toutes ses parties, que je crois devoir me contenter de l'énoncer, et tirer le rideau sur les hor-

reurs qui s'y passèrent pendant le reste de cette année.
Les apparences très-prochaines de la déroute de Law et
de ses suites nécessaires, hâtèrent ceux qui étoient le
plus à portée de les prévoir de réaliser promptement
leurs papiers. Le prince de Conti, qui en avoit amassé à
toutes mains, et à qui il en restoit encore après avoir
asséché Law du plus gros par les quatre surtouts[1] d'argent en espèce qu'on a vu naguère qu'il se fit payer tout
à la fois à la banque et voiturer tout à la fois chez lui,
cherchoit à employer encore des papiers qui lui restoient.
Il sut que le duc de la Force étoit près d'acheter une
terre obscure, mais considérable pour sa valeur; il courut sur son marché déjà conclu. Il trouva de la résistance, et l'orgueil joint à l'avarice ne la put pardonner.
Il avoit toujours fait une cour basse au Parlement et
au premier président de Mesmes, pour essayer de donner de l'ombrage à Monsieur le Duc et à M. le duc
d'Orléans même, qui le méprisèrent trop pour en prendre
jamais. Mesmes et le Parlement, bien aises d'avoir un
client prince du sang, le cultivoient ; il se promettoit tout
d'eux. Law parti et la banque et la compagnie en désarroi, le prince de Conti imagina de faire faire une insulte
juridique au duc de la Force, sous prétexte de monopole,
bien assuré que Mesmes et le Parlement se porteroient de
grand cœur à faire cet affront à un duc et pair. Il ne se
trouva à la fin que de la Chine, des paravents et quelques autres colifichets semblables, qui montrèrent en
plein l'iniquité, l'excès et l'abus de la passion. Il ne s'en
fallut rien dans le cours de l'affaire que le maréchal d'Estrées ne fût attaqué ; la prise y étoit toute entière, quoique il n'y eût jamais pensé mal; mais M. le duc d'Orléans
imposa, et comme il n'étoit pas duc et pair, et ne le fut
qu'en juillet 1723, par la mort du dernier duc d'Estrées,
en directe gendre du duc de Nevers, le Parlement ni le
premier président ne se soucièrent pas de cette poursuite.

1. Voyez ci-dessus, p. 175 et note 1.

Saint-Contest, qui avoit été troisième ambassadeur plénipotentiaire à Baden, et Morville, ambassadeur à la Haye, furent nommés plénipotentiaires au congrès de Cambray, et partirent incontinent pour s'y rendre.

La mort de Foucault, qui avoit été intendant de Caen et chargé des affaires de Madame, fit vaquer une troisième place de conseiller d'État. On a vu en son lieu combien j'avois été content de Méliant, maître des requêtes, dans une grande affaire que je gagnai au conseil, contre le duc de Brissac, la duchesse d'Aumont, etc., dont il étoit rapporteur, et que je gagnai depuis au fond au parlement de Rouen. Je desirois depuis longtemps qu'il fût conseiller d'État. Il avoit été intendant de l'armée en Espagne sous M. le duc d'Orléans, et l'étoit alors de Lille. Cette place et son ancienneté l'y portoient naturellement. Il étoit, de plus, sans aucun reproche. Il avoit déplu en Espagne aux valets de M. le duc d'Orléans, qui lui en avoient donné de mauvaises impressions, en sorte que j'eus toutes les peines du monde à lui faire rendre cette justice. Le maréchal de Villeroy, qui, dans le mécontement extrême dont étoit. M. le duc d'Orléans de lui, en obtenoit d'autorité tout ce qu'il vouloit, fit donner la seconde de ces trois places à Harlay, fils du premier ambassadeur plénipotentiaire à Ryswick. Celui-ci étoit un fou plein d'esprit, plaisant, dangereux, et peut-être la plus indécente créature qu'on pût rencontrer, de plus ivrogne, crapuleux et d'une débauche débordée ; il avoit été intendant de Metz, puis d'Alsace ; la capacité ne lui manquoit pas, mais il ne prenoit pas la peine de rien faire ; ses secrétaires faisoient tout ; il lui étoit arrivé partout mille scandales publics, et il étoit si accoutumé et si heureux à s'en tirer, et à monter toujours de place en place jusqu'à l'intendance de Paris, qu'il disoit : « Encore une sottise, et je serai secrétaire d'État. » Le maréchal de Villeroy le protégeoit hautement ; il avoit été fort ami du premier président Harlay, et parent des Harlay, qui s'en faisoient honneur réciproquement. Alincourt, fils de Villeroy, secrétaire d'État, avoit épousé la fille unique de Mandelot, gouverneur de Lyon, etc., et d'une Robertet. La Ligue avoit fait ce mariage, et Alincourt eut la survivance du gouvernement de son beau-père. Il n'eut qu'une fille unique de ce mariage, qui épousa le marquis de Courtenvaux, chevalier du Saint-Esprit, premier gentilhomme de la chambre, fils du maréchal de Souvré, dont une fille unique, que le premier maréchal de Villeroy sacrifia à la faveur, et la maria, étant son tuteur, à M. de Louvois.

M. d'Alincourt, veuf de la Mandelot, épousa la fille aînée du célèbre Harlay Sancy, dont il eut le premier maréchal de Villeroy; enfin le chancelier, à qui les sceaux avoient pensé être ôtés, comme on l'a vu depuis si peu de temps, ne laissa pas d'avoir le crédit de faire donner la troisième place à d'Ormesson, intendant des finances, frère de sa femme.

Foucault, conseiller d'État, qui venoit de mourir, étoit un honnête homme, savant en antiquités et en médailles, dont il avoit un beau cabinet. Ce goût commun avec le P. de la Chaise lui en acquit la connoissance, puis l'amitié, qui l'avança et le protégea toujours. Il étoit père de ce Magny, dont il a été parlé en son lieu, et qui passa en Espagne, où je le trouvai.

Je perdis en ce temps-là Coettenfao, brave gentilhomme et très-galant homme, fort mon ami, lieutenant général, que j'avois fait chevalier d'honneur de Mme la duchesse de Berry. Il n'étoit point vieux et n'eut point d'enfants.

Joffreville, lieutenant général distingué, mourut aussi. Il étoit fort bien avec M. le duc d'Orléans et fort ami du maréchal de Berwick, sous qui il avoit servi en Espagne. Le feu Roi l'avoit nommé, par son testament, sous-gouverneur du Roi d'aujourd'hui; il étoit aussi fort bien avec le duc du Maine; il vit promptement la difficulté de ce double attachement dans cette place auprès du jeune Roi. C'étoit un honnête homme et sage; il refusa sous prétexte de sa santé; et Ruffey, qui se disoit Damas et ne l'étoit point, eut cette place : il étoit du pays de Dombes, extrêmement attaché à M. du Maine.

Le marquis d'Ambres mourut en même temps à quatre-vingt-deux ans. C'étoit un grand homme très-bien fait, du nom de Gelas, très-brave homme, qui avoit grande mine, de l'esprit, beaucoup de hauteur, qui quitta le service pour ne pas écrire *Monseigneur* à Louvois, qui ne lui pardonna jamais, ni le Roi non plus. Il avoit de grandes terres, où il fit le petit tyran de province comme autrefois, s'y fit des affaires désagréables, et eut force dégoûts dans sa charge de lieutenant général de Guyenne. Son père fut chevalier de l'ordre en 1633; il ennuyoit souvent le peu de monde qu'il voyoit à la cour, où quoique mal, il alloit souvent. Après la mort du Roi, il tint chez lui, à Paris, quelques jours de la semaine, une petite assemblée de vieux ennuyeux comme lui, où se débitoient les nouvelles et la critique d'esprits chagrins.

Le comte de Matignon, chevalier de l'ordre, dont le fils épousa Mlle de Monaco, avec de nouvelles lettres de duc et pair de Valentinois, comme on l'a vu en son lieu, promises par le feu Roi et depuis exécutées, perdit sa femme, fille aînée de son frère aîné, qui lui en avoit apporté tous les biens. C'étoit une femme peu propre au monde, et qui vécut toujours fort retirée.

Paris vit un spectacle peu accoutumé, le dimanche 28 mars, qui donna beaucoup de jalousie aux premières puissances de l'Europe. Le Grand Seigneur, qui ne leur envoye jamais d'ambassades, sinon si rarement à Vienne, à quelque grande occasion de traité de paix, en résolut une, sans en être sollicité, pour féliciter le Roi sur son avènement à la couronne, et fit aussitôt partir Méhémet Effendi Tefderdar, c'est-à-dire grand trésorier de l'Empire, en qualité d'ambassadeur extraordinaire, avec une grande suite, qui s'embarquèrent sur des vaisseaux du Roi qui se trouvèrent fortuitement dans le port de Constantinople. Il débarqua au port de Cette, en Languédoc, parce que la peste étoit encore en Provence. Il fit même quarantaine et le détour par Bordeaux pour venir à Paris, défrayé de tout depuis son débarquement, où il fut reçu par un gentilhomme ordinaire du Roi et des interprètes de langues, qui l'accompagnèrent jusqu'à Paris. Il y arriva le 8 mars, au faubourg Saint-Antoine, où il demeura huit jours, complimenté de la part du Roi, etc., comme les ambassadeurs extraordinaires des monarques de l'Europe.

Le dimanche 16 mars, le maréchal d'Estrées et Rémond, introducteur des ambassadeurs, l'allèrent prendre à une heure après midi. Dès qu'ils furent arrivés, ils montèrent à cheval avec l'ambassadeur entre eux deux. Deux carrosses du maréchal, force valets de pied, pages, gentilshommes, chevaux de main, la police avec trompettes et timbales, trois escadrons d'Orléans-Dragons, douze chevaux de main des écuries du Roi, trente-six Turcs à cheval deux à deux, portant des fusils et des lances, Merlin, aide-introducteur, à cheval, puis les principaux officiers de l'ambassade, quatre trompettes de la chambre du Roi, six chevaux de main de l'ambassadeur, harnachés à la turque, et tout cela extrêmement magnifique ; enfin l'interprète du Roi, précédant immédiatement l'ambassadeur, dont le cheval étoit harnaché à la turque. Il marchoit de front avec le maréchal et l'introducteur, environnés de leur livrée et de valets de pied turcs. L'écuyer de l'ambassadeur marchoit à cheval derrière lui portant son sabre, et vingt maîtres du colonel-général les côtoyoient à droite et à gauche ; venoient ensuite les grenadiers à cheval, le régiment colonel-général, puis les carrosses du Roi et les autres qui vont aux entrées, côtoyés par la connétablie. Le régiment d'infanterie du Roi, la compagnie de la Bastille, celle des fuseliers[1], se trouvèrent en haie jusqu'à la place Royale ; l'ambassadeur

1. Telle est bien l'orthographe de Saint-Simon.

fut conduit par de longs détours à la rue Saint-Denis, Saint-Honoré, etc., et partout des pelotons des escouades du guet. Il trouva la compagnie du prévôt de la monnoie en haie dans cette rue, le guet à cheval sur le pont Neuf bordé du régiment des gardes, et force trompettes et timbales autour de la statue d'Henri IV. La compagnie du lieutenant de robe courte, et celle du prévôt de l'Isle, se trouvèrent dans les rues Dauphine et de Vaugirard. Arrivés à l'hôtel des ambassadeurs extraordinaires, rue Tournon, ils mirent pied à terre dans la cour. Le maréchal accompagna l'ambassadeur jusque dans sa chambre, qui aussitôt après, lui donnant la main, le conduisit à son carrosse, et le vit sortir de sa cour. Tous les chevaux que montèrent l'ambassadeur et sa suite étoient des écuries du Roi, et les chevaux de main de l'ambassadeur aussi, menés par des Turcs à cheval.

Le vendredi 21 du même mois, le prince de Lambesc et Rémond, introducteur des ambassadeurs, allèrent dans le carrosse du Roi prendre l'ambassadeur à l'hôtel des ambassadeurs extraordinaires, où il fut toujours logé et défrayé avec toute sa nombreuse suite, tant qu'il fut à Paris, et aussitôt il se mirent en marche pour aller à l'audience du Roi : la compagnie de la police avec ses timbales et ses trompettes à cheval, le carrosse de l'introducteur, celui du prince de Lambesc entouré de leur livrée, précédés de six chevaux en main, et de huit gentilshommes à cheval; trois escadrons de dragons d'Orléans, douze chevaux de main, menés par des palefreniers du Roi à cheval, trente-quatre Turcs à cheval, deux à deux, sans armes, puis Merlin, aide-introducteur, et huit des principaux Turcs à cheval; le fils de l'ambassadeur à cheval, seul, portant sur ses mains la lettre du Grand Seigneur dans une étoffe de soie, six chevaux de main, harnachés à la turque, menés par six Turcs à cheval, quatre trompettes du Roi à cheval; l'ambassadeur entre le prince de Lambesc et l'introducteur, tous trois de front à cheval, environnés de valets de pied turcs et de leur livrée, côtoyés de vingt maîtres du régiment colonel-général; ce même régiment, précédé des grenadiers à cheval, suivoit; puis le carrosse du Roi et la connétablie. Les mêmes escouades et compagnies ci-devant nommées à l'entrée se trouvèrent postées dans les rues du passage, dans la rue Dauphine, sur le pont Neuf, dans les rues de la Monnoie et Saint-Honoré, à la place de Vendôme, devant le Palais-Royal, à la porte Saint-Honoré, avec leurs trompettes et timbales; depuis cette porte en dehors jusqu'à l'esplanade, le régiment d'infanterie du Roi en haie des deux côtés, et dans l'esplanade les détachements des gardes du corps, des gens d'armes, des chevau-légers, et les deux compagnies entières des mousquetaires. Arrivés en cet endroit, les troupes de la marche et les carrosses allèrent se ranger sur le quai, sous la terrasse des Tuileries : l'ambassadeur, avec tout ce qui l'accompagnoit et toute sa suite à cheval, entra par le pont Tournant dans le jardin des Tuileries, depuis lequel jusqu'au palais des Tuileries, les régiments des gardes françoises et suisses étoient en haie des deux côtés, les tambours rappelant et les drapeaux déployés. L'ambassadeur et tout ce qui l'accompagnoit passa ainsi à cheval le long de la grande allée, entre ces deux haies, jusqu'au pied de la terrasse, où il mit pied à terre, et fut conduit dans un appartement en bas, préparé pour l'y faire reposer en attendant l'heure de l'audience.

A midi, l'ambassadeur, accompagné du prince de Lambesc et de l'introducteur, sortit de cet appartement avec tout son cortége, précédé de son fils, qui portoit la lettre du Grand Seigneur sur ses mains élevées, et suivoit l'aide-introducteur. Il trouva, comme les autres ambassadeurs extraordinaires, le grand maître et le maître des cérémonies au bas de l'escalier, bordé jusqu'au haut par les Cent-Suisses; il en trouva d'autres en haie dans leur salle, leur drapeau déployé, et Courtenvaux à l'entrée pour le recevoir, qui faisoit la charge de leur capitaine pour son neveu enfant. Le duc de Noailles, capitaine des gardes en quartier, le reçut à l'entrée de la salle des gardes, en haie et sous les armes. Il traversa le grand appartement jusqu'à la galerie. Elle étoit tendue des plus belles tapisseries de la couronne; les dames fort parées remplissoient les gradins magnifiquement ornés, et la galerie, couverte de beaux tapis de pied, étoit fort remplie d'hommes. Au fond, elle étoit traversée de trois marches, et au bout de quelque espace, de deux autres sur lesquelles étoit le trône du Roi; à ses côtés étoient, à droite et à gauche, M. le duc d'Orléans et les princes du sang, debout et toujours découverts. Le grand chambellan, le premier gentilhomme de la chambre, le grand maître de la garde-robe et le maréchal de Villeroy, étoient tous quatre derrière le Roi; l'archevêque de Cambray au bas des deux premières marches; à droite et plus reculés, les trois autres secrétaires d'État sur le même plein pied.

Dès que l'ambassadeur put être aperçu du Roi, il s'inclina très-profondément à l'orientale, sa main droite sur sa poitrine. Alors le Roi se leva sans se découvrir, et l'ambassadeur s'avança au pied des trois premières marches, où il fit sa seconde révérence. Il monta ensuite ces trois degrés, ayant à sa droite le prince de Lambesc et le duc de Noailles ensemble de front, à gauche l'introducteur et l'interprète, derrière lui son fils, portant la lettre du Grand Seigneur en la manière qu'on a dit; l'ambassadeur fit là sa troisième révérence, prit des mains de son fils la lettre du Grand Seigneur, qu'il éleva sur sa tête, puis la remit à l'archevêque de Cambray, comme secrétaire d'État des affaires étrangères, lequel la posa sur une table près et à la droite du trône, couverte de brocard d'or. L'ambassadeur fit au Roi son compliment de très-bonne grâce, d'un air fort respectueux, mais point timide ni embarrassé. L'interprète l'expliqua. Le Roi ne parla point, ni M. le duc d'Orléans; le maréchal de Villeroy fit une courte réponse, que l'interprète rendit à l'ambassadeur. Alors il fit sa révérence, et se retira à reculons, sans tourner le dos tant qu'il put être vu du Roi, fit ses deux autres révérences où il les avoit faites en venant, puis s'en alla lentement, regardant fort et d'un air très-assuré tout ce qui s'offroit à sa vue. Le prince de Lambesc le conduisit à l'appartement où il étoit entré d'abord, et y prit congé de lui. L'ambassadeur s'y reposa un peu; puis l'introducteur à côté de lui, à sa gauche, il traversa la terrasse du palais des Tuileries, monta à cheval avec tout ce qui l'accompagnoit, trouva dans la grande allée, au pont Tournant, à l'esplanade, les mêmes troupes dans les mêmes postes et les mêmes honneurs qu'en venant, le régiment du Roi d'infanterie en haie jusqu'à la porte de la Conférence, les troupes qui l'avoient accompagné rangées sur le quai des Tuileries, et les carrosses, qui se remirent en marche dans le même ordre qu'en venant. Il passa sur le pont Royal, le quai des Théatins, devant le collége Mazarin, la rue Dauphine, et trouva partout, jusqu'à la porte de l'hôtel des ambassadeurs extraordinaires, les mêmes troupes et détachements, instruments de guerres qu'il avoit trouvés allant à l'audience, pendant laquelle elles s'étoient postées sur les lieux de son retour. La singularité de la cérémonie m'a engagé à l'insérer ici, quoique elle se trouve dans les gazettes.

On approuva fort le chemin que [on] fit prendre à cet ambassadeur, surtout celui du jardin des Tuileries, avec tout cet air si martial de ce grand nombre des plus belles troupes, et de l'avoir fait retourner par le quai des Tuileries et par celui des Théatins, qui sont les endroits où Paris paroît le mieux. Que seroit-ce si on dépouilloit le pont Neuf de ces misérables échopes, et tous les autres ponts de maisons, et les quais de celles qui sont du côté de la rivière? Peu de jours après, l'ambassadeur turc fut au Palais-Royal, à l'audience de M. le duc d'Orléans, mais tout simplement, et reçu comme les ambassadeurs extraordinaires, conduit sans troupes et avec peu de cortége par l'introducteur de M. le duc d'Orléans.

L'Empereur obtint enfin l'érection de l'évêché de Vienne en archevêché, avec un petit démembrement des diocèses de Passau et de Salzbourg. Ces deux prélats et leurs chapitres s'y étoient longuement opposés à Vienne et à Rome.

La reine de Danemark mourut à Copenhague d'une longue maladie, à cinquante-quatre ans. Elle étoit fille de Gustave-Adolphe de Meckelbourg Gustraw et d'une Holstein Gottorp. Elle avoit épousé, en décembre 1695, Frédéric IV, roi de Danemark, le même qui voyagea et vint en France étant prince royal. Elle mourut le 15 mars de cette année 1721. Elle ne laissa que le feu roi de Danemark, Christian-Frédéric, mort en 1746, père du régnant, gendre du roi d'Angleterre, et Ch.-Amélie, encore vivante sans alliance. Frédéric, amoureux depuis longtemps de la fille du comte de Rewenclaw, chancelier de Danemark, dont il avoit eu une bâtarde en 1709, donna en 1712 le titre de duchesse de Sleswig à cette maîtresse, et n'eut pas honte de déclarer son mariage avec elle le 4 avril, c'est-à-dire dix-huit jours après la mort de la reine sa femme, et l'épousa en effet publiquement à Copenhague le même jour. Le 7 du même mois, c'est-à-dire trois jours après, le prince et la princesse ses enfants se retirèrent à Jarespries en Jutland. Tels sont les funestes effets des amours des rois; plût à Dieu que ceux-ci fussent les plus grands !

Il y avoit déjà quelque temps que l'abbé du Bois avoit persuadé au cardinal de Rohan qu'il le feroit premier ministre, s'il vouloit aller à Rome presser son chapeau, et Rohan se préparoit au départ avec de grandes sommes que du Bois lui faisoit donner par M. le duc d'Orléans, pour le défrai de son voyage, lorsqu'on apprit par un courrier du jésuite Lafitau, évêque de Sisteron, que du Bois tenoit à Rome avec d'autres agents encore, la mort du pape Clément XI, le 19 mars, n'ayant guère été que vingt-quatre heures malade, à soixante et onze ans, près d'onze ans de cardinalat et un peu plus de vingt ans de pontificat. Il étoit de Pezaro, où les Albani étoient peu de chose. La manière dont il a gouverné se voit si bien dans ce qui a été rapporté ici des affaires étrangères par Torcy, qu'il seroit superflu de s'étendre sur son caractère. Nos cardinaux se pressèrent d'arriver à Rome, où Rohan trouva le Pape fait[1]. Tencin et Lafitau avoient fait leur cabale et tiré un billet de la main du cardinal Conti, par lequel il promettoit, s'il étoit élu pape, de faire incontinent après du Bois cardinal ; ce billet fut donné assez longtemps avant la maladie du Pape pour avoir le loisir de former la cabale.

Clément XI, qui avoit plusieurs descentes, menaçoit d'une fin prochaine et prompte. Il étoit fort gros, rompu aussi au nombril, relié de partout et soutenu par une espèce de ventre d'argent, en sorte que l'accident le plus léger et le plus imprévu suffisoit pour l'emporter brusquement, comme il arriva en effet. Du bois, informé du billet et du succès de la cabale, fut si transporté de joie de la mort du Pape, qu'il ne la put contenir ni l'imprudence de dire qu'il ne falloit point d'autre pape que Conti. M. le duc d'Orléans m'en parla aussi comme d'un sujet qu'il desiroit passionnément, sur lequel il pouvoit compter, et qui, selon toutes les mesures et les apparences, seroit élu, mais sans me rien dire de la convention du cardinalat. Conti fut élu en effet le 8 mai au matin, le trente-huitième jour du conclave. La joie de M. le duc d'Orléans parut grande à cette nouvelle ; du Bois ne se possédoit pas, et ne fut pas trois mois sans recevoir cette calotte si ardemment desirée et si monstrueusement procurée.

La mort de Clément XI termina les affaires d'Alberoni

---

1. « Cela n'est pas vrai. Le cardinal de Rohan fit une telle diligence, qu'il entra au conclave les premiers jours d'avril. » (*Note marginale écrite de la même main que celles que nous avons reproduites tome XIII, p.* 419, *tome XIV, p.* 347, *tome XV, p.* 342, *et tome XVI, p.* 83 *et* 84.)

à Rome, où on travailloit à le priver juridiquement du chapeau. Il fut mandé au conclave errant encore et caché en Italie. La voix au conclave, qui fait la base de la grandeur et de l'importance des cardinaux, leur est trop chère pour souffrir qu'aucun en soit privé pour quelque cause que ce puisse être. Alberoni étoit l'opprobre du sacré collége, qui le sentoit vivement ; il étoit actuellement *in reatu*[1], puisqu'à Rome son procès s'instruisoit juridiquement pour le dépouiller de la pourpre. Le roi et la reine d'Espagne poursuivoient publiquement et ardemment cette affaire. Le Pape, indignement outragé par Alberoni dès qu'il eut son chapeau et qu'il n'eut plus besoin de lui, le poussoit sous main de toutes ses forces ; il n'étoit protégé d'aucune couronne ni d'aucune puissance, qu'il avoit toutes insultées ; mais il avoit le chapeau, et ses collègues, devant qui son procès s'instruisoit, quelque indignés qu'ils fussent de sa promotion, contre laquelle devant et depuis ils avoient tous si fortement et si unanimement crié, excepté les Espagnols et les François par la crainte de leurs maîtres, mais qui sous main l'avoient éloignée tant qu'ils avoient pu, ne s'accommodoient point du dépouillement d'un cardinal de la pourpre. Ils en regardoient l'exemple comme très-funeste qui les rendoit trop dépendants de leurs rois et des papes.

L'indépendance est leur point capital ; ils y étoient peu à peu parvenus ; ils n'avoient garde de contribuer à en déchoir pour quelque considération que ce pût être. Qu'un cardinal prince ou fort grand seigneur remette le chapeau pour se marier quand l'état de sa maison l'exige, à la bonne heure ; mais de voir un cardinal se priver du chapeau par pénitence et comme mal acquis, comme le voulut faire le cardinal de Retz quand Dieu l'eut touché et qu'il se retira, c'est ce que les cardinaux ne veulent pas souffrir, comme il arriva au même cardinal de Retz,

1. En accusation.

dont la demande fut rejetée, et qui demeura cardinal malgré lui, beaucoup moins par privation du chapeau. C'est ce qui fit marcher si lentement la congrégation établie pour le jugement d'Alberoni, qui, malgré tous les efforts de l'Espagne, secondés de toute la volonté et de tout ce que le Pape put faire, prolongea ce procès dans l'espérance des futurs contingents, de la mort du Pape surtout, comme il arriva. Question se mut alors si Alberoni fugitif, caché, actuellement, bien qu'absent, sur la sellette devant cette congrégation établie pour le juger, le procès fort avancé, il pouvoit être admis ou exclu du conclave. Ce même intérêt des cardinaux les engagea tout aussitôt à déclarer que la situation en laquelle il se trouvoit ne pouvoit l'exclure du conclave; que, s'il en étoit déclaré exclu, il seroit en droit d'en appeler, et cependant de protester contre toute élection de pape, faite sans lui; que cet acte rendroit l'élection irrégulière et douteuse, et pouvoit conduire à un schisme, tellement qu'il fut invité à deux reprises de venir au conclave, et d'y donner sa voix. Il différa pour éviter l'air d'empressement, et montrer la prétendue justice de sa cause, en ne venant au conclave qu'après une invitation réitérée de ceux-là même qui étoient naguère ses juges en privation du chapeau. Il arriva donc à Rome, mais sans entrée, dans son propre carrosse, et fut reçu dans le conclave avec les mêmes honneurs que tous les autres cardinaux, où il fit toutes les fonctions de sa dignité.

Peu de jours après l'élection, il s'absenta de Rome comme pour voir s'il seroit encore question de son affaire, mais elle tomba d'elle-même. Le nouveau pape n'y avoit nul intérêt. Celui des cardinaux étoit tout entier qu'il ne s'en parlât plus. L'Espagne comprit enfin l'inutilité désormais de ses cris. Du Bois sentoit qu'il n'alloit pas moins déshonorer le sacré collége et le pape qui l'y alloit mettre qu'avoit fait Alberoni, avoit intérêt que le rideau fût tiré sur ce confrère, tellement qu'après une courte absence, Alberoni loua dans Rome un magnifique palais, et y revint pour toujours avec une suite, une dépense et une hauteur que lui fournissoient les dépouilles de l'Espagne. Il s'y trouva donc vis-à-vis du cardinal de Giudice, et tous deux vis-à-vis de la princesse des Ursins, triangle rare qui fit souvent à Rome un spectacle singulier. Dans les suites, Alberoni, qui les vit mourir tous deux, parvint à être légat de Ferrare, et s'y faire continuer longtemps, toutefois peu compté et peu considéré à Rome, où il est encore vivant et sain de tête et de corps à quatre-vingt-six ans[1].

Quant au nouveau pape, il avoit soixante-six ans et quatorze de cardinalat, avoit été nonce en Suisse, puis en Portugal, pour lequel il avoit conservé un grand attachement. Il étoit d'une des quatre premières maisons romaines, allant de pair sans difficulté avec les Ursins, les Colonnes et les Savelli; ces derniers sont éteints et ayant donné beaucoup de papes et de cardinaux. Sa naissance avoit un peu suppléé à ses talents. C'étoit un homme doux, bon, timide, qui aimoit fort sa maison, et qui parut peu sur le siége apostolique. Tencin dès lors pensoit au cardinalat. Trop petit compagnon pour oser montrer y prétendre, il se renferma dans les basses ruses qu'il l'avoient porté jusqu'où il se trouvoit. Il agit donc sous terre; il fut amusé; il s'en aperçut enfin, et menaça le Pape, s'il ne le contentoit, de rendre public l'écrit qu'il avoit de sa main, qui l'avoit fait pape, par lequel il s'engageoit, s'il le devenoit, de faire incontinent après du Bois cardinal. Le Pape se trouva donc dans de doubles horreurs, ou de faire Tencin cardinal *motu proprio* sans qu'aucune puissance s'y intéressât, sur l'autorité de laquelle il pût excuser une promotion de tous points si indigne, ou de se voir déshonoré en plein par la publicité de ce billet de sa main. L'embarras, le dépit, la

1. Alberoni est mort le 16 juin 1752, à quatre-vingt-huit ans. C'est donc en 1750 ou au commencement de 1751 que Saint-Simon a écrit cette partie de ses *Mémoires*.

douleur de se voir réduit en de si cruelles extrémités, altérèrent tellement sa santé qu'il en mourut, et finit ainsi sa vie sans être tombé dans aucune des deux infamies, dont la juste frayeur et horreur le précipita dans le tombeau un peu plus de deux ans après qu'il fût[1] monté sur la chaire de saint Pierre.

Ce fut vers ce temps-ci que Robert Walpole fut fait premier commissaire de la trésorerie d'Angleterre et chancelier de l'Échiquier; c'est-à-dire, grand trésorier sans en avoir le titre, et n'y en ayant point. Ce ministre l'a été si longtemps, et a fait tant de bruit dans le monde par sa capacité, que j'ai cru devoir marquer cette époque.

Le maréchal de Villeroy fit en ce temps-ci un tour de courtisan supérieur à lui. Je ne sais qui lui en donna le conseil, trop fort pour que je l'aie cru pris de lui-même. Dans la situation où il se voyoit avec M. le duc d'Orléans et dans le mépris qu'il faisoit de la timidité et de la foiblesse de ce prince, qui, en même temps qu'il mouroit d'envie et d'impatience de le chasser, ne savoit lui refuser aucune chose et le recevoit avec ouverture et respect, il l'entraîna dans la plus grande faute qu'il pût faire, pour du même coup lui persuader son attachement et le rendre odieux au Roi et suspect à toute la France. Il proposa à M. le duc d'Orléans de ressusciter le puissant office de la couronne de colonel général de l'infanterie, en faveur de M. le duc de Chartres, et l'assomma de tant d'autorité et d'exclamations qu'il en vint à bout sur-le-champ, et dans le plus grand secret, pour éviter que quelqu'un n'ouvrît les yeux au Régent si, avant que cette affaire fût faite, il venoit à en parler à qui que ce fût. Parler au Roi et l'obtenir ne fut, comme on peut le croire, que l'affaire d'un instant. Le Blanc eut ordre d'en dresser l'édit et les patentes dans le même secret et avec la même diligence. Personne ne le sut donc que par le remerciement que M. le duc de Chartres en fit publiquement au Roi, mené

---

1. Ce verbe est bien au subjonctif.

par M. le duc d'Orléans, en même temps que le Parlement l'enregistroit.

Cette Compagnie, conduite par le premier président, à qui sans doute le maréchal de Villeroy avoit parlé à l'oreille, n'eut garde de faire la moindre difficulté, et de ne pas faire sa cour au Régent d'une chose qui pouvoit si aisément servir dans la suite de matière à l'étrangler. En effet on a vu quelle importante figure a su faire le fameux duc d'Espernon, par cette charge qui dispose de tous les emplois de l'infanterie, et des états-majors des places, et des régiments d'infanterie seuls alternativement avec le Roi, même de celui des gardes, qui décide souverainement de tous les détails des corps et des garnisons et avec qui il faut que la cour compte sur tout ce qui regarde l'infanterie. On laisse à penser ce qu'une telle charge pouvoit devenir entre les mains d'un premier prince du sang, fils unique du Régent, et à l'âge de l'un et de l'autre, avec le gouvernement de Dauphiné et la parenté si proche de Savoie. Il est vrai que le régiment des gardes et celui du Roi furent soustraits à cet office par sa réérection. Mais cela marquoit plus la foiblesse du Régent que la diminution d'un pouvoir énorme sans cela, et que M. de Chartres seroit toujours en état de reprendre dans la suite sur ces deux corps exceptés sans droit de leur part. La surprise générale fut grande, et les réflexions peu avantageuses, qui ne furent ni tues ni épargnées. Le maréchal de Villeroy n'avoit pas l'esprit d'en cacher sa maligne joie, et M. le duc d'Orléans fut longtemps à s'apercevoir du tort extrême qu'il s'étoit fait. Il ne me parla point de l'affaire avant qu'elle fût faite, parce qu'elle la fut dans un tournemain[1]. Peut-être attendit-il après que je lui en fisse mon compliment comme tout le monde : s'il l'attendit, il se trompa ; je ne lui en dis jamais une parole, et je n'allai point chez Monsieur son fils. On a pu voir ici en plusieurs endroits

1. Voyez tome IV, p. 460 et note 1.

que j'avois pour maxime de ne lui parler jamais des choses qu'il avoit mal faites, quand il ne m'en parloit pas le premier. Je me contentai donc sur celle-ci de lui montrer par mon silence combien je la désapprouvois. Ainsi nous ne nous en sommes jamais parlé l'un à l'autre.

Ce prince donna en même temps à Beringhen la survivance de sa charge de premier écuyer et de son gouvernement des forts et citadelle de Marseille pour son fils. D'Antin obtint en même temps pour le sien sa survivance des bâtiments.

L'autorité de du Bois devenoit tous les jours plus extrême. C'étoit un premier ministre en plein, qui gardoit même peu de bienséance pour son maître. Tout le monde en souffroit et en gémissoit ; ceux qui voyoient les choses de plus près, ceux qui aimoient l'État, ceux qui étoient vraiment attachés à M. le duc d'Orléans, plus que les autres. Ce trait de malice du maréchal de Villeroy, et d'autorité sur M. le duc d'Orléans, frappa Torcy. Peu de jours après sortant du conseil de régence, il me demanda une conversation particulière et prompte. J'allai chez lui le lendemain, pour être moins interrompu que chez moi, ou que[1] fermant ma porte, ce tête-à-tête pût[2] faire bruit. Torcy me parla sur l'excès de l'abandon de M. le duc d'Orléans à du Bois, avec cette sagesse, cette lumière, cette précision qui lui étoient si naturelles, et m'en exposa tous les dangers pour les dehors et pour les dedans. Je ne m'arrêterai point à ce qu'il m'en dit : cent endroits de ces *Mémoires* marquent assez ce qu'il m'en put dire ; nous ne nous apprenions rien l'un à l'autre là-dessus, et nos avis étoient très-uniformes ; mais la question fut du remède ; nous nous contâmes réciproquement ce qui nous étoit arrivé avec M. le duc d'Orléans, à l'égard de du Bois, et nous conclûmes aisément qu'il n'y avoit que quelque chose de fort qui frappât M. le duc

1. Ou dans la crainte que.
2. *Put*, sans accent, au manuscrit.

d'Orléans, non quant aux choses, après toutes celles que
je lui avois dites, mais quant au poids des personnes
réunies à lui en parler. Torcy s'étendit sur la foiblesse
du Régent pour le maréchal de Villeroy, dont les preuves
se voyoient sans cesse, et nouvellement par cette charge
de l'infanterie, dont la plus légère réflexion lui auroit fait
sentir le piége, et sur la crainte qu'il prenoit si aisément
de Monsieur le Duc, témoin nouvellement l'étrange scène
qui se passa entre eux à ce conseil de régence, que j'ai
rapportée ci-dessus. M. de Torcy me proposa donc de
nous concerter avec Monsieur le Duc, et avec le maréchal
de Villeroy, pour parler tous quatre ensemble à M. le duc
d'Orléans sur l'abbé du Bois, pour essayer en dernier
remède l'impression que ce groupe ainsi réuni pourroit
faire. Lui et moi étions lors à portée de tout avec Monsieur le Duc, lui anciennement par les liaisons intimes,
et de tout temps de Mme de Bouzols, sa sœur, avec Madame la Duchesse mère, et avec les Lassay, moi par les
raisons qu'on a vues.

Monsieur le Duc ne pouvoit souffrir le grand vol que
prenoit du Bois, et d'être obligé lui-même de compter sur
toutes choses avec lui; et le maréchal de Villeroy le haïssoit à mort, et ne s'en cachoit à personne. On a vu que
de tout temps j'étois peu à portée de lui, et nouvellement
moins que jamais, par le travers que son orgueil lui avoit
fait prendre, au lieu de me savoir gré de n'avoir jamais
voulu le déplacer ni être gouverneur du Roi. Je le dis
alors à Torcy, pour éviter de fausses mesures. Cela ne
l'arrêta point, il trouvoit le maréchal si frivole qu'il étoit
persuadé que cette aventure de gouverneur du Roi ne
feroit aucun obstacle quand il s'agiroit de servir sa haine
contre du Bois, étayé du poids de Monsieur le Duc sur
M. le duc d'Orléans, de ma privance avec ce prince et de
la confiance qu'il avoit en moi, et de lui, Torcy, fondé
sur les lettres étrangères. Je ne pouvois me rendre à cette
pensée; je lui représentai fortement que je gâterois tout,
et que le récent dépit de cette place de gouverneur, qu'il

rageoit de devoir à mes refus, l'emporteroit chez lui sur toute autre considération. Je voulois donc qu'ils parlassent tous trois, et n'en être pas avec eux; mais Torcy s'opiniâtra à contester que tout échoueroit sans moi, parce que M. le duc d'Orléans regarderoit cet effort comme venant de mains ennemies, et Torcy entraîné par elles, bien de tout temps avec Monsieur le Duc et avec le maréchal de Villeroy, ce qui n'arriveroit pas s'il me voyoit avec eux, parce qu'il ne présumeroit jamais que j'eusse agi de concert avec eux à mauvaise intention ni par entraînement, et qu'il ne pourroit méconnoître ce que je lui avois dit souvent tête à tête, et récemment cette dernière fois si forte que j'ai rapportée; qu'il ne pourroit dire méconnoître ces mêmes choses dans ce que nous lui dirions ensemble, et qu'il verroit, au contraire, l'homme du monde en moi, duquel il se pouvoit le moins méfier, s'unir à eux pour lui tenir le même langage, qui appuyeroit si fortement ce que le secret de la poste avoit fourni, à lui Torcy, de raisons qui lui seroient alors étalées avec plus de force et moins de ménagement que Torcy n'avoit osé employer avec lui tête à tête.

Après un long débat, je me rendis, malgré moi, à l'autorité de Torcy, l'homme du monde le plus sage, le plus prudent, le plus modéré, le plus éloigné des partis forts tant qu'il en pouvoit prendre d'autres, et par lui-même naturellement fort retenu et timide; bref, je ne me rendis point, mais je cédai. Il voulut commencer par le maréchal de Villeroy, pour entraîner plus aisément Monsieur le Duc, dont la férocité n'empêchoit pas toujours la timidité, surtout dans un intérêt d'État général et non un intérêt particulier fort grand. Nous convînmes donc que nous irions, Torcy et moi, parler au maréchal de Villeroy au sortir du premier conseil de régence, parce qu'il logeoit aux Tuileries, et que cette visite ensemble seroit moins remarquée en y allant ainsi de plein pied, et nous trouvant tous deux naturellement ensemble. Nous nous amusâmes donc tous deux exprès après le conseil de régence pour laisser écouler le monde, et donner le temps au maréchal de rentrer dans son appartement, avec convention que Torcy porteroit la parole.

Le hasard fit que nous trouvâmes le maréchal de Villeroy seul dans sa chambre. Dès qu'il nous vit il se douta de quelque chose d'extraordinaire, et nous demanda ce qui nous amenoit ainsi tous deux. Nous avancions cependant vers lui ; il répéta sa demande ; le valet de chambre qui nous avoit ouvert la porte sortit, et avant de nous asseoir, Torcy, comme pour lui répondre, commença à lui faire entendre le sujet de notre visite. Au premier mot que le maréchal en sentit : « Messieurs, dit-il, je suis votre serviteur, mais point de cabale, vous ferez sans moi tout ce que bon vous semblera. Mais d'aller ainsi en cohorte, c'est ce que vous ne me persuaderez point, et je ne sais d'où cette idée vous est entrée dans la tête. Je vois sur l'abbé du Bois tout ce qu'il y a à voir, j'en parle peut-être autant, et plus fortement que vous au Régent, mais tête à tête, car autrement ce sont cabales que je n'entends point, et où vous ne me ferez jamais entrer. » De là, il se met en colère, balbutie, interrompt ; ne veut rien écouter, et nous éconduit avec hauteur. Hors de sa chambre, nous nous regardâmes Torcy et moi, confondus de la sottise et de l'impertinence de l'homme, et Torcy découragé ne jugea pas à propos de voir Monsieur le Duc, ni d'aller plus loin ; il convint que j'avois mieux jugé du maréchal que lui. « Mais après tout, me dit-il, il n'y a rien de gâté, c'est un coup d'épée dans l'eau. » Pour moi, je n'avois été qu'acolyte, sans qu'il me fût sorti un seul mot de la bouche.

Trois jours après, allant travailler avec M. le duc d'Orléans, je le trouvai d'abordée instruit par le maréchal de Villeroy, qui, en vil courtisan qu'il étoit, avec toute son arrogance et sa morgue, étoit allé se faire un mérite de son refus, et sacrifier son ancien ami Torcy, qui toutefois le connoissoit bien et ne l'estimoit guère, pour me nuire et me perdre s'il avoit pu. Quelque surpris que je fusse d'une si basse et si noire trahison, je dis à M. le duc d'Orléans qu'après tout ce que je lui avois si souvent fait toucher au doigt de l'abbé du Bois, sans aucun fruit qu'une conviction inutile, et pénétré du tort extrême que cet homme faisoit à Son Altesse Royale et aux affaires pour son unique intérêt, il étoit vrai que je m'en étois ouvert à Torcy, qui, par ce qu'il voyoit du secret de la poste, en étoit encore plus touché et plus convaincu que moi ; que la raison d'État si manifeste, et notre attachement particulier pour sa personne nous avoit fait chercher quelque moyen de lui faire enfin une impression utile dont il nous devoit savoir gré, et sentir la différence de gens qui, comme Torcy et moi, lui disions ce que nous voyions sur l'abbé du Bois, sans jamais crier contre l'autorité dont il abusoit, et qui uniquement poussés par l'intérêt pressant de l'État et le sien, voulions lui faire une impression plus forte, d'avec un chien enragé comme le maréchal de Villeroy, qui crioit à tout le monde contre le maître et le valet, ravi du mécontentement public qu'il ne cherchoit qu'à augmenter, et qui, au lieu de chercher comme nous à y apporter un remède respectueux, secret, utile, venoit à lui faire le bon valet, et un infâme et misérable rapport pour l'éloigner de ses vrais serviteurs, et en profiter s'il pouvoit à sa ruine.

Cette réponse ferme et sans balancer fit une si grande impression sur M. le duc d'Orléans qu'il se raséréna tout d'un coup, et me parla du maréchal de Villeroy avec le dernier mépris, qui fut tout ce qu'il remporta d'une délation si misérable. M. le duc d'Orléans n'en conserva aucune mauvaise impression contre moi ni contre Torcy, à qui il parla la première fois qu'il le vit en mêmes termes du maréchal de Villeroy. Je ne fis jamais depuis aucun semblant au maréchal de sa perfidie ni Torcy non plus, et il ne nous a jamais aussi reparlé de notre proposition. Au sortir d'avec le Régent, j'allai trouver Torcy, je lui rendis ce qui se venoit de passer entre ce prince et moi, et quoi que je lui pusse dire pour le rassurer, il en de-

meura fort en peine, et s'exclama fort, tout sage et tout
mesuré qu'il fût, sur la trahison du maréchal de Villeroy.
A son tour, dès qu'il eut vu M. le duc d'Orléans, il me
vint dire combien cela s'étoit passé à souhait, et à cette
fois, il demeura parfaitement rassuré. Il faut convenir
que voilà une étrange et bien vilaine aventure, et qui ne
se pouvoit pas imaginer; mais ce qu'elle eut de triste,
c'est que du Bois, contre qui elle devoit porter en plein,
même manquée comme elle le fut, n'en diminua pas
d'une ligne, et fut sans doute instruit du fait par le Régent, qui lui disoit tout : aussi verrons-nous bientôt qu'il
la garda bonne à Torcy, que jusque-là il avoit fait profession d'estimer et de considérer, apparemment pour se
faire honneur à lui-même. Quant à moi, on a pu voir que
j'étois avec lui de manière que cette façon de plus n'y
pouvoit guère ajouter.

CHAPITRE XII.

Le duc de Sully déclare son mariage secret avec M°° de Vaux; leur caractère. — Mort de Chamillart; raccourci de sa fortune et de son caractère; de Desmarets; abrégé de son caractère; d'Argenson; abrégé de son caractère; de Maupertuis; abrégé de son caractère; de Mezières; son caractère; de Sérignan; de l'abbé de Mornay; son caractère et sa fortune; de l'abbé de Lyonne; de Bullion. — Le grand écuyer se sépare pour toujours de sa femme, qu'il renvoye au duc de Noailles, son père. — Breteuil, maître des requêtes, prévôt et maître des cérémonies de l'ordre; la Houssaye, contrôleur général, en a le râpé. — Breteuil frère du précédent, tué en duel par Gravelle. — Traité d'Angleterre, à son mot, avec l'Espagne. — M. le duc d'Orléans me confie le traité fait du mariage du Roi avec l'infante d'Espagne, et de sa fille avec le prince des Asturies; conversation curieuse entre lui et moi là-dessus. —J'obtiens l'ambassade d'Espagne pour faire mon second fils grand d'Espagne. — J'obtiens pour ma dernière belle-sœur l'abbaye de Saint-Amand de Rouen. — Audience de congé, caractère et traitement de l'ambassadeur turc. —Prince de Lixin fait grand maître de Lorraine en épousant une fille de M. et de M°° de Craon; son caractère et sa fin. — Mariage du marquis de Villars avec une fille du duc de Noailles; caractère de cette dame. — Mariage du duc de Boufflers avec une fille du duc de Villeroy.

Le chevalier de Sully, devenu duc et pair par la mort, sans enfants, de son frère aîné, dont la veuve venoit de mourir, étoit depuis bien des années amoureux de la fille de la fameuse Guyon, dont il a été parlé ici en son temps, qu'elle avoit mariée à de Vaux, fils aîné de l'infortuné surintendant Foucquet, dont elle étoit veuve sans enfants depuis plusieurs années. Il y avoit longtemps que la duchesse du Lude, veuve, riche, sans enfants, qui avoit été dame d'honneur de Mme la duchesse de Bourgogne, pressoit et faisoit presser le duc de Sully, fils de son frère, de se marier. Son attachement pour Mme de Vaux la désoloit, elle en craignoit la vile alliance qui par l'âge, plus encore par l'excessif embonpoint, ne promettoit pas d'enfants, qu'elle souhaitoit passionnément de voir à son neveu. Elle lui promettoit de lui donner tout son bien par un mariage sortable, et le menaçoit de l'en priver, s'il poussoit à bout un attachement si disproportionné et apparemment stérile; mais l'affaire en étoit faite dans le plus grand secret, pour ne pas révolter la duchesse du Lude, et couler ainsi le temps en écartant tous les mariages jusqu'à sa mort, que l'âge et une goutte continuelle laissoient voir peu éloignée. Ce manége dura si longtemps, qu'il les ennuya tous trois. Sully, plus attaché que jamais à celle qu'il avoit épousée, ne pouvoit plus user sa vie dans la contrainte de ce secret. L'épouse aimée l'y poussoit, dans l'extrême desir du rang et de l'état qui seroit la suite nécessaire et immédiate de la déclaration du mariage. Enfin la duchesse du Lude, excédée de la fermeté de son neveu à esquiver et à rejeter tous les mariages, aima mieux savoir enfin où elle en étoit là-dessus. Il fallut employer bien des amis, des préparations, des motifs de conscience pour disposer la duchesse du Lude à souffrir un aveu si amer. Toutefois on y parvint, elle prit la chose en pénitence, reçut froidement son neveu, lui permit de déclarer son mariage et ne lui fit point de mal.

On eut plus de peine à la résoudre de voir la nouvelle

duchesse de Sully, qui se hâta de prendre son tabouret, et qui prit sans peine tout le maintien d'une grande dame avec assez d'esprit pour ne blesser personne par un si grand changement. Elle en avoit en effet beaucoup, beaucoup de monde, de la lecture et de l'ornement, une beauté romaine, de beaux traits, un beau teint, et la conversation très-aimable, avec beaucoup d'amis de tous les genres, et assez choisis en hommes et en femmes. Sa réputation fut toujours sans reproche ; elle n'eut jamais d'autre attachement que celui qui fut couronné par la persévérance, et depuis même que le mariage secret leur avoit tout permis, les bienséances et les dehors furent si exactement observés qu'il ne se put rien apercevoir entre eux. Le commerce de l'un et de l'autre avec leurs amis étoit honnête et sûr; le duc de Sully en avoit beaucoup et avoit toujours été fort au goût du monde, mais jamais de celui du Roi. Quoique gros, c'étoit le meilleur danseur de son temps, son visage et sa figure étoient agréables, avec beaucoup de grâce et de douceur. Toujours pauvre, toujours rangé, et se soutenant de peu avec honneur, peu d'esprit mais sage, et avoit servi toute sa vie avec beaucoup de valeur, et peu de fortune. Je n'ai jamais su pourquoi le Roi l'avoit pris en une sorte d'aversion, si ce n'est qu'il ne fut jamais fort assidu à la cour, et qu'il étoit fort des amis de M. le prince de Conti. A la fin, les respects, les mesures, la patience de la duchesse de Sully, gagnèrent la duchesse du Lude, qui s'accoutuma à elle, et la vit chez elle avec une sorte d'amitié.

Plusieurs personnages et quelques autres moururent cette année. Chamillart commença, à soixante-dix ans. On a vu ailleurs sa fortune et sa chute, et en plusieurs endroits son caractère. Il succéda à Pontchartrain aux finances, lorsque ce dernier devint chancelier par la mort de Boucherat, en septembre 1699; ministre d'État, septembre 1700, par la mort de Pompone; secrétaire d'État au département de la guerre sans quitter les finances, en janvier 1701, par la mort de Barbezieux;

cinq ans après grand trésorier de l'ordre; remit les finances, en juin 1709, à Desmarets; fut congédié un an après, et sa charge de secrétaire d'État donnée à Voysin. On a vu aussi avec quel courage et quelle tranquillité il soutint sa disgrâce, et il la soutint également jusqu'à sa mort. C'étoit un homme aimable, obligeant, modeste, compatissant, doux dans le commerce et sûr, jamais enflé, encore moins gâté par la faveur et l'autorité, d'abord facile et honnête à tous, mais à la vérité *impar oneri*, peu d'esprit et de lumière, peu de discernement, aisé à prévenir, à s'entêter, à croire tout voir et savoir, du plus parfait désintéressement, tenant au Roi par attachement de cœur en tous les temps, et point du tout à ses places. Depuis son retour à Paris, il y vécut toujours en la meilleure compagnie de la cour et de la ville ; donnoit tous les jours à dîner et à souper sans faste, mais bonne chère; ne sortoit presque point de chez lui, sinon quelquefois pour venir chez moi, et chez un nombre fort étroit d'amis particuliers; passoit deux mois à Courcelles, où toute la province abondoit, et sans rien montrer, pensoit solidement à son salut. Toutes les fois que je venois à Paris, je mangeois une fois chez lui, et le voyois tous les jours que j'y demeurois, qui étoient toujours rares et courts. J'étois à la Ferté lorsqu'il mourut à Paris, et je le regrettai beaucoup.

Le 4 mai suivant, mourut à Paris Desmarets, à soixante-treize ans, dix-huit jours après Chamillart. On a vu ailleurs ses revers et sa fortune. Bon Dieu! dans quel étonnement seroit-il de celle de son fils ! Je le vis toujours jusqu'à sa mort depuis que nous nous étions raccommodés, comme on l'a vu en son lieu. C'étoit un homme qui avoit plus de sens que d'esprit, et qui montroit plus de sens qu'il n'en avoit en effet ; quelque chose de lourd et de lent, parlant bien et avec agrément, dur, emporté, dominé par une humeur intraitable, et l'antipode de Chamillart en ce que ce dernier avoit une qualité bien rare, d'être excellent ami, et point du tout ennemi. Desmarets n'étoit ami que par intérêt, et souvent beaucoup moins que son intérêt le vouloit. On a vu ici son caractère en plusieurs endroits.

Deux jours après, le 6 mai, mourut d'Argenson dans sa singulière retraite, au dehors de la maison des Filles de la Croix, au faubourg Saint-Antoine. C'étoit un homme de beaucoup d'esprit, de connoissance du monde, de nulle d'affaires d'État, de finances, de magistrature, qui pensoit noblement et honnêtement et qui auroit été bon en grand s'il y avoit été élevé. Mais son esprit s'étoit rétréci et tellement accoutumé au petit qu'il ne put jamais s'étendre ni s'élever. Il avoit passé sa jeunesse dans le chétif exercice de la charge de lieutenant général d'Angoulême qu'avoit eu son père. Il étoit pauvre et de meilleure condition que la plupart des gens de robe, aussi s'en piquoit-il, aussi respectoit et aimoit à obliger les gens de qualité et la noblesse dont il se prétendoit avant que ses pères eussent pris la robe. Devenu maître des requêtes, il épousa une sœur de Caumartin, qui s'en fit honneur, et qui, par le chancelier de Pontchartrain, alors contrôleur général, le fit lieutenant de police. C'est où il excella, et où il sauva bien des gens de qualité et des enfants de famille. Il étoit obligeant, poli, respectueux sous une écorce quelquefois brusque et dure, et une figure de Rhadamante, mais dont les yeux petilloient d'esprit et réparoient tout le reste. Il ne put soutenir sa chute, et ne sortir plus de sa chambre ou du parloir. On a suffisamment parlé de lui ailleurs. Il commença sur les fins à signer *de* Voyer au lieu de *le* Voyer, qui est son nom. Ses enfants, qui ont depuis fait une si grande fortune, et qui veulent pousser leurs enfants dans une d'un autre genre, imitent soigneusement la dernière façon de signer de leur père et de faire appeler leurs enfants.

Maupertuis, des bâtards de Melun, mourut à quatre-vingt-sept ans, jusqu'alors dans une santé parfaite. Il étoit lieutenant général, grand'croix de Saint-Louis, gouverneur de Toul, et avoit été longtemps capitaine de la première compagnie des mousquetaires, où il étoit parvenu rapidement de maréchal des logis. C'étoit un homme dont j'ai parlé tout au commencement de ces *Mémoires*, plein d'honneur, de valeur et de vertu, de petitesses aussi d'exactitude et de pédanterie, fort court d'esprit, par conséquent fort au goût du feu Roi. Il ne laissa point d'enfants.

Mezières, lieutenant général et gouverneur d'Amiens et de Corbie. C'étoit un petit bossu devant et derrière à faire peur, avec un visage très-livide, qui ressembloit fort à une grenouille. De la valeur, assez d'esprit, encore plus d'effronterie, de hardiesse, de confiance, d'impudence, l'avoient poussé. Il s'ajustoit et se regardoit avec complaisance dans les miroirs, étoit galant, attaquoit les femmes, se croyoit digne et prétendoit à toutes les fortunes de la guerre, de la cour, même de la galanterie. Il étoit frère de la mère du marquis, depuis duc de Lévy, et n'étoit pas éloigné de prétendre que cette alliance honoroit ce neveu. Boulainvilliers m'a pourtant dit que ces Béthisy, c'étoit le nom de Mezières, étoient anoblis pas trop anciennement; lui et sa femme, maîtresse et dangereuse intrigante, dont j'ai parlé lors de son mariage, s'étoient bien nantis au Mississipi. Il laissa des fils et des filles, lesquelles n'ont pas été moins intrigantes ni moins dangereuses que leur mère. Canillac, lieutenant général et capitaine de la seconde compagnie des mousquetaires, eut le gouvernement d'Amiens.

Sérignan, gouverneur de Ham, qui avoit passé la plupart de sa vie aide-major des gardes du corps, et qui fort au goût du Roi avoit eu le secret de bien des choses, mourut à quatre-vingt-quatorze ans, depuis longtemps retiré, ayant jusqu'au bout conservé sa tête et sa santé.

L'abbé de Mornay, passant à Madrid, revenant de Lisbonne, où il étoit ambassadeur depuis longtemps. Il étoit fils de M. et de Mme de Montchevreuil, l'un et l'autre si favoris de Mme de Maintenon et du Roi, desquels j'ai parlé en leur temps. Toutefois cette faveur si grande ne put faire leur fils évêque; c'étoit pourtant un homme d'esprit et de mérite, sage et capable, et qui n'avoit point fait parler de ses mœurs; mais sa figure le perdit, et le commerce ordinaire et tout simple des dames de la cour comme des hommes. C'étoit un grand homme blond, fort bien fait, de visage agréable, qui capriça le Roi et que rien ne put vaincre. Cette opiniâtreté d'une part, et la considération du père et de la mère de l'autre, lui firent donner l'ambassade de Portugal, où il réussit très-bien et s'y fit fort estimer. M. le duc d'Orléans lui avoit donné l'archevêché de Besançon. Peu avant de partir de Lisbonne, il perdit presque les yeux d'une fluxion, et en chemin il les perdit tout à fait. Arrivant à Madrid il se trouva mal, et en peu de jours y mourut, dont ce fut grand dommage. Son archevêché fut donné au frère du prince de Monaco, qui avoit été prêtre de l'Oratoire, puis jésuite, qui en étoit sorti béat fort glorieux et très-ignorant, qui n'étoit propre ni au monde ni à l'Église.

L'abbé de Lyonne peu après, fils du célèbre ministre et secrétaire d'État, auquel il ne ressembla en rien. Il avoit les abbayes de Marmoustiers, de Chalis et de Cercamp; avec le prieuré de Saint-Martin des Champs dans Paris, où il avoit passé sa vie, sans voir presque personne, et où il mourut aussi obscurément qu'il avoit vécu. Il avoit été débauché et accusé de vendre ses collations. J'en ai parlé ailleurs. Il buvoit tous les matins plus de vingt pintes d'eau de la Seine depuis fort longtemps.

Bullion, duquel j'ai parlé ailleurs. Il avoit fait plusieurs folies à Versailles, où on sut qu'il en étoit attaqué depuis longtemps. Il étoit enfermé depuis quelques années dans une de ses maisons en Beauce, où personne ne le voyoit. Son fils aîné obtint, par la duchesse de Ventadour, leur proche parente, son gouvernement du Perche et du Maine. Un de ses cadets étoit dès lors prévôt de Paris sur sa démission.

Le grand écuyer, qui dédaignant de s'appeler Monsieur le Grand, comme son père l'avoit toujours été, se faisoit nommer le prince Charles et sa femme Mme d'Armagnac, se brouilla avec elle sur quelque jalousie qu'il en prit à Saint-Germain, chez le duc de Noailles son père, à qui, un beau matin, il la renvoya sans autre façon, sans en avoir voulu ouïr parler depuis ni d'aucun Noailles. On prétendit que le duc d'Elbœuf, à qui la soif de l'argent avoit fait faire ce mariage, en voyant la source tarie par le déplacement du duc de Noailles, contribua fort à cet éclat. Il n'y avoit guère qu'un an qu'elle étoit chez son mari, parce qu'elle étoit fort jeune; personne ne la crut coupable, et sa conduite y a fort bien répondu depuis. Elle voulut se retirer auprès de sa tante Fille de Sainte-Marie, au faubourg Saint-Germain, où elle est demeurée, sans en vouloir sortir, plusieurs années. Toute la maison de Lorraine, jusqu'à Mlle d'Armagnac, sœur du prince Charles, et ses autres proches, le blâmèrent publiquement, et virent toujours sa femme, excepté le duc d'Elbœuf, ce qui les brouilla avec lui, en sorte qu'il n'a pas vu depuis Mlle d'Armagnac, avec qui il avoit toujours été fort uni. Il faut pourtant dire que, sans esprit du tout, le prince Charles est un très-honnête homme, et dont partout ailleurs les procédés ont toujours été fort bons, et surtout fort nobles, dans sa charge.

Le Camus, premier président de la cour des aides, qui avoit acheté en 1709, de Pontchartrain fils, la charge de prévôt et maître des cérémonies de l'ordre, eut permission en ce temps-ci de la vendre à Breteuil, maître des requêtes, et de conserver le cordon bleu. La Houssaye, contrôleur général des finances et surintendant des maisons, affaires et finances de M. le duc d'Orléans, en eut le râpé[1]. Breteuil est celui qui fut depuis secrétaire d'État de la guerre à deux reprises.

Il avoit un frère dans le régiment des gardes, avec qui

1. Voyez tome III, p. 452 et 453.

Gravelle, autre officier aux gardes, querelleur et fort en gueule, eut des paroles. Breteuil en seroit demeuré là sans ses camarades et sans sa famille qui le forcèrent à se battre. Ils n'y firent pas grand'façon : le combat se fit en plein midi, dans la rue de Richelieu; en un tournemain [1] Breteuil fut tué, et il n'en fut pas autre chose. M. le duc d'Orléans, pour le dire foiblement, ne haïssoit pas les duels. Gravelle étoit capitaine aux gardes; Breteuil, qui l'étoit aussi, venoit de vendre sa compagnie.

Enfin l'Espagne, non-seulement abandonnée par la France, mais pressée à l'excès de signer son accommodement avec l'Angleterre, y consentit, ne pouvant mieux, par lequel les Anglois obtinrent tous les avantages qu'ils s'étoient proposés pour leur commerce et la ruine de celui de toutes les autres nations, singulièrement de celui de France et au grand détriment de l'Espagne. Les Anglois, en outre, eurent l'*assiento* [2] à leur mot, un vaisseau de permission [3], conservèrent Port-Mahon et toute l'île avec Gibraltar. Véritablement ils restituèrent quelques vaisseaux nouvellement pris à l'Espagne, et la gratifièrent d'autres bagatelles. Moyennant ce traité, l'Empereur, à l'ardente prière du roi d'Angleterre, redoubla ses instances à Rome, qui, aidées de l'étrange engagement qu'on vient de voir qu'avoit pris le Pape pour son exaltation, mirent enfin les choses au point où du Bois les desiroit pour recevoir incessamment la pourpre.

Ayant mis ainsi le couteau à la gorge de l'Espagne pour l'entière et l'énorme satisfaction des Anglois, ou plutôt pour celle de du Bois, j'avoue que je ne comprends pas comment le traité du double mariage entre la France et l'Espagne put suivre si brusquement. Le secret en fut si entier qu'aucune puissance ni aucun particulier ne s'en douta. Depuis longtemps l'abbé du Bois avoit fermé la

1. Voyez tome IV, p. 460 et note 1, et ci-dessus, p. 227.
2. Voyez tome XIII, p. 5 et note 1.
3. Voyez tome XIII, p. 64 et note 1.

bouche à mon égard à son maître sur les affaires étrangères, et plus étroitement encore depuis ce que j'ai raconté ici il n'y a pas longtemps. Cela n'empêchoit pourtant pas qu'il n'en échappât toujours à M. le duc d'Orléans quelque bribe avec moi, mais avec peu de détail et de suite, et de mon côté je demeurois fort réservé. Étant allé les premiers jours de juin pour travailler avec M. le duc d'Orléans, je le trouvai qui se promenoit seul dans son grand appartement. Dès qu'il me vit : « Ho çà ! me dit-il me prenant par la main, je ne puis vous faire un secret de la chose du monde que je desirois et qui m'importoit le plus, et qui vous fera la même joie; mais je vous demande le plus grand secret. » Puis, se mettant à rire : « Si Monsieur de Cambray savoit que je vous l'ai dit, il ne me le pardonneroit pas. » Toute suite il m'apprit sa réconciliation faite avec le roi et la reine d'Espagne; le mariage du Roi et de l'infante, dès qu'elle seroit nubile, arrêté ; et celui du prince des Asturies conclu avec Mlle de Chartres.

Si ma joie fut grande, mon étonnement la surpassa. M. le duc d'Orléans m'embrassa, et après les premières réflexions des avantages personnels pour lui d'une si grande affaire, et sur l'extrême convenance du mariage du Roi, je lui demandai comment il avoit pu faire pour la faire réussir, surtout le mariage de sa fille. Il me dit que tout cela s'étoit fait en un tournemain, que l'abbé du Bois avoit le diable au corps pour les choses qu'il vouloit absolument; que le roi d'Espagne avoit été transporté que le Roi son neveu demandât l'infante ; et que le mariage du prince des Asturies avoit été la condition *sine qua non* du mariage de l'infante qui avoit fait sauter le bâton au roi d'Espagne. Après nous être bien étendus et bien éjouis là-dessus, je lui dis qu'il falloit que le secret du mariage de sa fille fût entièrement gardé jusqu'au moment de son départ, et celui du mariage du Roi jusqu'au moment où les années permettroient son exécution, pour empêcher la jalousie de toute l'Europe de cette réunion si grande et si étroite des deux branches de la maison royale, dont l'union avoit toujours été leur terreur[1], et la désunion l'objet de toute leur politique, à laquelle ils n'étoient que trop et trop longtemps parvenus, et dans la confiance de laquelle il les falloit laisser aussi longtemps qu'il seroit possible, l'infante surtout n'ayant que trois ans, car elle est née à Madrid le 30 mars 1718 au matin, ce qui donnoit des années devant soi à laisser calmer les inquiétudes de l'Europe sur le mariage de sa fille avec le prince des Asturies, qui même par rapport à l'âge se pouvoit un peu différer, le prince étant de 1707 en août, ce qui ne faisoit que quatorze ans, et Mlle de Chartres, car elle avoit pris ce nom depuis la profession de Madame de Chelles, n'en ayant pas douze, étant de décembre 1709. « Vous avez bien raison, me répondit M. le duc d'Orléans, mais il n'y a pas moyen, parce qu'ils veulent en Espagne la déclaration tout à l'heure, et envoyer ici l'infante, dès que la demande sera faite et le contrat de mariage signé. — Quelle folie ! m'écriai-je, et à quoi ce tocsin peut-il être bon qu'à mettre tout l'Europe en cervelle et en mouvement ? Il leur faut faire entendre cela, et y tenir ferme, rien n'est si important.—Tout cela est vrai, répliqua M. le duc d'Orléans ; je le pense tout comme vous, mais ils sont têtus en Espagne, ils l'ont voulu de la sorte, on l'a accordé ; c'est une chose faite, convenue et arrêtée. L'affaire est si grande pour moi à tous égards que vous ne m'auriez pas conseillé de rompre sur cette fantaisie. » J'en convins en haussant les épaules sur une impatience si à contre temps.

Après quelques raisonnements là-dessus, je lui demandai ce qu'il prétendoit faire de cet enfant, quand elle seroit ici. Il me dit qu'il la mettroit au Louvre. Je lui répondis qu'à mon sens il falloit en faire toute autre chose ; qu'au Louvre, table, suite, etc., seroient d'une grande dépense, et très-inutile ; qu'en croissant la dépense croî-

---

1. La terreur de l'Europe.

troit, et qu'elle verroit nécessairement des compagnies à éviter le plus longtemps qu'il seroit possible. Pis que tout cela, il faudroit que le Roi lui rendît des soins; qu'il en verroit des enfances; elle, en croissant, en remarqueroit de lui; qu'il y auroit entre eux ou trop de familiarité, ou trop de contrainte, qu'ils se rebuteroient l'un de l'autre, s'ennuyeroient, se dégoûteroient, le Roi surtout, qui seroit le souverain malheur; qu'il seroit de plus impossible que la petite princesse, croissant au milieu du monde et de la cour, ne fût gâtée; qu'il étoit bien difficile que tout cela ne causât de grands maux; que pour moi, mon avis seroit, puisque le sort en étoit jeté, et qu'il falloit qu'elle arrivât bientôt, qu'on la mît au Val-de-Grâce, dans le bel et grand appartement de la Reine mère qu'il connoissoit, et moi aussi, pour y être entré allant y voir Madame de Chelles; que le dedans et le dehors de ce monastère étoient magnifiques, le monastère, royal, fondé par la Reine mère, et bâti par elle à plaisir; que le jardin étoit beau, très-grand, en très-bon air; qu'il falloit mettre auprès d'elle la duchesse de Beauvillier, veuve et sans famille, dont le mari avoit été gouverneur du roi d'Espagne; que sa vertu, sa piété, son esprit, sa connoissance de la cour et du monde, où elle avoit passé sa vie, dans la plus haute considération et réputation, la rendoient l'unique personne à choisir ; que je croyois bien qu'elle s'en défendroit tant qu'elle pourroit, mais qu'elle ne résisteroit pas aux instances du roi d'Espagne, à qui il falloit représenter toutes ces choses, ne mettre personne en dames ni en officiers principaux, et laisser la duchesse de Beauvillier[1] mettre et ôter les femmes de chambre, et celles-ci en petit nombre, être seule maîtresse de l'éducation en tout genre, même de la cuisine; ni chevaux, ni carrosses, ni gardes, ni quoi que ce soit; une ou deux fois l'année une visite du Roi d'un quart d'heure, autant d'elle au Roi, et alors lui envoyer

1. On lit ici le mot *de* au manuscrit.

des carrosses et des gardes du Roi, et lui faire faire quelques tours dans Paris, ou au Cours, en allant ou revenant, et lorsque peu à peu elle sera en âge de commencer à voir quelques dames, qu'elles soient du choix de la duchesse de Beauvillier, ainsi que pour le nombre et le temps ; que de cette manière elle recevra une éducation à souhait, en lieu digne et décent, à couvert des mauvaises compagnies, sans dépense, en un lieu de s'amuser, se promener, et faire des enfances qui ne porteront aucun coup, et le Roi et elle hors de portée de se familiariser ou de s'ennuyer l'un de l'autre, de se mépriser par leurs enfances, de se dégoûter ; et ne la sortir du Val-de-Grâce que la veille de la célébration de son mariage, où elle trouveroit toute sa maison faite, et toute, quant aux dames et aux femmes, de l'avis de la duchesse de Beauvillier.

M. le duc d'Orléans écouta tout fort tranquillement, me dit que j'avois raison, que ce seroit bien le mieux, mais que cette place ne se pouvoit ôter à la duchesse de Ventadour, gouvernante des enfants de France. « Mais elle ne l'est pas des enfants d'Espagne, repris-je vivement. — Non, me dit-il, mais elle l'a été du Roi, et l'infante élevée ici pour l'épouser ne sauroit être mise en d'autres mains, et Mme de Ventadour n'est pas femme à s'enfermer au Val-de-Grâce. — C'est donc à dire, répliquai-je, qu'il faut sacrifier l'infante, et tout ce qui en peut arriver, que je vous viens de représenter, avec toute la dépense, à Mme de Ventadour, à sa charge, à ses complexions, qui la gâtera et en fera tout ce que l'enfant et les femmes qui l'obséderont en voudront être, Mme de Ventadour votre ennemie, elle et tous ses entours, et son maréchal de Villeroy, qui, de votre aveu à moi et du su de chacun, vous ont fait et vous font encore tout du pis qu'ils ont pu et qu'ils peuvent, et sûrement qu'ils pourront. » Je contestai encore un peu, et fort inutilement, puis je me tus, sentant bien que ce choix venoit de l'abbé du Bois, par rapport aux Rohans et à ce qu'il espéroit du cardinal de Rohan pour accélérer son chapeau, et qui lors étoit tout porté à Rome.

Pendant tous ces raisonnements divers, je ne laissois pas de penser à moi, et à l'occasion si naturelle de faire la fortune de mon second fils. Je lui dis donc que, puisque les choses en étoient nécessairement au point qu'il me les apprenoit, il devenoit donc instant d'envoyer faire la demande solennelle de l'infante, et en signer le contrat de mariage, qu'il y falloit un seigneur de marque et titré, et que je le suppliois de me donner cette ambassade avec sa protection et sa recommandation auprès du roi d'Espagne pour faire grand d'Espagne le marquis de Ruffec; qu'il avoit fait pair la Feuillade, son plus grand et son plus insolent ennemi, parce qu'il l'avoit plu ainsi à son ami Canillac, au grand scandale de tout le monde, le seul homme contre qui je l'avois jamais vu outré jusqu'à lui vouloir faire donner des coups de bâtons, dont il pouvoit se souvenir que je l'avois empêché avec peine, et de plus lui avoit donné beaucoup d'argent sous le frivole prétexte de l'ambassade de Rome où il ne fut jamais question de l'envoyer; qu'en même temps il avoit aussi fait pair le duc de Brancas; que je lui avouois que ni du côté du monde ni par rapport à lui je n'avois pas l'humilité de m'estimer de niveau ni du père ni du fils; que tout à l'heure il venoit de faire duc et pair M. de Nevers, à côté duquel je ne croyois pas être; que j'omettois les grâces sans nombre qu'il avoit répandues à pleines mains, en particulier la capitainerie de Saint-Germain et de Versailles, qu'avoit eues[1] mon père, au duc de Noailles et à ses enfants; que revêtu de rien que de petits gouvernements dont j'avois eu la survivance comme tout l'univers en avoit obtenu[2], je ne voyois pas ce qu'il me pourroit donner; que je ne lui avois pas demandé de faire mon second fils duc, quoique il ne l'eût pas offensé en cent façons éclatantes comme la Feuillade, quoique M[M]. de

1. Ce participe est bien au pluriel.
2. *Obtenues*, au manuscrit.

Brancas et de Nevers n'eussent que point ou peu, et comment, servi ; ce qui ne se pouvoit reprocher à l'âge de mon fils : « Mais je vous demande pour lui une chose sans conséquence pour qui que ce soit, qui lui donne le rang et les honneurs de duc, qui est une suite naturelle d'une ambassade pour faire le mariage du Roi, et que personne ne peut qu'approuver que vous me la donniez, et en vue de cette grandesse. » M. le duc d'Orléans eut peine à me laisser achever, me l'accorda tout de suite et tout ce qu'il falloit de sa part pour obtenir la grandesse pour le marquis de Ruffec, l'assaisonna de beaucoup d'amitié, et m'en demanda un secret sans réserve et de ne rien montrer par aucun préparatif qu'il ne m'avertît d'en faire.

J'entendis bien qu'outre le secret de l'affaire même, il vouloit avoir le temps de tourner son du Bois et de lui en faire avaler la pilule. Mes remerciements faits, je lui demandai deux grâces, l'une de ne me point donner d'appointements d'ambassadeur, mais de quoi en gros en faire la dépense sans m'y ruiner, l'autre de ne me charger d'aucune affaire, ne voulant pas le quitter, et d'une affaire à l'autre prendre racine en Espagne, d'autant que je n'y voulois aller que pour avoir la grandesse pour mon second fils et revenir tout court après. C'est que je craignis que du Bois, ne pouvant empêcher l'ambassade, m'y retînt en exil pour se défaire de moi ici, sous prétexte d'affaires en Espagne, et je vis bien par l'événement, que la précaution n'avoit pas été inutile. M. le duc d'Orléans m'accorda l'un et l'autre avec force propos obligeants, sur ce qu'il ne desiroit pas que mon absence fût longue. Je crus ainsi avoir fait une grande affaire pour ma maison et me retirai chez moi fort content. Mais, bon Dieu ! qu'est-ce des projets et des succès des hommes ?

Peu de jours après il m'accorda l'abbaye de Saint-Amand dans Rouen pour la dernière sœur de Mme de Saint-Simon, religieuse du même ordre à Conflans, très-bonne religieuse, qui eut bien de la peine à se résoudre à l'accepter, et qui, tant qu'elle a eu quelque santé, a été une excellente abbesse, fille d'esprit et de sens, parfaitement bien faite et d'un visage fort agréable.

Le 12 juillet l'ambassadeur turc eut son audience de congé. L'après-dînée le prince de Lambesc et le chevalier Sainctot, introducteur des ambassadeurs, l'allèrent prendre chez lui dans le carrosse du Roi, dans lequel il monta, ayant le prince de Lambesc à sa gauche, l'introducteur vis-à-vis de lui, le fils de l'ambassadeur vis-à-vis du prince de Lambesc, et l'interprète à la portière, du côté de l'ambassadeur. L'accompagnement fut comme à la première audience, mais sans troupes qu'un détachement des dragons d'Orléans devant et derrière le carrosse du Roi, entouré de la livrée de l'introducteur à droite, et de celle du prince de Lambesc à gauche. Le carrosse de l'ambassadeur suivoit, puis la connétablie. La marche gagna le quai de Conti jusqu'au pont Royal, puis le long des galeries du Louvre, passa par le premier guichet et par la rue Saint-Nicaise aux Tuileries. Les mêmes pelotons qui avoient garni les rues de son passage pour sa première audience les garnirent de même pour celle-ci, les régiments des gardes françoises et suisses tenoient le pont Royal, le quai des galeries du Louvre, la rue Saint-Nicaise; la garde du Roi à l'ordinaire sous les armes, les tambours rappelant, les deux compagnies des mousquetaires en bataille dans la place du Carrousel.

L'ambassadeur se reposa dans un appartement bas qu'on lui avoit préparé jusqu'à quatre heures et demie qu'il fut conduit à l'audience comme la première fois. Il y fut reçu de même partout, et la galerie et le trône du Roi disposés comme ils l'avoient été, et environné de même des princes du sang, etc.; et comme la première fois, le Roi se leva sans se découvrir et personne ne se couvrit. L'ambassadeur marcha, salua, se plaça comme à sa première audience, fit son compliment, le maréchal de Villeroy la réponse, le Roi mot; après quoi le maréchal de Villeroy prit, sur une table couverte de brocart d'or, la lettre du Roi au Grand Seigneur, enveloppée dans une étoffe d'or, et la présenta au Roi, qui la donna à l'archevêque de Cambray, et celui-ci à l'ambassadeur, qui la porta sur sa tête, la baisa et la donna à son fils à porter, qui étoit derrière lui, puis l'ambassadeur se retira à reculons, comme la première fois, et retourna dans l'appartement où il étoit descendu, où le prince de Lambesc prit congé de lui; un peu après l'ambassadeur monta dans le carrosse du Roi, l'introducteur à sa gauche, le fils de l'ambassadeur et l'interprète sur le devant; il retourna chez lui par le même chemin qu'il étoit venu, avec le même cortége, et trouva dans tous les lieux de son passage les mêmes troupes et les mêmes pelotons qu'il y avoit trouvés en venant. Il fut encore un mois à Paris.

Pendant ces quatre mois de séjour il vit avec goût et discernement tout ce que Paris lui put offrir de curieux, et les maisons royales d'alentour, où il fut magnifiquement traité et reçu. Il parut entendre les machines, les manufactures, surtout les médailles et l'imprimerie; il vit aussi avec grand plaisir les plans en relief des places du Roi, et sa bibliothèque, où il parut savoir et avoir beaucoup de connoissance de l'histoire et des bons livres. Il étoit ami particulier du grand vizir, et se proposoit à son retour d'établir à Constantinople une imprimerie et une bibliothèque, malgré l'aversion des Turcs, et il y réussit. Les dames de la cour et de la ville se familiarisèrent à l'aller voir; il les régala souvent de café et de confitures, et, moyennant l'interprète, fournissoit très-galamment à la conversation. Il en visita aussi quelques-unes. M. de Lauzun, qui aimoit les choses singulières et tous les étrangers, lui donna chez lui, à Paris, une grande collation avec un biribi[1]. Ce fut là où je le vis à mon aise. Il

---

1. Sorte de jeu de hasard.

me parut au plus de moyenne taille, gros et d'environ soixante ans, un beau visage et majestueux, la démarche fière, le regard haut et perçant. Il entra où étoit la compagnie comme le maître du monde ; de la politesse, mais plus encore de grandeur, et se mit sans façon à la première place, au milieu des dames, qu'il sut fort bien entretenir, sans le moindre embarras et l'air fort à son aise. Il ne savoit ce que c'étoit que le biribi et n'en avoit jamais vu. Ces tableaux l'amusèrent fort ; il se divertit à voir jouer ; on lui fit entendre ce jeu comme [on] put ; il voulut jouer après, il gagna deux ou trois pleins, et en parut ravi. On lui avoit préparé un cabinet avec un tapis pour l'heure de sa prière. Nous la lui vîmes faire très-dévotement avec leurs prostrations et toutes leurs façons. Elle fut courte ; il but et mangea très-bien, et toute sa suite fut magnifiquement régalée. Tout cela dura bien deux heures. Il s'en alla fort content de la réception et de la compagnie, et la laissa très-satisfaite de lui.

Il fut très-exact à ne boire ni vin ni liqueur ; mais retiré dans sa chambre, on dit qu'il ne se faisoit faute de bien avaler du vin en secret ; son fils et sa suite en usoient avec moins de réserve. Sa suite ne commit pas le plus léger désordre et il se comporta en tout très-décemment et en homme d'esprit ; quelques ministres le régalèrent. La procession de la petite Fête-Dieu de Saint-Sulpice passa devant sa porte. Il ne fit aucune difficulté de tendre tout le devant de sa maison, et d'orner ses fenêtres de tapis d'où il vit passer la procession. Pendant toute cette matinée, il tint tout son monde enfermé chez lui et sa grande porte à la clef. Il eut, peu de jours après son audience de congé du Roi, celle de M. le duc d'Orléans, qui se passa comme la première. Il ne vit point Madame, ni Mme la duchesse d'Orléans, ni pas un prince ni princesse du sang. Comme il n'avoit vu le Roi qu'à ses audiences, il eut grande envie de le voir plus à son plaisir. On lui proposa d'aller voir les pierreries de la

couronne chez le maréchal de Villeroy. Il y alla, et sur la
fin le Roi y vint et y demeura quelque temps, dont l'ambassadeur fut charmé. Il fut reconduit à son embarquement comme il en avoit été amené. On lui donna des
fêtes dans les villes les plus considérables. Lyon s'y surpassa, où il alla droit de Paris. Des vaisseaux du Roi le
portèrent avec sa suite à Constantinople où il ne sut
quelle chère faire et procurer à tous les officiers de son
passage et à tous les autres François. La fortune lui rit
tant que son ami demeura grand vizir; il eut part à sa
disgrâce; mais il se raccrocha, et a vécu plusieurs années
depuis en place et en considération, toujours ami des
François.

Le chevalier de Lorraine, frère du prince de Pons,
quitta la croix de Malte, pour épouser Mlle de Beauvau,
fille de M. et de Mme de Craon, qui pouvoient tout en Lorraine, moyennant quoi Monsieur de Lorraine le fit grand
maître de sa maison, comme l'avoit été le feu prince
Camille, son cousin germain, fils de Monsieur le Grand.
Il prit le nom de prince de Lixin, et continua de servir
en France. C'étoit un homme très-poli et fort brave, mais
haut et pointilleux à l'excès. Sur une dispute d'un point
d'histoire fort indifférent qu'il eut avec M. de Ligneville,
frère de Mme de Craon, sa belle-mère, aussi peu endurant
que lui, ils se battirent et le prince de Lixin le tua. Il fut
payé en même monnoie pour s'être avisé, seul et dernier
cadet de sa maison, de trouver mauvais que le duc de
Richelieu sur la naissance duquel il s'espaça, eût épousé
une fille de M. de Guise, sœur de la duchesse de Bouillon.
M. de Richelieu, après avoir fait tout ce qu'il avoit pu
pour le ramener, se lassa enfin de ces procédés, se battit
avec lui, et le tua tout au commencement du siége de
Philisbourg par le maréchal de Berwick, qui y fut tué
lui-même.

Le maréchal de Villars maria son fils unique à une fille
du duc de Noailles, extrêmement jolie, et depuis dame
du palais, et après dame d'atour de la Reine, femme

de beaucoup d'esprit et d'agrément, devenue dévote à ravir, et dans tous les temps intrigant et cheminant à merveilles.

Le duc de Boufflers épousa en même temps une fille du duc de Villeroy, dont le maréchal de Villeroy fit magnifiquement la noce.

CHAPITRE XIII.

Du Bois enfin cardinal; sa conduite en cette occasion; conduite réciproque entre lui et moi; il sort à merveille de ses audiences. — Croix pectorale; embarras de Monsieur de Fréjus; imprudence de Mme de Torcy. — Du Bois, informé de mon ambassade, me rapproche par Belle-Isle pour me tromper et me nuire; je le sens, et ne puis l'éviter; liaison plus qu'intime de Belle-Isle avec le Blanc; leur servitude sous du Bois. — Maladie du Roi. — Audace pestilentielle de la duchesse de la Ferté. — Conduite étrange du maréchal de Villeroy. — Affectation de *Te Deum* sans fin. — Instruction abominable et publique du maréchal de Villeroy au Roi. — Excellente conduite de M. le duc d'Orléans et des siens dans la maladie du Roi. — Mort de Trudaine; du duc de Bouillon; son caractère; de Thury; son caractère; du P. le Long, de l'Oratoire. — Armenonville obtient la survivance de sa charge de secrétaire d'État pour son fils; la duchesse [de Ventadour] celle de gouvernante des enfants de France pour Mme de Soubise, sa petite-fille; Saumery, de la sienne de sous-gouverneur du Roi pour son fils aîné, chose sans exemple; leur caractère. — Mort et caractère, vie et conduite de Madame la grande-duchesse. — La conduite avec moi du cardinal du Bois m'affranchit des conditions de notre raccommodement. — Familiarité, liberté, confiance conservée entre Monsieur le Duc et moi, depuis le lit de justice des Tuileries. — Conversation importante et très-curieuse entre Monsieur le Duc et moi.

A mesure que le temps s'écouloit depuis l'exaltation du Pape, et qu'il étoit vivement pressé de tenir à l'abbé du Bois la parole qu'il lui avoit donnée par écrit au cas qu'il fût élu pape, l'impatience de du Bois croissoit avec ses espérances, et ne lui laissoient[1] plus de repos. Il se trouva bien étourdi quand il apprit que le Pape avoit fait

1. Il y a bien *laissoient*, au pluriel.

cardinal tout seul, le 16 juin, son frère, évêque de Terracine depuis dix ans, moine bénédictin du Mont-Cassin. Du Bois s'attendoit qu'il ne se feroit point de promotion sans qu'il en fût, et jeta feu et flammes. Son attente ne fut pas longue : un mois après, le 16 juillet, le Pape le fit cardinal avec don Alex. Albane, neveu du feu Pape et frère du cardinal camerlingue. Il en reçut la nouvelle et les compliments avec une joie extrême, mais qu'il sut contenir dans quelque décence, et en donner tout l'honneur à la protection de M. le duc d'Orléans, qui, comme on l'a vu, y eut peu ou point de part. Mais il ne se put empêcher de débiter à tout le monde que ce qui l'honoroit plus que la pourpre romaine étoit le vœu unanime, et l'empressement de toutes les puissances à la lui procurer, à en presser le Pape, et à desirer que sa promotion fût avancée sans attendre leur nomination ni la promotion des couronnes. Il s'éventoit là-dessus, et ne pouvoit finir sur ce chapitre, qu'il recommençoit à tout moment, et dont personne ne fut la dupe.

Quoique nous fussions au point où on l'a vu ici, je crus devoir mettre M. le duc d'Orléans à son aise entre du Bois et moi, avec lequel j'allois avoir un commerce nécessaire et forcé dans mon ambassade. J'allai donc chez lui, où il me combla de respects, de compliments, de protestations, de reconnoissance de l'honneur que je lui faisois, sans parler du passé. Quoi [qu']à la façon dont nous étions ensemble, et à l'occasion qui m'amenoit chez lui, la visite fût de cérémonie, et qu'il y eût un monde infini, il en usa avec sa calotte rouge, qu'il venoit de recevoir des mains du Roi, comme si elle eût été encore noire, me fit litière de la main, de termes de respect, de conduite jusque tout au bout de son appartement, et à la petite cour où il aboutissoit. M. le duc d'Orléans me témoigna beaucoup de gré de cette démarche de ma part, et je ne rencontrai plus le nouveau cardinal chez ce prince qu'il ne vînt à moi, se reculât aux portes et ne me fît merveilles, auxquelles je n'avois garde de me fier. En recevant sa calotte des mains du Roi, il détacha de son col sa croix épiscopale, la présenta à l'évêque de Fréjus, lui dit qu'elle portoit bonheur, et que c'étoit pour cela qu'il le prioit de la porter pour l'amour de lui. Fréjus rougit, et la reçut avec beaucoup d'embarras. Cette croix, quoique faite comme toutes les autres, avoit pourtant une façon très-remarquable, et qui la faisoit parfaitement distinguer. Fréjus, exposé à rencontrer très-fréquemment le cardinal nouveau chez le Roi, n'osa ne pas porter cette croix assez souvent.

Dînant dans ces premiers jours, ayant cette croix à son col, chez la duchesse du Lude, avec M. et Mme de Torcy et bonne compagnie, Mme de Torcy, qui n'aimoit pas du Bois, et qui, fort Arnauld, étoit fort mécontente de l'ardente conduite de Fréjus sur la constitution, et contre ce qu'on taxoit de jansénisme, et accoutumée à l'avoir vu si longtemps poirier[1], commensal et complaisant de sa maison, l'entreprit sur cette croix à table avec beaucoup d'esprit, de licence et d'aigreur, tombant sur tous les deux avec une finesse aiguë, et mit Fréjus dans un tel désordre qu'il ne savoit plus où il en étoit, sans que la compagnie, qui s'en aperçut et qui souffroit de cette scène en pleine table, pût rompre les chiens de cette chasse, qui dura fort longtemps, et que Fréjus n'a jamais pardonnée à Mme de Torcy, ni même à son mari, quoique il n'y eût rien mis du sien. Il étoit trop sage et trop mesuré pour n'en avoir pas été très-embarrassé lui-même, et à la vérité ce fut une grande imprudence à Mme de Torcy.

L'abbé Passarini, camérier d'honneur du Pape, étant arrivé avec le bonnet, le nouveau cardinal le reçut des mains du Roi, et fit ses visites au sang royal avec les cé-

1. Expression proverbiale qui s'appliquait à un homme élevé en fortune, mais pour lequel on n'avait pas une grande considération, parce qu'on l'avait vu autrefois dans une position misérable. On prétend que cette expression vient de ce qu'un paysan ne voulait pas saluer la figure d'un saint de son village, parce qu'elle avait été faite avec un poirier de son jardin.

rémonies accoutuméés. Il avoit eu près de deux mois à
s'y préparer, et il faut avouer qu'il en profita bien. Il avoit
un compliment à faire à Madame et à M. et à Mme la duchesse d'Orléans, dans l'audience de cérémonie qu'il en
eut; car pour les visites aux princes et princesses du
sang, ce ne sont que visites et compliments en cérémonie, mais ce ne sont pas des audiences avec un compliment en forme, qui est une petite harangue. Il devoit bien
s'attendre à ce que Madame souffriroit de le recevoir en
cérémonie, de le saluer et de lui donner un tabouret, et
Mme la duchesse d'Orléans, de lui donner un siége à dos,
après l'avoir vu si longuement si petit compagnon, et
Madame, qui ne lui avoit jamais pardonné le mariage de
son fils, qui l'avoit traité toujours avec le plus grand mépris, parlé de lui sans mesure, et demandé comme on l'a
vu pour toute grâce à M. le duc d'Orléans, le jour de sa
régence de n'employer à rien ce petit fripon-là qui le
vendroit et le déshonoreroit. Le cardinal du Bois se composa, parut devant Madame pénétré de respect et d'embarras. Il se prosterna comme elle s'avança pour le saluer,
s'assit au milieu du cercle, se couvrit un instant de son
bonnet rouge qu'il ôta aussitôt, et fit son compliment. Il
commença par sa propre surprise de se trouver en cet
état devant Madame, parla de la bassesse de sa naissance
et de ses premiers emplois, les employa avec beaucoup
d'esprit et en termes fort choisis à relever d'autant plus
la bonté, le cœur et la puissance de M. le duc d'Orléans,
qui de si bas l'avoit élevé où il se voyoit, se fit une leçon
de n'oublier jamais ce qu'il avoit été, pour sentir toujours
plus vivement ce qu'il devoit à ce prince, et y employer
tout ce qui pouvoit être en lui, sans se louer ni s'applaudir
le moins du monde, pour le servir, car la modestie surnagea toujours dans ses discours d'audiences, donna un
encens délicat à Madame, enfin se confondit en respects
les plus profonds et en reconnoissance. Il parla si judicieusement et si bien, que quelque indignation qu'on eût
contre sa personne et sa fortune, tous ceux qui l'enten-

dirent en furent charmés, et Madame elle-même ne put s'empêcher, après qu'il fut sorti, de louer son discours et sa contenance, tout en ajoutant qu'elle enrageoit de le voir où il étoit.

Ses audiences de M. le duc d'Orléans et de Mme la duchesse d'Orléans se passèrent avec le même succès; ce fut le même fond en d'autres termes. Je me suis étendu sur celle de Madame comme la plus difficile et la plus curieuse, et j'ai voulu rapporter tout de suite ce qui regarde cette réception du cardinalat.

Il ne fut pas longtemps sans que M. le duc d'Orléans lui apprît qu'il m'avoit promis l'ambassade d'Espagne et de me protéger pour une grandesse pour mon second fils. A chose faite point de remède. Le cardinal du Bois le comprit bien. Il en fut outré, et résolut bien de me faire du pis qu'il pourroit en tous genres. Pour cela il fallut couvrir son jeu, ne point montrer de mécontentement à M. le duc d'Orléans et me combler de gentillesses pour me mieux tromper. Il n'étoit pas encore cardinal lorsque cela arriva, mais il le fut tôt après. Il avoit fait de le Blanc comme son secrétaire, pour ne pas dire comme son valet, l'avoit rendu assidu auprès de lui jusqu'à l'esclavage, tout secrétaire d'État de la guerre qu'il étoit, et s'en servoit à toutes mains, surtout depuis l'affaire de M. et de Mme du Maine, dont il eut seul tout le secret parce qu'il fut l'instrument dont il [se] servit uniquement.

Belle-Isle étoit ami de le Blanc. Le commerce des femmes et leur attachement commun au char de Mme de Plénœuf les avoit liés. Le Blanc étoit un esprit doux, fort inférieur à celui de Belle-Isle, qui s'attacha de plus en plus à lui pour le gouverner et en tirer, dès qu'il le vit en place, et qui en serra les liens à mesure qu'il le vit dans tout ce qu'il étoit en du Bois de donner de confiance. Par le Blanc, il s'approcha de du Bois, et si bien que du Bois ne les regarda plus que comme ne faisant qu'un et qu'il eut part à la même confiance, jusque-là que tous les soirs ils entroient tous deux seuls chez du Bois, et qu'entre eux trois, il se disoit et se passoit bien des choses. Du Bois, qui n'ignoroit rien en matière de commerce et de liaisons, connoissoit les miennes avec Mme de Lévy et le duc de Charost, conséquemment avec Belle-Isle, tellement que ce fut de lui qu'il se servit pour me rapprocher.

Je ne savois point encore que M. le duc d'Orléans eût parlé de mon ambassade à du Bois, et je n'en avois moi-même ouvert la bouche à qui que ce soit, lorsque je vis entrer Belle-Isle chez moi, qui, après un court préambule, me parla de mon ambassade en homme qui n'en ignoroit rien. Ma surprise fut grande, elle ne m'empêcha pas de demeurer ignorant et boutonné. Alors Belle-Isle me dit que je pouvois lui en parler franchement, parce qu'il savoit tout par l'abbé du Bois, à qui M. le duc d'Orléans l'avoit dit, et tout de suite me demanda comment j'entendois me conduire là-dessus avec l'abbé du Bois, qui avoit seul les affaires étrangères, qui n'attendoit que le moment de sa promotion, dont je ne pouvois me dissimuler le crédit et l'ascendant entier sur M. le duc d'Orléans, qui, après mon départ, demeureroit sans contre-poids le maître de son maître, et qui me pouvoit servir ou nuire infiniment; qu'au demeurant il ne me dissimuleroit pas qu'il m'apportoit le choix de la paix ou de la guerre; que du Bois étoit infiniment ulcéré de tout ce que j'avois dit tant de fois à M. le duc d'Orléans contre lui; que, malgré cela, il ne s'éloigneroit pas de revenir à moi, et de se raccommoder, d'y vivre sur l'ancien pied, mais à de certaines conditions, et de me servir utilement et franchement dans le cours de mon ambassade, et pour l'objet qui me l'avoit fait desirer. L'exhortation amicale suivit, et cependant je faisois mes réflexions.

Je connoissois trop le terrain pour ne pas sentir que Belle-Isle disoit vrai en tout, excepté sur la sincérité d'une âme si double et offensée; mais que ne me pas prêter à un raccommodement offert donneroit beau jeu à du Bois auprès de M. le duc d'Orléans, qui seroit également embarrassé et importûné de ce contraste, et qui surtout en mon absence, je veux dire du Bois, sauroit bien profiter ; de plus, comment éviter le commerce réglé de lettres avec l'homme chargé seul des affaires étrangères, et comment le soutenir avec un homme avec qui on est brouillé et avec qui on n'a pas voulu se raccommoder ? Ces considérations si évidentes ployèrent ma roideur ; mais je voulus savoir ce que c'étoit que les conditions dont il m'avoit parlé. Belle-Isle me dit qu'elles n'étoient pas difficiles : d'oublier de part et d'autre tout ce qui s'étoit passé, ne nous en jamais parler, promesse de ne plus rien dire en public contre lui, ni en particulier à M. le duc d'Orléans, nous revoir et traiter ensemble à l'avenir avec ouverture et liberté, et que je verrois que du Bois, ravi de n'avoir plus à me compter au nombre de ses ennemis, iroit au-devant de tout ce qui me pourroit plaire. Belle-Isle, tout de suite, sans me laisser le temps de parler, me fit l'analyse de ces conditions telle que je la sentois moi-même : la nécessité du raccommodement avec un homme qui me l'offroit, avec qui il falloit concerter tout ce qui pouvoit regarder mon ambassade, et avoir avec lui un commerce de lettres réglé toutes les semaines, tant qu'elle dureroit, sans possibilité de le faire passer par un autre ; le raccommodement fait, l'indécence de parler mal en public d'un homme avec qui on s'est raccommodé, enfin d'en mal parler à M. le duc d'Orléans en particulier ; l'expérience de l'inutilité, même du danger, me devoit convaincre là-dessus et la raison me démontrer qu'il étoit déjà le maître des affaires, des grâces, de tout l'intérieur ; combien plus l'alloit-il devenir quand il seroit élevé à la pourpre, qui peut-être étoit déjà en chemin par un courrier ! A l'égard de la bonne foi, quelque difficulté que je pusse avoir d'y prendre confiance, je lui liois les bras par ce raccommodement, quitte à marcher avec les précautions raisonnables, et à voir de jour à autre comment il se conduiroit avec moi, parti sage en tous sès points, dont je ne pourrois jamais me faire de reproche dans ma position présente, et bien différent d'une brouillerie ouverte dans la situation où je me trouvois.

Ces mêmes raisons m'avoient déjà sauté aux yeux, de sorte que je renvoyai Belle-Isle content de sa négociation, qui, deux jours après, me vint dire merveilles de la part de du Bois. Là-dessus sa calotte arriva. Je fus le voir comme je l'ai dit, et le surlendemain il vint chez moi. Sa barrette arrivée, il ne tarda pas à y revenir encore en habit long et rouge. On peut juger quelle put être notre confiance réciproque : aussi n'eûmes-nous pas sitôt entamé les propos de l'ambassade, et ils le furent dès lors, que je vis clairement son venin et sa duplicité. Aussi me crus-je dispensé à son égard de tout ce que la prudence me pouvoit permettre. Pour ne point interrompre ce qui se passa sur mon ambassade avant mon départ, je le remettrai tout de suite au temps de mon départ même, quoique les propos et la tyrannie en aient commencé dès ce temps-ci, presque aussitôt que nous nous fûmes vus. Passons à un événement qui fut court, mais qui effraya beaucoup.

Le dernier août[1], le Roi, jusqu'alors dans une santé parfaite, se réveilla avec mal à la tête et à la gorge; un frisson survint, et sur l'après-midi, le mal de tête et de gorge ayant augmenté, il se mit au lit. J'allai le lendemain, sur le midi, savoir de ses nouvelles. Je trouvai que la nuit avoit été mauvaise et qu'il y avoit depuis deux heures un redoublement assez fort. Je vis partout une grande consternation. J'avois les grandes entrées, ainsi j'entrai dans sa chambre. Je la trouvai fort vide, M. le duc d'Orléans, assis au coin de la cheminée, fort esseulé et fort triste. Je m'approchai de lui un moment, puis j'allai au lit du Roi. Dans ce moment Boulduc, un de ses apothicaires, lui présentoit quelque chose à prendre. La duchesse de la Ferté, qui, par la duchesse de Ventadour

---

1. Une main étrangère a corrigé *août* en *juillet*.

sa sœur, avoit toutes les entrées comme marraine du
Roi, étoit sur les épaules de Boulduc, et s'étant tournée
pour voir qui approchoit, elle me vit, et tout aussitôt me
dit entre haut et bas : « Il est empoisonné, il est empoisonné. — Taisez-vous donc, Madame, lui répondis-je, cela
est horrible. » Elle redoubla, et si bien et si haut, que
j'eus peur que le Roi l'entendît. Boulduc et moi nous
nous regardâmes, et je me retirai aussitôt d'auprès du
lit et de cette enragée, avec qui je n'avois nul commerce.
Pendant cette maladie, qui ne dura que cinq jours, mais
dont les trois premiers furent violents, j'étois fort fâché
et fort en peine; mais en même temps si aise d'avoir
opiniâtrément refusé d'être gouverneur du Roi, et si
agité en me représentant l'être, et en quel état je serois,
que je m'en réveillois la nuit en sursaut, et ces réveils
étoient pour moi de la joie la plus sensible de ne l'être
pas. La maladie ne fut pas longue et la convalescence fut
prompte, qui rendit la tranquillité et la joie, et causa un
débordement de *Te Deum* et de réjouissances. Helvétius
en eut tout l'honneur : les médecins avoient perdu la
tête; il conserva seul la sienne; il opiniâtra une saignée
au pied dans une consultation où M. le duc d'Orléans fut
présent; il l'emporta : le mieux très-marqué suivit incontinent, et la guérison bientôt après.

Le maréchal de Villeroy ne manqua pas cette occasion
de signaler tout son venin et sa bassesse; il n'oublia rien
pour afficher des soupçons, des soins, des inquiétudes
extrêmes, et pour faire sa cour à la robe. Il ne vint point
si petit magistrat aux Tuileries qu'il ne se fît avertir pour
lui aller dire lui-même des nouvelles du Roi et le caresser,
tandis qu'il étoit inaccessible aux premiers seigneurs.
Les magistrats plus considérables, j'entends toujours du
Parlement, ou les chefs des autres Compagnies, ou leurs
gens du parquet, il les faisoit entrer à toute heure dans
la chambre du Roi et tout auprès de son lit pour qu'ils le
vissent, tandis qu'à peine ceux qui avoient les grandes
entrées jouissoient de la même privance. Il en usa de

même dans la première convalescence, qu'il prolongea le plus qu'il put pour donner la même distinction aux magistrats à quelque heure qu'il en vînt, et privativement aux plus grands de la cour et aux ambassadeurs ; il se croyoit tribun du peuple, et aspiroit à leur faveur et à leur dangereuse puissance. De là il se tourna à une autre affectation, qui avoit le même but contre M. le duc d'Orléans. Il multiplia les *Te Deum*, qu'il incita les divers états des petits officiers du Roi de faire chanter en différents jours et en différentes églises, assista à tous, y mena tout ce qu'il put, et courut encore plus de six semaines les *Te Deum* qui se chantèrent dans toutes les églises de Paris. Il ne parloit d'autre chose, et sur sa joie véritable de la guérison, il en entoit une fausse qui puoit le parti et le dessein à ne s'y pouvoir méprendre. Il fit faire force fêtes à Lyon et à son fils l'archevêque, dont il eut soin de faire répandre les relations.

Le Roi alla en cérémonie remercier Dieu à Notre-Dame et à Sainte-Geneviève. Ces momeries, ainsi allongées, gagnèrent la fin du mois d'août et la Saint-Louis. Il y a tous les ans ce jour-là un concert le soir dans le jardin. Le maréchal de Villeroy prit soin que ce concert devînt une manière de fête, à laquelle il fit ajouter un feu d'artifice. Il n'en faut pas tant pour attirer la foule ; elle fut telle, qu'une épingle ne seroit pas tombée à terre dans tout le parterre. Les fenêtres des Tuileries étoient parées et remplies, et tous les toits du Carrousel pleins de tout ce qui put y tenir, ainsi que la place. Le maréchal de Villeroy se baignoit dans cette affluence, qui importunoit le Roi, qui se cachoit dans des coins à tous moments ; le maréchal l'en tiroit par le bras, et le menoit tantôt aux fenêtres, d'où il voyoit la cour et la place du Carrousel toute pleine, et tous les toits jonchés de monde, tantôt à celles qui donnoient sur le jardin, et sur cette innombrable foule qui y attendoit la fête. Tout cela crioit *vive le Roi !* à mesure qu'il en étoit aperçu, et le maréchal retenant le Roi, qui se vouloit toujours aller cacher : « Voyez donc, mon maître, tout ce monde et tout ce peuple, tout cela est à vous, tout cela vous appartient, vous en êtes le maître ; regardez-les donc un peu pour les contenter, car ils sont tous à vous, vous êtes le maître de tout cela. » Belle leçon pour un gouverneur, qu'il ne se lassoit point de lui inculquer à chaque fois qu'il le menoit aux fenêtres, tant il avoit peur qu'il l'oubliât! Aussi l'a-t-il très-pleinement retenue. Je ne sais s'il en a reçu d'autres de ceux qui ont eu la charge de son éducation. Enfin le maréchal le mena sur sa terrasse, où de sous un dais il entendit la fin du concert, et vit après le feu d'artifice. La leçon du maréchal de Villeroy, si souvent et si publiquement répétée, fit grand bruit et à lui peu d'honneur. Lui-même a éprouvé le premier effet de ses belles instructions.

M. le duc d'Orléans se conduisit d'une manière si simple et si sage qu'il y gagna beaucoup. Des soins et une inquiétude raisonnable mais mesurée, une grande réserve dans ses discours, une attention exacte et soutenue en propos et en contenance, qui laissât rien échapper qui sentît le moins du monde qu'il étoit le successeur, surtout à ne jamais montrer croire le Roi trop bien ni trop mal, et laisser aucun lieu qu'il le craignît trop bien et qu'il le souhaitât mal. Il ne pouvoit douter qu'une conjoncture si critique pour lui ne fixât sur lui les regards les plus perçants et l'attention de tout le monde, et comme dans la vérité il ne souhaita jamais la couronne, quelque peu vraisemblable que cela paroisse, il n'eut besoin que de s'observer et point du tout de se contraindre ; aussi n'eut-il besoin d'aucun conseil là-dessus, et son intérieur le plus libre et le plus familier, moi par exemple, le vit toujours là-dessus tel que le public le vit. Cela fut aussi fort remarqué, et la cabale opposée fut entièrement réduite au silence, qui se préparoit bien à faire valoir jusqu'aux riens qu'elle auroit aperçus. Il fut heureux que ceux qui lui étoient le plus particulièrement attachés, et qui auroient pu se flatter le plus d'un événement sinistre, aient tous gardé toute la même conduite que lui, sans qu'aucun d'eux, jusqu'aux valets, et c'est une merveille, aient laissé échapper de quoi faire naître le plus léger soupçon.

Trudaine, conseiller d'État, à qui M. le duc d'Orléans avoit fort mal à propos ôté la prévôté des marchands, dont il a été parlé ici en son lieu, mourut à soixante-deux ans. Ce n'était pas un aigle, mais un très-honnête homme, intègre, désintéressé, vertueux.

Le duc de Bouillon mourut en même temps, à quatre-vingt-deux ans, s'étant démis, depuis la régence, de sa charge de grand chambellan et de son gouvernement d'Auvergne en faveur du duc d'Albret, son fils aîné, qui prit le nom de duc de Bouillon, à qui le feu Roi ne les auroit jamais laissés passer, et qui, comme on l'a vu ici en son temps, avoit eu de grands procès contre son père et avoit été fort mal avec lui. Le père étoit fort bon homme, prince tant qu'il pouvoit, du reste fort valet, mais du Roi seulement, et d'une assiduité qui, jointe avec un esprit extrèmement court, lui avoit entièrement gagné le Roi, quoique des aventures de sa femme et du cardinal son frère l'eussent fait éloigner plus d'une fois de la cour. On a vu ici en son lieu que beaucoup d'art, quelque chose de pis de la part du procureur général Daguesseau, depuis chancelier, l'habitude et l'affection du Roi, sauvèrent sa prétendue principauté, à l'évasion du cardinal de Bouillon du royaume.

Thury mourut aussi à soixante-deux ans, sans avoir été marié, ayant donné ou plutôt trafiqué tout ce qu'il avoit avec le maréchal d'Harcourt. Ils étoient fils des deux frères, mais totalement différents. Thury étoit noir, méchant, cynique atrabilaire, avec beaucoup d'esprit insolent et dangereux; et quoique avec méchante réputation à la guerre et dans le monde, reçu en de bonnes compagnies. Il est pourtant vrai qu'un soufflet que le duc d'Elbœuf lui appliqua à table, avec une épaule de mouton, dont il ne fut autre chose, étoit resté imprimé sur sa mauvaise physionomie.

Ils furent suivis du P. le Long, prêtre de l'Oratoire,

bibliothécaire de leur maison de Saint-Honoré, à Paris, où il mourut, à cinquante-six ans, regretté de tous les gens de bien, des savants et des hommes de lettres. Il avoit donné, sous le nom de *Bibliothèque historique*, contenant, avec une grande exactitude, une liste en différentes classes de tous les ouvrages qui ont rapport à l'histoire de France, sacrée ou profane, et un autre sous le titre latin de *Bibliotheca sacra*, où il a donné le catalogue des manuscrits et des éditions des textes originaux de la Bible, et des versions en toutes sortes de langues, et des auteurs qui ont écrit sur la Bible.

Armenonville obtint pour son fils Morville la survivance de sa charge de secrétaire d'État, et Mme de Ventadour celle de sa charge de gouvernante des enfants de France, pour Mme de Soubise, femme de son petit-fils, quoique très-jeune, mais très-sage et très-convenable à cette place.

Saumery, l'un des sous-gouverneurs du Roi, dont il a été parlé ici en plus d'un endroit, comblé déjà de grâces, avec tout ce qu'il falloit pour n'en obtenir aucune en aucun temps, et qui en celui-ci étoit lié avec toute la cabale opposée à M. le duc d'Orléans, en obtint de lui une sans exemple : ce fut la survivance de sa place de sous-gouverneur du Roi pour son fils aîné, qui valoit en tout mieux que lui, car il étoit fort honnête homme, avec du sens, avoit bien servi, et été envoyé du Roi quelque temps à Munich. C'étoit grossièrement lui faire passer les entrées et les appointements de sous-gouverneur, parce que le père étoit de santé à n'y avoir pas besoin d'aide, et à achever, et bien au delà, comme il fit, le temps que le Roi avoit à être sous des gouverneurs.

Madame la grande-duchesse mourut à soixante-dix-sept ans, après plusieurs apoplexies, et fut enterrée, comme elle l'avoit ordonné, parmi les religieuses de Picpus, dans leur cloître. Elle étoit fille aînée du second mariage de Gaston, frère de Louis XIII, et de son second mariage avec la sœur de Charles IV, duc de Lorraine. Madame la grande-duchesse avoit été fort belle, et très-bien faite et grande : on le voyoit bien encore ; bonne et peu d'esprit, mais arrêtée en son sens sans pouvoir être persuadée. Elle épousa, en 1661, Cosme de Médicis, grand-duc de Toscane, avec un esprit de retour que rien ne put amortir. Elle vécut fort mal avec le grand-duc, dont la patience et les soins pour la ramener furent continuels, plus mal encore avec la grande-duchesse sa belle-mère, qui étoit la Rovère Urbin, morte en 1694, à soixante-douze ans.

Elle vouloit vivre en liberté à la françoise, et se moquoit de toutes les manières italiennes. Elle eut assez promptement trois enfants : l'aîné qui mourut longtemps avant son père, sans enfants de la sœur de Madame la Dauphine de Bavière ; J.-Gaston, marié à une fille du dernier duc de Saxe-Lauenbourg, et dernière elle-même de cette grande et si ancienne maison, avec qui il se brouilla, n'en eut point d'enfants, succéda au grand-duc son père, mort à quatre-vingt-deux ans, en 1723, et mourut sans postérité en [1737[1]], et finit les Médicis grands-ducs de Toscane, après avoir vu souvent et diversement disposer, pour après lui, de ses États, de son vivant ; enfin l'électrice Palatine, veuve sans enfants, et depuis son veuvage retirée à Florence.

Après avoir eu ces enfants, la grande-duchesse redoubla d'humeur exprès, et de conduite étrange en Italie, avec tant d'éclat que le Roi y mit la main, par ses envoyés, diverses fois, et par les cardinaux d'Estrées et Bonzi, allant et revenant de Rome, sans pouvoir lui rien persuader. Elle en fit tant que le grand-duc consentit enfin à son retour en France, mais sous des conditions qui lui donnèrent plus de contrainte qu'elle n'en auroit eu à Florence en vivant bien avec son mari et sa belle-mère, et que le Roi lui fit scrupuleusement observer toujours,

---

1. Cette date est restée en blanc au manuscrit.

parce qu'il étoit informé de sa conduite et très-content de toute celle que le grand-duc avoit eue avec elle. Il lui assigna une pension telle qu'il plut au Roi, voulut qu'elle fût dans un couvent hors de Paris, qu'elle ne couchât jamais à Paris et qu'elle y vînt rarement, qu'elle n'allât jamais à la cour que mandée ou pour quelque devoir très-nécessaire de famille, dont à chaque fois le Roi décideroit, et sans y coucher, à moins que cela ne fût indispensable, au jugement du Roi, et encore pour une seule nuit. Elle revint donc de la sorte, vers 1669, fort peu accueillie, confinée au couvent de Picpus, où elle vit très-peu de monde. Après bien des années, elle se mit à venir souvent à Paris, chez qui elle pouvoit passer quelques heures, ou à quelques dévotions, sans crédit et avec peu ou point de considération.

Sur la fin de la vie de Monsieur, qui en avoit pitié, elle obtint la liberté de passer à Saint-Cloud le temps qu'il y étoit. Madame et M. et Mme la duchesse d'Orléans lui firent toujours fort bien. Mademoiselle, sa sœur de père, la méprisa toujours parfaitement, et Mme de Guise, sa sœur de père et de mère, n'en fit jamais grand cas; elle jouit de son rang de petite-fille de France et de tous les honneurs qui y sont attachés. Sur les fins, elle quitta Picpus pour le couvent de Saint-Mandé, et après la mort du Roi, le grand-duc son mari accorda à M. le duc d'Orléans qu'elle pût loger à Paris. Elle y loua en très-simple particulière une maison à la place Royale, où elle mourut dans une grande dévotion à sa manière depuis longtemps, et quoique avare, fort appliquée aux bonnes œuvres; elle étoit fort polie et bonne à tout le monde.

J'étois alors aux prises avec le cardinal du Bois sur ce qui regardoit mon ambassade, et je voyois en plein ses bonnes intentions qui n'alloient à rien moins qu'à me ruiner et me perdre, en me suscitant des embarras en Espagne les plus ridicules, les plus fous et les plus difficiles à m'en tirer. Je ne dis que ce mot à cause de ce qui va suivre, pour en raconter le détail de suite lors de mon départ, et ne plus interrompre la matière de l'ambassade. Le cardinal, depuis fort peu après que nous nous fûmes revus, comme je l'ai dit plus haut, me montra à découvert ce que j'en devois attendre, et me délivra ainsi des conditions de notre raccommodement, sur quoi néanmoins il fallut me conduire avec la prudence que demandoit la nécessité de passer sans cesse par lui jusqu'à mon départ, et dans tout le cours de mon ambassade, et l'incroyable ascendant dont il étoit en pleine possession sur M. le duc d'Orléans. Depuis le commerce étroit et plein de confiance que l'affaire du lit de justice des Tuileries m'avoit procuré avec Monsieur le Duc, il avoit toujours duré le même. M. le duc d'Orléans et Monsieur le Duc l'avoient tous deux désiré, et j'étois souvent entre eux deux pour conserver leur union nécessaire.

Un jour que je causois fort librement avec Monsieur le Duc, il me parla fort librement aussi de beaucoup de choses de sa famille. Nous avions souvent traité ensemble le fameux chapitre de l'enfant de treize mois, dans les temps que la duchesse du Maine ne se faisoit faute d'en parler dans ses grands éclats du procès de la succession de Monsieur le Prince et des disputes sur la qualité de prince du sang que la maison de Condé fit rayer au duc du Maine, et lorsque les bâtards perdirent leur prétendue habilité de succéder à la couronne, que le duc du Maine et Mme de Maintenon avoient arrachée à la mourante foiblesse du feu Roi. Monsieur le Duc, à la mort de Madame sa femme, arrivée dans les premiers mois de l'année précédente, avoit retenu des actions et force pierreries de sa succession, malgré les plaintes de Mlle de la Roche-sur-Yon, sa belle-sœur, qui avoient fait et faisoient encore grand bruit dans le monde, et qu'il lui rendit longtemps après quand il commença à songer à sa manière sérieusement à son salut. Ce chapitre avoit été effleuré entre lui et moi, et j'étois peiné qu'il se fît ce tort dans le monde. Je lui proposai donc la nécessité de se remarier pour avoir des enfants, puisque Messieurs ses frères n'y vouloient point entendre, et pour couper court à toute cette affaire de la succession de Madame sa femme, d'épouser M{{lle}} de la Roche-sur-Yon. Il se mit à sourire, et me répondit que, pour des Conti, il en avoit sa suffisance, et me parla de la conduite de feu Madame la Duchesse, qui en effet ne s'étoit pas contrainte sur les mesures, et qu'il avoit soufferte avec une patience qu'on n'auroit pas attendue de lui, et qu'il n'étendit pas depuis à celle de sa seconde femme. De propos en propos, il me fit des plaintes du peu de confiance de M. le duc d'Orléans, qui d'ordinaire ne lui disoit les choses que lorsqu'elles ne se pouvoient plus cacher. J'excusai cela comme je pus, tant qu'enfin acculé par les faits qu'il m'allégua, je me mis à sourire, et lui dis que, s'il me promettoit de ne le point trouver mauvais, je lui en dirois bien la raison, et le moyen d'établir la plus entière confiance. Après quelques propos généraux et réciproques là-dessus, et qu'il m'eût[1] fort pressé de lui en parler en ami, et avec une franchise dont il n'auroit garde de se déplaire, je lui dis que, s'il vouloit en user comme faisoit M. le duc d'Orléans, ils seroient bientôt contents l'un de l'autre. Après l'avoir un peu tenu là-dessus, je lui dis qu'il avoit une maîtresse la plus parfaitement choisie pour les charmes du corps et de l'esprit ; qu'à cela je n'avois rien à lui dire, que c'étoit l'affaire de son confesseur ; mais que M. le duc d'Orléans étoit persuadé qu'il n'avoit point de secrets pour elle ; que cela faisoit qu'il en avoit pour lui ; que, s'il pouvoit être comme M. le duc d'Orléans, qui s'amusoit avec ses maîtresses, avec qui il ne lui échappoit jamais rien de sérieux, je lui répondois qu'il seroit content de la confiance de ce prince. Il se défendit de ce soupçon du Régent assez mal, et avec un air peiné dit que c'étoit excuse et prétexte, en sorte que je lui dis que, si je m'étois expliqué si ouvertement avec lui, ce n'étoit que par le désir que j'avois de voir leur union parfaite, si utile au bien de

---

1. Il y a bien *m'eût*, au subjonctif.

l'État, mais qui au fond lui étoit bien plus nécessaire
qu'à M. le duc d'Orléans. On verra dans la suite qu'il rapporta ce point jaloux de notre conversation à Mme de Prie,
sa maîtresse, qui ne me le pardonna pas. Revenu bien à
lui de ce petit nuage, il jeta tout ce défaut de confiance
sur le cardinal du Bois, qui, tant qu'il pouvoit, n'en permettoit que pour soi à son maître, et se mit à déplorer
l'aveuglement et la foiblesse de M. le duc d'Orléans pour
ce valet indigne, qui en abusoit sans cesse si énormé-
ment. Ces propos me firent naître la pensée de revenir
par un autre biais à ce que Torcy avoit pensé, et que la
sottise du maréchal de Villeroy avoit fait manquer, comme
je l'ai expliqué il n'y a pas longtemps.

Il paroissoit dans ce temps-là que le Roi aimoit Monsieur le Duc. Je lui en parlai comme en étant fort aise, et
tout de suite je lui dis qu'il devroit bien profiter de cette
affection du Roi pour le bonheur de l'État et de M. le duc
d'Orléans lui-même, en faisant bien connoître au Roi le
danger de cette autorité que le cardinal du Bois avoit
usurpée, la facilité que Sa Majesté avoit de montrer de
l'aversion pour lui, et d'engager M. le duc d'Orléans, qui
avoit si grandement fait pour lui, de l'envoyer à Cambray
avec sa calotte rouge, et gorgé d'abbayes, pour ne plus
revenir à la cour et n'avoir plus aucune part aux affaires.
Monsieur le Duc se mit à rire à cette proposition. « Je suis
bien aise, me dit-il, qu'on croie que le Roi a de l'amitié
pour moi et de la confiance, et en effet il m'en témoigne
autant qu'il en est capable. Mais tout cela roule sur des
riens, et je le connois bien, sans se soucier de moi que
par l'habitude de me voir et de me parler, et je puis vous
répondre que si je venois à mourir aujourd'hui, il ne s'en
soucieroit non plus que de Madame la grande-duchesse,
dont nous portons le deuil, et ne parleroit que des causes
de mort qu'on m'auroit trouvées avec la même indifférence qu'il s'entretient de l'ouverture de cette princesse
qu'à peine avoit-il vue. » Tout de suite il me parla de ce
qu'il remarquoit du Roi, que son assiduité lui faisoit sen-

tir, quelque peu d'esprit qu'il eût, ce qui n'est pas matière de ces *Mémoires*. Mais le résultat de la conversation fut la parfaite et très-certaine inutilité, peut-être même le danger de cette tentative, à laquelle le Roi étoit radicalement incapable de prendre, quoique on vît bien qu'il avoit une sorte d'éloignement du cardinal du Bois.

CHAPITRE XIV.

Mort, caractère, conduite du cardinal de Mailly. — Il obtient que son neveu de Nesle porte la queue du grand manteau de l'ordre du Roi à Reims. — Il ne va point à Rome, arrêté par une opération instante au moment de son départ. — Réflexions. — Reims persévéramment offert à Fréjus, obstinément refusé; motifs de l'un et de l'autre; sa conduite à l'égard du Roi, du Régent, du maréchal de Villeroy, du monde. — Raison à moi particulière de desirer que Fréjus acceptât Reims. — Sagacité très-singulière d'une femme de chambre. — Fréjus accepte à grand'peine l'abbaye de Saint-Étienne de Caen. — Fréjus point avide de biens. — Fréjus, parfaitement ingrat, empêche que Reims soit donné à Castries, archevêque d'Albi. — Abbé de Guémené archevêque de Reims. — Retraite et caractère du duc de Brancas. — Mort, fortune et caractère de l'abbé de Camps; de l'évêque-duc de Laon, Clermont Chattes; ses deux premiers successeurs. — Mort et caractère de l'archevêque de Rouen, Besons; son successeur; du duc de Fitz-James; de Mlle de la Rochefoucauld; de Mme de Polignac, mère du cardinal; de Prior, à Londres.

Le cardinal de Mailly étoit mort quatre jours avant Madame la grande-duchesse dans l'abbaye de Saint-Thierry, unie à l'archevêché de Reims, à soixante-trois ans. Cette mort étoit bien propre à faire faire de grandes réflexions. J'ai parlé plus d'une fois de ce prélat, de mes liaisons étroites avec lui, de ses causes et de ses suites[1] quoique lui et moi pensassions bien différemment sur l'affaire de la constitution; du peu de vocation à son état, de son ambition et de sa passion demesurée pour le cardinalat dès ses premiers commencements; de ses dé-

---

1. Il faudrait : *de leurs causes et de leurs suites*.

marches hardies et continuelles pour y parvenir; de sa haine jusqu'à la fureur pour le cardinal de Noailles, et de ses foibles et injustes causes; de son déchaînement forcené pour la constitution, par toutes ces raisons, et uniquement de son aveu à moi par ces raisons, jusqu'à m'avoir dit, dans ses plus grands emportements sur cette affaire, que, si le cardinal de Noailles avoit été pour la constitution, lui Mailly auroit été contre avec la même rage qu'il étoit pour cette bulle. Un léger abrégé suffira donc sur ce qui le regarde, puisqu'on a vu en son lieu comment d'aumônier du Roi, et vieux pour cet emploi, avec une abbaye fort mince, il devint tout d'un coup archevêque d'Arles, puis de Reims, par quels étranges chemins cardinal, puis reconnu tel en France, enfin abbé de Saint-Étienne de Caen. Il eut Arles en 1697, Reims en 1710; le chapeau, 19 novembre 1719, reconnu cardinal plusieurs mois après par le Régent et le Roi avec grand'peine. Quoique d'une santé ferme et que je n'ai vue altérée en rien jusqu'à l'événement dont je vais parler, il vivoit depuis qu'il fut cardinal dans le plus exact régime, et sur ses heures, et sur le choix et la mesure de son manger et sur mille sortes de bagatelles, tant il desiroit jouir longtemps de sa fortune. Il voyoit le sacre instant et un conclave peu éloigné. Ces cérémonies et la figure qu'il y alloit faire le transportoient. Il ne songea qu'à partir brusquement dès qu'on eut la nouvelle de la mort du Pape; mais il eut l'avisement de profiter de la circonstance. En prenant congé du Régent, il lui représenta que le sacre étoit fort proche, qu'il auroit l'honneur de le faire, et de conférer le lendemain l'ordre du Saint-Esprit au Roi, qui ne l'avoit pas encore reçu; que le Roi choisissoit toujours un seigneur pour porter ce jour-là, et le lendemain qu'il faisoit des chevaliers, la queue de son grand manteau de l'ordre, ce qui lui donnoit droit, quelque âge qu'il eût, d'être compris dans la promotion suivante, comme il étoit arrivé de M. de Nevers en 1661, à la première fleur de son âge, et là-dessus demanda et obtint que son neveu le marquis de Nesle fût choisi pour cette fonction. La promesse en fut si publique que, quoique le cardinal de Mailly fût mort lorsque le Roi fut sacré, la parole fut tenue, et le marquis de Nesle fut chevalier de l'ordre de la promotion de 1724, si nombreuse et si peu choisie, quelques années avant l'âge.

Je passai avec le cardinal de Mailly toute la soirée de la veille qu'il devoit partir pour Rome; je ne vis jamais un homme si content. Je le quittai tard, se portant très-bien. Le lendemain sur le midi, je fus bien étonné d'apprendre par un homme qu'il m'envoya qu'il s'étoit trouvé si mal la nuit, que, dès le grand matin, il avoit envoyé chercher du secours, lequel lui avoit trouvé la fistule, et si pressée à y travailler que sans autre préparation l'opération lui avoit été faite fort heureusement, qu'il étoit aussi bien qu'il étoit possible, et qu'il me prioit de l'aller voir. Je le trouvai en effet fort bien pour son état, mais bien touché de n'aller point à Rome. Le sacre prochain le consoloit, et l'espérance de voir un autre conclave. Je ne m'étois jamais aperçu qu'il fût attaqué d'aucun mal, et lui-même n'en avoit jamais parlé; il croyoit de temps en temps avoir des hémorroïdes, à ce qu'il dit depuis, et n'en faisoit point de cas. Je ne sais comment cette opération fut faite; mais on apprit depuis sa mort qu'il lui étoit demeuré un écoulement qu'on lui avoit bien recommandé d'entretenir. Il vit bientôt le monde, tant sa guérison s'avança sans aucun accident, et en peu de temps reprit sa vie accoutumée. Cinq mois se passèrent de la sorte. Il s'en alla à Reims, où il n'étoit pas à son aise, et qu'il avoit accablée de lettres de cachet. Il se retira bientôt après à Saint-Thierry, qui n'en est qu'à quelques lieues, qui lui servoit de maison de campagne, ne respirant que feu et sang contre les opposants à la constitution, et sa vengeance particulière de ceux qui osoient encore lui résister, lorsque tout à coup cet écoulement s'arrêta, et fit une révolution à la tête, où il sentit des douleurs à crier les hauts cris. A peine ce tourment eut-il duré quatorze ou quinze heures, malgré les saignées et tout ce qu'on put employer, qu'il perdit la connoissance et la parole, et mourut dix ou douze heures après, sans avoir eu un moment à penser à sa conscience. Quelle fin de vie dans un prêtre et dans un évêque, toute d'ambition, et persécuteur effréné par ambition et par haine ! Il passionna les honneurs, il goûta seulement des plus grands comme pour s'y attacher davantage. Ce qu'ils avoient pour lui de plus flatteur lui fut montré, et porté pour ainsi dire jusqu'au bord de ses lèvres. La coupe lui en fut subitement retirée sans qu'il y pût toucher au moment d'y mettre la bouche et d'en boire à longs traits. Livré à des douleurs cruelles, puis à un état de mort, et paroître devant Dieu tout vivant de la vie du monde, sans avoir eu un moment à penser qu'il l'alloit quitter et paroître devant son juge : voilà le monde, son tourbillon, ses faveurs, sa tromperie, et sa fin.

Fréjus, tout appliqué au futur, mais au futur de ce monde, ne songeoit qu'à s'attacher le Roi, et y faisoit les plus grands progrès et les plus visibles. Quoique au fond très-contraire au Régent, il se conduisoit à son égard avec une grande circonspection ; et en cultivant le parti opposé, il le faisoit avec une grande mesure. Le maréchal de Villeroy en étoit le coryphée. Il étoit l'objet de la plus jalouse attention de Fréjus ; il ne vouloit pas sa grandeur, qu'il regardoit comme ruineuse à ses projets de s'emparer du Roi avec une autorité sans partage ; il sentoit toute la disproportion et le poids du maréchal d'avec lui, et personnellement empêtré de tout ce qu'il lui devoit d'attachement et de reconnoissance, parce que personne n'en ignoroit les raisons. Il n'étoit pas temps de sortir de ces liens, mais il n'avoit garde de travailler à les augmenter, en servant et encourageant contre le gouvernement et la personne de M. le duc d'Orléans, un parti timide au fond, et mal organisé pour les exécutions, abattu de celles qu'il avoit essuyées, mais plein de la plus ardente volonté, et qui, pouvant compter sur le Roi par Fréjus, auroit bientôt repris forces et courage, mais dont le fruit principal seroit recueilli par le maréchal de Villeroy, et par sa place auprès du Roi, et parce qu'il étoit à la tête de ce parti, ce qui étoit fort éloigné de l'intérêt et de la volonté de Fréjus, qui travailloit de loin à se rendre le maître, et qui se seroit vu asservi sous le maréchal, dont il regardoit la ruine dans l'esprit du Roi comme essentielle à la grandeur qu'il méditoit dès lors pour soi-même.

Ses progrès auprès du Roi étoient si visibles qu'ils commençoient à faire de lui un personnage que chacun vouloit ménager de loin. S'il sentoit toute la supériorité d'état que le maréchal de Villeroy avoit sur lui, à plus forte raison sentoit-il celle de M. le duc d'Orléans, le poids de sa naissance, de sa place, de ses talents, de son âge, qui devoit naturellement perpétuer son autorité encore plus de trente ans après la fin de sa régence, et qui, ayant ôté le duc du Maine d'auprès du Roi, pouvoit quand il voudroit l'en chasser lui-même, sans craindre d'exciter aucun mouvement dans l'État, comme il y avoit eu lieu de l'appréhender sur M. du Maine, et de renverser par là ses espérances et ses projets pour toujours. C'est ce qui le contenoit à l'égard du Régent dans de si exactes mesures; c'est ce qui l'engageoit à me cultiver avec tant de soin et tant d'écorce de confiance, parce que j'étois le seul dans l'intime confiance du Régent que pût fréquenter sur le pied d'amitié particulière un évêque qui vouloit se parer des vertus et d'une conduite de son état, et en tirer un grand parti dans la suite. C'est aussi ce qui redoubloit son application et son activité pour s'attacher le Roi de plus en plus et parvenir, s'il le pouvoit, au point de se faire un bouclier assuré de l'affection du Roi pour lui en cas qu'il prît envie au Régent de le chasser.

Je voyois clairement tout ce manége de cour, et j'en

instruisois les négligences de M. le duc d'Orléans. Il lui importoit de ménager le seul homme pour qui l'amitié et la confiance du Roi se déclaroit de plus en plus, et qui intérieurement étoit plus que détaché du maréchal de Villeroy. Je le savois par les choses qu'il m'en disoit souvent, et je n'en pouvois douter par mille traits journaliers de bagatelles intérieures, qui nous revenoient par les valets du dedans, qui étoient à M. le duc d'Orléans, parce qu'il les traitoit fort bien, et qu'outre les miches[1], qu'il leur élargissoit volontiers, ils sentoient, avec toute la disproportion des personnes, toute la différence de la hauteur du maréchal de Villeroy avec eux, et de la douceur, pour ne dire pas la politesse et la facilité qu'ils éprouvoient dans l'accès de M. le duc d'Orléans. Je conseillai à ce prince de donner à Fréjus l'archevêché de Reims, pour faire une chose agréable au Roi, pour s'attacher Fréjus par un présent si disproportionné de lui, au moins pour lui montrer amitié et bonne volonté et le tenir par là hors de mesure de lui être contraire, sans que cette grandeur lui pût donner rien de réel qui ajoutât rien à l'amitié et à la confiance du Roi, qui, avec ou sans Reims, étoit la seule chose qui pût le rendre considérable présentement et plus encore à mesure que le Roi avanceroit en âge, et par son âge deviendroit le maître. Le Régent me crut, alla trouver le Roi, et le lui proposa pour que lui-même eût le plaisir de le donner et de l'apprendre à Monsieur de Fréjus. Il l'envoya querir sur-le-champ dans son cabinet, où en présence de M. le duc d'Orléans et du maréchal de Villeroy, il le lui dit. Fréjus témoigna sa gratitude, sa disproportion d'un siége si relevé, l'incompatibilité des fonctions épiscopales avec les siennes auprès du Roi, et refusa avec fermeté, appuyant de plus sur son âge, qui ne lui permettoit plus le travail du gouvernement d'un nouveau diocèse. Le Roi parut mortifié. M. le duc d'Orléans insista qu'on ne pré-

1. Voyez tome VIII, p. 99 et note 1.

tendoit pas que Reims l'éloignât du Roi ; qu'il auroit des grands vicaires qui lui rendroient compte de tout et gouverneroient par ses ordres, et un évêque *in partibus* qu'on pourvoieroit d'abbayes, qui feroit sur les lieux les ordinations et les autres fonctions réservées aux évêques ; que plusieurs prélats avoient des évêques *in partibus* pour faire ces fonctions pour eux dans leurs diocèses ; que cela étoit en usage de tout temps pour ceux qui croyoient en avoir besoin ; qu'entre ces besoins, il n'y en avoit pas un plus légitime que ses fonctions auprès du Roi, et qu'il n'en devoit faire aucune difficulté. Fréjus se confondit en remerciements, mais toujours ferme au refus, répondit qu'il étoit plus court et plus dans l'ordre de ne point acquérir de pareils besoins que de s'en servir, et qu'il ne se tiendroit point en sûreté de conscience d'accepter un évêché dans l'intention de le laisser gouverner par d'autres, et de n'y point faire de résidence. Le bon prélat n'avoit pas pensé, et n'en avoit pas usé ainsi pour Fréjus, où il ne résida comme point, et n'osant être à Paris, couroit sans cesse le Languedoc et la Provence. Quoi que le Roi, le Régent et le maréchal de Villeroy pussent dire et faire, ils ne purent ébranler Fréjus, tellement que M. le duc d'Orléans finit ce long débat par lui dire que le Roi ne recevoit point son refus, qu'il vouloit au moins qu'il y pensât et se consultât à loisir, et qu'il prît pour cela tout le temps qu'il voudroit.

Au sortir de là, je fus instruit par M. le duc d'Orléans de ce qui s'étoit passé, et quoique je n'en fusse pas surpris par quelques mots qui s'en étoient auparavant jetés entre Fréjus et moi, mais en courant, parce que tout se fit comme sur-le-champ, j'en fus très-fâché. Je fis sentir à ce prince combien Fréjus estimoit plus le futur que le présent, puisqu'il n'étoit pas ébloui d'une telle place ni entraîné par les instances du Roi et par les siennes ; que cela méritoit une grande réflexion sur les projets de cet évêque à conscience devenue si délicate, qu'il étoit clair qu'il ne vouloit pas accepter pour éviter tout prétexte de quitter le Roi de vue, et un moyen si facile et si naturel de l'en séparer, le temps de l'éducation fini [1], en l'envoyant dans son diocèse, ce que sans cela la moindre bienséance exigeroit de lui, et l'y retenant après, ce qui le borneroit à cette fortune qu'il auroit faite et lui feroit perdre terre, moyens et toute espérance de celle qu'il se préparoit par l'amitié et la confiance du Roi, et qu'il ne se pouvoit bâtir que par la continuation et l'augmentation de cette même confiance, qui ne se pouvoit entretenir que par une présence et une habitude continuelle, après le temps de l'éducation fini, et qui se détruiroit sans ressource par l'absence; enfin que cela même étoit la plus forte de toutes les raisons, qui devoit presser M. le duc d'Orléans de ne rien oublier pour forcer Fréjus à l'acceptation, et s'ouvrir par là, en le comblant et en ravissant le Roi, s'ouvrir, dis-je, une porte légitime et simple d'éloigner du Roi cet évêque, sans que ni l'un ni l'autre s'en pussent plaindre d'abord, et en le tenant dans son diocèse laisser détruire au temps et à l'absence ce que les soins et l'assiduité auroient édifié, et que la continuation de la présence auroit pu achever, et donner trop d'ombrages à Son Altesse Royale, trop foible peut-être alors contre un homme si adroit qui se trouveroit en pleine possession du Roi, et sans partage.

Ces raisons frappèrent M. le duc d'Orléans, et le résolurent à faire tout ce qui lui seroit possible pour engager Fréjus à daigner être archevêque de Reims; de mon côté je ne m'y oubliai pas; j'avois pour cela des raisons particulières, outre les générales que je viens d'expliquer; je les rapporterai ici naturellement avec la vérité qui fait l'âme de ces *Mémoires*. A la conduite et aux progrès de Fréjus que je viens de représenter, le moins à quoi il pouvoit tendre en attendant mieux, si les conjonctures s'en offroient, étoient le chapeau et une place dans le

---

1 *Finie*, au manuscrit.

conseil à la majorité, et quelque prodigieux que cela fût pour un homme de sa sorte, il avoit déjà su se mettre avec le Roi de façon que cette énorme fortune en devenoit une suite toute naturelle, à quoi M. le duc d'Orléans ne pourroit s'opposer, surtout après ce qu'il avoit fait de tout semblable, et bien plus encore, pour du Bois, son précepteur, plus bas encore de naissance que Fréjus, et dont le personnel indigne ne pouvoit se comparer en rien au personnel de Fréjus. La calotte rouge, arrivant à ce dernier, s'amalgamoit à celle de du Bois.

Je ne désespérois pas que le temps, les incartades, le poids de son autorité sur la foiblesse de M. le duc d'Orléans, quelques manéges même auprès du Roi majeur, qui avoit un éloignement pour du Bois, que celui de Fréjus, qui en envioit, haïssoit et méprisoit du Bois, le renvoyassent à Cambray, soit par le dégoût, peut-être même la jalousie que M. le duc d'Orléans en pourroit enfin prendre, soit parce que, n'étant plus régent, il n'oseroit soutenir un homme si infime et si reconnu pour tout ce qu'il étoit d'ailleurs, contre le dégoût du Roi poussé par Fréjus, qui en enhardiroit d'autres, et qui rendroient le cri public plus fort. Défait ainsi de lui, je ne sortois point d'embarras, Fréjus ayant la pourpre. Mais il tomboit entièrement s'il étoit archevêque de Reims, et je pouvois, moi et tout autre duc, dignement me trouver avec lui au conseil et partout, parce que je cédois non au cardinal mais à la dignité de son siége, qui nous précède tous sans difficulté, ainsi que les cinq autres siéges dont les évêques sont pairs bien plus anciens que nous. J'avois déjà gagné que du Bois depuis sa promotion n'entroit plus au conseil de régence; je comptois bien en faire une planche pour le conseil à la majorité, mais j'en espérois foiblement si Fréjus cardinal, ou assuré de l'être bientôt, appuyoit la pourpre de du Bois en considération de la sienne, et qu'il ne seroit pas facile d'exclure du conseil pour la difficulté du rang, avec le Roi en croupe, au lieu que toute difficulté cessant par Reims, et n'ayant plus affaire qu'à du Bois, Fréjus hors de cause contribueroit de tout son pouvoir à l'exclure pour son intérêt particulier. Plein donc de tant de motifs généraux et particuliers, j'attaquai Fréjus de toutes mes forces pendant plusieurs jours, et voyant bien à quoi il tenoit le plus, qui étoit de n'avoir point de diocèse où la bienséance l'obligeât d'aller et de faire d'hasardeuses[1] absences, et qui pis encore pouvoit devenir une occasion toute naturelle de l'y envoyer et de l'y retenir, je lui proposai d'accepter Reims, de le garder un an ou dix-huit mois, puis de le remettre, dont il auroit mille bonnes raisons à alléguer : l'avoir pris par n'avoir pu résister au Roi et au Régent, le rendre après avoir, par l'acceptation, marqué son respect, sa déférence, son obéissance ; par ne pouvoir se résoudre, dans un âge avancé, de se charger du gouvernement d'un grand diocèse, moins encore de le faire gouverner par autrui ; que par cet expédient si simple et si plausible, il évitoit tout ce qui l'empêchoit d'accepter, et conservoit un rang qui le mettoit à la tête des pairs, et qui, le chapeau lui venant, l'affranchissoit de toutes sortes d'embarras et de difficultés.

J'eus beau étaler tout le bien-dire que je pus, tâcher à l'ébranler, par la crainte que le refus si opiniâtre d'une place si unique ne persuadât au Régent qu'il ne vouloit rien tenir de lui, et les conséquences et les suites qui en résultoient, tout fut inutile. Il se tint ferme au refus entier, et me dit dévotement que sa conscience ne lui pouvoit permettre d'accepter Reims, dans le dessein de le rendre, de n'y aller jamais, et de se revêtir seulement du rang de ce grand siége, qu'il n'auroit accepté que dans cette vue d'orgueil et de vanité, et non d'y servir l'Église dans la conduite effective et sérieuse de cette portion du troupeau, qui étoit la seule voie canonique dans laquelle on dût marcher lorsqu'on acceptoit un évêché. L'hypocrite me paya de cette monnoie ; c'est qu'il vouloit

1. Voyez tome IV, p. 174, tome V, p. 141, tome VI, p. 17, etc.

demeurer libre à l'égard de M. le duc d'Orléans, et qu'à l'égard de la préséance il méprisoit Reims, parce qu'à la manière dont il avoit vu les ducs se conduire, et être traités dans toute cette régence, il les regardoit comme nuls; que tôt ou tard ils seroient crossés[1] par du Bois, et céderoient à sa pourpre, au pis aller à la sienne à lui dès que le Roi seroit le maître, dont M. le duc d'Orléans, quelque crédit qu'il conservât, lui feroit litière à son accoutumée. Ce combat qui dura plus de quinze jours avant que M. le duc d'Orléans, à bout de voies, eût enfin admis son refus, fit l'entretien de tout le monde. Un matin que j'en parlois avec regret à Mme de Saint-Simon, comme elle se coiffoit, car rien n'étoit alors si public, une femme de chambre qui s'appeloit Beaulieu, familière parce qu'elle étoit à elle depuis notre mariage, et qui avoit de l'esprit et du sens, prit tout d'un coup la parole. « Je ne m'en étonne pas, dit-elle, il ne veut point de Reims, il ne veut qu'être roi de France, et il le sera. » Quoique j'en pensasse bien quelque chose, le propos de cette fille nous surprit, et s'est enfin trouvé une prophétie.

Une résistance si invincible nous fit aisément comprendre que Fréjus ne vouloit rien de la main de M. le duc d'Orléans. Il le sentit comme moi, quoique Fréjus eût aussi d'autres raisons plus fortes. Je crus qu'il le falloit pousser à bout là-dessus et lui donner la riche abbaye de Saint-Étienne de Caen, que la mort du cardinal de Mailly laissoit aussi vacante, et qui n'avoit point la raison de refus d'un diocèse à conduire, ni la bienséance d'y aller, ni la crainte d'y pouvoir être envoyé et retenu sous le spécieux prétexte du devoir épiscopal. M. le duc d'Orléans goûta tout aussitôt ce que je lui en représentai, et alla chez le Roi, qui comme l'autre fois envoya chercher Fréjus. Le Roi lui annonça l'abbaye, et M. le duc d'Orléans ajouta que, n'y ayant là ni gouverne-

1. Voyez tome X, p. 20, et tome XII, p. 260.

ment d'âmes, ni personne à conduire, et point de résidence, il ne croyoit pas qu'il pût ni voulût refuser. Ce n'étoit pas le compte de Fréjus, il voulut l'honneur du refus. Quoique il n'eût que très-peu de bénéfices, il protesta qu'il en avoit assez, et se fit battre plusieurs jours, soit qu'en effet il ne voulût rien de M. le duc d'Orléans, bien sûr qu'après la régence il recevroit du Roi tout ce qu'il voudroit, soit que, résolu de ne pas laisser échapper ce gros morceau, il voulût se faire honneur de cette momerie. Je me mis après lui comme j'avois fait pour Reims, non dans le même desir, parce qu'il n'y avoit plus d'intérêt général ni particulier à l'égard de cette abbaye, mais pour la curiosité de ce qu'il en arriveroit; enfin, après avoir bien fait le béat et le réservé sur les biens d'Église, il eut la complaisance de se laisser forcer et même de laisser employer le nom du Roi à Rome pour le gratis entier, qu'il obtint aussitôt. Il faut pourtant avouer qu'il ne fut jamais intéressé. Depuis il a été longtemps à même de toutes choses; il n'a jamais pris aucun bénéfice, et il n'a pas paru qu'il se fût beaucoup récompensé d'ailleurs. Aussi dans le plus haut point de la toute-puissance, avec le cardinalat, son domestique, son équipage, sa table, ses meubles furent toujours au-dessous même de ceux d'un prélat médiocre.

Achevons de suite ce qui regarde l'archevêché de Reims. J'étois fort des amis de Castries, et l'abbé son frère, l'un chevalier d'honneur de Mme la duchesse d'Orléans, l'autre qui avoit été premier aumônier de Mme la duchesse de Berry, que j'avois fait mettre dans le conseil de conscience, qui avoit été sacré archevêque de Tours, par le cardinal de Noailles, et qui, sans y être allé, passa tout aussitôt à Albi, comme l'abbé d'Auvergne, qui eut Tours après lui, passa incontinent après à Vienne. Les Castries, avec raison, desiroient passionnément Reims. Outre le rang et la décoration, l'extrême éloignement d'Albi et la proximité de Reims étoit un grand motif pour deux frères toujours infiniment unis, qui avoient passé toute leur vie ensemble, et qui se voyoient séparés dans un temps où l'âge et les infirmités de l'aîné et sa solitude domestique, ayant perdu sa femme et son fils unique, lui rendoient la présence de son frère plus nécessaire. Fréjus dès lors avoit saisi assez de part dans la distribution des grands bénéfices.

La constitution, la foiblesse, l'incurie de M. le duc d'Orléans lui en avoient frayé le chemin, de sorte que pour Reims il fallut compter avec l'un et l'autre. On a vu ici ailleurs, par occasions, qui étoit Fréjus, et qu'il devoit tout au cardinal Bonzi, qui étoit frère de la mère des Castries, et qui les avoit toujours aimés et traités comme ses enfants. Fréjus en avoit été témoin, leur avoit fait sa cour, en avoit été recueilli, en avoit reçu des services importants et qui l'avoient sauvé de sa perte. Il avoit passé sa vie avec eux, souvent logé et défrayé chez eux, dans une intimité parfaite avec mêmes amis et même société à la cour. Il étoit donc bien naturel qu'il les servît en chose pour eux de tous points si desirable. Je me chargeai de M. le duc d'Orléans, ils furent surpris de trouver en cette occasion leur ami un ministre prématuré qui se montra fort peu porté à les servir. J'y trouvai aussi M. le duc d'Orléans fort peu disposé. Il n'y avoit rien à dire sur la conduite des Castries ; d'ailleurs le Régent n'y étoit ni difficile ni scrupuleux. Il m'alla chercher des difficultés sur la naissance, pour une place telle que Reims, et la proximité encore du sacre du Roi. J'y répondis par le collier de l'ordre de leur père, par sa charge de lieutenant général de Languedoc et de gouverneur de Montpellier, par l'alliance de Mortemart. Le débat fut souvent réitéré, et je dis à M. le duc d'Orléans que je m'étonnois fort qu'il fût plus délicat que moi pour Reims, lui qui l'étoit si peu pour ces sortes de choix ; et je tâchai de lui faire honte de tant faire le difficile pour le frère d'un homme en charge principale chez Mme la duchesse d'Orléans depuis si longtemps, dont il avoit toujours été content, qui avoit épousé sa cousine germaine, si longtemps et morte sa dame d'atour et cousine germaine, fille du frère de Mme de Montespan, dont avec tant de raison elle se faisoit honneur. J'en dis tant que je vainquis la répugnance de M. le duc d'Orléans, qui me dit qu'il falloit gagner Fréjus, qui y étoit fort opposé. Je tâchai de lui faire honte de prendre une telle dépendance, et lui demandai s'il vouloit morceler sa régence et en abandonner une portion aussi considérable, aussi agréable, aussi importante que l'est la nomination des bénéfices. Peu à peu, je vins encore à bout de cette difficulté à toute reste[1], mais en me recommandant toujours de tâcher de gagner Fréjus. Ce prélat, qui devoit, par ce qui a été dit, être le grand arc-boutant des Castries en cette occasion, se montra si contraire que ni les Castries, ni moi qui lui en parlai souvent et fortement, n'en pûmes jamais tirer une seule bonne parole, tellement que je me résolus à l'emporter de force, et malgré lui, de M. le duc d'Orléans ; je mis l'affaire au point où je la pouvois desirer.

Mais mon départ s'approchoit, et les Castries, que j'avertissois à mesure que j'avançois, me dirent que sans mon départ ils tiendroient la chose faite, mais que ce départ la feroit manquer. Elle se fût faite en effet au point où je la laissai, si j'avois pu demeurer davantage, et avoir le loisir d'achever de forcer M. le duc d'Orléans. Mais il fallut partir et laisser le champ libre à Fréjus, qui dans sa rage de constitution, écartoit Albi, ami du cardinal de Noailles, et vouloit s'attacher le cardinal de Rohan, pour le chapeau, auquel il pensoit déjà beaucoup, et qui étoit à Rome, et au cardinal du Bois, à qui les Castries, droits et fort honnêtes gens, n'avoient point fait leur cour, lequel, pour entretenir les Rohans dans l'erreur de faire premier ministre le cardinal de Rohan à son retour de Rome, vouloit, de concert avec Fréjus, mettre l'abbé de Guémené à Reims, comme ils firent bientôt après que je fus parti.

1. Voyez tome VIII, p. 197 et note 1.

Poursuivons le peu qui reste à dire de cette année pour ne point interrompre ce qui regarde mon ambassade. Il a été quelquefois mention ici du duc de Brancas, et de la façon dont il étoit avec M. le duc d'Orléans, qui s'amusoit fort de ses saillies, et qui l'avoit presque toujours à ses soupers. C'étoit un homme d'une imagination vive, singulière, plaisante, plein de traits auxquels on ne pouvoit s'attendre, qui avoit sacrifié sa fortune à ses plaisirs, et à une vie obscure, pauvre d'ailleurs et fort intéressé, tout à fait incapable de rien de sérieux, en quoi il se faisoit justice lui-même, et n'étoit pas sans esprit. Au travers de ses débauches, il avoit eu de fois à autre de foibles retours qui n'avoient eu aucune suite. Enfin Dieu le toucha. Il s'adressa fort secrètement au P. de la Tour, général de l'Oratoire, grand et sage directeur, dont il a été parlé ici quelquefois, qui jugea qu'il avoit besoin d'une forte pénitence et d'une entière séparation du monde. Il l'y résolut, et se chargea de lui choisir et de lui préparer une retraite. Pendant tout le temps de ce commerce secret, le duc de Brancas avoit quitté ses débauches, mais conservé tout l'extérieur de sa vie, et soupoit tous les soirs avec M. le duc d'Orléans et ses roués, avec sa gaieté ordinaire. Au commencement d'octobre, il disparut tout d'un coup, ayant soupé la veille avec M. le duc d'Orléans, sans qu'il eût paru en lui aucun changement ; et on sut quelques jours après qu'il étoit allé se retirer dans l'abbaye du Bec en Normandie, où sont des bénédictins de la congrégation de Saint-Maur. M. le duc d'Orléans, également surpris et fâché de sa retraite, espéra en sa légèreté, et lui écrivit une lettre tendre et pressante pour le faire revenir. Le duc de Brancas lui fit une réponse d'abord plaisante, puis sérieuse, sage et ferme, édifiante et belle, qui ôta toute espérance de retour. Il y passa fort saintement plusieurs années ; plût à Dieu qu'il eût persévéré jusqu'à la fin !

Il y eut plusieurs morts : l'abbé de Camps, qui fit une

fortune singulière, et qui fut quelque peu de temps une sorte de personnage. Il étoit d'Amiens, fils d'un quincaillier et cabaretier, fut amené à Paris fort jeune, et mis à servir les messes aux Jacobins du faubourg Saint-Germain. Le P. Serroni, du même ordre, qui avoit gagné l'évêché d'Orange à être le conducteur du P. Mazarin, archevêque d'Aix, cardinal, et frère fort imbécile du fameux cardinal Mazarin, se trouva à Paris logé dans ce couvent. Devenu évêque de Mende, il prit ce petit garçon, qui lui avoit plu, le tint quelque temps clerc chez un notaire, en fit après un sous-secrétaire, et enfin son secrétaire. Il s'en servit en beaucoup d'affaires avec succès. Il lui donna et lui fit donner des bénéfices, le fit député à une assemblée du clergé, où il montra beaucoup d'esprit et de capacité. Serroni, toujours en crédit et en considération, et pour lequel Albi, qu'on lui avoit donné, fut érigé en archevêché, le fit coadjuteur de Glandèves, et bientôt après nommer à l'évêché de Pamiers. C'étoit au temps de l'affaire de la régale, en faveur de laquelle de Camps écrivit fortement, et s'y intrigua tellement que, lorsque cette affaire fut terminée, Rome ne put jamais se résoudre à lui donner les bulles de Pamiers, et que le Roi eut la complaisance de retirer sa nomination, et d'en faire une autre. Il l'en dédommagea par l'abbaye de Signi, en Champagne, de plus de quarante mille livres de rente, outre les bénéfices qu'il avoit. Il s'acquit une grande connoissance des médailles et de l'histoire, et a beaucoup écrit sur celle de France, qu'il a fort éclaircie. Il ne fut pas content, avec raison, de celle que le P. Daniel, jésuite, publia vers la fin du dernier règne, et de laquelle j'ai parlé ici en son temps. Le P. Daniel le trouva mauvais; ils écrivirent l'un contre l'autre, et l'auteur mercenaire et menteur fut battu par l'abbé, qui aimoit la vérité. Il savoit en effet beaucoup, avec de l'esprit et du jugement, de la vivacité et quelquefois de l'âcreté. Il passa sa longue vie de quatre-vingt-deux ans à Paris, la plupart du temps dans sa belle bibliothèque, à travailler et à étudier; voyoit bonne compagnie, force savants aussi, et se faisoit honneur de son bien, mais avec mesure et sagesse, estimé et considéré, bien reçu partout. Il alloit assez souvent faire sa cour au feu Roi, et il n'y alloit presque jamais sans que le Roi lui parlât et lui témoignât bienveillance. Il passa toute sa vie jusqu'au bout dans une santé parfaite de corps et d'esprit.

L'évêque-duc de Laon dans son diocèse, médiocrement vieux. Il étoit Clermont Chattes, fort du monde, et toutefois bon évêque, assez résident et appliqué au gouvernement de son diocèse. Il étoit frère du chevalier de Clermont, perdu pour l'affaire de Mme la princesse de Conti et de Mlle Choin, dont il [a] été ici amplement parlé en son temps, et qui, après un long exil en Dauphiné, obtint de l'être à Laon, d'où M. le duc d'Orléans le tira à la mort du Roi, et lui donna depuis ses Cent-Suisses. C'étoit un très-honnête homme et galant homme. Il a été suffisamment parlé de cet évêque de Laon en différents endroits. Il s'étoit dignement et sagement signalé au commencement de l'affaire de la constitution; mais le pauvre homme n'eut pas le courage d'essuyer la pauvreté dont il fut menacé. D'ailleurs bon homme et honnête homme, et fort estimé jusqu'à cette chute, lui-même en fut si honteux qu'il ne reparut presque plus depuis, et demeura presque toujours dans son diocèse, où il fut fort regretté. Il eut pour successeur l'opprobre non-seulement de l'épiscopat, mais de la nature humaine, et pleinement connu pour tel quand il fut nommé. Il continua et augmenta dans l'épiscopat les horreurs de sa vie, qui, quoique assez courte, ne fut que trop longue. Je n'en dirai pas davantage sur un si infâme sujet. Toutefois il faut observer qu'il ne fut pas successeur immédiat. Il avoit acheté à deniers comptants un autre évêché d'un évêque qui se démit, et il passa tôt après à Laon, que M. le duc d'Orléans avoit donné, après M. de Clermont Chattes, à un bâtard fort bien fait, et qui en a fait depuis grand usage, qu'il avoit eu de la comédienne Florence, et qu'il n'a jamais reconnu, que les jésuites élevèrent et gouvernèrent, et n'en firent pourtant qu'un parfait ignorant. Il fit au sacre les fonctions de son siége; mais quand il voulut se faire recevoir au Parlement, il fut arrêté tout court sur ce qu'il n'avoit point de nom, et ne pouvoit montrer ni père ni mère. Cet embarras le fit passer à l'archevêché de Cambray, à la mort du cardinal du [Bois], avec un brevet de continuation de rang et d'honneurs d'évêque-duc de Laon; et ce monstre dont je viens de parler lui succéda à Laon.

Trois jours après Monsieur de Laon, Clermont Chattes, mourut à Gaillon l'archevêque de Rouen, frère du maréchal de Besons, qui avoit été évêque d'Aire, puis archevêque de Bordeaux, et adoré dans tous ses diocèses; il a été souvent parlé de lui ici à plusieurs occasions. C'étoit l'homme du clergé qui en savoit mieux les affaires, et il entendoit très-bien à en manier d'autres. Sous une écorce rustre il n'en avoit rien: il étoit doux, poli, respectueux, point enflé de sa fortune, de son esprit, de sa capacité, et il en avoit beaucoup; bon, doux, obligeant, sage et gai, de fort bonne compagnie, mesuré partout, bon évêque, et entendant mieux qu'aucun le gouvernement d'un diocèse. Il fut toujours estimé et considéré, aussi ne vouloit-il déplaire à personne, et son défaut étoit un peu de patelinage, et grand'peur de se mettre mal avec les gens en place et de crédit. M. le duc d'Orléans, qui aimoit les deux frères, dont l'union étoit intime, l'avoit fait passer dans le conseil de régence, comme on a vu, à la chute de celui de conscience, dont il étoit. Son âge n'étoit pas extrêmement avancé. Tressan, évêques de Nantes, qui avoit sacré du Bois, fut son successeur.

Le maréchal de Berwick perdit en même temps son fils, le duc de Fitz-James, à dix-neuf ans, qu'il avoit marié à la fille aînée du duc de Duras. Elle n'en eut point d'enfants, et se remaria depuis au duc d'Aumont.

Mlle de la Rochefoucauld à quatre-vingt-quatre ans : elle étoit sœur du duc de la Rochefoucauld, qui toute sa vie avoit eu tant de part à la faveur du feu Roi. Elle avoit passé toute sa vie fille dans l'hôtel de la Rochefoucauld, fort considérée dans le monde et dans sa famille, toujours très-vertueuse, et très-peu de bien. Du côté de l'esprit, elle tenoit tout de son père.

La vicomtesse de Polignac, qui étoit sœur du feu comte du Roure. Son mari et son frère étoient chevaliers de l'ordre, et elle étoit mère du cardinal de Polignac : c'étoit une grande femme, qui avoit été belle et bien faite, sentant fort sa grande dame, qu'elle étoit fort dans le grand monde dans son temps. Beaucoup d'esprit, encore plus d'intrigue, fort mêlée avec la comtesse de Soissons et Mme de Bouillon dans l'affaire de la Voisin, dont elle eut grand'peine à se tirer; et en fut exilée au Puy et en Languedoc, d'où elle ne revint qu'après la mort du Roi. Elle avoit quatre-vingts ans.

Prior mourut en même temps à Londres, en disgrâce et en obscurité, après avoir échappé pis, si connu pour avoir apporté à Paris les préliminaires de la paix d'Utrecht, longtemps chargé des affaires d'Angleterre à Paris, et dans l'intime secret des ministres qui gouvernoient sous la reine Anne, qui furent recherchés après sa mort avec tant de fureur, et que Prior, arrêté et menacé des supplices, trahit complétement pour se sauver. Il ne mena depuis qu'une vie misérable, obscure, méprisée de tous les partis. C'étoit un homme extrêmement capable, savant d'ailleurs d'infiniment d'esprit, de bonne chère et de fort bonne compagnie.

CHAPITRE XV.

Raisons qui terminent les longs troubles du Nord. — Paix de Nystadt entre la Russie et la Suède. — Réflexions. — Mesures pour apprendre au Roi son mariage et le déclarer. — Le Régent, en cinquième seulement dans le cabinet du Roi, lui apprend son mariage, et le déclare en sa présence au conseil de régence. — Détail plus étendu de la scène du cabinet du Roi sur son mariage. — Déclaration du mariage du prince des Asturies avec une fille de M. le duc d'Orléans. — Réflexions. — Abattement et rage de la cabale opposée au Régent; ses discours; son projet. — Frauduleux procédé du cardinal du Bois avec moi, qui veut me ruiner et me faire échouer. — Mon ambassade déclarée. — Ma suite principale. — Sartine; quel. — Je consulte utilement Amelot et les ducs de Berwick et de Saint-Aignan; utilité que je tire des ducs de Liria et de Veragua; leur caractère. — Mon instruction; remarques sur icelle. — Valouse; son caractère et sa fortune. — La Roche; sa fortune, son caractère; estampille; ce que c'est. — Laullez: sa fortune, son caractère; mon utile liaison avec lui. — Scélératesse du cardinal du Bois et foiblesse inconcevable de M. le duc d'Orléans, dans les ordres nouveaux et verbaux que j'en reçois sur préséance et visites. — Duc d'Ossone; quel; nommé ambassadeur d'Espagne pour le mariage du prince des Asturies; on lui destine le cordon bleu; je ne veux point profiter de la nouveauté de cet exemple. — Continuation de l'étrange procédé du cardinal du Bois à mon égard, qui fait hasarder à M. le duc d'Orléans une entreprise d'égalité avec le prince des Asturies. — La Fare envoyé en Espagne de la part de M. le duc d'Orléans; son caractère. — Malice grossière à mon égard du cardinal du Bois, suivie de la plus étrange impudence, et prend à Torcy la charge des postes; bon traitement fait à Torcy. — La duchesse de Ventadour, et Mme de Soubise en survivance, gouvernantes de l'infante, et le prince de Rohan chargé de l'échange des princesses.

Il y avoit longtemps que les alliés du Nord, las de cette longue guerre, et jaloux respectivement, se démanchoient les uns après les autres; et chacun, dans la crainte de l'augmentation de la puissance déjà trop formidable de la Russie prête d'envahir la Suède, s'étoit contenté de ce qu'il en avoit pu tirer, et avoit cessé la diversion. Le Czar avoit des raisons domestiques de finir cette guerre, et s'y portoit d'autant plus volontiers qu'il la pouvoit terminer à son mot et donner la loi à la Suède. Les plénipotentiaires russiens et suédois, assemblés à Nystadt en Finlande, y conclurent la paix telle que la Suède la put obtenir dans l'état de ruine et de dernier abattement où le règne de son dernier roi l'avoit mise, et que la continuation de la guerre contre tant d'ennemis acharnés à profiter de ses dépouilles avoit consommée[1]. C'est cette paix qui a si tristement mis la Suède dans l'état stable où elle est demeurée depuis, et duquel il n'y a pas d'apparence qu'elle se puisse relever sans des révolutions qu'on ne sauroit attendre. C'est aussi ce qui m'engage à la donner ici. La mort de Charles XII avoit rendu l'autorité première aux états et au sénat, et la couronne élective, et totalement énervé l'autorité de leurs rois, dont les deux derniers avoient fait un si funeste usage, et réglé le dedans de manière à ne plus retomber dans ces malheurs. Voici comment la paix de Nystadt en régla le dehors déjà si affoibli par la perte des duchés de Brême et de Verden, envahis sans retour par la maison d'Hanovre, et par le peu que le Danemark et le Brandebourg en avoient su tirer. Je ne parlerai ici que des articles principaux de cette paix entre la Russie et la Suède, qui termina entièrement cette longue et cruelle guerre du Nord.

La Suède céda à la Russie la Livonie, l'Esthonie, l'Ingrie, une partie de la Carélie et du district de Wiborg, les îles d'Œsel, d'Agoë, de Moen, et quelques autres. Le Czar rendit la Finlande, excepté une petite partie fixée et dénommée, et s'obligea de payer à la Suède dans les termes convenus deux millions de risdales, d'évacuer la Finlande un mois après l'échange des ratifications, de permettre aux Suédois d'acheter tous les ans pour cinquante mille roubles de grains dans les ports de Riga, Revel et Wiborg, excepté dans les années de disette, ou

1. Ce participe est bien au féminin, se rapportant à *ruine*.

lorsqu'il y aura des raisons importantes d'empêcher le transport des grains, et de ne payer aucun droit de sortie de ces grains; le renvoi de part et d'autre des prisonniers sans rançon, mais qui seront tenus de payer les dettes qu'ils auront faites; que les habitants de la Livonie, de l'Esthonie et de l'île d'OEsel jouiront de tous les priviléges qu'ils avoient sous la Suède; que l'exercice de la religion y sera libre, mais que la grecque y sera tolérée; que les fonds de terre y demeureront à ceux qui en prouveront la possession légitime; que les biens confisqués pendant la guerre seront rendus à leurs propriétaires, mais sans restitution de fruits et de revenus; que les gentilshommes et autres habitants des provinces cédées pourront prêter serment de fidélité au Czar sans que cela les empêche de servir ailleurs; que ceux qui refuseront de le prêter auront trois ans pour vendre leurs biens en remboursant les hypothèques dont ils se trouveront chargés; que les contributions de la Finlande cesseront du jour de la signature du traité, mais que la province fournira des vivres aux troupes du Czar jusqu'à ce qu'elles soient sur la frontière, et les chevaux nécessaires pour emmener tout le canon; que les prisonniers seront libres de demeurer au service du prince dans les États duquel ils seront détenus. Le Czar promet de ne se mêler en aucune manière des affaires domestiques de la Suède (cet article déroge formellement au précédent traité d'Abo, où le Czar se fit garant qu'il ne pourroit être rien changé en Suède à ce qui y fut établi pour la forme du gouvernement après la mort de Charles XII); que dans le règlement des différends qui pourroient arriver dans la suite, il ne sera dérogé en rien au présent traité; enfin, que les ambassadeurs de part et d'autre et les autres ministres sous quelque nom que ce soit ne seront plus défrayés comme ils l'étoient auparavant dans la cour où ils résideront. Le roi de Pologne fut compris dans le traité, et le Czar engagé de procurer aux Suédois d'être traités en Pologne pour le commerce comme la nation la plus favorisée; liberté au Czar et au roi de Suède de nommer dans trois mois après les ratifications ceux qu'ils voudront comprendre dans cette paix.

On voit aisément que cette paix si démesurément avantageuse à la Russie fut la loi du vainqueur au vaincu, et qu'outre tant d'États vastes et riches dont la Suède se dépouilloit pour obtenir cette paix, elle demeuroit encore ouverte et à découvert en bien des endroits. De plus rien de plus clair et de plus nettement exprimé que toutes les cessions de la Suède, rien de moins que les détails qui lui sont favorables, et sur lesquels elle essuya bien des chicanes et des injustices, et ses sujets, dans l'exécution. Aussi le Czar, dans l'excès de sa joie, voulut-il des fêtes et des réjouissances publiques dans toute la Russie, et il en fit lui-même d'extraordinaires. Pour la Suède si près de sa dernière ruine, elle se crut heureuse encore de s'en rédimer par de si immenses pertes, qui, en la jetant dans le dernier affoiblissement et la dernière pauvreté, lui ôtoient toute considération effective dans l'Europe, reléguée qu'elle demeuroit au delà de la mer Baltique, après[1] avoir vu ses rois, même un moment le dernier, en être les dictateurs, et si puissants en Allemagne. Que de choses politiques à dire et à prévoir là-dessus, qui ne sont pas matière de ces *Mémoires*, mais le funeste fruit de l'intérêt personnel de du Bois, qui avoit enchaîné la France à l'Angleterre, et qui, malgré tout ce que je pus représenter bien des fois au Régent, et que le Régent sentit lui-même, ne voulut jamais lui permettre du desir[2] passionné que le Czar eut de s'unir étroitement avec la France, et que l'avarice et les ténèbres du cardinal Fleury achevèrent de livrer la Russie à l'Empereur et à l'Angleterre!

Il est enfin temps de venir à ce qui regarde mon ambassade, pour la continuer de suite, comme je me le suis proposé, en racontant comme je viens de faire plu-

1. On lit ici une première fois le mot *eu*.
2. Lui permettre de profiter du desir.

sieurs choses postérieures à ce qui s'est passé là-dessus
entre M. le duc d'Orléans, le cardinal du Bois et moi, et
à la déclaration des mariages. Je commencerai par celle-
ci, pour n'en pas interrompre ce qui me regarde en
particulier jusqu'à mon départ. Il commençoit à être
temps de déclarer le mariage du Roi, et M. le duc d'Orléans ne laissoit pas d'être en peine comment il seroit
reçu de ce prince, que les surprises effarouchoient, et du
public, à cause de l'âge de l'infante encore dans la
première enfance. Le Régent résolut enfin de prendre un
jour de conseil de régence, et le moment avant de le
tenir, pour apprendre au Roi son mariage, et le déclarer
sans intervalle au conseil de régence, pour que tout de
suite ce fût une affaire passée et consommée.

Il arriva par hasard que ce même conseil de régence,
où la déclaration du mariage ne se pouvoit plus différer
par rapport à l'Espagne, se trouvoit destiné à une proposition d'affaire de papier que j'avois fort combattue dans
le cabinet de M. le duc d'Orléans, avec lequel j'étois enfin
convenu que je m'abstiendrois ce jour-là du conseil,
comme on a vu ici que cela arrivoit quelquefois. Mais
les lettres d'Espagne, qui arrivèrent entre cette convention et la tenue du conseil, ayant obligé M. le duc d'Orléans à y déclarer le mariage, et l'affaire du papier ne se
pouvant différer, il voulut que je me trouvasse au conseil.
Je m'en défendis, mais il craignoit quelque mouvement
de ceux du conseil qu'on appeloit de la vieille cour, qui
étoit la cabale opposée à M. le duc d'Orléans, et ce fut
cette raison qui l'empêcha d'y déclarer les deux mariages
en même temps. Nous disputâmes donc tous deux sur la
manière dont j'opinerois sur l'affaire du papier, et après
avoir bien tourné et retourné, et cédé à la volonté absolue
de M. le duc d'Orléans, qui voulut que j'y assistasse à
cause de la déclaration du mariage du Roi, je compris
que, quoi que j'y pusse dire contre l'affaire du papier,
elle n'en passeroit pas moins, et que, dans la nécessité
où je me trouvois de ne m'absenter pas de ce conseil et

d'y opiner, je pouvois, pour cette fois, m'abstenir de m'étendre et de disputer, et me contenter d'opiner contre brèvement[1]. M. le duc d'Orléans s'en contenta, mais je le suppliai de se persuader que je ne me rendois à cette complaisance que pour cette seule fois, à cause de la déclaration du mariage du Roi, où il exigeoit si absolument que je me trouvasse dans ce conseil, et de continuer à trouver bon ou que je m'opposasse de toutes mes raisons aux choses qu'il y voudroit faire passer dont je ne croirois pas en honneur et en conscience pouvoir être d'avis, ou de m'ordonner de m'abstenir du conseil où il les voudroit proposer, comme il lui étoit arrivé plusieurs fois de me le défendre, à quoi j'avois obéi sans qu'on se fût aperçu de la vraie raison de mon absence, comme je le ferois toujours quand le cas en arriveroit. Cette convention entre lui et moi fut donc renouvelée de la sorte, et je me trouvai à cet important conseil duquel je craignis moins que lui, sans toutefois que je le pusse bien rassurer.

L'embarras, à mon avis, fut plus grand du côté du Roi, qui, comme je l'ai dit, s'effarouchoit des surprises. Quelque coup d'œil ou quelque geste du maréchal de Villeroy pouvoit le jeter dans le trouble, et ce trouble l'empêcher de dire un seul mot. Il falloit pourtant un oui et un consentement exprimé de sa part, et s'il s'opiniâtroit à se taire, que devenir pour le conseil de régence ? Et si, par dépit d'être pressé, il alloit dire non, que faire et par où en sortir ? Cet embarras possible nous tint M. le duc d'Orléans, le cardinal du Bois et moi, en consultations redoublées. Enfin il fut conclu que, dans la fin de la matinée du jour du conseil de régence, qui ne seroit tenu que l'après-dînée, M. le duc d'Orléans manderoit séparément Monsieur le Duc et Monsieur de Fréjus : Monsieur le Duc, dont il n'y avoit rien à craindre, et à qui ce secret ne pouvoit être, à ce qu'il étoit, caché plus long-

---

1. Voyez tome VII, p. 422 et note 1.

temps, qui même pouvoit se blesser d'une si tardive confidence; Fréjus pour le caresser par cette distinction sur le maréchal de Villeroy, l'avoir présent lorsque M. le duc d'Orléans apprendroit au Roi son mariage, et qu'il fût là tout prêt à servir le Régent de tout ce qu'il pouvoit sur le Roi. Monsieur le Duc fut surpris, mais ne se fâcha point, et fit très-bien auprès du Roi. Fréjus fut froid, il parut sentir que le besoin lui valoit la confidence, loua l'alliance, par manière d'acquit, que Monsieur le Duc avoit fort approuvée, trouva l'infante bien enfant, ce qui n'avoit fait aucune difficulté à Monsieur le Duc, dit néanmoins qu'il ne croyoit pas que le Roi résistât, ni qu'il en fût ni aise ni fâché, promit de se trouver auprès de lui quand la nouvelle lui seroit apprise, et fut modeste sur le reste. Le secret sans réserve, et nommément pour le maréchal de Villeroy, leur fut fort recommandé à tous deux. Je doute par ce qu'on va voir que Fréjus y ait été fidèle, et qu'il n'en ait pas fait sur-le-champ sa cour au maréchal, qu'il avoit soigneusement l'air de cultiver en choses qui n'intéressoient point ses vues.

Le moment venu nous arrivâmes tous aux Tuileries, où M. le duc d'Orléans, qui, pour laisser assembler tout le monde, étoit arrivé le dernier, me conta dans un coin avant d'entrer chez le Roi ce qui s'étoit passé quelques heures auparavant entre lui et Monsieur le Duc et Fréjus, l'un après l'autre. Il pirouetta un peu dans le cabinet du conseil, en homme qui n'est pas bien brave et qui va monter à l'assaut. Je ne le perdois point de vue, et à le voir de la sorte, j'étois inquiet; enfin il entra chez le Roi; je le suivis; il demanda qui étoit dans le cabinet avec le Roi, et sur ce qu'on ne lui nomma point Fréjus, il l'envoya chercher. Il s'amusa là comme il put, peu de temps, puis il entra dans le cabinet où étoit Monsieur le Duc, qui y étoit entré en même temps que M. le duc d'Orléans s'étoit arrêté dans la chambre, le maréchal de Villeroy et quelques gens intérieurs, comme sous-gouverneurs, etc. Je restai dans la chambre, où je petillois de la lenteur de

Fréjus, qui ne me paroissoit pas de bon augure. Enfin il arriva, l'air empressé, comme un homme mandé et qui a fait attendre. Fort peu après qu'il fut entré dans le cabinet, j'en vis sortir le peuple, c'est-à-dire qu'il n'y demeura que M. le duc d'Orléans le cardinal du Bois, qui étoit entré dans le cabinet avec lui, Monsieur le Duc, le maréchal de Villeroy et Fréjus. Alors, me trouvant seul de ma sorte et du conseil de régence dans cette chambre, et ma curiosité satisfaite de les savoir aux mains, je rentrai dans le cabinet du conseil, sans toutefois m'éloigner de la porte par où je venois d'y rentrer.

Peu après, les maréchaux de Villars, d'Estrées et d'Huxelles, vinrent l'un après l'autre à moi, surpris de cette conférence secrète qui se tenoit dans le cabinet du Roi. Ils me demandèrent si je ne savois point ce que c'étoit. Je leur répondis que j'en étois dans la même surprise qu'eux et dans la même ignorance. Ils demeurèrent tous trois à causer avec moi, pendant un bon quart d'heure, ce me semble, car le temps me parut fort long, et cette longueur me faisoit craindre quelque chose de fort fâcheux et de fort embarrassant. A la fin le maréchal de Villars dit : « Entrons là dedans en attendant ; nous y serons aussi bien qu'ici ; » et là-dessus nous entrâmes jusque dans la chambre du Roi, où il n'y avoit que de ses gens et les sous-gouverneurs.

Très-peu de temps après que nous y fûmes, la porte du cabinet s'entr'ouvrit, je ne sais ni pourquoi ni comment, car je causois le dos tourné à la porte avec le maréchal d'Estrées ; un peu de bruit me fit tourner, et je vis le maréchal d'Huxelles qui entroit dans le cabinet. A l'instant le maréchal de Villars, qui étoit avec lui, nous dit : « Il entre, pourquoi n'entrerions-nous pas ? » et nous entrâmes tous trois. Le dos du Roi étoit vers la porte par où nous entrions[1] ; M. le duc d'Orléans en face, plus rouge qu'à son ordinaire ; Monsieur le Duc auprès de lui, tous

---

1. *Entrerions*, au manuscrit.

deux la mine allongée; le cardinal du Bois et le maréchal
de Villeroy en biais; et Monsieur de Fréjus tout près du
Roi, un peu de côté, en sorte que je le voyois de profil
d'un air qui me parut embarrassé. Nous demeurâmes
comme nous étions entrés derrière le Roi, moi tout à fait
derrière. Je m'avançai la tête un instant pour tâcher de
le voir de côté, et je la retirai bien vite, parce que je le
vis rouge, et les yeux, au moins celui que je pus voir,
plein[1] de larmes. Aucun de ce qui étoit avant nous ne
branla pour notre arrivée ni ne nous parla. Le cardinal
du Bois me parut moins empêtré, quoique fort sérieux,
le maréchal de Villeroy secouant sa perruque tout à son
ordinaire, au moins c'est ce qui me frappa au premier
coup d'œil en entrant. « Allons, mon maître, disoit-il, il
faut faire la chose de bonne grâce. » Fréjus se baissoit
et parloit au Roi à demi bas, et l'exhortoit, ce me sembla,
sans entendre ce qu'il lui disoit. Les autres étoient en
silence très-morne, et nous derniers entrés fort étonnés
du spectacle, moi surtout, qui savois de quoi il s'agissoit.
A la fin je démêlai que le Roi ne vouloit point aller au
conseil de régence, et qu'on le pressoit là-dessus, je n'osai
jamais faire aucun signe à M. le duc d'Orléans ni au cardinal du Bois, pour tâcher d'en découvrir davantage.
Tout ce manége dura presque un quart d'heure. Enfin
Monsieur de Fréjus ayant encore parlé bas au Roi, il dit
à M. le duc d'Orléans que le Roi iroit au conseil, mais
qu'il lui falloit quelques moments pour le remettre.

Cette parole remit quelque sérénité sur les visages.
M. le duc d'Orléans répondit que rien ne pressoit, que
tout le monde étoit fait pour attendre ses moments; puis
s'approchant entre le Roi et Fréjus, tout contre, il parla
bas au Roi, puis dit tout haut : « Le Roi va venir, je crois
que nous ferons bien de le laisser; » sortit et nous tous,
tellement qu'il ne demeura avec le Roi que Monsieur le
Duc, le maréchal de Villeroy et l'évêque de Fréjus. En

---

1. Il y a bien *plein*, au singulier.

chemin pour aller dans le cabinet du conseil, je m'approchai de M. le duc d'Orléans, qui me prit sous le bras et se jeta dans mon oreille, s'arrêta dans un détroit de porte, et me dit que le Roi à la mention de son mariage, s'étoit mis à pleurer, qu'ils avoient eu toutes les peines du monde, Monsieur le Duc, Fréjus et lui, d'en tirer un oui, et après cela qu'ils avoient trouvé la même répugnance à aller au conseil de régence, dont nous avions vu la fin. Il n'eut pas loisir de m'en dire là davantage, et nous rentrâmes dans le cabinet du conseil avec lui. Or, il étoit essentiel que le Roi y déclarât, ou du moins y fût présent à la déclaration de son mariage, qui étoit chose si personnelle qu'elle n'y pouvoit passer sans lui. Ceux qui le composoient et qui étoient demeurés dans le cabinet du conseil, surpris de cette longue et inusitée conférence dans le cabinet du Roi, nous voyant rentrer, s'approchèrent avec curiosité, sans toutefois oser demander ce que c'étoit; tous avoient l'air occupé. M. le duc d'Orléans s'amusa comme il put avec les uns et les autres, disant que le Roi alloit venir. Les trois maréchaux et moi, qui rentrions avec M. le duc d'Orléans, nous séparâmes sans nous trop mêler avec personne. Cela fut court. Le Roi entra avec Monsieur le Duc et le maréchal de Villeroy, et tout aussitôt on se mit en place. Le cardinal du Bois, qui n'entroit plus au conseil de régence depuis qu'il portoit la calotte rouge, s'en étoit allé tout de suite au sortir du cabinet du Roi.

Assis tous en place, tous les yeux se portèrent sur le Roi, qui avoit les yeux rouges et gros, et avoit l'air fort sérieux. Il y eut quelques moments de silence, pendant lesquels M. le duc d'Orléans passa les yeux sur toute la compagnie, qui paroissoit en grande expectation; puis les arrêtant sur le Roi, il lui demanda s'il trouvoit bon qu'il fît part au conseil de son mariage. Le Roi répondit un oui sec, en assez basse note, mais qui fut entendu des quatre ou cinq plus proches de chaque côté, et aussitôt M. le duc d'Orléans déclara le mariage et la prochaine

venue de l'infante, ajoutant tout de suite la convenance
et l'importance de l'alliance, et de resserrer par elle
l'union si nécessaire des deux branches royales si proches,
après les fâcheuses conjonctures qui les avoient refroi-
dies. Il fut court, mais nerveux, car il parloit à merveilles
et demanda les avis; on peut bien juger quels ils furent.
Presque aucun n'étendit le sien, sinon les maréchaux de
Besons et d'Huxelles un peu; l'évêque de Troyes, le maréchal d'Estrées un peu davantage. Le maréchal de Villeroy
n'approuva qu'en deux mots, ajoutant d'un air chagrin
qu'il étoit bien fâcheux que l'infante fût si jeune. Je
m'étendis plus qu'aucun, mais toutefois sobrement. Le
comte de Toulouse approuva en deux mots de fort bonne
grâce, Monsieur le Duc aussi; puis M. le duc d'Orléans
parla encore un peu sur l'unanimité des suffrages à
laquelle il s'étoit bien attendu sur un mariage si convenable, sur quoi il s'étendit encore un peu. Puis se tournant vers le Roi, il s'inclina, et d'un air souriant, comme
pour l'inviter à prendre le même, il lui dit : « Voilà
donc, Sire, votre mariage approuvé et passé, et une
grande et heureuse affaire faite. » Puis tout aussitôt, il
ordonna le rapport de l'affaire du papier, qui passa
avec un grand air de regret de toute la compagnie, et dans laquelle j'opinai négativement en deux
mots, comme j'en étois convenu avec M. le duc d'Orléans.

Le conseil levé, chacun se retira, sans trop se joindre
les uns les autres. Je démêlai sans peine que le gros
approuvoit la réunion avec l'Espagne, mais étoit peiné
de l'enfance de l'infante, qui retardoit si fort l'espérance
d'en voir des enfants au delà du temps où le Roi pouvoit
devenir père, et j'en remarquai d'autres à qui rien n'en
plaisoit, tels que les maréchaux de Villeroy, Villars,
Huxelles, et sournoisement Tallart.

Je laissai rentrer M. le duc d'Orléans au Palais-Royal,
puis j'allai l'y trouver, curieux de savoir plus en détail ce
qu'il n'avoit pu me dire qu'en gros à l'oreille entre ces

deux portes. Il ne fit en effet qu'étendre ce qu'il m'avoit
dit, parce que tout s'étoit passé avec peu de paroles. Il
me dit qu'après avoir dit au Roi la convention de son
mariage sous son bon plaisir, il ne doutoit pas qu'il n'y
voulût bien consentir, et qu'il ne l'approuvât ; sur quoi
voyant ses yeux rougir et s'humecter en silence, il n'avoit
pas fait semblant de s'en apercevoir, et s'étoit mis à
expliquer à la compagnie la nécessité et les avantages de
ce mariage, tels qu'il avoit estimé devoir passer par-dessus
l'inconvénient de l'âge de l'infante ; que Monsieur le
Duc, après ce court discours, l'avoit repris et approuvé
fort bien en deux mots ; que le cardinal du Bois avoit
étendu les raisons, et atténué l'inconvénient de l'âge, par
l'avantage d'élever ici l'infante aux manières françoises,
et d'accoutumer ensuite le Roi et elle réciproquement,
tout cela néanmoins en assez peu de mots, tandis que
les larmes tomboient des yeux du Roi assez dru, et que
de fois à autre Fréjus lui parloit bas, sans en tirer aucune
réponse ; que le maréchal de Villeroy, avec force gestes
et quelques phrases, avoit dit qu'on ne pouvoit s'empêcher de reconnoître l'utilité de la réunion des deux branches, ni aussi l'importance que le Roi eût des enfants dès
qu'il en pourroit avoir, et que, dans une affaire aussi desirable, il étoit malheureux qu'il n'y eût point en Espagne
de princesse d'un âge plus avancé ; que néanmoins il ne
doutoit point que le Roi n'y donnât son consentement
avec joie, et tout de suite lui en dit quelques paroles
d'exhortation. M. le duc d'Orléans reprit là-dessus la parole sur les avantages et la nécessité incomparablement
plus considérables que l'inconvénient de l'âge, mais en
deux mots. Le cardinal du Bois ne parla plus et ils atten-
dirent en grandes angoisses ce que l'affaire deviendroit entre les mains de Fréjus, qui étoit leur seule espérance. Ce prélat parla peu sur la chose. Il dit en s'adressant
au Roi qu'il devoit marquer sa confiance aux lumières
de M. le duc d'Orléans, sur un mariage qui le réunissoit
si heureusement avec le roi son oncle, comme il la lui

donnoit sur le gouvernement de son royaume, puis parloit bas au Roi à reprises, et par-ci, par-là quelques paroles d'exhortation sèches et tout haut du maréchal de Villeroy, jusqu'à ce qu'enfin le Roi eut[1] prononcé qu'il y consentoit. Tout cela s'étoit passé avant que les trois maréchaux et moi entrassions dans le cabinet. On en étoit alors à exhorter le Roi d'aller au conseil de régence, où aussitôt après qu'il eut donné son consentement, M. le duc d'Orléans lui avoit dit que sa présence étoit nécessaire pour un consentement public, et pour que le mariage fût passé au conseil de régence, sur quoi le Roi larmoyoit toujours et ne répondoit point. Le reste dont nous fûmes témoins, je l'ai expliqué.

Le cardinal du Bois arriva en tiers comme M. le duc d'Orléans raisonnoit avec moi de tout ce détail qu'il venoit de me raconter, et tous deux convinrent que, sans l'évêque de Fréjus, qui encore s'étoit fait attendre, et n'avoit pas montré agir de trop bon cœur, ils ne savoient ce qui en seroit arrivé. L'angoisse en avoit été si forte, qu'ils s'en sentoient encore tous deux. Aussitôt on dépêcha un courrier en Espagne et un autre au roi de Sardaigne, grand-père du Roi. La nouvelle courut Paris dès que ceux du conseil de régence en furent sortis; les Tuileries et le Palais-Royal furent bientôt remplis de tout ce qui venoit se présenter devant le Roi et faire des compliments au Régent de la conclusion de ce grand mariage, ce qui continua les jours suivants. Le Roi eut peine à reprendre quelque gaieté tout le reste du jour, mais le lendemain il fut moins sombre, et peu à peu il n'y parut plus.

Rien ne fut plus marqué que le changement subit de cette cabale si opposée au Régent, qui tenoit si fortement au duc du Maine et qu'on appeloit de la vieille cour, dont il a été parlé ici tant de fois. Elle avoit été jusqu'alors toute espagnole, et l'avoit bien montré dans ses liaisons

1. Ce verbe est bien à l'indicatif.

avec le prince de Cellamare et dans son union avec lui dans tous ses projets. L'Espagne, alors dominée par Alberoni, ne respiroit que la chute du Régent, et de gouverner la France par un vice-régent qu'elle nommeroit et qui devoit être le duc du Maine. Ainsi tant que l'Espagne fut contraire au Régent, cette cabale ne prêchoit que l'Espagne et professoit un attachement public pour le roi d'Espagne. Sur quoi elle eut beau jeu par rapport à l'incroyable ensorcellement d'Angleterre, dû tout entier à l'intérêt personnel de l'abbé du Bois, qui en devint cardinal, avec une pension d'Angleterre immense. Dès que la cabale vit le mariage d'Espagne fait par le Régent, elle en fut outrée et ne le put cacher. Ce fut bien pis dix ou douze jours après.

M. le duc d'Orléans, comme on l'a vu, jugea fort prudemment qu'il ne devoit pas déclarer les deux mariages à la fois, et l'expérience qu'il eut de la déclaration de celui du Roi, lui donna sujet de s'applaudir beaucoup d'avoir pris un conseil si sage. Il crut même avec raison devoir mettre cet intervalle avant de déclarer le second, pour laisser raccoiser[1] les humeurs et refroidir les esprits, mais il falloit enfin finir cette seconde affaire; ainsi dix ou douze jours après celle qui vient d'être rapportée, il alla chez le Roi, après l'avoir dite à Monsieur le Duc, et à Monsieur de Fréjus. Il les trouva dans le cabinet du Roi, il en fit sortir tous les autres, et entrer le cardinal du Bois, et là il dit au Roi l'honneur que le roi d'Espagne lui vouloit faire, et lui demanda la permission de l'accepter. Cela se passa tout uniment, sans la moindre difficulté, mais le maréchal de Villeroy ne put s'empêcher, dans le compliment qu'il fit sur-le-champ à M. le duc d'Orléans, de témoigner son étonnement, qui sentit fort le dépit. Le lendemain M. le duc d'Orléans en fit la déclaration au conseil de régence, le Roi présent, qui y assistoit presque toujours, où les avis et les courts com-

1. Calmer.

pliments [1] de chacun au Régent ne furent qu'une même chose. Les maréchaux de Villeroy, Villars et d'Huxelles y parurent le visage enflammé, car le mariage de la fille de M. le duc d'Orléans avec le prince des Asturies fut public dès qu'il eut été annoncé au Roi, et ne purent cacher leur dépit, pour ne pas dire leur désespoir. Le maréchal de Tallart et quelques autres n'en étoient pas plus contents; mais à travers un embarras qu'ils ne purent cacher, ils se contraignirent davantage. Le lenmain le Roi alla au Palais-Royal, puis à Saint-Cloud, faire compliment sur ce grand et incroyable mariage à M. et à Mme la duchesse d'Orléans, à Mlle de Montpensier et à Madame, où toute la cour, tous les ministres étrangers, et tout ce qu'il y eut de considérable à Paris accourut en foule.

Il faut avouer ici qu'il n'y eut rien en soi de si surprenant que le mariage du prince des Asturies avec une fille de M. le duc d'Orléans, après tout ce qui s'étoit passé de personnel entre ce prince et le roi d'Espagne, tant pendant les dernières années du dernier règne, où il ne s'étoit agi de rien moins que de couper la tête à M. le duc d'Orléans, par les menées de la princesse des Ursins, du duc du Maine, de Mme de Maintenon, de la cabale de Meudon, comme on l'a vu en son temps; de le chasser depuis de la régence, et de le perdre par les intrigues du duc du Maine, qui vouloit régner en sa place, d'Alberoni et de l'ambassadeur Cellamare; enfin par tout ce qui s'étoit passé d'inique contre l'Espagne pour favoriser l'Angleterre même aux dépens de la France, par un aveuglement forcené pour l'intérêt unique et personnel de du Bois; et que ce même du Bois, qui devoit être si odieux à l'Espagne, ait osé concevoir le dessein d'y réconcilier son maître, encore plus odieux comme en ayant été si cruellement offensé, et comme en ayant bien su depuis rendre l'offense; que du Bois, dis-je, non-seulement en

1. Saint-Simon avait d'abord écrit *le court compliment ;* puis il a corrigé *le* en *les,* tout en laissant les deux autres mots au singulier.

soit venu à bout, mais encore de porter une fille de M. le duc d'Orléans sur le trône d'Espagne, il faut convenir que c'est un chef-d'œuvre de l'audace et d'un bonheur sans pareil. Le détail de la négociation n'est jamais venu à ma connoissance.

M. le duc d'Orléans étoit tenu de trop court depuis longtemps par du Bois pour m'en faire part, et le secret du traité du double mariage ne m'auroit jamais été confié quand il fut conclu, sans ce reste d'amitié, de confiance, d'habitude, qui fut plus fort dans M. le duc d'Orléans que le poids de du Bois sur sa foiblesse, fatiguée de m'avoir caché le projet, tant qu'il ne fut pas arrêté et convenu. Je ne puis donc dire rien de toute cette négociation, dont M. le duc d'Orléans m'a laissé ignorer le détail après comme devant, et à qui aussi je n'en ai point fait de question, sinon qu'il me dit que le mariage de sa fille avoit été la condition absolue de celui du Roi, et que le roi d'Espagne étoit si intimement et si parfaitement François, qu'il n'avoit fait de difficulté à rien moyennant le mariage de sa fille; de là je juge que, s'il y eut de l'effronterie à tenter ce traité, il fut conclu tout de suite par le bonheur sans pareil de l'inclination de Philippe V, si passionnément françoise, qu'elle surnagea à tout pour mettre sa fille sur le trône de ses pères. *Fortuna e dormire*, dit l'Italien, ou pour mieux dire la Providence, qui règle tout et qui produit tout par des ressorts profondément cachés aux hommes. Car il faut dire que, quoi qu'il soit arrivé de ces mariages, par la mort de M. le duc d'Orléans uniquement, il en a bien profité pendant le court reste de sa vie, et lui et la France bien plus grandement, s'il avoit vécu les années ordinaires des hommes, auquel cas l'infante eût bien sûrement régné en France.

Si la nouvelle de la déclaration du mariage du Roi avoit bien étourdi et affligé la cabale opposée à M. le duc d'Orléans, celle de la déclaration de celui d'une des princesses ses filles avec le prince des Asturies l'atterra. Ce fut un accablement si marqué dans toute leur contenance, qu'il les distinguoit aux yeux les moins perçants, et les tint plusieurs jours dans un morne silence. Aucun de ce qui la composoit ne s'étoit défié que le roi d'Espagne pût être réconcilié à M. le duc d'Orléans ; combien moins qu'il pût être capable d'accepter une de ses filles pour lui faire porter sa couronne après lui! Dans la pleine confiance de cette impossibilité en effet si parfaitement apparente, ils avoient sans cesse les yeux et le cœur tournés sur le roi d'Espagne, comme étant également le fils de la maison et le plus irréconciliable ennemi de M. le duc d'Orléans. Ils n'avoient donc aussi que l'Espagne dans la bouche, qui étoit l'ancre de leurs espérances, la protection de leurs mouvements, le seul moyen de l'accomplissement de leurs desirs, et par tout ce que du Bois n'avoit cessé de faire contre elle en faveur de l'Angleterre, l'occasion continuelle et sans indécence de fronder et décrier le Régent et son gouvernement, qui d'ailleurs leur avoit donné beau jeu du côté des finances et de celui de sa vie domestique. Toutes ces choses si flatteuses, qui, malgré le peu de succès de leur malignité, de leur haine, de leurs efforts, faisoient toutefois encore toute la nourriture de leur esprit, de leur volonté, de leurs vues, non-seulement tomboient et disparoissoient par ce double mariage, mais se tournoient contre eux, et les laissoient, dans le moment même, en proie au vide, à la nudité, au désespoir, sans nul point d'appui, sans bouclier, sans ressources. L'horreur qu'ils conçurent aussi d'un revers si subit et si complétement inattendu, fut plus visible que facile à représenter, et plus forte qu'eux et que leurs plus politiques. J'avoue que c'étoit un plaisir pour moi d'en rencontrer, hommes, femmes, gens de tous états. Je l'ai déjà dit, cette cabale s'étoit reconcertée depuis le rétablissement du duc du Maine et les nouvelles entreprises du Parlement depuis le lit de justice des Tuileries ; mais ce dernier coup l'écrasa. Néanmoins, ayant un peu repris ses esprits au bout de quelques jours, elle se mit à détester l'Espagne à la même mesure qu'elle s'y étoit attachée, et ce contraste fut si subit, si entier, si peu mesuré, qu'il ne falloit que le voir et l'entendre pour en sentir la cause, même dans ceux dont le bas aloi avoit détourné tous soupçons.

Le premier président et sa cabale des gens du Parlement frémissoient ouvertement, ainsi que beaucoup de gens de cette prétendue noblesse, dont le duc et la duchesse du Maine s'étoient si heureusement servis par leurs prestiges, comme on l'a vu ici en son temps, et dont l'imbécile aveuglement subsistoit encore pour eux. Force grands seigneurs, même du conseil de régence, même des mieux traités d'ailleurs, ne pouvoient cacher leur contrainte, en sorte que par le subit effet de la nouvelle de ces mariages, dont ils ne se purent défendre dans le premier étourdissement, qui fut même assez long, on en découvrit plus qu'on n'avoit fait par les perquisitions estropiées de l'affaire de Cellamare et du duc et de la duchesse du Maine, quoique dès lors on en eût plus trouvé, même parmi les grands et les considérables, qu'on n'auroit voulu, et qu'on crut devoir étouffer, comme il a été dit dans le temps. Aux cris contre l'Espagne ils en joignirent contre M. le duc d'Orléans, qui, disoient-ils, sacrifioit le Roi à un enfant sorti à peine du maillot, pour marier si grandement sa fille, et pour la criminelle espérance qu'en retardant sa postérité, il pût manquer avant l'âge de l'infante, et M. le duc d'Orléans régner, lui et la sienne, en sa place, après s'être fait un appui de l'Espagne, si justement et si longuement son ennemie personnelle. Ainsi, de rage, ils crioient à l'habileté, pour en donner l'impression la plus sinistre; mais la douleur vive excite les cris. On les méprisa, et on ne songea plus qu'à exécuter promptement tout ce qui pouvoit l'être de ce traité de double mariage, et à jouir et profiter de ses fruits. On eut raison alors, après l'imprudence d'une déclaration si étrangement précoce et si propre à rallumer tous les mouvements du dehors et du dedans. On ne sera pas longtemps sans voir combien il étoit devenu instant d'achever ce qu'on avoit déclaré. La cabale, toute accablée qu'elle fût pendant les premiers jours, reprit encore quelque courage, et se mit à travailler à éloigner les mariages pour se donner le temps de les pouvoir rompre tout à fait. Ce fut aussi le coup de partie de ne lui en pas laisser le loisir.

J'étois, pendant toutes ces démarches si différentes, aux mains avec le cardinal du Bois. Il étoit enragé de mon ambassade, et comme tout me le montra manifestement dans tout son préparatif et sa durée, il avoit résolu, en gardant tous les dehors, de me ruiner et de me perdre. Je m'en défiois bien, et j'eus lieu tout aussitôt de n'en point douter. De lui à moi d'abord, profusions d'amitié, d'attachement, de chose à moi due que cette ambassade et ses suites pour mes enfants, de tout ce que M. le duc d'Orléans me devoit de reconnoissance et d'amitié, et lui-même de mes anciennes bontés pour lui de tous les temps. Avec ces propos et des généralités sur la chose, il évita tant qu'il put d'entrer en matière pour avoir lieu de tout précipiter et de ne me donner le loisir de rien discuter avec lui, pour me faire tomber dans tous les panneaux qu'il me tendroit, et d'ailleurs dans tous les inconvénients possibles. Ce fut une anguille qui glissa sans cesse entre mes mains tant qu'il sentit quelque distance jusqu'à mon départ. Comme il le vit s'approcher, il se mit à me prêcher la magnificence et à vouloir entrer dans le détail de mon train. Je le lui expliquai, et tout autre l'eût trouvé plus que convenable; mais comme son dessein étoit de me ruiner, il s'écria donc, et l'augmenta d'un tiers. Je lui représentai l'excès de cette dépense, l'état des finances, le déchet prodigieux du change; j'en eus pour toute réponse que cela devoit être ainsi pour la dignité du Roi dans une ambassade de cet éclat, et que c'étoit à Sa Majesté à en porter toute la dépense. J'en parlai à M. le duc d'Orléans, qui me donna plus de loisir à mes représentations; mais qui, persuadé par le cardinal, me tint le même langage.

Cet article passé, ce dernier voulut savoir le nombre d'habits que j'aurois et que je donnerois à mes enfants, et quels ils seroient; en un mot, il n'est détail de table et d'écurie où il n'entrât et qu'il n'augmentât du double. Embarrassé de ma résistance et de mes raisons, il me détachoit tantôt Belle-Isle, tantôt le Blanc, qui, comme d'eux-mêmes et comme mes amis, m'exhortoient à ne pas m'opiniâtrer contre un homme si impétueux, si dangereux, si fort en totale possession de la facilité et de la foiblesse de M. le duc d'Orléans, qui, moi parti, demeuroit sans contre-poids et auroit beau jeu à profiter de mon absence, tandis que j'aurois à passer indispensablement par lui dans tout le cours de mon ambassade. Tout cela n'étoit que trop vrai. Il fallut donc céder, quoique je sentisse bien qu'une fois embarqué ils ménageroient la bourse du Roi aux dépens de la mienne.

Dès que les mariages furent déclarés, je pressai pour l'être, afin de pouvoir faire travailler à mes équipages. Cela m'avoit été très-expressément défendu jusque-là, et avec raison, pour ne donner d'éveil à personne, mais la raison cessant avec la déclaration des mariages, et d'ailleurs le temps pressant, je ne crus pas que cela pût recevoir aucune difficulté. Je m'y trompai. Les défenses subsistèrent quoi que je pusse alléguer. C'est que le cardinal vouloit qu'il m'en coûtât le double par la précipitation, ainsi qu'il arriva, et me mettre de plus dans l'impossibilité d'avoir tout, faute de temps, et cette faute me l'imputer tant auprès de M. le duc d'Orléans, qu'il avoit entièrement prévenu, qu'en Espagne, et faire de plus crier les envieux après moi. Néanmoins je ne cessois de presser là-dessus, et en même temps d'entamer les instructions qui m'étoient nécessaires, et qui, se passant du cardinal et de M. le duc d'Orléans à moi, n'affichoient rien au public comme la préparation des équipages. Ce fut encore ce que je ne pus obtenir; ils me répondoient lestement qu'en une ou deux conversations la matière seroit épuisée. C'est que le cardinal vouloit que je ne fusse instruit qu'en l'air, m'ôter le loisir des réflexions, des questions, des éclaircissements, et me jeter dans les embarras et les occasions de faire des sottises, qu'il comptoit bien de relever fortement. Enfin, lassé de tant et de si dangereuses remises, et comprenant bien que ma déclaration ne se différoit que pour les faire durer jusqu'à l'extrémité, j'allai le mardi 23 septembre trouver M. le duc d'Orléans, et pris exprès mon temps qu'il étoit dans son appartement des Tuileries ; là, je lui parlai si bien, qu'il me dit qu'il n'y avoit qu'à monter chez le Roi. Il m'y mena, et dans le cabinet du Roi, où il étoit avec ses sous-gouverneurs et peu de monde qu'on n'en fit point sortir, je fus déclaré. Au sortir du cabinet, M. le duc d'Orléans me fit monter dans son carrosse, qui l'attendoit, et me mena au Palais-Royal, où nous commençâmes à parler sérieusement d'affaires sur mon ambassade.

Je crois que le cardinal du Bois fut bien fâché de la déclaration, qu'il vouloit encore différer, et qu'elle se fût faite de la sorte. Mais après cela, il n'y eut plus moyen de reculer. Dès le lendemain on se mit à travailler à mes équipages, sur lesquels le cardinal montra autant d'empressement et d'impatience qu'il avoit auparavant affecté de lenteur et de délais. Il envoyoit presser les ouvriers, voulut voir un habit de chaque sorte de domestique, livrée et autres, en augmenta encore la magnificence, et se fit apporter tous les habits faits pour moi et pour mes enfants. Enfin la presse de me faire partir dès que je fus déclaré fut si grande, qu'il fit transporter tout ce qui put l'être sur des haquets en poste jusqu'à Bayonne, ce qui ne fut pas à bon marché pour moi. Il voulut savoir qui je mènerois, en m'exhortant à une grande suite. Je lui nommai le comte de Lorges, le comte de Céreste, mes deux fils, l'abbé de Saint-Simon, son frère, le major de son régiment, qui avoit servi en Espagne, étoit fort entendu, officier de grande distinction, et qui me fut infiniment utile; je le fis depuis lieutenant de Roi de Blaye; un mestre de camp réformé dans le régiment de mon second fils, l'abbé de Mathan, ami de l'abbé de Saint-Simon, qui est toujours depuis demeuré des miens. On a vu ailleurs que je l'étois fort du marquis de Brancas. Céreste, son frère de père et de mère, mais de vingt-cinq ans plus jeune, étoit aussi ami de mes enfants. Il eut envie de faire ce voyage; son frère aussi desira qu'il y vînt, et je le tins à honneur. Nous fîmes lui et moi grande connoissance dans ce voyage. Je trouvai en ce jeune homme un homme tout fait, et fait également pour l'agréable et le solide. L'estime forma l'amitié, qui a depuis subsisté intime.

Le cardinal approuva fort toute cette compagnie; mais je fus bien surpris lorsqu'il m'envoya Belle-Isle et le Blanc me dire qu'il falloit que je menasse une quarantaine d'officiers des régiments de cavalerie de mes enfants et de celui d'infanterie du marquis de Saint-Simon, à quoi ils suppléeroient si ces corps ne m'en pouvoient fournir ce nombre. Je m'écriai à la folie et à la dépense. Je représentai au Régent et au cardinal l'inutilité d'un accompagnement si nombreux, si coûteux, si embarrassant; qu'on [n']avoit jamais fait d'accompagnement militaire à aucun ambassadeur, excepté le marquis de Lavardin, parce qu'il alloit à Rome, malgré le pape Innocent XI, soutenir à vive force les franchises des ambassadeurs, que le Pape avoit supprimées, et à quoi les autres puissances avoient consenti; qu'on savoit que le Pape, tout autrichien, seroit soutenu par les forces que feroient couler dans Rome le vice-roi de Naples et le gouverneur de Milan, ce qui avoit obligé d'envoyer force gardes marines et officiers à Rome, pour soutenir M. de Lavardin; que moi, au contraire, j'allois exercer une ambassade de paix, d'union, de ralliement intime, qui n'avoit aucun besoin d'escorte; qu'outre l'inutilité et la dépense extrême de mener et défrayer quarante officiers des troupes du Roi, ces officiers ne pourroient être que de jeunes gens dont la tête, la galanterie indiscrète et françoise[1], les aventures me donneroient plus d'affaires que toutes celles de l'ambassade. Rien de plus évidemment vrai et raisonnable que ces représentations; rien de plus inutile et de plus mal reçu.

Le cardinal avoit entrepris de me ruiner, et de me susciter tout ce qu'il pourroit d'embarras d'affaires et de tracasseries en Espagne. Il crut avec raison que rien n'étoit plus propre à l'y faire réussir que de me charger de quarante officiers. Faute d'en trouver, je n'en menai que vingt-neuf, et si le cardinal réussit du côté de ma bourse, je fus si heureux, et ces Messieurs si sages, qu'il n'en tira rien de ce qu'il s'en étoit proposé. Il manda à Sartine de faire en Espagne tout ce qui ne se pouvoit faire que là, pour mes équipages, mules, carrosses, domestiques espagnols, provisions, outre celles que je tirerois de France, lequel s'en acquitta à souhait.

Sartine étoit de Lyon, où il s'étoit mêlé de banque, et avoit eu la direction générale des vivres des armées d'Espagne; il s'y étoit stabilié[2]; il y avoit eu force hauts et bas de la fortune. C'étoit un homme de figure agréable, d'esprit et de beaucoup d'entendement, d'intelligence, d'expédients, et beaucoup de facilité d'agrément et d'expédition dans le travail. Il étoit souvent consulté sur les résolutions à prendre, personnellement bien avec le roi d'Espagne, et avec la plupart des ministres et des grands, sur un pied d'honnête homme et de considération. Je n'en ai jamais vu rien que de bon, ni ouï dire aucun mal tant soit peu fondé. Des amis si considérables et les marques fréquentes de la confiance du roi lui firent des ennemis. Il fut poussé à l'intendance générale de la marine par son ami Tinnaguas, qui en étoit secrétaire d'État, et eut aussi une place dans une junte formée pour le commerce. Alberoni, dès ses premiers commencements, perdit Tinnaguas, et Sartine remit son inten-

1. Il y a *indiscrète* au singulier, et *françoises* au pluriel.
2. Affermi.

dance, qu'il sentit bien qu'on lui ôteroit ; mais Alberoni le poussa sur des comptes, quoique apurés, et lui retint en même temps ses papiers. Il lui fit de plus un crime de ses liaisons avec le duc de Saint-Aignan ; et quand il força cet ambassadeur à se retirer en France, de la façon qui a été racontée en son temps, il fit arrêter Sartine, lui fit très-inutilement subir divers interrogatoires, et Sartine ne sortit de prison que lorsque Alberoni sortit lui-même d'Espagne. Ce n'étoit pas un homme sans ambition, mais sage, et sans se méconnoître, laborieux, actif, pénétrant extrêmement au fait de la marine et du commerce d'Espagne et des Indes, d'ailleurs serviable et bon ami, doux et aimable dans le commerce, fort François sans s'en cacher, et néanmoins généralement aimé des Espagnols dans tous les temps. Il épousa une camariste de la reine, qui étoit fort bien avec elle. Peu après mon départ, il fut intendant de Barcelone, l'a été longtemps, et est mort dans cet emploi. Je me suis étendu sur lui parce qu'il m'a été très-utile en Espagne, et pour mes affaires, et pour mille choses de la cour et du gouvernement, en sorte que j'étois demeuré en liaison avec lui.

Mon premier soin, sitôt que ma déclaration me mit en liberté, fut d'écrire au duc de Berwick, qui commandoit en Guyenne, et se tenoit pour lors à Montauban, et de voir Amelot et le duc de Saint-Aignan, pour tirer d'eux toutes les lumières et les instructions que je pourrois sur l'Espagne, où ils avoient tous trois été longtemps. J'en tirai de solides d'Amelot, et du duc de Saint-Aignan un portrait des gens principaux en crédit, ou par leur état, ou par leur intrigue, très-bien écrit, et que j'ai reconnu parfaitement véritable ; du duc de Berwick, quelque chose de semblable, mais fort en raccourci et avec plus de mesure ; mais ce qui me fut infiniment utile, c'est ce qu'il fit de lui-même qui fut de mander au duc de Liria, son fils, établi, comme on l'a vu ici en son temps, en Espagne, de me servir en toutes choses ; il le fit au point de ne dédaigner pas d'aider si bien Sartine sur ce qui regardoit mes équipages, que je dois avouer que, dans un temps si court pour la paresse et la lenteur espagnole, je n'aurois, sans lui, trouvé rien de prêt en arrivant.

Mais en quoi il me servit le plus utilement, ce fut à me faire connoître les personnages, les liaisons, les éloignements, les degrés de crédit et de caractères et mille sortes de choses qui éclairent et conduisent dans l'usage, et conduisent adroitement les pas. Il me valut de plus la familiarité du duc de Veragua, frère de sa femme, qui, bien que jeune, avoit passé par les plus grands emplois, avec grand sens et beaucoup d'esprit, qu'il avoit extrêmement orné, et savoit infiniment, tant sur les personnages divers et les intrigues, que sur la naissance, les dignités, et toute espèce de curiosités savantes de cette nature qui m'en ont extrêmement instruit. Il étoit, comme d'avance on l'a vu ici ailleurs, en traitant des grands d'Espagne, il étoit, dis-je, masculinement et légitimement d'une branche de la maison de Portugal, et descendoit, par sa grand'mère, du fameux Christophe Colomb. Une maîtresse obscure, avec qui il ne se ruinoit pas, car il étoit avare, et la lecture partageoit son temps et sa paresse, fort bien toutefois avec tout le monde, et considéré de la cour autant qu'elle en étoit capable. Vilain de sa figure, sale et malpropre à l'excès, avec des yeux pleins d'esprit, aussi en avoit-il beaucoup, et délié sous une apparence grossière, de bonne compagnie et quelquefois fort plaisant sans y songer, d'ailleurs doux, de bon commerce, entendant raillerie jusque-là que ses amis l'appeloient familièrement don Puerco, et que dînant une fois chez le duc de Liria, à Madrid, nous lui proposâmes de manger au buffet, parce qu'il étoit trop sale pour être admis à table. Tout cela se passoit en plaisanteries qu'il recevoit le mieux du monde. La duchesse de Liria, sa sœur, et lui s'aimoient extrêmement ; ils n'avoient point d'autre frère ni sœur et avoient perdu père et mère, de sorte qu'étant mort longtemps après sans s'être marié, ses grands biens passèrent à la duchesse de Liria et à ses enfants. Le duc de Liria avoit de l'esprit et des vues : il étoit agissant et courtisan, connoissoit très-bien le terrain et les personnages, étoit autant du grand monde que cela se pouvoit en Espagne, bien avec tous, lié avec plusieurs, mais désolé de se trouver établi en Espagne, à la tristesse de laquelle il ne s'accoutumoit point ; il n'aspiroit qu'à s'en tirer par des ambassades, comme il fit à la fin, et il aimoit si passionnément le plaisir, qu'il en mourut longtemps après à Naples. Après être revenu de son ambassade d'Allemagne et de Moscovie, il passa, au retour, par la France, et me donna par écrit des choses fort curieuses sur la cour de Russie.

Ce ne fut pas sans peine, et sans tous les délais que le cardinal du Bois y put apporter, que je tirai enfin de lui une instruction : j'y vis ce que je n'ignorois pas sur la position présente de l'Espagne. Après qu'on eut enfin arraché son accession aux traités de Londres, elle avoit signé une alliance défensive avec la France et l'Angleterre sur le fondement des traités d'Utrecht, de la triple alliance de la Haye, et des traités de Londres, laquelle alliance défensive contenoit une garantie réciproque des États dont la France, l'Espagne et l'Angleterre jouissoient, et tacitement confirmoient très-fortement les renonciations réciproques, qui étoit le grand point de M. le duc d'Orléans, et la succession protestante de l'Angleterre dans la maison d'Hanovre, qui étoit le grand point du cardinal du Bois, et pas un des deux, celui personnel du roi et de la reine d'Espagne qui eurent toujours le plus vif esprit de retour. Par ce même traité d'alliance défensive, la France et l'Angleterre promirent leurs bons offices à l'Espagne, pour régler au congrès de Cambray, où il ne se fit rien du tout, les différends qui restoient à ajuster entre l'Empereur et le roi d'Espagne. Ce n'est pas qu'il y eût rien à négocier là-dessus à Madrid, mais j'ai cru à propos d'exposer la situation de l'Espagne, lorsque j'y allai, avec l'Empereur, la France, l'Angleterre et la Hollande, pour ne la pas laisser oublier : avec cela le cardinal du Bois étoit fort en peine d'une nouvelle promotion de grands d'Espagne que l'Empereur venoit de faire contre ses propres engagements, et chargea mon instruction de ce qu'il put, pour faire avaler cette continuation d'entreprise le plus doucement qu'il se pourroit à la cour d'Espagne. La chose finit, parce que le roi d'Angleterre obtint une déclaration de Vienne, que l'Empereur n'avoit point entendu et ne prétendoit point faire des grands d'Espagne, que cette qualité ne se trouvoit point dans les lettres patentes qu'il avoit accordées à quelques seigneurs, mais seulement des distinctions et des honneurs, qu'il étoit maître de donner à qui il lui plaisoit dans sa cour.

Cette instruction, après avoir relevé avec beaucoup d'affectation l'utilité pour l'Espagne de l'alliance d'Angleterre et les soins du Régent pour y parvenir, qui toutefois fut au mot de l'Angleterre et au détriment de l'Espagne et même du commerce de France, pour favoriser en tout celui d'Angleterre, comme il a été expliqué ici ailleurs, et fort insisté sur la passion du Régent de servir en tout l'Espagne, a grand soin de me recommander de prendre bien garde qu'il ne prît envie au roi d'Espagne de porter de nouveau la guerre en Italie, comptant sur la France et l'Angleterre, et à ce propos donne faussement pour motif à l'invasion de la Sardaigne et à la guerre de Sicile l'emprisonnement de Molinez. On a vu ici, d'après M. de Torcy, combien peu de cas, et longtemps, Alberoni en fit, et qu'il [ne] réchauffa cette affaire que quand il eut résolu de porter la guerre en Italie, pour des raisons personnelles uniquement à lui. C'est ce que M. le duc d'Orléans avoit tant vu par les lettres de la poste qu'il étoit impossible que le cardinal du Bois le pût ignorer.

De son extrême attention à me munir de tout ce qu'il put pour faire bien valoir l'alliance d'Angleterre à l'Espagne, résultoit une injonction pathétique de vivre dans un commerce étroit à Madrid avec le colonel Stanhope, ambassadeur d'Angleterre, et de lui confier tout ce qui pourroit être relatif aux intérêts des trois couronnes ; en même temps de n'en avoir aucun sous tel prétexte que ce pût être avec les personnes attachées au Prétendant, surtout à l'égard des desseins ou projets que ce prince ou ses serviteurs pourroient former de troubler le gouvernement présent d'Angleterre; en particulier, d'éviter le duc d'Ormond, toutefois sans incivilité marquée.

Après ce que M. le duc d'Orléans m'avoit si précisément dit que c'étoit l'Espagne qui lui avoit forcé la main pour la déclaration actuelle des mariages et l'échange des princesses, je fus très-surpris de trouver le contraire dans le narré de mon instruction. J'y trouvai aussi une grossière ignorance qui regardoit la façon de me faire dispenser d'une entrée. Les ambassadeurs de l'Empereur n'en faisoient point à Madrid sous les rois d'Espagne de la maison d'Autriche, comme ambassadeurs de famille. Sur cet exemple, aucun ambassadeur de France vers Philippe V n'y en a fait, et je n'ai pas compris comment un fait si public, et si fréquemment réitéré par le changement de nos ambassadeurs, a pu échapper au cardinal du Bois, et même à ses bureaux.

L'instruction me défendoit de recevoir chez moi Magny et les Bretons réfugiés en Espagne, et Marsillac; de n'avoir pas la même incivilité pour ce dernier en lieux tiers que pour les autres, et de voir avec une civilité simplement extérieure le prince de Cellamare, qui portoit alors le nom de duc de Giovenazzo, et les parents et amis de la princesse des Ursins comme les autres.

Enfin, pour ne m'attacher qu'aux choses principales de l'instruction, elle ne me prescrivit rien en particulier sur les visites et le cérémonial, mais d'en user comme avoit fait le duc de Saint-Aignan, et le cardinal du Bois y joignit un extrait du cérémonial pratiqué par nos ambassadeurs en Espagne et à leur égard, depuis M. de la Feuillade, archevêque d'Embrun, mort évêque de Metz.

Je ne pouvois douter que je n'eusse affaire à un ennemi, et maître, après mon départ, de l'esprit de M. le duc d'Orléans. Je voulus donc avoir ma leçon faite jusque sur les plus petites choses, pour ne'laisser à sa malignité que ce qu'il seroit impossible d'y dérober; ainsi je lui fis à mi-marge plusieurs observations et questions, tant sur des choses portées par l'instruction que sur d'autres qui ne s'y trouvoient pas. Il répondit à côté assez bien et assez nettement. On verra bientôt où il m'attendoit.

Le cardinal du Bois n'oublia pas le P. d'Aubanton. L'instruction me prescrivit des compliments, des témoignages de reconnoissance du Régent, de ses desirs empressés de la lui témoigner; de lui dire que rien ne m'étoit plus recommandé que de prendre en lui une entière confiance. Cela fort étendu étoit accompagné d'un fort grand éloge. C'étoient deux fripons des plus insignes, dignes de se louer l'un l'autre et d'être abhorrés de tout le reste des hommes, surtout des gens de bien et d'honneur; l'instruction ne fit mention que de lui de toute la cour d'Espagne, de Valouse et de la Roche, pour lesquels elle me prescrivit de l'honnêteté, mais de les regarder comme des gens timides, inutiles, dont on n'avoit jamais tiré secours ni la moindre connoissance. Valouse, du nom de Boutin, étoit un gentilhomme du Comtat, élevé page de la petite écurie; très-médiocrement bien fait, d'esprit court, mais sage, appliqué, allant à son but et ne s'en écartant point, honnête homme et droit, mais qui craignoit tout. Du Mont, de qui il a été parlé plus d'une fois dans ces *Mémoires*, le proposa, sur son esprit sage, doux et timide, au duc de Beauvillier pour écuyer de M. le duc d'Anjou, qu'il suivit depuis en Espagne, et qui le fit quelque temps après majordome, qui fut un grand pas. Au bout de plusieurs années, il l'avança bien davantage, car ayant fait don Lorenzo Manriquez grand écuyer, duc del Arco et grand d'Espagne, de premier écuyer qu'il étoit, il fit Valouse premier écuyer. Cette promotion étoit récente à mon arrivée en Espagne. Valouse fut premier écuyer jusqu'à sa mort, qui n'arriva que bien des années après, toujours très-bien avec le roi et la reine d'Espagne; aussi bien avec le duc del Arco, toujours ne se mêlant que de sa charge et d'aucune autre chose, toujours cultivant les gens en place, et honnêtement avec Mme des Ursins, Alberoni, et ceux qui ont succédé, parce qu'ils sentirent tous qu'ils n'en avoient rien à craindre; enfin sur les dernières années de Valouse, le roi d'Espagne lui donna la Toison d'or. Il avoit depuis longtemps une clef de gentilhomme de la chambre sans exercice. Cette Toison, ainsi que bien d'autres, parut un peu sauvage.

La Roche n'étoit ni moins borné, ni moins timide, ni moins en garde de se mêler de quoi que ce fût, que l'étoit Valouse, doux, poli et honnête homme comme lui, mais aussi parfaitement inutile. Sa mère veuve étoit au vieux Bontemps ce que Mme de Maintenon étoit au Roi, mais plus à découvert, tenant son ménage, et maîtresse de tout chez lui. Le plaisant est qu'on la courtisoit pour plaire à Bontemps, et que, quand elle mourut, il fut au désespoir, et que le Roi prit soin de le consoler. Il avoit fait le fils de cette femme, tout jeune encore, valet de garde-robe du Roi, et au départ du roi d'Espagne, il le fit être son premier valet de garde-robe. Sa sagesse, sa retenue, son air de respect pour les Espagnols leur plut, et lui et Valouse furent par là toujours bien avec eux. L'estampille est une manière de sceau sans armes, où la signature du roi est gravée dans la plus parfaite imitation de son écriture; ce sceau s'applique sur tout ce que le roi devroit signer, et lui en ôte la peine. Il sembleroit qu'un sceau de cette importance ne devroit être confié qu'à des personnes principales; mais l'usage d'Espagne, depuis qu'il a été inventé, est qu'il ne soit remis qu'à des subalternes de confiance. La Roche en fut chargé peu après qu'il fut en Espagne, où il avoit suivi Philippe V; il s'en acquitta très-fidèlement et poliment au gré de tout le monde, et s'y maintint toute sa vie dans une sorte de confiance du roi d'Espagne, sous tous les divers ministères, parce que tous sentirent bien qu'ils n'avoient rien à craindre de lui. Il tenoit, pour son état, une maison honorable où alloit bonne compagnie, et toujours plusieurs personnes à manger, ce que ne faisoit pas Valouse, qui ne dépensoit rien. A l'égard du P. d'Aubanton, je me réserve d'en parler ailleurs.

Laullez étoit alors à Paris de la part de l'Espagne, et l'abbé Landi de la part du duc de Parme. Le premier étoit un Irlandois, grand homme très-bien fait et de bonne mine, qui avoit été à l'abbé d'Estrées. Il le donna au roi d'Espagne, à la formation de ses gardes du corps sur le pied et le modèle de ceux du Roi, comme un garçon brave et intelligent, fort honnête homme, avec de l'esprit et de la sagesse. Laullez étoit tel en effet, et par les détails de ces compagnies de gardes du corps, il entra dans la familiarité du roi, de la reine sa première femme, de la princesse des Ursins, et bientôt dans leur confiance ; en quoi, pour cette dernière, qui lui valut celle des maîtres, sa nation, étrangère à l'Espagne et à la France, lui servit beaucoup ; il fut souvent chargé de commissions secrètes et délicates, qu'il exécuta toutes fort heureusement. Il devint ainsi major des gardes du corps et lieutenant général ; c'est en cet état qu'il vint en France, où il reçut le caractère d'ambassadeur au même temps que Maulevrier le reçut à Madrid. Les vues qui m'avoient fait souhaiter d'aller en Espagne me firent aussi desirer liaison avec ces deux envoyés. Louville se trouva en avoir beaucoup avec l'abbé Landi ; et le duc de Lauzun, qui attiroit fort les étrangers chez lui, et qui y voyoit Laullez, me facilita ce que je desirois auprès de lui. La connoissance fut bientôt faite : je voulois plaire au ministre d'Espagne, et lui ne le desiroit pas moins à un serviteur intime de M. le duc d'Orléans ; les choses se passèrent tellement entre nous que l'amitié s'y mit, qui a duré au delà de sa vie. Je reçus de lui mille bons avis, et toutes sortes de bons offices et de services en Espagne. Je le retrouvai à mon retour, et encore depuis la mort de M. le duc d'Orléans, et je fis inutilement l'impossible pour lui procurer l'ordre du Saint-Esprit. Enfin il retourna en Espagne avec l'infante, d'où il fut envoyé à Majorque, gouverneur de l'île et capitaine général, où il est mort très-longtemps après sans avoir été marié. Il y laissa deux sœurs filles qui y sont demeurées, qui s'adressèrent bien des années après à moi pour être payées d'avances faites par leur frère, et que j'ai servies de tout ce que j'ai pu dans cette affaire par mes amis. Par l'abbé Landi je voulois me concilier la petite cour de Parme, qui avoit en beaucoup de choses du crédit sur la reine d'Espagne; je trouvai un homme poli, assez agréable dans le commerce, qui fut court par mon départ, mais je n'en tirai rien à Paris ni en Espagne; il n'étoit plus à Paris quand j'y revins.

J'ai rapporté ce qu'il y eut de plus important ou de plus remarquable de l'instruction en forme qui me fut donnée. Quelle qu'elle fût, elle satisfaisoit à tout avec le cérémonial de tous nos ambassadeurs en Espagne, depuis M. de la Feuillade, alors archevêque d'Embrun. J'eus plusieurs entretiens sur l'Espagne avec M. le duc d'Orléans et le cardinal du Bois ensemble ou séparément, et je n'imaginois pas qu'il se pût rien ajouter de nouveau, lorsque le cardinal du Bois me dit chez lui qu'il m'avertissoit de prendre la première place à la signature du contrat de mariage du Roi, et à la chapelle, aux deux cérémonies du mariage du prince des Asturies, et de ne la laisser prendre sans exception à qui que ce fût. Je lui représentai que cela ne se pouvoit entendre du nonce, à qui les ambassadeurs de France cédoient partout, même celui de l'Empereur, qui, sans difficulté, précédoit ceux du Roi. Il répondit que cela étoit vrai et bon partout, excepté dans ce cas singulier et comme momentané, et que cela ne se pouvoit autrement. Ma surprise fut grande d'un ordre si étrange. J'essayai de le ramener peu à peu en le touchant par son orgueil, en lui demandant comment j'en userois avec les cardinaux, s'il s'en trouvoit quelqu'un en ces fonctions, et avec le majordome-major, qui répond, mais fort supérieurement, à notre grand maître de France. Il se mit en colère, me déclara qu'il falloit que j'y précédasse le majordome-major sans difficulté, et glissant sur celle des cardinaux, m'assura qu'il ne s'y en trouveroit point. Je haussai les épaules, et lui dis que je le priois d'y penser. Au lieu de me répondre, il me dit qu'il avoit oublié une chose essentielle, qui étoit de prendre bien garde à ne rendre la première visite à qui que ce fût sans exception. Je répondis que l'article des visites n'étoit point oublié dans mon instruction; qu'elle portoit que j'en userois à cet égard comme avoit fait le duc de Saint-Aignan, et que l'usage, lequel il avoit suivi, étoit de rendre la première visite au ministre chargé des affaires étrangères et aux conseillers d'État quand il y en avoit, qui est ce que nous connoissons ici sous le nom de ministres. Là-dessus il s'emporta, bavarda, brava sur la dignité du Roi, et ne me laissa plus loisir de rien dire. J'abrégeai donc la visite, et m'en allai.

Quelque étranges que me semblassent ces ordres si nouveaux, et verbaux, je voulus en parler au duc de Saint-Aignan, surtout à Amelot, qui en furent fort étonnés, et qui tous deux, ainsi que les précédents ambassadeurs, avoient fait tout le contraire, et trouvèrent extravagante[1] la préséance sur le nonce en quelque occasion que ce fût. Amelot me dit de plus que je jouerois à essuyer tous les dégoûts possibles et à ne réussir à rien si je refusois la première visite au ministre des affaires étrangères, car pour les conseillers d'État ce n'étoit plus qu'un nom, et la chose tombée en désuétude; mais que je devois aussi la première visite aux trois charges[2], qui seroient très-justement offensés et très-piqués[3] si je leur refusois ce que tous ceux qui m'avoient

1. *Extravagant*, sans accord, au manuscrit.
2. C'est-à-dire au majordome-major du roi, au sommelier du corps et au grand écuyer. Voyez ci-après, p. 356.
3. Ces deux participes sont bien au masculin.

précédé leur avoient rendu, et que je me gardasse bien de le faire si je ne voulois pas demeurer seul dans mon logis, et me faire tourner le dos au palais par tout ce que j'y trouverois de grands. J'expliquerai ailleurs ce que c'est que ces trois charges.

De cet avis d'Amelot, je compris aisément la raison de ces ordres nouveaux et verbaux. Le cardinal me vouloit faire échouer en Espagne et me perdre ici : en Espagne, en débutant par offenser tout ce qui étoit de plus grand, et le ministre par lequel seul j'aurois à passer pour tout ce qui regardoit mon ambassade; en attirer les plaintes ici, sûr de n'avoir rien écrit de ces ordres, nier me les avoir donnés, me désavouer, et en tirer contre moi tout le parti possible avec un prince qui n'auroit osé lui imposer, et soutenir que ces ordres m'avoient été donnés ; que si, au contraire, je ne les exécutois pas, car il m'avoit bien prescrit de rendre compte de leur exécution, il se donneroit beau jeu à m'accuser d'avoir sacrifié l'honneur du Roi et la dignité de sa couronne à l'intérêt de plaire en Espagne pour en obtenir grandesse et Toison, et me faire défendre de les accepter pour mes enfants. C'eût été moins de vacarme sur le nonce; mais si j'avois pris place au-dessus de lui, il s'attendoit bien que la cour de Rome en demanderoit justice, et que cette justice entre ses mains seroit un rappel honteux.

Ce détroit me parut si difficile que je résolus de ne rien omettre pour faire changer ces ordres, et je ne crus pas que M. le duc d'Orléans pût résister à l'évidence de ce qui les combattoit, et à l'exemple constant de tous ceux qui m'avoient précédé dans le même emploi. Je me trompai : j'eus beau en parler à M. le duc d'Orléans, je ne trouvai que foiblesse sous le joug d'un maître, d'où je jugeai ce que je pouvois espérer pendant mon éloignement. J'insistai à plusieurs reprises, toujours inutilement, et tous deux se tinrent fermés à me dire que si les précédents ambassadeurs avoient fait les premières visites, ce n'étoit pas un exemple pour moi dans une ambassade aussi solennelle et aussi distinguée que celle que j'allois exercer; et qu'à l'égard du nonce et du grand maître, l'exemple de précéder quiconque étoit formel au mariage de la reine M.-Louise, fille de Monsieur, avec Charles II. Je représentai sur les visites que quelque solennelle et quelque distinguée que fût l'ambassade dont j'étois honoré, elle ne donnoit point de rang supérieur à celui des ambassadeurs extraordinaires ; que je l'étois, et que je ne pouvois prétendre rien plus qu'eux, quelque différence qu'il y eût pour l'agrément entre l'affaire dont j'étois chargé et les autres sortes d'affaires. Sur l'exemple du du mariage de Charles II avec la fille de Monsieur, que j'avois dans le cérémonial qui m'avoit été remis de tous les ambassadeurs depuis M. de la Feuillade, archevêque d'Embrun, j'y trouvois que le mariage s'étoit fait comme à la dérobée, dans un village, pour fuir la difficulté entre le prince d'Harcourt et le père du maréchal de Villars, ambassadeurs de France tous deux, d'une part, et les grands d'Espagne, de l'autre; que les ambassadeurs s'étoient rendus à l'église de ce village ; qu'y ayant trouvé plusieurs grands arrivés avant eux saisis des premières places, ils s'en étoient plaints sur-le-champ au roi, qui leur fit céder les deux premières places par les grands ; que le nonce n'y étoit point, et nulle mention du majordome-major. A cela point de réponse, mais l'opiniâtreté prévalut, et je vis en plein l'extrême malignité du valet et l'indicible foiblesse du maître. Ce fut donc à moi à bien prendre mes mesures là-dessus.

Le duc d'Ossone fut nommé par l'Espagne pour venir ici faire, pour le mariage du prince des Asturies, avec le même caractère et les mêmes fonctions que j'allois faire en Espagne pour le mariage du Roi. Il étoit frère du duc d'Ossone qui avoit été ambassadeur d'Espagne au traité d'Utrecht, et qui mourut peu à près sans enfants. Celui[-ci] portoit le nom de comte de Pinto du vivant de son frère. Leur père avoit été gouverneur du Milanois, conseiller d'État et grand écuyer de la reine d'Espagne : il mourut d'apoplexie étant en conférence avec le roi d'Espagne, en 1694, et étoit le sixième duc d'Ossone grand de première classe. Ils portoient le nom de Giron et de Tellez par une héritière entrée dans leur maison; mais ils étoient Acuña y Pacheco, une des premières d'Espagne en tout genre, et des plus nombreuses par ses diverses branches, qui, par des héritières, portent divers noms, entre autres, alors, le marquis de Villena, duc d'Escalona, majordome-major, et le comte de S. Estevan de Gormaz, son fils, premier capitaine des gardes du corps, chef de toute cette grande maison; le duc d'Uzeda, le marquis de Mancera, le comte de Montijo, tous grands d'Espagne. Ce duc d'Ossone, ambassadeur ici, étoit donc un fort grand seigneur, qui s'y montra très-magnifique et très-poli, mais il n'étoit que cela : on sut que M. le duc d'Orléans avoit résolu de lui donner le cordon bleu. Je m'exprime de la sorte parce que le Roi, n'étant pas encore chevalier de son ordre, et ne faisant que le porter jusqu'à ce qu'il reçût le collier le lendemain de son sacre, il ne pouvoit faire de chevaliers de l'ordre. Le duc d'Ossone ne pouvoit donc qu'avoir parole de l'être quand le Roi en feroit, à quoi on voulut ajouter une chose jusqu'alors sans exemple dans le cas où étoit le Roi, qui fut de lui faire porter l'ordre en attendant qu'il pût être nommé; on crut, et il étoit vrai, que M. le duc d'Orléans étant régent et maître des grâces, il devoit marquer par toute la singularité de celle-ci combien il étoit touché de l'honneur du mariage de sa fille.

Sur ce premier exemple, le duc de Lauzun me pressa fort de demander aussi le cordon bleu comme une décoration convenable à porter en Espagne, et qui, étant grâce d'ici, ne pourroit préjudicier à celles que je pouvois attendre d'Espagne pour mes enfants; mais je n'en voulus rien faire; cette impatience de porter l'ordre, qui, dans la suite, ne pouvoit me manquer, me répugna. Je n'avois desiré cette ambassade que pour faire mon second fils grand d'Espagne, et, si l'occasion s'en offroit, de faire donner la Toison à l'aîné. Y réussissant et ayant en même temps pris le cordon bleu, cela me parut un entassement trop avide ; d'ailleurs on ne pouvoit faire en France d'autre grâce au duc d'Ossone que celle-là, et moi j'en espérois une d'Espagne bien autrement considérable ; ainsi je ne fus pas tenté un moment du cordon bleu. Qui m'eût dit alors que je ne serois pas de la première promotion qui s'en feroit m'auroit bien surpris ; qui y eût ajouté que je serois de la suivante, où nous ne serions que huit, avec Cellamare, les deux fils du duc du Maine et le duc de Richelieu, m'auroit bien étonné davantage.

Le cardinal du Bois pressoit ardemment mon départ, et en effet il n'y avoit plus de temps à perdre. Il envoyoit sans cesse hâter les ouvriers qui travailloient à tout ce qui m'étoit nécessaire, fâché peut-être qu'il y en eût un si prodigieux nombre, qu'il ne put trouver à les augmenter. Il ne s'agissoit plus de sa part qu'à me remettre les lettres dont je devois être chargé ; il attendit à la dernière extrémité du départ pour le faire, c'est-à-dire à la veille même que je partis : on en verra bientôt la raison. Elles étoient pour Leurs Majestés Catholiques, pour la reine douairière, à Bayonne, et pour le prince des Asturies, tant du Roi que de M. le duc d'Orléans. Mais bien avant de me les remettre, M. le duc d'Orléans me dit qu'il en écriroit deux pareilles au prince des Asturies, avec cette seule différence : il le traiteroit de neveu dans l'une, et dans l'autre de frère et de neveu, et que je tâchasse de faire passer la dernière, ce qu'il souhaitoit passionnément ; mais que, si après tout, j'y trouvois trop de difficulté, que je ne m'y opiniâtrasse point, et que je donnasse la première au prince des Asturies.

J'eus lieu de croire que ce fut encore un trait du cardinal du Bois pour me jeter dans quelque chose de personnellement désagréable à M. le duc d'Orléans et en faire usage. M. le duc d'Orléans étoit l'homme du monde qui avoit le moins de dignité et d'attachement à ces sortes de choses. Ce traitement de frère étoit un traitement d'égal, que le feu Roi n'avoit relâché que depuis peu de donner aux électeurs princes, car Monsieur de Savoie avoit depuis longtemps le rang de tête couronnée pour ses ambassadeurs; à prendre comme étranger, il n'y avoit pas de proportion entre le fils aîné, héritier présomptif de la couronne d'Espagne, et un petit fils de France, car la régence n'ajoutoit rien à son rang ni traitements. A prendre comme famille, ils étoient l'un et l'autre petits-fils de France; mais, outre que le prince des Asturies avoit l'aînesse, il étoit fils de roi et héritier de la couronne, et, par là, si bien devenu du rang de fils de France, qu'ils étoient réputés tels en France, et que le feu roi avoit toujours envoyé le cordon bleu à tous les fils du roi d'Espagne aussitôt qu'ils étoient nés, ce qui ne se fait qu'aux seuls fils de France. De quelque côté qu'on le regarde, M. le duc d'Orléans étoit extrêmement inférieur au prince des Asturies, et c'étoit une véritable entreprise et parfaitement nouvelle que de prétendre l'égalité du style et du traitement. Ce fut pourtant ce dont je fus chargé, et je crois, dans la ferme espérance du cardinal du Bois, que je n'y réussirois pas, et de profiter d'un début fort désagréable.

J'étois près d'oublier que Belle-Isle me vint dire qu'il savoit que M. le duc d'Orléans devoit envoyer un de ses premiers officiers en Espagne, pour remercier de sa part, en particulier, de l'honneur du mariage de sa fille; que le choix de cet officier principal n'étoit pas fait, et me demanda s'il n'y en avoit point parmi eux que je voulusse plutôt que les autres. Sur ce que je répondis, que je n'étois en liaison, ni même en commerce, avec pas un, excepté Biron, qui l'étoit devenu et à qui ce voyage ne convenoit pas, et que le choix m'étoit indifférent, il me pria de demander la Fare, son ami, qui étoit capitaine des gardes de M. le duc d'Orléans. Je le lui promis et je l'obtins : ce fut son premier pas de fortune. C'est un fort aimable homme, de bonne compagnie, qui m'en a toujours su gré depuis. Sans blesser l'honneur et avec

un esprit gaillard mais fort médiocre, il a su être bien
et très-utilement avec tous les gens en place et en première place, se faire beaucoup d'amis, et faire ainsi peu
à peu une très-grande fortune, qui a dû surprendre,
comme elle a fait, mais qui n'a fâché personne.

Enfin la veille de mon départ on m'apporta le matin
toutes les pièces dont je devois être chargé, dont je ne
ferai point le détail. Mais parmi les lettres il n'y en avoit
point du Roi pour l'infante. Je crus que c'étoit oubli de
l'avoir mise avec les autres. Je le dis à celui qui m'apportoit ces pièces. Je fus surpris de ce qu'il me répondit
qu'elle n'étoit pas faite, mais que je l'aurois dans la
journée. Cela me parut si étrange que j'en pris du soupçon. J'en parlai au cardinal et à M. le duc d'Orléans, qui
m'assurèrent que je l'aurois le soir. Il étoit minuit que je
ne l'avois pas encore. J'écrivis au cardinal. Bref, je partis
sans elle. Il me manda que je la recevrois avant que
d'arriver à Bayonne; mais rien moins. Je pressai de
nouveau. Il m'écrivit que je l'aurois avant que j'arrivasse
à Madrid. Une lettre du Roi à l'infante n'étoit pas difficile
à faire : je ne pus donc douter qu'il n'y eût du dessein
dans ce retardement. Quel il put être, je ne pus le comprendre, si ce n'est d'en envoyer une après coup, et pour
me faire passer pour un étourdi, qui avois[1] perdu la première.

Il me fit un autre trait de la dernière impudence sept ou
huit jours avant mon départ. Il me fit dire de sa part,
par le Blanc et par Belle-Isle, que l'emploi où il étoit des
affaires étrangères exigeoit qu'il eût les postes, dont il ne
vouloit et ne pouvoit se passer plus longtemps; qu'il
savoit que j'étois ami intime de Torcy, qui les avoit, dont
il desiroit la démission; qu'il me prioit de lui en écrire à
Sablé, où il étoit allé faire un tour, et ce par un courrier
exprès; qu'il verroit par l'office que je lui rendrois en
cette occasion et par son succès, de quelle façon il pou-

---

1. Il y a bien *avois*, à la première personne.

voit compter sur moi, et se conduiroit en conséquence ; à
quoi ses deux esclaves joignirent du leur, mais avec très-
apparente mission, tout ce qui me pouvoit persuader
qu'il romproit mon départ et mon ambassade, si je ne lui
donnois pas contentement là-dessus. Je ne doutai pas un
moment, après ce que j'avois vu de l'inconcevable foiblesse de M. le duc d'Orléans pour ses plus folles volontés,
telles que les premières visites et la préséance à prendre
sur le nonce, et bien d'autres que je supprime, qu'il ne
fût en pouvoir de me causer cet affront. En même temps
je résolus d'en essuyer le hasard plutôt que de me prêter
à la violence à l'égard d'un ami sûr, sage, vertueux, et
qui avoit servi avec tant de réputation et si bien mérité
de l'État.

Je répondis donc à ces Messieurs que je trouvois la
commission fort étrange, et beaucoup plus son assaisonnement : que Torcy n'étoit pas un homme à qui on pût
ôter un emploi de cette confiance, et qu'il exerçoit depuis
la mort de son beau-père si dignement, à moins qu'il ne
le voulût bien lui-même ; que tout ce que je pouvois faire
étoit de le savoir de lui, et, au cas qu'il y voulût entendre,
à quelles conditions ; que pour l'y exhorter, encore moins
aller au delà avec lui, je priois le cardinal de n'y pas
compter, encore que je n'ignorasse pas ce qu'il pouvoit à
l'égard de mon ambassade, et que quoi que ce pût être
ne me feroit passer d'une seule ligne ce que je leur
répondois. Ils eurent beau haranguer, ils ne rempor-
tèrent que cette très-ferme résolution.

Castries et son frère l'archevêque étoient de tous les
temps intimes de Torcy, et fort aussi de mes amis. Je les
envoyai prier de venir chez moi dans ce tumulte de
départ où je me trouvois. Ils vinrent sur-le-champ. Je
leur racontai ce qui venoit de m'arriver. Ils furent plus
indignés de la façon et du moment que de la chose, dont
Torcy comptoit bien que le cardinal le dépouilleroit tôt
ou tard pour s'en revêtir. Ils louèrent extrêmement ma
réponse, m'exhortèrent à l'exécuter promptement pour

hâter le retour de Torcy, qui étoit même ou parti ou sur le point de partir de Sablé, et qui feroit lui-même son marché avec M. le duc d'Orléans bien plus avantageusement qu'absent. Je leur fis lire la lettre que j'écrivis à Torcy en les attendant, qu'ils approuvèrent beaucoup, et par leurs avis réitérés je la fis partir sur-le-champ.

Torcy avoit naturellement avancé son retour. Mon courrier le trouva avec sa femme dans le parc de Versailles, ayant passé par la route de Chartres. Il lut ma lettre, chargea le courrier de mille compliments pour moi, sa femme aussi, et de me dire qu'il me verroit le lendemain. J'avertis les Castries de son arrivée. Nous nous vîmes tous quatre le lendemain. Torcy sentit vivement mon procédé, et jusqu'à sa mort nous avons toujours vécu dans la plus grande intimité, comme on le peut voir par la communication qu'il me donna de ses *Mémoires*, qu'il ne fit que bien longtemps après la mort de M. le duc d'Orléans, et dont j'ai enrichi les miens. Il me parut ne tenir point du tout aux postes, moyennant un traitement honorable.

Je mandai alors son retour au cardinal du Bois, par lequel ce seroit à lui et à M. le duc d'Orléans à voir avec Torcy ce qu'ils voudroient faire pour lui, et je m'en retirai de la sorte. Du Bois, content de voir par là que Torcy consentiroit à se démettre des postes, ne se soucia point du comment, tellement que celui-ci obtint de M. le duc d'Orléans tout ce qu'il lui proposa pour s'en défaire : tout se passa de bonne grâce des deux côtés. Torcy eut quelque argent et soixante mille livres de pension sa vie durant, assignée sur le produit des postes, dont vingt mille pour sa femme après lui. Cela fut arrêté avant mon départ, et fort bien exécuté depuis.

Peu après la déclaration des mariages, la duchesse de Ventadour et Mme de Soubise, sa petite-fille, avoient été nommées, l'une gouvernante de l'infante, l'autre en survivance, et toutes deux pour aller la prendre à la frontière et l'amener à Paris, au Louvre, où elle devoit être logée, et peu après la déclaration de mon ambassade, le prince de Rohan, son gendre, fut nommé pour aller faire l'échange des princesses sur la frontière avec celui que le roi d'Espagne y enverroit de sa part pour la même fonction. Je n'avois jamais eu de commerce avec eux, sans être mal ensemble. Toutes ces commissions espagnoles firent que nous nous visitâmes avec la politesse convenable. J'ai oublié de l'écrire plus tôt et plus en sa place.

CHAPITRE XVI.

Mon départ de Paris pour Madrid; je rencontre et confère en chemin avec le duc d'Ossone. — Je passe et séjourne à Ruffec, à Blaye et à Bordeaux, et y fais politesse aux jurats. — Arrivée à Bayonne; Adoncourt et Dreuillet, commandant et évêque de Bayonne; quels. — Pecquet père et fils; quels. — Impatience de Leurs Majestés Catholiques de mon arrivée, qui la pressent par divers courriers. — Audiences de la reine douairière d'Espagne; son logement; elle me fait traiter à dîner; son triste état. — Adoncourt fort informé. — Passage des Pyrénées; je vais voir Loyola. — Arrivée à Vittoria; présent et députation de la province. — Trois courriers l'un sur l'autre pour presser mon voyage; je laisse mon fils aîné fort malade à Burgos, et poursuis ma route sans m'arrêter; cause de l'impatience de Leurs Majestés Catholiques. — Basse et impertinente jalousie de Maulevrier. — Arrivée à Madrid, où je suis incontinent visité des plus grands, sans exception de ceux à qui je devois la première visite. — Je fais ma première révérence à Leurs Majestés Catholiques et à leur famille. — Conduite très-singulière et toute opposée des ducs de Giovenazzo et de Popoli avec moi. — Visite à Grimaldo, particulièrement chargé des affaires étrangères; succès de cette visite; il connoit parfaitement le cardinal du Bois. — Esquisse du roi d'Espagne; de la reine d'Espagne; du marquis de Grimaldo. — Le roi et la reine d'Espagne consentent, contre tout usage, de signer eux-mêmes le contrat du futur mariage du Roi et de l'infante; ils y veulent des témoins, que je conteste et que je consens enfin. — Signature des articles. — Office à Laullez.

Enfin je partis en poste le 23 octobre, ayant avec moi le comte de Lorges, mes enfants, l'abbé de Saint-Simon et son frère, et quelque ¹ peu d'autres. Le reste de la compagnie me joignit à Blaye, comme l'abbé de Mathan, et à Bayonne avec M. de Céreste. Nous couchâmes à Orléans, à Montrichart et à Poitiers. Allant de Poitiers coucher à Ruffec, je rencontrai le duc d'Ossone à Vivonne. Je m'arrêtai pour le voir, et sachant qu'il étoit à la messe, j'allai l'attendre à la porte de l'église. Comme il sortit, ce fut des compliments, des accueils et des embrassades; puis nous allâmes ensemble à la poste, où lui et moi avions mis pied à terre, car il venoit en poste aussi. Force compliments aux portes, où je voulus, comme de raison, lui faire les honneurs de la France. Nous montâmes dans une chambre où on nous laissa seuls et où nous nous entretînmes une heure et demie. Il parloit mal françois, mais plus que suffisamment pour la conversation.

Après un renouvellement de compliments sur les mariages et le renouvellement si étroit de l'union des deux couronnes, et les politesses personnelles sur nos deux emplois, il entra le premier en matière sur la joie des véritables François et Espagnols, et le dépit amer des mauvais. Je fus surpris de le trouver si bien informé de nos cabales et de ce qu'on appeloit la vieille cour. Sans avoir voulu nommer personne, il m'en désigna plusieurs, et rien ne pouvoit être plus clair que ses plaintes contre des gens entièrement attachés au roi d'Espagne jusqu'aux mariages, et qui, depuis ce moment, se déchaînoient et contre les mariages et contre l'Espagne. Il me dit que M. le duc d'Orléans avoit plus d'ennemis de sa personne et de son gouvernement qu'il ne pensoit; que je l'avertisse d'y prendre garde, et il ajouta que, dans l'état où en étoient les choses, on ne pouvoit trop se hâter de part et d'autre de les finir. Il me parla, mais sans désigner personne, de force mouvements dans notre cour et à Paris pour retarder, dans le dessein de gagner

---

1. Saint-Simon a écrit *quelques*, au pluriel,

du temps pour se donner celui de faire tout rompre, et qu'en Espagne on sentoit le même esprit, et de l'intelligence; en même temps me protesta qu'il n'y avoit personne qui osât s'hasarder[1] d'en parler au roi ni à la reine d'Espagne d'une manière directe; que tous efforts, quand même il en paroitroit à Madrid, seroient inutiles; de la joie et de l'empressement de Leurs Majestés Catholiques; des avantages réciproques de cette réunion. Ce que j'exprime ici en peu de paroles en produisit beaucoup parce qu'il fut d'abord énigmatique et fort réservé, et que l'ouverture ne vint qu'à peine sur tout ce que je lui dis pour le déboutonner. Hors ce qui, de ma part, me sembla nécessaire pour y parvenir, et sans descendre en aucun particulier, on peut juger que j'eus les oreilles plus ouvertes que la bouche. Seulement je l'exhortai à s'ouvrir franchement et nominalement avec M. le duc d'Orléans, et je tâchai de lui persuader qu'il ne pouvoit rendre un plus grand service, non-seulement à ce prince, et dont il lui sût plus de gré, mais à Leurs Majestés Catholiques, à qui désormais ses intérêts étoient unis, et par amitié et pour la grandeur des deux couronnes. Il m'assura qu'il s'expliqueroit avec M. le duc d'Orléans comme il faisoit avec moi; mais quoique j'insistasse qu'il lui nommât les personnes, et que je lui répondois du secret, je n'en pus tirer parole. Aussi ne m'en donnat-il pas de négative; mais je sentis bien à ses discours là-dessus que la politesse pour moi y avoit plus de part que la volonté d'une entière confidence sur un article si important mais si délicat. Nous nous séparâmes de la sorte, avec force compliments, accolades et protestations. Je ne pus, quoi que je pusse faire, l'empêcher de descendre; mais, à mon tour, il ne put m'obliger de monter dans ma breline[2] qu'il ne se fût retiré. Il étoit assez peu accompagné.

1. Voyez tome IV, p. 174, tome V, p. 141, tome VI, p. 17, etc.
2. Nous avons déjà vu l'orthographe *breline*, pour *berline*, tome VIII, p. 245.

Ma breline cassa en arrivant à Couhé, terre appartenant à M. de Vérac; il fallut y mettre un autre essieu. J'y fus donc plus de trois heures, que j'employai à écrire à M. le duc d'Orléans et au cardinal du Bois le récit de cette conférence, et aller voir le château et le parc un moment. Ces retardements me firent arriver sur le minuit à Ruffec, où j'étois attendu de bonne heure par force noblesse de la terre et du pays, à qui je donnai à dîner et à souper les deux jours que j'y séjournai. J'eus un vrai plaisir d'y embrasser Puy-Robert, qui étoit lieutenant-colonel du régiment Royal-Roussillon du temps que j'y avois été capitaine. De Ruffec, j'allai en deux jours à la Cassine, petite maison à quatre lieues de Blaye, que mon père avoit bâtie au bord de ses marais de Blaye, que je pris grand plaisir à visiter; j'y passai la veille et le jour de la Toussaint, et le lendemain je me rendis de fort bonne heure à Blaye, où je séjournai deux jours. J'y trouvai plusieurs personnes de qualité, force noblesse du pays et des provinces voisines, et Boucher, intendant de Bordeaux, beau-frère de le Blanc, qui m'y attendoient, et auxquels je fis grande chère soir et matin pendant ce court séjour. Je l'employai bien à visiter la place dedans et dehors, le fort de l'Isle et celui de Médoc vis-à-vis Blaye, où je passai par un très-fâcheux temps. Mais je les voulois voir, et j'y menai mon fils, qui avoit la survivance de mon gouvernement. Nous passâmes à Bordeaux par un si mauvais temps, que tout le monde me pressoit de différer, mais on ne m'avoit permis que ce peu de séjour, que je ne voulus pas outre-passer. Boucher avoit amené son brigantin magnifiquement équipé, et tout ce qu'il falloit de barques pour le passage de tout ce qui m'accompagnoit, et de tout ce qui étoit venu me voir à Blaye dont la plupart passèrent à Bordeaux avec nous. La vue du port et de la ville me surprirent, avec plus de trois cents bâtiments de toutes nations rangés sur deux lignes sur mon passage, avec toute leur parure et grand bruit de leur canon et de celui du château Trompette.

On connoît trop Bordeaux pour que je m'arrête à décrire ce spectacle; je dirai seulement qu'après le port de Constantinople, la vue de celui-ci est en ce genre ce qu'on peut admirer de plus beau. Nous trouvâmes force compliments et force carrosses au débarquement, qui nous conduisirent chez l'intendant, où les jurats de Bordeaux vinrent me complimenter en habit de cérémonie. Comme ces Messieurs sont les uns de qualité, les autres considérables, et que cette jurade est extrêmement différente en tout des autres corps de ville, je me tournai vers l'intendant après leur avoir répondu, et je le priai de trouver bon que je les conviasse de souper avec nous; ils me parurent sensibles à cette politesse à laquelle ils ne s'attendoient pas; allèrent quitter leurs habits, et revinrent souper. Il n'est pas possible de faire une plus magnifique chère, ni plus délicate que celle que l'intendant nous fit soir et matin, ni faire mieux les honneurs de la ville et de leur logis que nous les firent l'intendant et sa femme les trois jours que j'y séjournai, n'ayant pu y être moins pour l'arrangement du voyage. L'archevêque et le premier président n'y étoient point; le parlement étoit en vacance. Néanmoins je vis le palais, et ce qu'il y avoit à voir dans la ville. Quoique on me dégoûtât de voir l'hôtel de ville, qui est vilain, je persistai à vouloir y aller; je voulois faire une autre civilité aux jurats, sans conséquence; ils s'y trouvèrent; je leur dis que c'étoit beaucoup moins la curiosité qui m'amenoit dans un lieu où on m'avoit averti que je ne trouverois rien qui méritât d'être vu, que le desir d'une occasion de leur rendre à tous une visite, ce qui me parut leur avoir plu extrêmement.

Enfin, après avoir bien remercié M. et Mme Boucher, nous partîmes, traversâmes les grandes landes, et arrivâmes à Bayonne, où nous mîmes pied à terre chez d'Adoncourt, qui y commandoit très-dignement, et y étoit adoré en servant parfaitement le Roi. Mes enfants et moi logeâmes chez lui, et tout mon monde dans le voisinage. Le changement de voitures pour nous et pour le bagage nous y retint quatre jours, pendant lesquels rien ne se peut ajouter aux soins d'Adoncourt, à sa politesse aisée et sans compliments, et à sa chère soir et matin, propre, grande, excellente. Il étoit venu accompagné d'officiers une lieue au-devant de nous. J'étois dès lors monté à cheval. L'artillerie, les compliments, il fallut essuyer cela comme à Bordeaux, et, pour ne le pas répéter, ce fut la même chose au retour, excepté à Blaye où je le défendis. Dreuillet, évêque de Bayonne, me vint voir, puis dîner avec nous et ce qu'il y avoit de plus principal dans la ville, mais en fort petit nombre. Je fus le lendemain chez ce prélat, qui étoit pieux, savant, et toutefois de bonne compagnie, et parfaitement aimé dans son diocèse et dans tout le pays. J'allai voir la citadelle, les forts, et tout ce qu'il y avoit qui méritât quelque curiosité.

Pecquet, qui avoit été longtemps premier commis de M. de Torcy, et qui, pour dire le vrai, avoit fait toutes les affaires étrangères tant que le maréchal d'Huxelles les avoit eues, m'avoit prié que son fils vînt en Espagne et fût chez moi, et il avoit pris les devants quelques jours auparavant. Je trouvai un courrier de Sartine arrivé à Bayonne une heure avant moi. Sartine me mandoit du 5, à onze heures du soir, que le roi d'Espagne, ayant appris que Pecquet étoit arrivé la veille, étoit très-fâché de mon retardement, d'où résultoit celui de l'échange des princesses qui essuieroient le plus mauvais temps de l'hiver; que Leurs Majestés Catholiques n'attendoient que mon arrivée pour se mettre en chemin pour Burgos, jusqu'où elles avoient résolu de conduire l'infante, et qu'elles desiroient extrêmement que je pressasse ma marche. Sartine tâcha inutilement de les détourner de ce voyage. Il ajouta de lui-même que Leurs Majestés Catholiques seroient sensiblement mortifiées, si le départ de Mlle de Montpensier se retardoit d'un moment du jour fixé, et que le marquis de Grimaldo lui envoyoit, à l'heure qu'il m'écrivoit, un courrier par ordre du roi d'Espagne, pour me le dépêcher et apporter ma réponse.

Je répondis à Sartine que je le priois de représenter à Leurs Majestés Catholiques que de ma part je n'avois rien oublié ni n'oublierois pour hâter mon voyage; que les circonstances des précautions à l'égard de la peste avoient empêché mes équipages de passer, ni rien pu faire préparer sur la route pour la diligenter, parce que les passe-ports d'Espagne n'étoient arrivés que le 29 du mois dernier, et que ces passe-ports étant pour le chemin qui passe à Vittoria, plus long que celui de Pampelune, que je voulois prendre, me retardoit[1] encore; qu'au surplus mon arrivée à Madrid plus ou moins avancée ne pouvoit rien influer sur le départ de Mlle de Montpensier fixé au 15 de ce mois; que tout le desir du Roi et de M. le duc d'Orléans de l'avancer étoit inutile, par l'impossibilité que les préparatifs pussent être prêts plus tôt; que de Paris à la frontière elle mettroit cinquante jours par la difficulté des chemins et la quantité d'équipages, d'où il résultoit que de Madrid à la frontière, le chemin étant plus court d'un tiers, l'infante ne pouvoit être pressée de partir pour arriver juste au lieu de l'échange, et que, par conséquent, j'aurois tout le temps nécessaire pour m'acquitter de toutes les fonctions préalables à son départ, qui n'en pourra être retardé d'un seul moment.

Le 9, lendemain de mon arrivée à Bayonne, j'envoyai faire compliment à la duchesse de Liñarez, camarera-mayor de la reine douairière d'Espagne, et la prier de lui demander audience pour moi pour l'après-dînée. Je reçus en réponse un compliment de la reine. Ses carrosses vinrent me prendre, et me conduisirent chez elle : véritablement je fus étonné en y arrivant. Elle s'étoit retirée depuis assez longtemps dans une maison de campagne fort proche de la ville, qui n'avoit que deux fenêtres de face sur une petite cour, et guère plus de

---

1. Ce verbe est bien au singulier.

profondeur. De la cour, je traversai un petit passage et j'entrai dans une pièce plus longue que large, très-communément meublée, qui avoit vue sur un beau et grand jardin. Je trouvai la reine qui m'attendoit, accompagnée de la duchesse de Liñarez et de très-peu de personnes. Je lui fis le compliment du Roi, et lui présentai sa lettre : on ne peut répondre plus poliment qu'elle fit à l'égard du Roi, ni avec plus de bonté pour moi. La conversation fut sur la joie des mariages, le temps de l'échange, et sur mon voyage. Elle étoit debout, sans siége derrière elle; je ne me couvris point, et n'en fis pas même le semblant. La duchesse de Liñarez et d'Adoncourt entrèrent seuls un peu dans la conversation. Je lui présentai mes enfants et ces Messieurs qui étoient avec moi, à qui elle dit quelque chose, cherchant à leur parler à tous avec un air d'attention et de bonté et en fort bon françois. Elle étoit fort grande, droite, très-bien faite, de grand air, de bonne mine, qui laissoit voir qu'elle avoit eu de la beauté. Elle me demanda beaucoup des nouvelles de Madame. Tout son habillement étoit noir et sa coiffure avec un voile, mais qui montroit des cheveux, et sa taille paroissoit aussi. Ce vêtement n'étoit ni françois ni espagnol, avec une longue queue, dont la duchesse de Liñarez tenoit le bout, mais fort lâche. C'étoit un habit de veuve, mais mitigé, avec une longue et large attache devant le haut du corps de très-beaux diamants. Pour la duchesse de Liñarez, son habit m'effraya : il étoit tout à fait de veuve et ressembloit en tout à celui d'une religieuse. Je ne dois pas oublier que je présentai aussi à la reine les compliments et une lettre de M. le duc d'Orléans, à quoi elle répondit avec une grande politesse.

 Au sortir de l'audience, elle me fit inviter à dîner, pour le lendemain, dans une maison de Bayonne où le gros de ses officiers demeuroient, et où elle a aussi logé. J'y allai, sur l'exemple du comte de S. Estevan del Puerto, allant au congrès de Cambray, et tout à l'heure, du duc d'Ossone venant en France. Le sieur de Bruges, qui étoit chef de la maison de la reine douairière, fit les honneurs du festin très-bon et très-magnifique, où se trouva l'évêque de Bayonne, d'Adoncourt, et tout ce qui m'accompagnoit de principal. J'eus une seconde audience de la reine pour la remercier du repas et prendre congé d'elle. La conversation fut plus longue et plus familière que la première fois; elle finit par m'exposer le très-triste état où elle se trouvoit, faute de tout payement d'Espagne depuis des années, et me prier d'en parler à Leurs Majestés Catholiques et de lui procurer quelque secours sur ce qui lui étoit si considérablement dû.

J'appris d'Adoncourt plusieurs petits détails touchant les efforts tentés à Paris et à la cour pour faire différer les mariages dans la vue de profiter de ce délai pour tâcher de les rompre, mais qui ne me donnèrent pas grande lumière là-dessus. Ce que je démêlai seulement fut qu'Adoncourt, qui avoit de grands commerces en Espagne pour tenir la cour bien avertie de tout, et qui y étoit même en liaison avec plusieurs seigneurs, avoit eu plus de part que moi en la confidence du duc d'Ossone qui lui avoit nommé des personnages de cette intrigue, tant de notre cour que de celle d'Espagne. Je l'exhortai à en instruire le cardinal du Bois, auquel je le mandai.

Passant les Pyrénées, je quittai, avec la France, les pluies et le mauvais temps qui ne m'avoient pas quitté jusque-là, et trouvai un ciel pur et une température charmante, avec des échappées de vues et des perspectives qui changeoient à tous moments, qui ne l'étoient pas moins. Nous étions tous montés sur des mules dont le pas est grand et doux. Je me détournai en chemin à travers de hautes montagnes pour aller voir Loyola, lieu fameux par la naissance de saint Ignace, situé tout seul près d'un ruisseau assez gros, dans une vallée fort étroite, dont les montagnes de roche qui la serrent des deux côtés doivent faire une glacière quand elles sont couvertes de neige, et une tourtière en été. Nous trouvâmes là quatre ou cinq jésuites, fort polis et fort entendus, qui prenoient soin du bâtiment prodigieux qui y étoit entrepris pour plus de cent jésuites et une infinité d'écoliers, dans le dessein de faire de cette maison un noviciat, un collége, une maison professe, qu'elle servît à tous les usages auxquels sont destinées leurs différentes maisons, et le chef-lieu de leur Compagnie.

Ils nous firent voir le petit logis primitif du père de saint Ignace, qui est une maison de cinq ou six fenêtres, qui n'a qu'un rez-de-chaussée pour le ménage, un étage au-dessus, et plus haut un grenier. Ce seroit tout au plus le logis d'un curé, et ne ressembla jamais en rien à un château. Nous vîmes la chambre où saint Ignace, blessé à la guerre, fut longtemps couché, et eut sa fameuse révélation touchant la Compagnie dont il devoit être l'instituteur; et l'écurie où sa mère voulut aller accoucher de lui, qui est au-dessous, par dévotion pour l'étable de Bethléem. Rien de plus bas, de plus étroit, de plus écrasé que ces deux pièces : rien aussi de si éblouissant d'or, qui y brille partout. Il y a un autel dans chacune des deux, où le saint sacrement repose, et ces deux autels sont de la dernière magnificence.

La maison des jésuites qu'ils alloient détruire pour leur immense bâtiment étoit fort peu de chose, et pour loger au plus une douzaine de jésuites. L'église nouvelle étoit presque achevée, en rotonde, d'une grandeur et d'une hauteur qui surprend, avec des autels pareils entre eux, tout autour, en symétrie; l'or, la peinture, la sculpture, les ornements de toutes les sortes et les plus riches répandus partout avec un art prodigieux, mais sage; une architecture correcte et admirable, les marbres les plus exquis, le jaspe, le porphyre, le lapis, les colonnes unies, torses, cannelées, avec leurs chapiteaux et leurs ornements de bronze doré, un rang de balcons, entre chaque autel, et de petits degrés de marbre pour y monter, et les cages incrustées, les autels et ce qui les accompagne admirables : en un mot, un des plus superbes édifices de l'Europe, le mieux entendu et le plus magnifiquement orné. Nous y prîmes le meilleur chocolat dont j'aie jamais goûté, et après quelques heures de curiosité et d'admiration, nous regagnâmes notre route et notre gîte, fort tard et avec beaucoup de peine.

Nous arrivâmes le 15 à Vittoria, où je trouvai la députation de la province qui m'attendoit avec un grand présent d'excellent vin rancio; c'étoient quatre gentilshommes considérables qui étoient à la tête des affaires du pays. Je les conviai à souper, et le lendemain à déjeuner avec nous : ils parloient françois, et je fus surpris de voir les Espagnols si gais et de si bonne compagnie à table. La joie du sujet de mon voyage éclata partout où je passai en France et en Espagne et me fit bien recevoir. On se mettoit aux fenêtres et on bénissoit mon voyage. A Salinas, entre autres, où je passois sans m'arrêter, des dames qui, à voir leur maison et elles-mêmes aux fenêtres, me parurent de qualité, me demandèrent de si bonne grâce de voir un moment celui qui alloit conclure le bonheur de l'Espagne, que je crus qu'il étoit de la galanterie de monter chez elles; elles m'en parurent ravies, et j'eus toutes les peines du monde à m'en débarrasser pour continuer mon chemin.

Je trouvai à Vittoria un courrier de Sartine pour me presser d'arriver, mais dont la date étoit antérieure au retour de son courrier de Bayonne; mais étant le 17, à cinq heures du matin, prêt à partir de Miranda d'Ebro, arriva un autre courrier de Sartine, qui me mandoit que les raisons, quoique sans réplique, que je lui avois écrites de Bayonne, n'avoient point ralenti l'extrême empressement de Leurs Majestés Catholiques, sur quoi je le priai de me faire tenir des relais le plus qu'il pourroit, à quelque prix que ce fût, pour presser mon voyage tant qu'il me seroit possible.

J'arrivai le 18 à Burgos, où je comptois séjourner, pour voir au moins un jour ce que deviendroit une fièvre assez forte qui avoit pris à mon fils aîné, qui m'inquiétoit beaucoup, en attendant que mes relais pussent se préparer ; mais Pecquet arriva pour presser de nouveau ma marche, et si vivement qu'il fallut abandonner mon fils et presque tout mon monde. L'abbé de Mathan voulut bien demeurer avec lui pour en prendre soin et ne le point quitter.

J'appris par Pecquet la cause d'une si excessive impatience. C'est que la reine, qui n'aimoit point le séjour de Madrid, petilloit d'en sortir pour aller à Lerma, où on l'avoit assurée qu'elle trouveroit une chasse fort abondante. Pecquet me dit que M. de Grimaldo et Sartine n'avoient rien oublié pour rompre, au moins différer ce voyage, mais que l'impatience avoit été nourrie et augmentée par Maulevrier, enragé de voir arriver un ambassadeur de naissance et de dignité personnelle, et qui n'avoit pu s'empêcher de dire qu'il l'auroit plus patiemment souffert si c'eût été le duc de Villeroy, la Feuillade ou le prince de Rohan. Ce sieur Andrault, si délicat pour soi, ne cherchoit pas les amis de M. le duc d'Orléans par le desir de ces Messieurs; et, outre qu'il s'oublioit bien lui-même, il perdoit promptement la mémoire qu'il avoit été laissé à mon choix de lui donner ou non le caractère d'ambassadeur, que par conséquent il me devoit, et qui en cette occasion surtout l'honoroit fort au delà de ses espérances. Toutefois je résolus de n'en faire aucun semblant, et de vivre avec lui comme si j'eusse ignoré ce que je venois d'apprendre; mais je le mandai au cardinal du Bois.

Je partis donc de Burgos le 19 avec mon second fils, le comte de Lorges, M. de Céreste (ces deux derniers ne vinrent qu'un peu après ensemble[1]), l'abbé de Saint-Simon, son frère, le major de son régiment et très-peu de domestiques. Nous trouvâmes peu de relais et mal établis ; marchâmes jour et nuit, sans nous coucher, jusqu'à Madrid, nous servant des voitures des corrégidors, où nous pûmes, tellement que je fus obligé de faire les der-

1. Ces mots que (nous avons mis entre parenthèses ont été ajoutés après coup, en interligne.

nières douze lieues à cheval en poste, qui en valent le double d'ici. Nous arrivâmes de la sorte à Madrid le vendredi 21, à onze heures du soir. Nous trouvâmes à l'entrée de la ville, qui n'a ni murailles, ni portes, ni barrières, ni faubourgs, des gens en garde qui demandèrent qui nous étions et d'où nous venions, et qu'on y avoit mis exprès pour être avertis du moment de mon arrivée. Comme j'étois fort fatigué d'avoir toujours marché sans arrêter depuis Burgos, et qu'il étoit fort tard, je répondis que nous étions des gens de l'ambassadeur de France, qui arriveroit le lendemain. Je sus après que, par le calcul de Sartine, de Grimaldo et de Pecquet arrivé devant moi, ils avoient tous compté que je ne serois à Madrid que le 22.

Dès que je fus chez moi, j'envoyai chercher Sartine pour prendre langue avec lui, fermai bien ma porte, et donnai ordre de dire à quiconque pourroit venir qu'on ne m'attendoit que le lendemain. Je sus par Sartine que, grâces à ses précautions et aux peines que le duc de Liria en avoit bien voulu prendre, j'aurois le surlendemain de quoi me mettre en public, et que huit jours après je serois en état d'avoir tous mes équipages et de prendre mon audience solennelle. Cependant tout ce qui n'étoit point destiné à demeurer à Burgos avec mon fils aîné arriva en poste à la file, en sorte que personne et que rien ne me manqua. Le lendemain matin samedi 22, de bonne heure, Sartine accompagna mon secrétaire chez le marquis de Grimaldo, tandis que j'envoyai faire les messages accoutumés quand on arrive aux ministres des cours étrangères. Grimaldo, surpris et fort aise de mon arrivée, qu'il n'attendoit que le soir de ce jour, fut au palais le dire à Leurs Majestés Catholiques, qui, dans leur impatience de partir, furent ravies. Du palais, Grimaldo vint chez moi au lieu d'attendre ma première visite : il me trouva avec Maulevrier, le duc de Liria et quelques autres.

Ce fut apparemment sur l'exemple de Grimaldo que

les trois charges vinrent aussi chez moi; le marquis de Santa Cruz, majordome-major de la reine, et très-bien avec elle; le duc d'Arcos; le marquis de Bedmar, président du conseil de guerre et de celui des ordres, et chevalier de celui du Saint-Esprit; le duc de Veragua, président du conseil des Indes, tous grands d'Espagne; l'archevêque de Tolède, le grand inquisiteur évêque de Barcelone, presque tous ayant le vain titre de conseillers d'État. La plupart vinrent le matin, les autres l'après-dînée, et les jours suivants tout ce qu'il y eut à Madrid de grands, de seigneurs et de ministres étrangers. Le gouverneur du conseil de Castille, qui ne visite jamais personne, ni n'envoie, si ce n'est pour affaires, envoya me complimenter, quoique je n'eusse point envoyé chez lui, par la raison que je dirai lorsque je parlerai de cette première charge d'Espagne. Castellar, secrétaire d'État pour la guerre, vint aussi chez moi ce même jour. Le duc de Liria se disposoit à venir une lieue au-devant de moi avec Valouse et Sartine, et de son côté Maulevrier avec Robin.

Grimaldo me témoigna la joie de Leurs Majestés Catholiques de mon arrivée, et après m'avoir fait les plus gracieux compliments pour lui-même, me donna le choix de leur part de les aller saluer ce même matin ou dans l'après-dînée. Je crus l'empressement mieux séant, et j'y allai avec lui sur-le-champ dans le carrosse de Maulevrier, qui y vint aussi. De cette sorte fut levée toute difficulté sur la première visite, à l'égard de tous ceux à qui elle étoit due de ma part, et de ceux qui la pouvoient prétendre, dont j'eus le sang bien rafraîchi.

Nous arrivâmes au palais comme le roi étoit sur le point de revenir de la messe et nous l'attendîmes dans le petit salon qui est entre le salon des Grands et celui des Miroirs, dans lequel personne n'entre que mandé. Peu de moments après, le roi vint par le salon des Grands. Grimaldo l'avertit comme il entroit dans le petit salon : il vint à moi aussitôt, précédé et suivi d'assez de courti-

sans, mais qui ne ressembloit[1] pas à la foule des nôtres.
Je lui fis ma profonde révérence ; il me témoigna sa joie
de mon arrivée, demanda des nouvelles du Roi, de M. le
duc d'Orléans, de mon voyage et des nouvelles de mon fils
aîné, qu'il avoit su être demeuré malade à Burgos, puis
entra seul dans le cabinet des Miroirs. A l'instant je fus
environné de toute la cour, avec des compliments et des
témoignages de joie des mariages et de l'union des deux
couronnes. Grimaldo et le duc de Liria me nommoient
les seigneurs, qui presque tous parloient françois, aux
civilités infinies desquels je tâchai de répondre par les
miennes.

Un demi-quart d'heure après que le roi fut rentré, il
m'envoya appeler. J'entrai seul dans le salon des Miroirs,
qui est fort vaste, bien moins large que long. Le roi, et la
reine à sa gauche, étoient presque au fond du salon,
debout, et tout joignant l'un l'autre. J'approchai avec
trois profondes révérences, et je remarquerai une fois
pour toutes que le roi ne se couvre jamais qu'aux audiences publiques, et quand il va et vient de la messe en
chapelle, terme que j'expliquerai en son lieu. L'audience
dura [une] demi-heure (car c'est toujours eux qui congé-
dient), à témoigner leur joie, leurs desirs, leur impatience,
avec un épanchement infini, très-bien aussi sur M. le duc
d'Orléans et sur le desir de rendre Mlle de Montpensier
heureuse, sur un portrait d'elle et un autre du Roi qu'ils
me montrèrent. A la fin de la conversation, où la reine
parla bien plus que le roi, dont néanmoins la joie éclatoit avec ravissement, ils me firent l'honneur de me dire
qu'ils me vouloient faire voir les infants, et me commandèrent de les suivre. Je traversai seul à leur suite la
chambre et le cabinet de la reine, une galerie intérieure,
où il se trouva deux dames de services et deux ou trois
seigneurs en charge, qui apparemment avoient été
avertis, comme je l'expliquerai ailleurs, et passai avec

1. Il y a bien *ressembloit*, au singulier.

cette petite suite toute cette galerie, au bout de laquelle étoit l'appartement des infants. Je n'ai point vu de plus jolis enfants, ni mieux faits que don Ferdinand et don Carlos, ni un plus beau maillot que don Philippe. Le roi et la reine prirent plaisir à me les faire regarder, et à les faire tourner et marcher devant moi de fort bonne grâce. Ils entrèrent après chez l'infante, où je tâchai d'étaler le plus de galanterie que je pus. En effet, elle étoit charmante, avec un petit air raisonnable et point embarrassé. La reine me dit que l'infante commençoit à apprendre assez bien le françois; et le roi, qu'elle oublieroit bientôt l'Espagne. « Ho! s'écria la reine, non-seulement l'Espagne, mais le roi et moi, pour ne s'attacher qu'au Roi son mari; » sur quoi je tâchai de ne pas demeurer muet. Je sortis de là à la suite de Leurs Majestés Catholiques, que je suivis à travers cette petite galerie et leur appartement. Elles me congédièrent aussitôt avec beaucoup de témoignages de bonté, et rentré dans le salon avec tout le monde, j'y fus environné de nouveau avec force compliments.

Peu de moments après, le roi me fit rappeler pour voir le prince des Asturies, qui étoit avec Leurs Majestés dans ce même salon des Miroirs. Je le trouvai grand, et véritablement fait à peindre; blond et de beaux cheveux, le teint blanc avec de la couleur, le visage long, mais agréable, les yeux beaux, mais trop près du nez : je lui trouvai beaucoup de grâce et de politesse. Il me demanda fort des nouvelles du Roi, puis de M. le duc d'Orléans et de Mlle de Montpensier, et du temps de son arrivée.

Leurs Majestés Catholiques me témoignèrent beaucoup de satisfaction de ma diligence, me dirent qu'ils avoient retardé leur voyage pour me donner le temps de me mettre en état de prendre mes audiences; qu'une seule suffiroit pour faire la demande de l'infante et l'accorder ; que les articles pourroient être signés la veille de cette audience, et l'après-dînée de ce jour de l'audience signer le contrat. Ensuite il me demandèrent quand tout seroit prêt; je leur dis que ce seroit le jour qu'il leur plairoit, parce que tout ce que je faisois préparer n'étant que pour leur en faire ma cour, je croirois y mieux réussir avec moins pour ne pas retarder leur départ, que de différer pour étaler tout ce à quoi on travailloit encore. Il me parut que cette réponse leur plut fort, mais elles ne voulurent jamais déterminer le jour, sur quoi enfin je leur proposai le mardi suivant. La joie de cette promptitude parut sur leur visage, et me témoignèrent m'en savoir beaucoup de gré. Là-dessus, le roi se recula un peu, parla bas à la reine, et elle à lui, puis se rapprochèrent du prince des Asturies et de moi, et fixèrent leur départ au jeudi suivant, 27 du mois. Tout de suite ils me permirent non-seulement de les y suivre, mais m'ordonnèrent de les suivre de près, parce que l'incommodité des logements ne permettoit qu'à peine aux officiers de service les plus nécessaires de les accompagner dans la route. Ce fut la fin de toute cette audience.

Maulevrier seul me remena chez moi, où je trouvai don Gaspard Giron, l'ancien des quatre majordomes, qui s'étoit emparé de ma maison avec les officiers du roi, qui me traita magnifiquement, avec beaucoup de seigneurs qu'il avoit invités, et fit toujours les honneurs, ce qui, quoi que je pusse faire, dura jusqu'au mercredi suivant inclus, avec un carrosse du roi toujours à ma porte pour me servir; mais à ce dernier égard, j'obtins enfin que cela ne dureroit que trois jours, pendant lesquels il fallut toujours m'en servir; il étoit à quatre mules, avec un cocher du roi et quelques-uns de ses valets de pied en livrée. Ce traitement de table et de carrosse est une coutume à l'égard des ambassadeurs extraordinaires. Si je m'étends sur les honneurs que j'ai reçus, c'est un récit que je dois à l'instruction et à la curiosité, plus encore à la joie extrême du sujet de cette ambassade qui fit passer par-dessus toutes règles, comme pour les premières visites, et en bien d'autres choses, ainsi qu'aux accueils et aux empressements que je reçus de tout le monde, et qui furent toujours les mêmes tant que je demeurai en Espagne.

La conduite de deux seigneurs principaux me surprirent[1] également par leur opposition à mon égard. Cellamare, qui avoit pris le nom de duc de Giovenazzo depuis la mort de son père, et qui étoit grand écuyer de la reine, surpassa toute cette cour en empressements pour moi, et chez moi et au palais, en protestations de joie de l'union et des mariages, d'attachement et de reconnoissance des bons traitements qu'il avoit reçus en France, me conjura que le Roi et M. le duc d'Orléans en fussent informés, et se répandit assez inconsidérément en tendresse pour le maréchal de Villeroy, auquel il me dit qu'il vouloit écrire, ainsi qu'au Roi et à M. le duc d'Orléans. Je reçus toutes ces rares effusions aussi poliment que me le permit la plus extrême surprise, après tout ce qu'il avoit brassé à Paris et ce qui en étoit suivi pour lui-même. Ces mêmes empressements continuèrent tant que je fus en Espagne, mais il ne mangea pas une seule fois chez moi. Aussi, ne l'en priai-je qu'une de devoir, le jour de la couverture de mon fils.

Son contradictoire fut le duc de Popoli, capitaine général, grand maître de l'artillerie, chevalier du Saint-Esprit et gouverneur du prince des Asturies, dont je reçus force compliments au palais où je ne le rencontrois guère, et qui ne vint et n'envoya chez moi qu'une fois. On verra aussi comment j'en usai avec lui.

Ce même jour, j'allai voir le marquis de Grimaldo, particulièrement chargé des affaires étrangères. Il entendoit parfaitement le françois, mais il ne le vouloit pas parler. Orondaya, son principal commis, nous servit toujours d'interprète ; on ne peut en recevoir plus de politesses ; je fus étonné au dernier point qu'il me rapporta[2] tous les efforts que j'avois faits auprès de M. le duc d'Orléans pour le détourner de la guerre qu'il fit à l'Espagne en

1. Ce verbe est bien au pluriel.
2. Il y a bien *rapporta*, à l'indicatif.

faveur des Anglois, et je n'imagine pas comment Laullez l'avoit su, qui l'avoit mandé fort tôt après qu'il fut arrivé à Paris. Je présentai à Grimaldo les copies des lettres que je devois rendre. Ce fut un long combat de civilité entre nous, lui de ne les vouloir pas prendre, moi d'insister; mais je m'y opiniâtrai tellement qu'enfin il les reçut. J'eus pour cela mes raisons, je voulois faire passer la lettre de M. le duc d'Orléans au prince des Asturies avec le traitement de frère; je ne voulois pas m'y exposer témérairement; il falloit donc, pour ne rien hasarder, que Grimaldo en eût la copie et point de celle où le traitement de frère étoit omis, qu'il n'étoit temps de produire qu'au cas que Grimaldo ne voulût point passer l'autre; c'est ce qui me fit tant insister; heureusement je n'en entendis plus parler, et sur cette confiance, je rendis celle où étoit le traitement de frère le lendemain au prince des Asturies. Elle passa doux comme lait, et j'eus le plaisir de renvoyer aussitôt après à M. le duc d'Orléans celle où le traitement de frère n'étoit pas employé.

Restoit l'embarras de n'avoir point de lettre pour l'infante. J'en fis la confidence à Grimaldo, qui se mit à rire, et me dit qu'il m'en tireroit et feroit que, lorsque le lendemain j'irois à l'audience de l'infante, la gouvernante me viendroit dire dans l'antichambre qu'elle dormoit et m'offriroit de la réveiller, ce que je refuserois, après quoi je n'irois plus chez elle que la lettre du Roi pour elle ne me fût arrivée, et que j'irois lui remettre alors sans façon et sans audience. Cela commença à nous ouvrir un peu l'un avec l'autre sur le cardinal du Bois, et je vis dans la suite qu'il le connoissoit tel qu'il étoit, aussi parfaitement que nous. La journée finit fort tard, par la communication que je donnai à Maulevrier de tout ce qui m'avoit été remis touchant l'ambassade, et je lui remis aussi les pleins pouvoirs qui lui donnoient le caractère d'ambassadeur.

Lui et moi avions, dès auparavant, agité ensemble la difficulté qui se rencontroit dans le préambule du contrat de mariage du Roi, qui s'expliquoit de manière que ce n'étoit point le roi et la reine d'Espagne qui contractoient, mais des commissaires, nommés par eux, qui stipuloient en leur nom, tant pour Leurs Majestés Catholiques, que pour l'infante, ce qui nous auroit mis dans la nécessité de nommer aussi des commissaires dont nous n'avions pas pouvoir. J'avois donc prié Maulevrier de me venir trouver chez Grimaldo pour nous en expliquer avec lui. Il nous représenta que telle étoit la coutume en Espagne; que nos deux dernières reines avoient été mariées de cette façon, et qu'encore qu'au dernier de ces deux mariages, le Roi et le roi d'Espagne Philippe IV fussent en personne sur la frontière, le roi Philippe IV n'en avoit pourtant pas signé lui-même le contrat, à quoi Grimaldo nous pressa fort de nous conformer et de donner des commissaires ; nous insistâmes sur notre défaut de pouvoir, sur la longueur où jetteroit la nécessité de dépêcher un courrier et d'en attendre le retour, enfin sur ce que le Roi comptoit si fort sur la signature de Leurs Majestés Catholiques, que cela même étoit porté précisément dans nos instructions. Cette discussion fut beaucoup moins une dispute qu'une conversation fort polie, à la fin de laquelle Grimaldo, qui m'adressa toujours la parole, me dit que le roi d'Espagne avoit tant de désir de complaire au Roi et de voir la fin d'une affaire si désirée, qu'il espéroit qu'il voudroit bien passer par-dessus la coutume d'Espagne et signer lui-même avec la reine; qu'il alloit leur en rendre compte tout sur-le-champ, et nous informeroit le lendemain dimanche 23 de la réponse, jour auquel je devois avoir le matin ma première audience particulière et rendre les lettres dont j'étois chargé. Mais avant de passer outre, je crois nécessaire de dire quelque chose du roi et de la reine d'Espagne et du marquis de Grimaldo.

Le premier coup d'œil, lorsque je fis ma première révérence au roi d'Espagne en arrivant, m'étonna si fort, que j'eus besoin de rappeler tous mes sens pour m'en remettre.

Je n'aperçus nul vestige du duc d'Anjou, qu'il me fallut chercher dans son visage fort allongé, changé, et qui disoit encore beaucoup moins que lorsqu'il étoit parti de France. Il étoit fort courbé, rapetissé, le menton en avant, fort éloigné de sa poitrine, les pieds tous droits, qui se touchoient, et se coupoient en marchant, quoique il marchât vite et les genoux à plus d'un pied l'un de l'autre. Ce qu'il me fit l'honneur de me dire étoit bien dit, mais si l'un après l'autre, les paroles si traînées, l'air si niais, que j'en fus confondu. Un justaucorps, sans aucune sorte de dorure, d'une manière de bure brune, à cause de la chasse où il devoit aller, ne relevoit pas sa mine ni son maintien. Il portoit une perruque nouée, jetée par derrière, et le cordon bleu par-dessus son justaucorps, toujours et en tout temps, et de façon qu'on ne distinguoit pas sa Toison qu'il portoit au col avec un cordon rouge, que sa cravate et son cordon bleu cachoient presque toujours. Je m'étendrai ailleurs sur ce monarque.

La reine, que je vis un quart d'heure après, ainsi qu'il a été rapporté plus haut, m'effraya par son visage marqué, couturé, défiguré à l'excès par la petite vérole ; le vêtement espagnol d'alors pour les dames, entièrement différent de l'ancien, et de l'invention de la princesse des Ursins, est aussi favorable aux dames jeunes et bien faites, qu'il est fâcheux pour les autres, dont l'âge et la taille laissent voir tous les défauts. La reine étoit faite au tour, maigre alors, mais la gorge et les épaules belles, bien taillée, assez pleine et fort blanche, ainsi que les bras et les mains ; la taille dégagée, bien prise, les côtés longs, extrêmement fine et menue par le bas, un peu plus élevée que la médiocre ; avec un léger accent italien ; parloit très-bien françois, en bons termes, choisis, et sans chercher, la voix et la prononciation fort agréables. Une grâce charmante, continuelle, naturelle, sans la plus légère façon, accompagnoit ses discours et sa contenance, et varioit suivant qu'ils varioient. Elle joignoit un air de bonté, même de politesse, avec justesse et mesure, souvent d'une aimable familiarité, à un air de grandeur et à une majesté qui ne la quittoit point. De ce mélange, il résultoit que, lorsqu'on avoit l'honneur de la voir avec quelque privance, mais toujours en présence du roi comme je le dirai ailleurs, on se trouvoit à son aise avec elle, sans pouvoir oublier ce qu'elle étoit, et qu'on s'accoutumoit promptement à son visage. En effet, après l'avoir un peu vue, on démêloit aisément qu'elle avoit eu de la beauté et de l'agrément dont une petite vérole si cruelle n'avoit pu effacer l'idée. La parenthèse, au courant vif de ce commencement de fonctions d'ambassadeur, seroit trop longue si j'en disois ici davantage; mais il est nécessaire d'y remarquer en un mot, qui sera plus étendu ailleurs, que jour et nuit, travail, audiences, amusements, dévotions, le roi et elle ne se quittoient jamais, pas même pour un instant, excepté les audiences solennelles, qu'ils donnoient l'un et l'autre séparément; l'audience du roi publique et celle du conseil de Castille et les chapelles publiques. Toutes ces choses seront expliquées en leur lieu.

Grimaldo, naturel Espagnol, ressembloit à un Flamand. Il étoit fort blond, petit, gros, pansu, le visage rouge, les yeux bleus, vifs, la physionomie spirituelle et fine, avec cela, de bonté ; quoique aussi ouvert et aussi franc que sa place le pouvoit permettre, complimenteur à l'excès, poli, obligeant, mais au fond glorieux comme nos secrétaires d'État, avec ses deux petites mains collées sur son gros ventre, qui, sans presque s'en décoller ni se joindre, accompagnoient ses propos de leur jeu : tout cela faisoit un extérieur dont on avoit à se défendre. Il étoit capable, beaucoup d'esprit et d'expérience, homme d'honneur et vrai, solidement attaché au roi et au bien de ses affaires, grand courtisan toutefois, et dont les maximes furent dans tous les temps l'union étroite avec la France. En voilà ici assez sur ce ministre, dont je sus gagner l'amitié et la confiance, qui me furent très-utiles, et qui ont duré entre lui et moi jusqu'à sa mort, comme je le dirai ailleurs, qui n'arriva qu'après sa chute, et bien des années. Retournons maintenant à notre ambassade.

Le dimanche 23 j'eus ma première audience particulière, le matin, du roi et de la reine ensemble, dans le salon des Miroirs, qui est le lieu où ils la donnent toujours. J'étois accompagné de Maulevrier. Je présentai à Leurs Majestés Catholiques les lettres du Roi et de M. le duc d'Orléans. Les propos furent les mêmes sur la famille royale, la joie, l'union, le desir de rendre la future princincesse des Asturies heureuse. A la fin de l'audience, je présentai à Leurs Majestés Catholiques le comte de Lorges, le comte de Céreste, mon second fils, l'abbé de Saint-Simon, et son frère. Je reçus force marques de bontés du roi et de la reine dans cette audience, qui me parut fort sèche pour Maulevrier. Ils me demandèrent fort des nouvelles de mon fils aîné, et dirent quelques mots de bonté à ceux que je venois de leur présenter. Nous fûmes de là chez l'infante, où je fus reçu comme Grimaldo et moi en étions convenus. Nous descendîmes ensuite chez le prince des Asturies, à qui je présentai les lettres du Roi et de M. le duc d'Orléans, puis à la fin les mêmes personnes que j'avois présentées au roi et à la reine. Les propos furent à peu près les mêmes, et avec beaucoup de grâce et de politesse. Je me conformai à l'usage, et le traitai toujours de Monseigneur et de Votre Altesse, sans y rien ajouter. J'en usai de même avec les infants.

Au sortir de là nous passâmes dans la cavachuela du marquis de Grimaldo. J'expliquerai ailleurs ce que c'est[1]. Il nous dit que le roi d'Espagne avoit consenti à signer lui-même le contrat, et la reine; mais don Joseph Rodrigo qui, comme secrétaire d'État intérieur, devoit l'expédier, et qui ne parloit et n'entendoit pas un mot de

---

1. Voyez au chapitre v du tome XVIII.

françois, ni à ce qu'il me parut d'affaires, proposa qu'il y eût des témoins, et je compris que Grimaldo, qui s'attendoit à notre visite pour la réponse à la difficulté sur la signature, l'avoit aposté là exprès pour se décharger sur lui de la proposition de cette nouvelle difficulté. J'y répondis que nous n'avions point d'ordres là-dessus; qu'on ne connoissoit point cette formalité en France, et que tout récemment le Roi et tous ceux du sang avoient signé le contrat de la duchesse de Modène d'une part, et d'autre part le seul plénipotentiaire de Modène sans aucuns témoins, et qu'il n'y en avoit point eu non plus au mariage de nos deux dernières reines. Ces Messieurs ne se contentèrent point de ces raisons. Rodrigo se débattit et baragouina fort. Grimaldo nous dit avec plus de douceur et de politesse qu'il falloit suivre les coutumes des lieux où on étoit pour la validité et la sûreté des actes qu'on y passoit; que les contrats se passoient en Espagne par un seul notaire, avec la nécessité de la présence de témoins, qui étoit une formalité essentielle qu'ils ne pouvoient omettre. Nous nous défendîmes sur ce qu'elle nous étoit inconnue et qu'il n'y en avoit rien dans nos instructions. Grimaldo allégua la complaisance du roi et de la reine d'Espagne de signer eux-mêmes contre la coutume, sur ce que nous avions représenté que cette signature étoit expressément dans nos instructions, et que nous n'avions point de pouvoir pour nommer des commissaires qui signassent avec les leurs; qu'ici il n'y avoit ni pour ni contre dans nos instructions, loin d'y avoir rien de contraire à la formalité des témoins, et qu'il ne nous falloit point de pouvoir pour en nommer, puisque rien ne s'y opposoit dans nos instructions; enfin que nous ne pouvions refuser, avec des raisons valables, de nous rendre à un usage constant du pays, qui, sans préjudice aucun ni à la chose ni à nos ordres, n'alloit qu'à la plus grande validité, que les parties desiroient et vouloient également, et dont le refus jetteroit dans un grand embarras et une grande longueur. Je répondis que nos instructions ne pouvoient rien contenir sur une formalité inconnue et jamais usitée en France, à laquelle, par conséquent, on n'avoit pu penser, mais que je croyois qu'il suffisoit qu'il n'y eût rien dedans ni pour ni contre pour nous renfermer dans ce qu'elles contenoient, c'est-à-dire pour n'admettre point de témoins. J'ajoutai que nous ne ferions aucune difficulté qu'il y en eût de la part de l'Espagne, pourvu qu'il n'y en eût point de la nôtre, comme je n'en ferois pas non plus qu'il y eût des commissaires d'Espagne au cas [que] ces Messieurs trouvassent qu'il y en pût avoir, sans empêcher que Leurs Majestés Catholiques signassent elles-mêmes le contrat ; que je les suppliois de considérer que Leurs Majestés Catholiques pouvoient agir en souverains chez elles sans que nous y pussions trouver à redire, mais que pour nous, nous étions bornés aux ordres que nous avions reçus et aux termes de notre instruction sans pouvoir les outre-passer. Grimaldo et Rodrigue insistèrent sur l'exemple de la condescendance de Leurs Majestés Catholiques de signer elles-mêmes contre la coutume, sur la nécessité des témoins pour la validité de l'acte par la coutume d'Espagne, sur ce que des témoins n'avoient aucun besoin de pouvoir, sur ce qu'il n'y avoit rien dans nos instructions de porté au contraire, sur ce que, par conséquent, admettre des témoins n'étoit pas les outre-passer. Je continuai à me défendre par mes raisons précédentes. Nous ne convînmes point, et tout se passa doucement et très-poliment de part et d'autre. Maulevrier me laissa froidement faire, et ne dit que quelques mots à mesure que je l'interpellai.

Grimaldo nous proposa ensuite la signature des articles pour le lendemain 24, l'après-dînée, avec le marquis de Bedmar et lui, nommés commissaires du roi d'Espagne pour cela. Je m'expliquai que je prétendois que cette signature se fît chez moi, à moins que le roi d'Espagne n'aimât mieux qu'elle se fît dans son appartement, ce que j'estimois encore plus convenable à la dignité de

cette fonction et une facilité qui pouvoit être agréable à
Sa Majesté Catholique. Cela fut accepté sur-le-champ
par Grimaldo, et l'heure convenue pour le lendemain
à cinq heures après-midi, au palais. Nous eûmes après
quelque peu de conversation de civilité, et nous prîmes
congé.

Comme il achevoit de nous conduire, il rappela Maulevrier, à qui il demanda les noms des personnes principales qui m'accompagnoient, et le pria de lui envoyer
ces noms dans le soir de ce même jour. Comme il fut
tard, Maulevrier m'envoya dire par son secrétaire que
Grimaldo vouloit absolument avoir ces noms avant de se
coucher, tellement que je les fis écrire, et remettre à ce
secrétaire.

Le lendemain matin, lundi 24, je reçus un paquet du
marquis de Grimaldo contenant une lettre pour moi, et
cinq autres pour les comtes de Lorges et de Céreste,
l'abbé de Saint-Simon, et les marquis de Saint-Simon
et de Ruffec. Je récrivis sur-le-champ à Grimaldo, qui
insistoit toujours par sa lettre sur les témoins, pour lui
demander un entretien dans la fin de la matinée, et pour
le faire souvenir que les ambassadeurs de famille ne
faisoient point d'entrée. Sur la fin de la matinée, j'allai à
la cavachuela de Grimaldo, pour m'expliquer avec lui sur
ce qu'il entendoit par ces cinq lettres, et j'y allai seul,
parce que Maulevrier, à qui j'avois envoyé communiquer
tout ce paquet de Grimaldo, voulut demeurer à faire ses
dépêches.

Grimaldo me dit nettement que le roi d'Espagne, dans
l'empressement de finir une affaire si desirée, ayant
condescendu de si bonne grâce à signer lui-même avec
la reine le contrat de mariage contre l'usage des rois ses
prédécesseurs, il étoit juste aussi que je condescendisse,
non par une simple complaisance, mais à un point nécessaire à la validité de l'acte, qui est celui des témoins;
que depuis notre conférence de la veille, le roi d'Espagne
avoit cherché les moyens de concilier là-dessus sa déli-

catesse avec nos difficultés, et qu'il avoit cru prendre
l'expédient le plus convenable, même le plus honorable
pour moi, de nommer lui-même les cinq personnes les
plus distinguées de tout ce que j'avois amené, pour être
témoins afin de lever la difficulté que nous faisions d'en
nommer; que cette sûreté nécessaire dans l'occurrence
présente ne pouvoit être refusée, puisque, outre qu'elle
n'étoit pas de mon choix, le roi d'Espagne ayant nommé
à mon insu les cinq témoins françois, je ne pouvois alléguer que mes instructions portassent rien qui y fût contraire.

Je répondis à cet honneur inattendu et rien moins que
desiré de la nomination du roi d'Espagne des témoins
françois, avec tout le respect possible, sans toutefois
m'engager à rien que je n'eusse vu jusqu'où il vouloit
porter l'usage de ces témoins, et s'il avoit dessein de leur
faire signer le contrat de mariage; mais il convint avec
moi qu'ils n'auroient pas cet honneur; que le roi
d'Espagne se contenteroit qu'ils fussent présents à la
signature de notre part, comme de la leur y assisteroient
aussi comme témoins les trois charges, qui sont le
majordome-major du roi, le sommelier du corps et le
grand écuyer, avec le majordome-major et le grand écuyer
de la reine, qui étoient lors le marquis de Villena ou duc
d'Escalona, le marquis de Montalègre et le duc del Arco;
le marquis de Santa-Cruz et Cellamare ou le duc de
Giovenazzo; mais le premier et le dernier ne portoient
que le nom de marquis de Villena et de duc de Giovenazzo; que cette fonction des dix témoins seroit exprimée
par un acte séparé, qui seroit seulement signé du même
secrétaire d'État tout seul, qui recevroit le contrat de
mariage en qualité de notaire du roi d'Espagne, lequel
étoit don Joseph Rodrigo.

Cette assurance que la fonction des témoins ne paroîtroit que dans un acte séparé, lequel même ils ne signeroient point, et qui ne le seroit que par un seul secrétaire
d'État, me dérida beaucoup. Je considérai qu'avec cette

forme il ne se faisoit rien contre la lettre ni contre
l'esprit de mon instruction, ni d'aucun ordre que j'eusse
reçu; leur opiniâtre attachement[1] à une formalité espagnole nécessaire dans tous les actes qui se passent en
Espagne, et qui, bien qu'omise aux mariages de nos deux
dernières reines, leur paroissoit nécessaire et essentielle
dans une circonstance aussi singulière que la rendoit
l'âge de l'infante, où ils vouloient accumuler tout ce qu'ils
pouvoient de sûretés; je m'aperçus aussi qu'ils n'avoient
si facilement accordé la signature du roi et de la reine
au contrat de mariage, contre tout usage et tout exemple,
que pour obtenir une formalité aussi hors de nos usages,
mais à leur sens si fortement confirmative de la validité
et sûreté de l'engagement du roi pour le mariage : j'en
fus d'autant plus persuadé, et de l'opinion qu'ils avoient
prise de l'importance de cette formalité pour la sûreté du
futur mariage, que les cinq grands d'Espagne qu'ils choi-
sirent pour témoins étoit[2] ce qu'il y avoit de plus relevé
en Espagne en âge, en dignité, en charges, et tous en
naissance, excepté Giovenazzo, mais si grandement
décoré d'ailleurs; enfin l'amère impatience[3] de Leurs
Majestés Catholiques, car elle l'étoit devenue, de l'arrivée
des dispenses de Rome et du départ de Mlle de Montpensier, qui deviendroit bien autre, si par une fermeté sans
aucun véritable fondement je les jetois dans les longueurs
d'attendre le retour du courrier qu'il me faudroit dépêcher sur cette difficulté des témoins. Je pris donc mon
parti. Je me fis répéter et confirmer par le marquis de
Grimaldo que la fonction des témoins ne paroîtroit que
par l'acte séparé, que même ils ne signeroient point, et
qui ne le seroit que par Rodrigo tout seul, et je cédai
enfin avec tout l'assaisonnement de respect et du desir
de complaire à Leurs Majestés Catholiques et des compliments personnels à Grimaldo, qui prit, à ce consente-

1. Je considérai leur opiniâtre attachement.
2. Il y a bien *étoit*, au singulier.
3. Enfin je considérai l'amère impatience.

ment, un air épanoui, et me proposa la signature du contrat de mariage du Roi avec l'infante pour le lendemain, après dîné, chez le roi.

Quelques heures après être sorti d'avec lui, il m'envoya un paquet dans lequel il n'y avoit point de lettre pour moi, mais cinq autres pour les cinq témoins françois, dans lesquelles cette qualité étoit énoncée, au lieu qu'elle ne l'étoit pas dans les premières, qui ne portoient que le choix du roi d'Espagne pour assister à la signature du contrat, parce qu'alors ils n'osèrent aller plus loin sur la difficulté où nous en étions demeurés à cet égard. Il paroît qu'il eut peur que, même après avoir eu mon consentement, je ne m'opposasse à cette qualité nette de témoins qui leur étoit si chère, parce qu'il ne me parla point d'envoyer d'autres lettres, et qu'elles me surprirent quand je les reçus. Je les remis aux cinq à qui elles étoient adressées et n'en parlai point à Grimaldo, parce qu'elles n'innovoient et n'ajoutoient rien à ce à quoi j'avois cru devoir consentir, d'autant qu'au terme de témoin près, elles n'étoient que la copie exacte des premières.

Le même jour, lundi 24 novembre, je me rendis au palais avec Maulevrier sur les cinq heures du soir. Le marquis de Bedmar et Grimaldo nous y attendoient. Ils nous conduisirent, à travers le salon des Grands, au coin du bout de ce salon, dans un cabinet petit et fort orné, dont les tapis qui couvroient le plancher étoient d'une richesse et d'une beauté si singulière, que j'avois de la peine à me résoudre à marcher dessus. Cette pièce, ainsi que le salon des Grands, le petit salon où la cour s'assemble pour attendre, et le salon des Miroirs, donnent sur le Mançanarez et la campagne au delà; dans ce cabinet, nous trouvâmes une table, une écritoire et quatre tabourets. Les deux commissaires espagnols nous firent les honneurs et nous prîmes la droite. Tout étoit convenu et écrit longtemps avant mon arrivée, en sorte que nous n'eûmes qu'à collationner exactement les deux instruments que nous devions signer avec la copie des mêmes articles que nous avions apportée, après quoi nous signâmes en la manière accoutumée, et avec les compliments, les protestations et les effusions de joie qu'on peut s'imaginer. Je fus assis vis-à-vis du marquis de Bedmar, et Maulevrier vis-à-vis de Grimaldo.

Je m'étois fait charger de témoigner à Grimaldo que le roi d'Espagne avoit fait un vrai plaisir à M. le duc d'Orléans et au cardinal du Bois de donner à Laullez le caractère d'ambassadeur, comme le Roi le venoit de donner ici à Maulevrier, et leur en feroit un autre très-sensible de lui marquer de plus par quelque autre grâce que Sa Majesté Catholique étoit contente de lui. J'avois pris mon temps pour faire cet office aussitôt que j'eus consenti aux témoins. J'avois à cœur de servir Laullez, parce que je reconnoissois à tous moments qu'il n'avoit rien oublié pour me rendre agréable. Je vis, à la façon dont cela fut reçu, qu'on étoit content de lui à la cour d'Espagne. J'en rafraîchis la mémoire à Grimaldo en sortant du cabinet de la signature. En effet, il écrivit de la part et par ordre du roi d'Espagne, à Laullez, avec assurance des premières grâces qu'il seroit possible de lui faire, et Grimaldo me promit de fort bonne grâce d'y tenir très-soigneusement la main.

CHAPITRE XVII.

Audience solennelle pour la demande de l'infante en mariage futur pour le Roi. — Audience de la reine d'Espagne. — Audience du prince des Asturies et des infants. — Bêtise de Maulevrier, qui ne se couvrit point. — Conduite énorme de Maulevrier avec moi; bien pourpensée et bien exécutée jusqu'au bout, pour me jeter dans le plus fâcheux embarras sur les instruments du contrat de mariage, de guet-apens, en pleine cérémonie de la signature. — Ma conduite pour y précéder, comme je fis, le nonce et le majordome-major du roi, sans les blesser. — Signature solennelle du contrat du futur mariage du Roi et de l'infante. — Le prince des Asturies cède partout à l'infante depuis la déclaration de son futur mariage avec le Roi. — Je me maintiens adroitement en la place que j'avois prise. — Difficulté poliment agitée sur la nécessité ou non d'un instrument en françois; Maulevrier forcé de laisser voir toute sa scélératesse, de laquelle je me tire avec tout avantage, sans montrer la sentir. — Autre honte à Maulevrier chez Grimaldo; politesse de ce ministre; facilité pleine de bonté du roi d'Espagne; ma conduite égale avec Maulevrier, et mes raisons pour cette conduite. — Bonté de Leurs Majestés Catholiques; conclusion de mon désistement d'un instrument en françois.

Le mardi 25 novembre, j'eus mon audience solennelle. Maulevrier, qui, pour son caractère d'ambassadeur, ne s'étoit mis en aucune sorte de dépense, vint de bonne heure chez moi le matin, où quelque temps après arriva don Gaspard Giron et un carrosse magnifique du roi, à huit chevaux gris pommelés admirables, dans lequel, à l'heure marquée, nous montâmes tous trois. Deux garçons d'attelage tenoient chaque quatrième cheval à gauche par une longe. Il n'y avoit point de postillon, et le cocher du roi nous mena son chapeau sous le bras. Cinq carrosses à moi, remplis de tout ce que j'avois amené, suivoient, et une vingtaine d'autres de seigneurs de la cour qu'ils avoient envoyés pour me faire honneur par les soins du duc de Liria et de Sartine, avec des gentilshommes à eux dedans. Le carrosse du roi étoit environné de ma nombreuse livrée à pied et des officiers de ma maison, c'est-à-dire valets de chambre, sommeliers, etc. Les gentilshommes et les secrétaires étoient dans mes derniers carrosses. Ceux de Maulevrier (et il n'en avoit que deux), remplis de Robin et de son secrétaire, suivoient le dernier des miens. Arrivant à la place du palais, je me crus aux Tuileries. Les régiments des gardes espagnoles, vêtus, officiers et soldats, comme le régiment des gardes françoises, et le régiment des gardes wallonnes, vêtus, officiers et soldats, comme le régiment des gardes suisses, étoient sous les armes, les drapeaux voltigeants, les tambours rappelants, et les officiers saluants de l'esponton. En chemin les rues étoient pleines de peuple, les boutiques de marchands et d'artisans, toutes les fenêtres parées et remplies de monde. La joie éclatoit sur tous les visages, et nous n'entendions que bénédictions.

Sortant de carrosse, nous trouvâmes le duc de Liria, le prince de Chalais, grands d'Espagne, et Valouse, premier écuyer, qui nous dirent qu'ils venoient nous rendre ce devoir comme François. Caylus eût bien pu y faire le quatrième. L'escalier étoit garni des hallebardiers avec leurs officiers, vêtus comme nos Cent-Suisses, mais en livrée, la hallebarde à la main, et leurs fonctions sont les mêmes. Entrant dans la salle des gardes, nous les trouvâmes en haie sous les armes, et nous traversâmes jusque dans la pièce contiguë à celle de l'audience, dont la porte étoit fermée. Là étoient tous les grands et une infinité de personnes de qualité, en sorte qu'il n'y avoit guère moins de foule qu'en notre cour, mais plus de discrétion. L'introducteur des ambassadeurs a peu de fonctions. Il est fort effacé par celles du majordome. Ce fut là un renouvellement de compliments et de joie, où presque chacun me voulut particulièrement témoigner la sienne, et cela dura près d'un quart d'heure que la porte s'ouvrit et que les grands entrèrent ; puis elle se referma.

Je demeurai encore un peu avec cette foule de gens de qualité, pendant quoi le roi vint de son appartement, et entra dans la pièce de l'audience par la porte opposée à celle par où les grands étoient entrés, qui l'y attendoient et par laquelle tout ce que nous étions à attendre allions entrer. J'avouerai franchement ici que la vue du roi d'Espagne m'avoit si peu imposé la première fois, si peu encore les autres fois que j'avois eu l'honneur d'approcher de lui, qu'au moment où j'étois lors, je n'avois pas songé encore à ce que je devois lui dire.

Je fus appelé, et tous ces seigneurs entrèrent en foule avant moi, qui me laissai conduire par don Gaspard Giron, qui prit ma droite, et l'introducteur la gauche de Maulevrier, qui étoit à côté de moi. Comme j'approchois de la porte, la Roche me vint dire de la part du roi, entre haut et bas, que Sa Majesté Catholique m'avertissoit et me prioit de n'être point surpris s'il ne se découvroit qu'à ma première et dernière révérence, et point à la seconde; qu'il voudroit plus faire pour un ambassadeur de France que pour aucun autre; mais que c'étoit un usage de tout temps qu'il ne pouvoit enfreindre. Je priai la Roche de témoigner au roi ma très-respectueuse et très-sensible reconnoissance d'une attention si pleine de bonté, et j'entrai dans la porte. Ce défilé mit Maulevrier et les deux autres qui nous côtoyoient derrière, et l'attention à ce que j'allois dire et au spectacle fort imposant m'empêcha de plus songer à ce qu'ils devenoient.

Au milieu de cette vaste pièce et du côté que j'avois en face en entrant, étoit un dais à queue sans estrade, sous lequel le roi étoit debout, et à quelque distance, précisément derrière lui, le grand d'Espagne capitaine des gardes en quartier, qui étoit le duc de Bournonville; du même côté, presqu'au bout, le majordome-major du roi, appuyé à la muraille, seul; en retour, le long de la muraille qui par un coin joignoit l'autre muraille dont je viens de parler, étoient les grands appuyés contre, et aussi contre la muraille en retour vis-à-vis du roi jusqu'à le cheminée, grande comme autrefois et qui étoit assez près de la porte par où je venois d'entrer et point tout à fait au milieu de cette muraille; les quatre majordomes étoient le dos à la cheminée. De la cheminée à la porte par où j'étois entré, et en retour le long de la muraille et des fenêtres jusqu'au coin de la porte par où le roi étoit entré, étoient en foule les gens de qualité les uns devant les autres; dans la porte par où le roi étoit entré étoient quelques seigneurs familiers par leurs emplois, qui regardoient comme à la dérobée, mais dont aucun n'étoit grand, et derrière eux quelques domestiques intérieurs distingués, qui voyoient à travers. Le roi et tous les grands étoient couverts, et nuls autres; il n'y avoit aucun ambassadeur.

Je m'arrêtai un instant au dedans de la porte à considérer ce spectacle extrêmement majestueux, où qui que ce soit ne branloit et où le silence régnoit profondément. Je m'avançai lentement quelques[1] pas, et fis au roi une profonde révérence, qui à l'instant se découvrit, son chapeau à la hauteur de sa hanche ; au milieu de la pièce je fis ma seconde révérence, et en me baissant je me tournai un peu vers ma droite, passant les yeux sur les grands, qui tous se découvrirent, mais non tant qu'à la première révérence, où ils avoient imité le roi, qui à cette seconde ne branla pas, comme il m'en avoit fait avertir. J'avançai après avec la même lenteur jusqu'assez près du roi, où je fis ma troisième révérence, qui se découvrit comme il avoit fait à la première, et se couvrit aussitôt, en quoi tous les grands l'imitèrent. Alors je commençai mon discours et me couvris au bout de cinq ou six premières paroles sans que le roi me le dit.

Il roula sur les compliments du Roi, l'union de la maison royale, celle de leurs couronnes, la joie et l'affection des deux nations, celle que j'avois trouvée répandue partout sur ma route en France et en Espagne, l'attachement personnel du Roi pour le roi son oncle, et son desir de lui complaire et de contribuer à tout ce qui pourroit être de sa grandeur, de ses intérêts, de ses affections, avec autant de passion que pour les siens propres ; enfin la demande de l'infante pour étreindre encore plus intimement entre eux les liens déjà si forts du sang et les intérêts de leurs couronnes, et lui témoigner sa tendresse par toute celle qu'il auroit pour l'infante, ses soins, ses égards et l'attention continuelle de la rendre parfaitement heureuse. Je passai de là au remerciement du Roi et à celui de M. le duc d'Orléans de l'honneur de son choix de Mlle de Montpensier pour M. le prince des Asturies ; j'ajoutai que, quelque grand que Son Altesse Royale le sentît, il étoit encore plus touché de recevoir une aussi grande marque de ses bontés pour lui, et de l'acceptation

---

1. Le manuscrit porte *quelque*, au singulier.

de son plus profond respect et de ses protestations les plus sincères de sa passion de lui plaire et de ne rien oublier pour resserrer de plus en plus une si heureuse union des deux royales branches de leur maison, en contribuant de ses conseils et de tous les moyens qu'il pourroit tirer de sa qualité de régent de France pour servir et porter les intérêts et la grandeur de Sa Majesté Catholique avec autant de zèle et d'attachement que ceux même de la France, et la persuader de plus, ce qu'il souhaitoit avec le plus de passion, de son infinie reconnoissance, de son attachement, de son profond respect et de sa vénération parfaite pour sa personne. Je finis mon discours par témoigner combien je ressentois de joie et combien je me trouvois honoré d'avoir le bonheur de paroître devant Sa Majesté Catholique, chargé par le Roi de contribuer de sa part à mettre la dernière main à un ouvrage si desirable ; ce qui me combloit en mon particulier de la plus sensible satisfaction, outre celle de toute la France et de l'Espagne, parce que je n'avois jamais pu oublier d'où Sa Majesté Catholique étoit issue, et toujours nourri et témoigné en tous les temps mon très-profond respect et l'attachement le plus vrai et le plus naturel pour elle.

Si j'avois été si surpris de la première vue du roi d'Espagne à mon arrivée, et si les audiences que j'en avois eues jusqu'à celle-ci m'avoient si peu frappé, il faut dire ici avec la plus exacte et la plus littérale vérité que l'étonnement où me jetèrent ses réponses me mit presque hors de moi-même. Il répondit à chaque point de mon discours dans le même ordre, avec une dignité, une grâce, souvent une majesté, surtout avec un choix si étonnant d'expressions et de paroles par leur justesse, et un compassement si judicieusement mesuré, que je crus entendre le feu Roi, si grand maître et si versé en ces sortes de réponses.

Philippe V sut joindre l'égalité des personnes avec un certain air de plus que la déférence pour le Roi son neveu, chef de sa maison, et laisser voir une tendresse

innée pour ce fils d'un frère qu'il avoit passionnément
aimé et qu'il regrettoit toujours. Il laissa étinceler un
cœur françois, sans cesser de se montrer en même temps
le monarque des Espagnols[1]. Il fit sentir que sa joie sortoit d'une source plus pure que l'intérêt de sa couronne,
je veux dire de l'intime réunion du même sang; et à
l'égard du mariage du prince des Asturies, il sembla
remonter quelques degrés de son trône, s'expliquer avec
une sérieuse bonté, sentir moins l'honneur qu'il faisoit à
M. le duc d'Orléans en faveur du même sang, que la
grâce signalée, et je ne dis point trop et je n'ajoute rien,
qu'il lui faisoit d'avoir bien voulu ne point penser qu'à
le combler par une marque si certaine de sa bonne
volonté pour lui. Cet endroit surtout me charma par la
délicatesse avec laquelle, sans rien exprimer, il laissa
sentir sa supériorité toute entière, la grâce si peu méritée
de l'oubli des choses passées, et le sceau si fort inespé-
rable que sa bonté daignoit y apposer. Tout fut dit avec
tant d'art et de finesse, et coula toutefois si naturellement,
sans s'arrêter, sans bégayer, sans chercher, qu'il fit
sentir tout ce qu'il étoit, tout ce qu'il pardonnoit, tout
en même temps à quoi il se portoit, sans qu'il lui
échappât ni un seul mot ni une seule expression qui pût
blesser le moins du monde, et presque toutes au contraire obligeantes. Ce que j'admirai encore fut l'effectif,
mais toutefois assez peu perceptible changement de ton
et de contenance en répondant sur les deux mariages;
son amour tendre pour la personne du Roi, son affection
hors des fers pour la France; la joie d'en voir le trône
s'assurer à sa fille se peindre sur son visage et dans toute
sa personne à mesure qu'il en parloit; et lorsqu'il
répondit sur l'autre mariage, la même expression s'y
peignit aussi, mais de majesté, de dignité, de prince qui
sait se vaincre, qui le sent, qui le fait, et qui connoît
dans toute son étendue le poids et le prix de tout ce qu'il

---

1. Saint Simon a écrit *Esp.*, en abrégé.

veut bien accorder. Je regretterai à jamais de n'avoir pu écrire sur-le-champ des réponses si singulières et de n'en pouvoir donner ici qu'une idée si dissemblable à une si surprenante perfection.

Quand il eut fini je crus lui devoir un mot de louange sur ce dernier article, et un nouveau remerciement de M. le duc d'Orléans, comme son serviteur particulier. Au lieu de m'y répondre, le roi d'Espagne me fit l'honneur de me dire des choses obligeantes et du plaisir qu'il avoit que j'eusse été choisi pour faire auprès de lui des fonctions qui lui étoient si agréables. Ensuite m'étant découvert, je lui présentai les officiers des troupes du Roi qui m'accompagnoient, et le roi d'Espagne se retira en m'honorant encore de quelques mots de bonté.

Je fus environné de nouveau par tout ce qui étoit là de plus considérable, avec force civilités; après quoi la plupart des grands et des gens de qualité allèrent chez la reine, tandis que quelques-uns d'eux tous demeurèrent à m'entretenir pour laisser écouler tout ce qui sortoit, et se placer chez la reine, où au bout de fort peu de temps nous y fûmes aussi conduits comme nous l'avions été chez le roi. Arrivés dans la pièce joignante celle où l'audience se devoit donner, on nous fit attendre que tout y fût préparé.

Avant d'aller plus loin il faut expliquer que don Gaspard Giron ne me conduisit, allant chez la reine, que jusqu'au bout de l'appartement du roi, et qu'à l'entrée de celui de la reine il se retira, et laissa sa fonction à un majordome de la reine. J'avois su que Magny, qui [en] étoit un, se trouvoit justement en semaine, par conséquent que c'étoit à lui à m'introduire. J'en avois parlé à Grimaldo et demandé qu'on en chargeât un autre. Non-seulement je l'obtins, mais Magny, qui avoit été nommé pour le voyage de Lerma, en fut rayé, et un autre majordome de la reine mis de ce voyage au lieu de lui, mais il reçut défense expresse de se trouver en aucun lieu où je serois, même au palais; Grimaldo me le dit lui-même.

Soit que cette défense ait été étendue aux autres François réfugiés pour l'affaire de Cellamare et de Bretagne, ou qu'ils l'aient cru sur l'exemple de Magny, ils évitèrent tous et toujours ma rencontre, et presque toujours celle de tout ce qui étoit venu avec moi en Espagne.

Tout étant prêt, la porte s'ouvrit et nous fûmes appelés : la pièce de l'audience étoit le double de la petite galerie intérieure par laquelle on a vu que le jour de ma première révérence j'avois suivi Leurs Majestés Catholiques chez les infants. Ce double étoit moins long mais aussi large que la galerie à laquelle elle étoit unie par de grandes arcades ouvertes, desquelles seules cette pièce tiroit son jour. Nous arrivâmes par le côté de l'appartement des infants, et la reine et sa suite étoit entrée[1] par le sien au bout opposé.

Le bas de cette pièce que nous trouvâmes d'abord en y entrant étoit obscur et plein de monde, qui étoit arrêté par une barrière à sept ou huit pas en avant, où l'obscurité s'éclaircissoit. La porte de la pièce et celle de la barrière qui ne se tira que lorsque j'en fus tout près, fit un défilé qui me laissa passer seul, en sorte que je ne pus voir ensuite derrière moi. Au fond de cette pièce, qui étoit fort longue, la reine étoit assise sur une espèce de trône, c'est-à-dire un fauteuil fort large, fort évasé, et fort orné; les pieds sur un carreau magnifique, d'une largeur et d'une hauteur extraordinaire, qui cachoit, comme je le vis quand la reine en sortit, quelques marches assez basses. Le long de la muraille étoient les grands, rangés, appuyés et couverts. Vis-à-vis le long des arcades, des carreaux carrés, longs plus que larges, et médiocrement épais, de velours et de satin rouge ou de damas, tous également galonnés d'or tout autour, de la largeur de la main au plus, avec de grosses houppes d'or aux coins. Sur les carreaux de velours étoient les femmes des grands d'Espagne, et les femmes de leurs fils aînés sur ceux de

---

1. *Entré*, sans accord, au manuscrit.

satin ou de damas, toutes également assises sur leurs jambes et sur les talons. Cette file de grands à la muraille, et de dames sur ces carreaux, vis-à-vis d'eux, tenoit toute la longueur de la pièce, laissant un peu de distance en approchant de la reine, et un[1] autre en approchant de la barrière par où j'entrois.

Je m'arrêtai quelques moments dans la porte de cette barrière à considérer un spectacle si imposant, tandis que, par derrière moi, les ducs de Veragua et de Liria, le prince de Masseran et quelques autres grands qui avoient voulu me faire l'honneur de m'accompagner depuis l'appartement du roi, se glissèrent à la muraille, à la suite des derniers placés. Le majordome-major du roi ne se trouva point à cette audience parce qu'ayant de droit la première place partout, il ne la veut pas céder au majordome-major de la reine qui, chez elle, prétend l'avoir et en est en possession. Aussi étoit-il à la tête des grands à la muraille, y ayant une place vide entre lui et le grand d'Espagne qui étoit le plus près de lui, comme vis-à-vis de lui, entre le carreau de la camarera-mayor de la reine et le carreau le plus près d'elle. Le majordome-major de la reine étoit placé là parce que la reine tenoit tout le fond de cette pièce, ayant deux officiers des gardes du corps un peu en arrière à côté de son fauteuil. Les dames de qualité étoient en grand nombre debout derrière les carreaux des dames assises, et remplissoient le vide de chaque arcade. Quelques gens de qualité s'étoient mis derrière elles, mais le gros de ceux-là se tint contre les barrières, en dedans qui put, et en dehors en foule.

Après avoir arrêté mes yeux quelques moments sur ce beau spectacle fort paré, je m'avançai lentement jusqu'au second carreau d'en bas, marchant au milieu de la largeur de la pièce, et là, je fis une profonde révérence. Je continuai à m'avancer de même jusqu'au milieu de la

---

1. Il y a bien *un*, au masculin.

longueur qui restoit, où je fis la seconde révérence me
tournant un peu vers les carréaux en me baissant, passant les yeux dessus ce qui en étoit à portée, et j'en fis
de même en me relevant vers les grands, qui se découvrirent, comme les dames m'avoient fait une légère
inclination du corps de dessus leurs carreaux. J'avançai
ensuite jusqu'au pied du carreau de la reine, où je fis ma
troisième révérence, à laquelle seule la reine répondit par
une inclination de corps fort marquée. Un instant après
je dis « Madame, » et ce mot achevé je me couvris, et
tout de suite me découvris sans avoir ôté ma main de
mon chapeau, et ne me couvris plus. Les grands, depuis
ma seconde révérence, étoient demeurés découverts, et
ne se couvrirent plus.

Mon discours roula sur les mêmes choses qu'avoit fait
celui que je venois de faire au roi, retranchant et ajustant
à ce qui lui convenoit, également ou différemment du
roi d'Espagne. Elle étoit parée modestement, mais brillante d'admirables pierreries et avoit une grâce et une
majesté qui sentoit bien une grande reine. Elle fut surprise d'un si grand transport de joie qu'elle s'en laissa
apercevoir embarrassée, et elle prit plaisir depuis à
m'avouer son embarras; elle ne laissa pas de me répondre
en très-bons termes sur sa joie du mariage de l'infante,
sur son estime et son affection pour le Roi et sa passion
même pour lui, sur son amitié pour M. le duc d'Orléans,
et son desir de voir sa fille heureuse en Espagne, surtout
sur son desir et sa joie extrême de l'union des couronnes,
des personnes royales de la même maison, de leur commune grandeur et de leurs intérêts qui ne pouvoient
jamais être que les mêmes, puis des marques de bonté
pour moi.

Si cette audience eût été la première, sa réponse, m'auroit charmé tant elle étoit bien faite et accompagnée de
toutes les grâces possibles et de majesté. Mais il faut
avouer qu'avec beaucoup d'esprit, de tour naturel et de
facilité de s'énoncer, elle ne put s'élever jusqu'à la

justesse et la précision du roi, si diversement modulées sur chaque point, beaucoup moins jusqu'à ce ton suprême qui sentoit la descendance directe d'un si grand nombre de rois, qui se proportionnoit avec tant de naturelle majesté aux choses et aux personnes, dont il fit plus entendre qu'il n'en dit dans sa réponse.

Quand elle eut achevé, je lui fis une profonde révérence, et je me retirai le plus diligemment que la décence me le permit, pour gagner le dernier carreau de velours d'en bas et les parcourir promptement tous, en ployant un peu le genou devant chacun et disant à la dame assise dessus : *A los pies a V. E.*, ce qui suppose : « Je me mets aux pieds de Votre Excellence, » à quoi chacune sourit et répondit par une inclination de corps; il faut être preste à cette espèce de course qui se fait, tandis que la reine se débarrasse de ce gros carreau qu'elle a sous les pieds, qu'elle se lève, qu'elle descend les marches de cette espèce de trône et qu'elle retourne dans son appartement par la porte de la galerie qui y donne, et qui n'est presque éloignée de ce trône que de la demi-largeur de la pièce où il est, et de la largeur entière de la galerie, qui sont très-médiocres, et il faut avoir achevé le dernier carreau près de celui de la camarera-mayor, qui se lève en même temps que la reine pour la suivre, à temps de trouver la reine à la porte de son appartement, mettre un genou à terre devant elle, lui baiser la main qu'elle vous tend et la remercier en cinq ou six paroles, à quoi elle répond de même.

Je ne pus avoir sitôt expédié les carreaux, que je vis la reine dans la porte de son appartement; elle m'avoit déjà traité avec tant de bonté et de familiarité que je crus pouvoir user de quelque sorte de liberté dans ces moments d'une si grande joie, tellement que je courus vers elle et lui criai que Sa Majesté se retiroit bien vite, et, comme je la vis s'arrêter et se retourner, je lui dis que je ne voulois pas perdre un moment et un honneur si précieux, elle se mit à rire, et moi, un genou à terre, à lui baiser la main qu'elle me tendit dégantée, et me parla fort obligeamment; mon remerciement suivit et cela fit un entretien de quelques moments dans cette porte, ses dames en cercle autour qui arrivoient cependant.

La reine et quelques-unes de ses dames rentrée[1], je fis plus posément, et avec plus de loisir, des compliments à celles qui, par leurs charges, alloient aussi rentrer chez la reine, qui étoient demeurées pour m'en faire; puis j'allai remplir le même devoir de galanterie auprès des principales des autres que je trouvai le plus sous ma main, puis à beaucoup de seigneurs qui m'environnèrent. J'oubliois mal à propos qu'à la fin de l'audience je présentai à la reine tous les officiers des troupes du Roi qui m'avoient suivi en Espagne.

Débarrassé peu à peu de tant de monde, et toujours avec les mêmes seigneurs susnommés, qui m'avoient fait l'honneur de vouloir m'accompagner de chez le roi chez la reine, et qui, quoi que je pusse faire, voulurent absolument aller partout avec moi, nous allâmes chez le prince des Asturies, où tout se passa sans aucune cérémonie : je fis une seule révérence au prince, qui étoit découvert et qui ne se couvrit point du tout. Ce fut moins une audience qu'une conversation, dans laquelle le prince n'oublia rien de tout ce qui convenoit de dire, et sans aucun embarras.

Le duc de Popoli, qui, comme à ma première audience, m'étoit venu recevoir et conduire à l'entrée de l'appartement, fut plus embarrassé que lui. Il m'accabla de ses sentiments de joie sur les mariages, et d'attachement pour le Roi et pour M. le duc d'Orléans, et de compliments pour moi, avec force excuses sur ce que son esclavage chez le prince, ce fut le terme dont il se servit, ne lui avoit pas encore pu permettre de venir me rendre ses devoirs. Je lui répondis avec toute sorte de politesse, mais avec peine, tant son affluence de protestations

---

1. Ce participe est bien au singulier.

étoit continuelle, et me divertissant à part moi[1] de son embarras.

L'introducteur des ambassadeurs nous conduisit après chez l'infante et chez les infants. Le dernier dormoit, et, suivant ce que Grimaldo m'avoit promis, l'infante dormoit aussi. Je sortis du palais avec les mêmes honneurs que j'y avois été reçu, les bataillons étant demeurés pour cela dans la place; et je trouvai chez moi don Gaspard Giron qui m'attendoit en grande et illustre compagnie, et un magnifique repas. Il s'en alla chez lui; on en verra bientôt la raison.

En arrivant chez moi, je fus averti que Maulevrier ne s'étoit point couvert aux audiences que nous venions d'avoir du roi et de la reine, dont je n'avois pu m'apercevoir par[ce] qu'il s'étoit tenu, à toutes les deux, fort en arrière de moi. Il m'avoit auparavant fait la question s'il feroit aussi la demande de l'infante, et comme je lui répondis que l'usage n'étoit pas que deux ambassadeurs fissent cette demande l'un après l'autre, je ne sais ce qu'il en conclut. Je trouvai la chose si étrange, que je m'en voulus assurer tant par les principaux de ceux qui m'y avoient suivi, que par les ducs de Veragua et de Liria, le prince de Masseran et quelques autres de ceux qui se trouvèrent chez moi pour dîner, avec qui déjà j'avois contracté le plus de familiarité, qui tous m'assurèrent l'avoir très-bien vu et remarqué, et que la surprise en avoit été générale; ils ajoutèrent même qu'il n'avoit pas fait le plus léger semblant de se couvrir. Je lui en parlai dans la suite, n'ayant pu le faire alors, et le plus poliment qu'il me fut possible; il me répondit froidement et tout court qu'il en étoit fâché, qu'il n'avoit pas cru devoir se couvrir, qu'il se trouveroit d'autres occasions de réparer ce manquement. Mettant pied à terre chez moi, il ne voulut pas monter dans mon appartement, où toute la grande compagnie m'attendoit, et quoi que je pusse faire, je ne

1. L'orthographe de Saint-Simon est *à par moi*. Voyez tome XV, p. 401 et note 1.

pus jamais l'engager à dîner avec nous. Il me dit qu'il avoit affaire chez lui, et qu'il seroit exact à l'heure de revenir chez moi pour aller ensemble à la signature du contrat. Ce fut une bêtise; mais voici une perfidie, et bien pourpensée[1] et bien exécutée de guet-apens[2] dans toutes ses circonstances.

L'instrument des articles avoit été signé double; un en espagnol, l'autre en françois. Cela m'avoit persuadé qu'il en seroit de même de l'instrument du contrat de mariage. Il n'y avoit rien ni pour ni contre dans mon instruction, comme il n'y en avoit rien non plus sur l'instrument des articles, et le cardinal du Bois ne m'avoit rien dit là-dessus, ni moi pensé à lui en faire question. J'en parlai dès les premiers jours à Maulevrier, qui ne douta pas un moment des deux instruments; ce qui me confirma encore dans cette persuasion. Je ne savois pas un mot d'espagnol; Maulevrier et Robin, son mentor, dont je dirai un mot dans la suite, le savoient fort bien. Maulevrier s'étoit donc chargé du changement à faire dans la préface du contrat de mariage, lorsque j'eus obtenu qu'il n'y auroit point de commissaires, et que le roi et la reine d'Espagne le signeroient eux-mêmes. Maulevrier avoit fait ce changement, il l'avoit montré à Grimaldo, tous deux me dirent qu'il étoit bien, ce n'étoit qu'une affaire de style : dès lors que j'étois assuré que Leurs Majestés Catholiques signeroient elles-mêmes, je m'en reposai sur ce qu'ils m'en dirent, et en effet il étoit bien. Ils m'en promirent une copie en françois. Je convins avec Maulevrier qu'il porteroit à la signature du contrat de mariage les deux copies de ce même contrat, l'une espagnole qu'il liroit tout bas à mesure que le contrat en espagnol seroit lu tout haut pour le collationner ainsi lui-même, et que j'en ferois autant de la copie françoise à mesure que le contrat en françois seroit lu tout haut pour être ensuite signés l'un et l'autre également.

1. Voyez tome XI, p. 229 et note 1.
2. Voyez tome VII, p. 460, note 4.

Dès avant d'aller le matin à l'audience, je lui parlai de ces copies; il me dit qu'elles n'étoient pas encore faites, mais qu'elles le seroient avant le dîner. Comme il s'opiniâtra à s'en aller dîner chez lui, je le priai de m'envoyer la copie françoise; il me le promit et s'en alla. Pendant le dîner, qui fut long chez moi, j'envoyai deux fois chercher ces copies; il me manda la dernière qu'il les apporteroit : prêt à partir, et l'heure pressant, j'envoyai un homme à cheval chez lui; il me fit dire par lui que j'allasse toujours, et qu'il se trouveroit au palais. Cette réponse me parut singulière pour une cérémonie aussi solennelle : véritablement ses deux seuls carrosses et sa médiocre livrée de cinq ou six personnes ne pouvoient donner ni ôter grand lustre à mon cortége, mais ce procédé me surprit fort sans en rien témoigner.

Dans l'embarras où la méchanceté du cardinal du Bois m'avoit mis sur le nonce et le majordome-major, tel qu'on l'a vu ci-dessus en son lieu, j'avois affecté de rendre infiniment à l'un et à l'autre toutes les fois que je les avois rencontrés et visités, pour leur ôter toute sorte d'idée que j'imaginasse de les précéder quand je les précéderois effectivement; je pensai que les précéder effectivement et nettement l'un ou l'autre seroit une entreprise que je ne pourrois soutenir. La place du grand maître, à cette signature, étoit derrière le fauteuil du roi, un peu à la droite, pour laisser place au capitaine des gardes en quartier; m'y mettant, c'étoit prendre sa place, y intéresser le capitaine des gardes, jeté plus loin, et conséquemment ce qui devoit être de suite. Celle du nonce étoit à côté du roi, le ventre au bras droit de son fauteuil; la prendre, c'étoit le repousser hors du bras du fauteuil, contre le bout de la table, et sûrement il ne l'auroit pas souffert, non plus que le majordome-major pour la sienne. Je résolus donc d'hasarder[1] un milieu, de tâcher de me fourrer au haut du bras droit du fauteuil, un peu en travers,

---

1. Voyez tome IV, p. 174, tome V, p. 141, tome VI, p. 17, etc.

pour ne prendre nettement la place ni de l'un ni de l'autre, mais de les écorner toutes les deux pour m'en faire une, et de couvrir cela d'un air d'ignorance et de simplicité d'une part, et de l'autre, d'empressement, de joie, de curiosité, d'engouement de courtisan qui veut parler au roi et l'entretenir tant qu'il sera possible : ce fut aussi ce que j'exécutai, en apparence niaisement, et en effet très-heureusement. L'inconvénient étoit de Maulevrier, qui devoit être naturellement à côté de moi. Je ne crus pas lui devoir la confidence de ce que je me proposois, et je résolus, pour confirmer mon ignorance, de le laisser tirer d'affaires comme il pourroit sans y prendre part, pourvu que je m'en tirasse moi-même dans un pas si délicat, où cet honnête homme de du Bois avoit bien compté me perdre d'une façon ou d'un autre.

Dans cette inquiétude de place et d'instruments, je partis, conduit par don Gaspard Giron, dans le carrosse du roi, et le même cortége que j'avois eu le matin pour mon audience solennelle, moi seul sur le derrière, don Gaspard seul vis-à-vis de moi, parmi les acclamations de joie de la foule des rues et des fenêtres, remplies comme elles l'avoient été le matin. Je trouvai le palais rempli de tout ce qui étoit à Madrid de quelque considération. Tous les grands avoient été mandés, le nonce, l'archevêque de Tolède, le grand inquisiteur, et les secrétaires d'État, et le P. d'Aubanton. Le salon entre celui des Miroirs et celui des Grands, où la cérémonie s'alloit faire, étoit rempli à ne pouvoir s'y tourner. Dans mon dessein, je me coulai peu à peu, parlant aux uns et aux autres, tout auprès de la porte du salon des Miroirs, et je m'y tins causant avec ce qui s'y trouva à portée ; l'attente dura bien trois quarts d'heure, et m'ennuya fort dans cette foule avec ma double inquiétude. Enfin la porte s'ouvrit, et le roi parut avec la reine, et derrière eux l'infante et les infants.

Dès la porte, je me mis à parler au roi, marchant à côté de lui. Je le conduisis de la sorte jusqu'à sa place dans le salon des Grands où je pris tout de suite celle que j'avois projetée. Voici comment ce salon se trouva disposé, et ceux qui assistèrent à cette signature. Une longue table étoit placée en travers, ayant un bout vers les fenêtres, l'autre vers la porte par où on y étoit entré, et cette table couverte d'un tapis avec une écritoire dessus. Six fauteuils rangés le long de la table, le dos à la muraille mitoyenne de ce salon et de celui où on avoit attendu le roi, mais laissant un large espace entre la muraille et le dos des fauteuils dont les bras se joignoient. Les infants ont un fauteuil devant le roi d'Espagne; j'en dirai la raison dans la suite, mais j'ignore celle de leur arrangement, tout différent de celui des autres pays. Le roi se mit au premier fauteuil tout à la droite, la reine au second, l'infante au troisième, le prince des Asturies, qui lui céda toujours partout, depuis la déclaration du mariage futur du Roi avec elle, au quatrième, don Ferdinand au cinquième, et don Carlos au sixième. La gouvernante de l'infante demeura derrière son fauteuil à cause de l'enfance de la princesse, sans aucune autre femme, pas même la camarera-mayor. Cette forme de séance à la file se garde la même au bal, à la comédie, etc.

J'ai dit d'avance qui étoit derrière le roi. Le marquis de Santa-Cruz, majordome-major de la reine, étoit derrière elle, et le duc de Popoli derrière le prince des Asturies, dont il étoit gouverneur. Les deux infants n'avoient personne derrière eux. Les grands et les cinq témoins françois faisoient un grand demi-cercle devant toute la table. L'archevêque de Tolède et le grand inquisiteur y étoient un peu à part d'eux, et derrière eux les secrétaires d'État et le P. d'Aubanton, qui s'y étoit fourré. Près des fenêtres, assez loin de la table, étoit une petite table avec un tapis et une écritoire, cachée par le cercle qui environnoit la grande table. Il n'entra qui que ce soit que tous les grands, le nonce et ceux qui viennent d'être nommés, et aussitôt après les portes furent fermées sans aucun domestique ni officier du roi dedans. On a dit ailleurs, en parlant des grands d'Espagne, qu'ils n'observent entre eux aucun rang d'ancienneté ni de classe; ainsi ils se rangèrent les uns auprès des autres comme le hasard les fit rencontrer. Le roi fut toujours découvert.

Le majordome-major et le nonce, qui suivoient le dernier infant, me trouvant à ce coin de fauteuil où je m'étois placé, entrant à côté du roi et lui parlant, parurent fort surpris. J'entendis répéter *signore* et *señor* à droite et à gauche en me parlant, car tous deux s'exprimoient assez difficilement françois; moi, révérences de côté et d'autre, air riant d'un homme tout occupé de la joie de la fonction, et qui n'entendit rien à ce qu'ils me vouloient dire, reprenant la parole avec le roi avec une sorte de liberté, d'enthousiasme, tellement que tous deux se lassèrent d'interpeller un homme dont l'esprit transporté ne comprenoit rien à ce qu'ils lui vouloient dire ni à la place qu'il avoit prise. Ce ne fut que là où je revis Maulevrier depuis que nous nous étions séparés en arrivant chez moi de l'audience. Il tâcha de se fourrer entre le nonce et moi, mais le nonce tint ferme après une petite révérence, et je n'osai essayer de lui faire place, ce qui d'ailleurs, serré comme j'étois, m'eût été bien difficile, parce que l'aidant ainsi à se mettre au-dessus du nonce, auroit montré trop à découvert que je savois mieux où je m'étois mis que ces deux Messieurs ne le pensoient, et que le nonce voyant alors le dessein n'eût souffert au-dessus de lui ni Maulevrier ni moi, tellement que je le laissai dans la presse, ce qui servit à leur persuader que je ne pensois à rien. Maulevrier donc demeura couvert par le nonce et par moi, en sorte que sa tête paroissoit seulement entre les nôtres en arrière.

Don Joseph Rodrigo, tout près de la table vis-à-vis de la reine, reçut ordre de faire la lecture du contrat, sitôt que le premier brouhaha de tout ce qui entroit et s'arrangeoit fut passé, et un moment après, le roi et tout ce qui devoit remplir les six fauteuils s'assirent, tout le reste demeurant debout; comme la lecture commençoit, je me tournai à l'oreille de Maulevrier, comme je pus, et lui demandai s'il avoit sa copie espagnole pour collationner, et la françoise pour me la donner. Il me répondit qu'à son départ de chez lui elles n'étoient pas encore achevées, mais qu'on alloit les lui apporter. « Il sera bien temps, » lui repartis-je en me retournant, et je me remis à entretenir le roi, toujours dans la crainte de mes deux voisins, et pour leur persuader un engouement qui, sans en sentir la conséquence, m'avoit fait mettre et demeurer dans la place où j'étois. La lecture fut extrêmement longue ; Rodrigo lut fort haut et fort distinctement le contrat de mariage futur du Roi et de l'infante ; un double de ce contrat, aussi en espagnol, l'acte séparé où il fut fait mention de la qualité des dix témoins et de la présence distincte de tous les grands d'Espagne qui s'y trouvèrent. Ne sachant plus sur la fin de quoi continuer d'entretenir le roi, je m'avisai de lui demander audience pour le lendemain, qu'il m'accorda volontiers, et qui fit durer un peu la conversation que je tâchois de soutenir jusqu'à la fin de la lecture par tout ce dont je pus sagement m'aviser par la raison que j'en ai dite.

Cette lecture ennuya assez la reine pour qu'elle demandât si elle dureroit encore longtemps. Elle s'attendoit si bien qu'il y auroit un instrument en françois à lire, que j'en pris occasion de lui dire qu'on se pourroit passer d'en lire le préambule qui ne contenoit rien d'essentiel. C'est que je voulois cacher que cette préface nous manquoit, Maulevrier n'en ayant point de copie sur lui, lui qui l'avoit refaite comme il a été dit avec Grimaldo, pour en ôter ce qui regardoit les commissaires, et moi ne l'ayant point en françois, parce que je n'avois que la copie du contrat de mariage tel que le cardinal du Bois me l'avoit donné.

Toutes les lectures espagnoles étant achevées, don Joseph Rodrigo s'approcha du bout de la table pour présenter la plume au roi d'Espagne, lequel, au lieu de la prendre, proposa de faire toutes les lectures de suite. Je dis aussitôt, d'un ton modeste et demi-bas, que je croyois qu'il y avoit un instrument en françois. Don Rodrigo, à qui le roi le rendit en espagnol, répondit qu'il ne le croyoit pas, qu'en tout cas, il n'en avoit point apporté. Sur quoi Maulevrier, qui jusqu'à ce moment avoit gardé un parfait silence, dit qu'il l'alloit envoyer chercher, et sans une parole de plus sortit de sa place pour le faire. Dans cet intervalle, le roi d'Espagne me dit qu'apparemment il n'en falloit point, puisqu'on n'en avoit point apporté. Pour toute réponse, je lui proposai de faire appeler Grimaldo qui étoit derrière le cercle des grands. Le roi lui manda aussitôt de lui venir parler, il vint et s'approcha du fauteuil entre le majordome-major et moi qui lui fîmes le peu de place que nous pûmes.

Sur la question que le roi lui fit, il répondit qu'il ne falloit point d'instrument françois. J'objectai ce qui s'étoit passé pour les articles que nous avions signés avec le marquis de Bedmar et lui sur deux instruments, l'un espagnol, l'autre françois. Grimaldo répliqua que ce n'étoit pas la même chose. Je n'en entendis que cela, parce que le roi d'Espagne, qui prenoit la peine de nous servir d'interprète, ne m'en expliqua pas davantage. Je répliquai modestement qu'il sembloit que la dignité des deux couronnes demandoit que chacune eût un instrument signé en sa langue, et en ce moment Maulevrier revint auprès de moi au même lieu où il étoit avant de sortir. Grimaldo me répondit avec beaucoup de politesse qu'il ne croyoit pas que cela pût faire difficulté, d'autant qu'il avoit vu une lettre du cardinal du Bois à Maulevrier, qui le portoit expressément. Je regardai Maulevrier me tournant vers lui avec l'étonnement qu'il est aisé de se représenter. Il me dit avec un air fort embarrassé qu'il y avoit quelque chose de cela dans une lettre que le cardinal du Bois lui avoit écrite. Cela me fit prendre mon parti sur-le-champ. Je dis au roi et à la reine que je ferois aveuglément tout ce qu'il leur plairoit me commander, ce que j'assaisonnai de tout ce que le respect, la confiance, l'union, la joie de ce grand jour, me purent fournir en peu de paroles, et que j'espérois que, s'il se trouvoit qu'il fallût un instrument en françois, Leurs Majestés Catholiques voudroient bien ne pas faire de difficulté de le signer après coup en particulier. En même temps je me mis comme en devoir d'approcher du roi le contrat qui étoit sur la table, pour lui marquer mon empressement, mais sans y toucher toutefois, parce que c'étoit la fonction du secrétaire d'État Rodrigo. Il parut à quelque discours et à l'air du roi et de la reine d'Espagne que cette démonstration leur fut extrêmement agréable.

A l'instant Rodrigo s'approcha du nonce, qu'il couvrit un peu, et de là présenta le contrat et la plume au roi d'Espagne, et aussitôt se retira au-devant de la table, qu'il suivit, amenant l'écritoire dessus à mesure qu'on signoit tout de suite. Le roi, ayant signé, poussa le contrat devant la reine, et lui présenta la plume. Elle signa, puis ajusta le contrat devant l'infante, lui donna la plume et lui tint un peu la main pour signer, ce qu'elle fit le plus joliment du monde. La reine après, lui reprit la plume, la donna par devant l'infante au prince des Asturies, et lui poussa le contrat. Il signa donc et les deux princes ses frères, en se donnant de même la plume et se poussant le contrat. La dernière signature achevée, don Joseph Rodrigo reprit la plume des mains de l'infant don Carlos et le contrat de dessus la table. La joie qui accompagna ces signatures ne se peut exprimer.

Un moment après qu'elles furent achevées, le roi et la reine se levèrent, et aussitôt don Rodrigo vint à moi et me conduisit avec Maulevrier à la petite table près des fenêtres, dont j'ai fait mention. Le roi et la reine s'y trouvèrent aussitôt que nous, et nous commandèrent de signer en leur présence. On jugera bien sans qu'on le dise qu'il n'y avoit point de siéges, et que nous signâmes debout. Comme je me mis en devoir de signer à côté du dernier infant, don Joseph, qui étoit à côté de moi, m'arrêta et me montra à côté du pénultième. J'en fis quelque petite difficulté, sur quoi il me fit expliquer qu'il falloit que cela fût ainsi pour laisser place à la signature de Maulevrier à côté de celle du dernier infant. Alors je signai à côté de celle de l'infant don Ferdinand, et, après avoir dit quelques mots de respect et de joie au roi et à la reine d'Espagne, qui étoient tout près de moi, et s'étoient baissés sur la table pour me voir mieux signer, je donnai la plume à Maulevrier, qui, après avoir signé, la laissa sur la table. Comme cette manière de signer nous étoit plus honorable que celle que j'étois prêt[1] de garder, et que ce fut le secrétaire d'État qui me la fit changer, je ne crus pas devoir résister davantage. Je fis à Leurs Majestés Catholiques des remerciments de l'honneur que leur joie et leur bonté nous venoit de procurer de signer en leur présence. Ce fut un redoublement de joie et de compliments à Leurs Majestés Catholiques de ce qui se trouva là de plus près et de plus familier avec elles. Les louanges de la contenance de l'infante pendant un si long temps en place et devant tant de monde, et de sa signature, ne furent pas oubliées. J'accompagnai le roi et la reine jusqu'à la porte du salon des Miroirs, ayant soin alors, autant que cela se put, de montrer toute déférence au majordome-major et au nonce, et que je lui cédois pour leur ôter toute impression de dessein dans la place que j'avois prise et maintenue.

Dès que Leurs Majestés Catholiques et les princes leurs enfants furent rentrés, et aussitôt la porte du salon des Miroirs fermée sur eux, je fus environné et, pour ainsi dire, presque étouffé de tout ce qui étoit là, les uns après les autres à l'envi, avec les plus grandes démonstrations de joie et mille compliments. La foule distin-

---

1. Il y a bien *prêt* (*prest*), et non *près*.

guée qui sortit du salon des Grands étoit grossie, dans le salon qui le sépare de celui des Miroirs, de l'autre foule de gens de qualité, qui y avoient attendu la fin de la cérémonie pour voir repasser le roi et la reine, et les plus considérables de ceux-là pour leur témoigner leur joie en passant, à quoi, dans les deux salons, Leurs Majestés Catholiques se montrèrent très-affables par leur air et leurs réponses.

Pour achever ce qui regarde l'instrument françois, je menai Maulevrier à la cavachuela de Grimaldo. Je m'étois plaint cependant à Maulevrier, sans aigreur et avec beaucoup de mesures, de ne m'avoir pas informé de la lettre du cardinal du Bois. Il ne me répondit autre chose, sinon, et très-froidement, qu'il me la feroit chercher. Arrivés ensemble chez le marquis de Grimaldo, ce ministre soutint, mais avec beaucoup de politesse, ce qu'il avoit dit de cette lettre à la signature. Il ajouta qu'il n'y avoit qu'à se conformer à ce qui se passeroit à Paris au contrat de mariage du prince des Asturies, et qu'encore qu'il arrivât qu'il n'y en fût pas signé d'instrument en espagnol, le roi d'Espagne venoit de le charger de m'assurer qu'il ne feroit aucune difficulté de signer un instrument en françois du contrat de mariage du Roi, si je persévérois ce nonobstant à le desirer. J'en remerciai extrêmement ce ministre, auquel et encore moins au roi d'Espagne, je ne voulus pas témoigner la moindre chose sur Maulevrier dont le froid, l'embarras et le silence portoient sa condamnation sur le front. Je ne voulus mander cette altercation qu'au cardinal du Bois, et rien de cela à M. le duc d'Orléans, ni dans la dépêche du Roi, qui se lisoit au conseil de régence, et encore ne m'en pris-je dans ma lettre au cardinal qu'à un oubli ou à un défaut de mémoire de Maulevrier, avec lequel je continuai de vivre comme auparavant, avec la politesse et les égards dus au caractère que je lui avois apporté, et conférant avec lui de tout ce qui regardoit l'ambassade, tellement qu'il vint continuellement dîner chez moi, souvent familièrement sans que je l'en priasse, et qu'il ne parut à qui que ce fût que j'en fusse mécontent.

Ce n'étoit pas que je ne sentisse toute la conduite si pourpensée[1] et si parfaitement exécutée d'une noirceur si peu méritée, dont la perfidie me commit d'une manière si publique en présence du roi et de la reine d'Espagne, et de tout ce que leur cour avoit de plus grand ; mais la façon dont j'en sortis, pleine des bontés du roi d'Espagne aussi publiques ; l'affront tacite que Maulevrier reçut dans une si auguste assemblée de m'être laissé ou plutôt induit à m'embarquer en cet instrument françois, en ayant la négative en main de celle du cardinal du Bois, d'en être convaincu par le ministre espagnol, à qui il l'avoit montrée, et par son propre aveu de me l'avoir cachée ; l'indécence de me brouiller et de vivre mal en pays étranger avec un collègue si disproportionné et avec qui je ne pouvois éviter des rapports nécessaires ; et, s'il faut tout dire, le mépris extrême que j'en conçus de lui ; enfin le doute, si la scélératesse étoit de son cru ou concertée et commandée par le cardinal du Bois, toutes ces raisons me résolurent au parti que je pris là-dessus, jusqu'à glisser légèrement ou éviter de répondre à beaucoup de seigneurs, qui m'en parlèrent sans ménagement pour lui, parce qu'il étoit fort haï de toute la cour d'Espagne, et jusque de la ville de Madrid et même du bas peuple, comme j'aurai lieu de le répéter ailleurs ; mais, tout en politesse et en conduite ordinaire avec lui, je m'en gardai comme d'un très-impudent fripon, et je ne fus pas fâché de l'en laisser souvent apercevoir, sans toutefois lui laisser la plus légère occasion de plainte.

Le lendemain du départ du roi, 28 novembre, pour achever cette matière, Maulevrier vint le matin chez moi avec Robin, et m'apporta la lettre du cardinal du Bois, par laquelle il lui mandoit nettement qu'il ne doit y avoir qu'un instrument du contrat de mariage, signé en la

1. Voyez tome XI, p. 220 et note 1, et ci-dessus, p. 373.

langue du pays de la princesse où on contracte, et qu'il suffit d'en faire expédier une copie traduite en l'autre langue, certifiée par le même secrétaire d'État qui a reçu le contrat. C'étoit précisément ce que Grimaldo nous avoit dit chez lui, et ce qui me fit demeurer d'accord avec lui de différer jusqu'à Lerma à voir de quoi je me pourrois contenter.

Il venoit de m'arriver un courrier de Burgos avec de meilleures nouvelles de mon fils aîné. Ce courrier avoit rencontré le roi et la reine d'Espagne, qui l'avoient fait approcher de leur portière à la vue de ma livrée. Ils s'étoient informés des nouvelles de mon fils, et chargé[1] le courrier de me dire de leur part la joie qu'ils avoient de l'apparence de la guérison. J'avois donc à écrire au marquis de Grimaldo pour remercier par lui Leurs Majestés Catholiques de ces marques de bonté. J'y ajoutai ce que Maulevrier venoit de me montrer de la lettre du cardinal du Bois dont je viens de parler, au moyen de quoi je demeurois parfaitement content de ce qui s'étoit fait et n'en demandois pas davantage. J'avois raison moyennant cette lettre d'être content, puisqu'elle ne demandoit qu'une copie collationnée du contrat en françois, certifiée du secrétaire d'État, au lieu de quoi j'envoyois au Roi un instrument original du contrat de mariage en espagnol, signé de la main du roi et de la reine d'Espagne, etc., tout tel et tout pareil que celui qui demeuroit à Leurs Majestés Catholiques, signé d'elles, etc. ; et qu'à l'égard des témoins on m'avoit tenu exactement parole ; en sorte qu'ils n'avoient rien signé et n'avoient paru que dans l'acte séparé, signé du seul secrétaire d'État uniquement, qui avoit passé le contrat, c'est-à-dire par don Joseph Rodrigo. Retournons maintenant à ce qui se passa après la signature.

1. Et avoient chargé.

CHAPITRE XVIII.

Forme de demander les audiences particulières du roi d'Espagne; jalousie de la reine pour y être toujours présente; trait important d'amitié pour moi de Grimaldo. — Illumination de la place Major, admirable et surprenante. — Bal superbe chez le roi d'Espagne; Leurs Majestés Catholiques y dansent et m'y font danser. — Échappé avec tout avantage de tous les piéges du cardinal du Bois, j'en aperçois son dépit à travers ses louanges. — Audience particulière que j'eus seul le lendemain de la signature; manége de la reine; service de Grimaldo. — Office à don Patricio Laullez. — Attachement du roi d'Espagne aux jésuites, peu conforme au goût de la reine. — Bontés ou compliments singuliers de la reine pour moi. — Audience particulière du comte de Céreste. — Je consulte Grimaldo sur les bontés ou les compliments de la reine; j'en reçois un bon conseil; confiance et amitié véritable entre ce ministre et moi. — Pompe de Leurs Majestés Catholiques allant à Notre-Dame d'Atocha. — Compétence[1] entre les deux majordomes-majors, uniquement aux audiences publiques de la reine, qui en exclut celui du roi, et entre les mêmes et les deux grands écuyers, uniquement dans les carrosses du roi et de la reine, qui en exclut les deux majordomes-majors. — Départ, 18 novembre, de Mlle de Montpensier de Paris. — Leurs Majestés Catholiques donnent une longue audience à Maulevrier et à moi seuls, étant au lit, contre tout usage d'y être vus par qui que ce soit. — Maulevrier en étrange habitude de montrer au ministre d'Espagne les dépêches qu'il recevoit de sa cour. — Départ de Leurs Majestés Catholiques pour Lerma. — Je présente enfin une lettre du Roi à l'infante au moment de son départ pour Lerma; je reçois chez moi les compliments de la ville de Madrid. — Lettre curieuse du cardinal du Bois à moi sur l'emploi de l'échange des princesses. — Santa-Cruz chargé par le roi d'Espagne de l'échange des princesses; je prends avec lui d'utiles précautions à l'égard du prince de Rohan, chargé par le Roi de la même échange[2].

Je retournai chez moi après la cérémonie, qui, par la longueur des lectures et cette difficulté sur un instrument en françois, avoit duré fort longtemps. On se souviendra que, voulant toujours entretenir le roi d'Espagne pendant cette lecture pour cacher par cet air de courti-

---

1. Voyez tome XI, p. 411 et note 1, et tome XII, p. 462 et note 1.
2. Voyez tome XV, p. 52 et note 1.

san empressé l'affectation de la place que j'avois prise et conservée, ne sachant plus que dire au roi pour continuer à lui parler, je lui demandai audience pour le lendemain, qu'il m'accorda volontiers. Or, cette demande directe étoit contraire à l'usage de cette cour, où les ambassadeurs, les autres ministres étrangers, et tous les sujets de quelque rang ou état qu'ils soient, ne la demandent qu'en s'adressant à celui qui est préposé pour en rendre compte au roi et leur dire le jour et l'heure, quand le roi accorde l'audience, qu'il ne refuse jamais aux ministres étrangers, et rarement à ses sujets. Celui qui avoit alors cet emploi étoit le même la Roche dont j'ai parlé ci-devant, et qui avoit aussi l'estampille.

Grimaldo étoit allé travailler avec le roi en présence de la reine, comme cela se faisoit toujours, peu après la fin de la cérémonie de la signature. Je fus surpris, une heure et demie après être rentré chez moi, de recevoir une lettre de ce ministre, qui me demandoit si j'avois à dire quelque chose de particulier au roi sans la reine, sur ce que j'avois demandé moi-même audience au roi pendant la lecture du contrat, et qu'il me prioit de lui mander naturellement ce qui en étoit. Je lui récrivis sur-le-champ qu'ayant trouvé cette commodité de demander audience au roi, je m'en étois servi tout simplement; que si je n'y avois pas fait mention de la reine, c'est que j'avois cru sa présence aux audiences particulières tellement d'usage que je n'avois pas imaginé qu'il fût besoin d'en faire mention; qu'au reste je n'avois que des remerciements à faire au roi sur tout ce qui venoit de se passer, quoi que ce soit à lui dire que je n'eusse à dire de même à la reine, et que je serois très-fâché qu'elle ne se trouvât pas à cette audience particulière le lendemain.

Comme j'écrivois cette réponse, don Gaspard Giron m'invita d'aller voir l'illumination de la place Major. J'achevai ma lettre promptement; nous montâmes en carrosse, et les principaux de ceux que j'avois amenés, dans d'autres des miens. Nous fûmes conduits par des détours pour éviter la vue de la lueur de l'illumination en approchant, et nous arrivâmes à une belle maison qui donne sur le milieu de la place, qui est celle où le roi et la reine vont pour voir les fêtes qui s'y font. Nous ne nous aperçûmes d'aucune clarté en mettant pied à terre ni en montant l'escalier; on avoit bien tout fermé; mais en entrant dans la chambre qui donnoit sur la place, nous fûmes éblouis, et tout de suite en entrant sur le balcon la parole me manqua de surprise plus de sept ou huit minutes.

Cette place est en superficie beaucoup plus vaste qu'aucune que j'eusse encore vue à Paris ni ailleurs, et plus longue que large. Les cinq étages des maisons qui l'environnent sont du même niveau, chacun avec des fenêtres égales en distance et en ouverture, qui ont chacun un balcon dont la longueur et l'avance sont parfaitement pareilles, avec un balustre de fer aussi de hauteur et d'ouvrage semblable entre eux, et tout cela parfaitement pareil en tous les cinq étages. Sur chacun de tous ces balcons on met deux gros flambeaux de cire blanche, un seul à chaque bout de chaque balcon, simplement appuyés contre le milieu du retour de la balustrade, tant soit peu penchés en dehors, sans être attachés à rien. Il est incroyable la clarté que cela donne, la splendeur en étonne et a je ne sais quelle majesté qui saisit. On y lit sans peine les plus petits caractères dans le milieu et dans tous les endroits de la place sans que le rez-de-chaussée soit illuminé.

Dès que je parus sur le balcon, tout ce qui étoit dans la place s'amassa sous les fenêtres et se mit à crier : *Señor, tauro! tauro!* C'étoit le peuple qui me demandoit d'obtenir une fête de taureaux, qui est la chose du monde pour laquelle il a le plus de passion, et que le roi ne vouloit plus permettre depuis plusieurs années par principe de conscience. Aussi me contentai-je le lendemain de lui dire simplement ces cris du peuple sans lui rien demander là-dessus, en lui témoignant mon étonnement d'une illumination si surprenante et si admirable. Don Gaspard Giron et des Espagnols qui se trouvèrent dans la maison d'où je la vis, charmés de l'étonnement dont j'avois été frappé à la vue de ce spectacle, le publièrent avec d'autant plus de complaisance, qu'ils n'étoient pas accoutumés à l'admiration des François, et beaucoup de seigneurs m'en parlèrent avec grand plaisir. A peine eus-je loisir de souper au retour de cette belle illumination, qu'il fallut retourner au palais pour le bal que le roi avoit fait préparer dans le salon des Grands, et qui dura jusqu'après deux heures après minuit.

Ce salon, qui est également vaste et superbe en bronzes, en marbres, en dorures, en tableaux, étoit magnifiquement éclairé; tout au bout opposé à la porte d'entrée il y avoit, comme à la signature, six fauteuils de front, où le roi, la reine, etc., s'assirent dans le même ordre. A côté du bras droit de celui du roi, sans distance aucune et beaucoup moins qu'un demi-pied moins avancé, un siége ployant de velours cramoisi à franges d'or et les bois dorés, pour le majordome-major du roi, qui s'assit dessus en même temps que le roi se mit dans son fauteuil. Au bras gauche du fauteuil du dernier infant étoit dans la même disposition un carreau de velours noir, sans or, avec des houpes noires aux coins, pour la camarera-mayor de la reine, vêtue en veuve un peu mitigée, parce que la reine n'avoit pu souffrir tout ce grand attirail de religieuse, qui est l'habit des veuves tant qu'elles le sont, que j'avois vu à Bayonne à la duchesse de Liñarez. Par la même raison, le carreau étoit noir, qui sans cela auroit été de velours cramoisi avec de l'or. Cette dame auroit pu avoir un ployant pareil à celui de la droite, mais par habitude elle préféroit le carreau, qui est la même distinction. Derrière les fauteuils il y avoit des tabourets de velours rouge à franges d'or et à bois dorés, pour le capitaine des gardes du roi en quartier, le sommelier du corps, le majordome-major de la reine, la gouvernante de l'infante et le duc de Popoli, gouverneur du prince des Asturies. Dans une fausse porte, tout en arrière des fauteuils du côté de la camarera-mayor, mais non vis-à-vis de son dos, étoient deux siéges ployants de velours cramoisi à frange d'or et à bois doré, où don Gaspard Giron nous conduisit, Maulevrier et moi, sans jalousie devant nous, qui fut une faveur singulière, et qui que ce soit devant nous, en sorte que nous vîmes toujours en plein tout ce beau spectacle et les danses.

Un peu plus bas que la camarera-mayor, le long de la muraille, à quelque distance jusque vers le bas bout, il y avoit des tabourets comme les nôtres entremêlés de carreaux pareils, et d'autres tabourets et carreaux de damas et de satin rouge, pareillement dorés, pour les femmes des grands d'Espagne et de leurs fils aînés, qui à leur choix s'asseoyoient sur les tabourets ou sur les carreaux, mais les femmes des grands sur le velours et les femmes des fils aînés sur le satin ou le damas. Ces tabourets et ces carreaux alloient jusqu'à la moitié ou environ de la longueur de ce côté long du salon ; le reste étoit occupé par les dames de qualité, femmes ou filles, assises par terre sur le vaste tapis qui couvroit tout le salon, desquelles plusieurs se tenoient debout, ce qui étoit à leur choix, et tout aux dernières places, quelques jeunes camaristes de la reine placées là pour danser. Vis-à-vis ce long rang de dames de l'autre côté, toute la cour en hommes, grands et autres, tous debout, le dos aux fenêtres à distance d'elles, laquelle distance étoit remplie de moindres spectateurs, comme aussi étoit l'espace vis-à-vis, entre la muraille et les dames. Au bas bout du côté des hommes étoient, un peu en potence, les quatre majordomes du roi pour donner ordre à tout. Vis-à-vis des fauteuils, au bas bout, étoient les danseurs debout, grands et autres, les officiers venus en Espagne avec moi, et des spectateurs de qualité ; une barrière derrière eux traversoit le salon, derrière laquelle étoit la foule des voyeurs[1].

Dans une pièce à côté de l'entrée étoient toutes sortes de rafraîchissements, de pâtisseries, de vins, avec profusion, mais grand ordre, où, pendant la confusion des contredanses, alloit qui vouloit et en apportoit aux dames. La parure éclatoit avec somptuosité : il faut avouer que le coup d'œil de nos plus beaux bals parés n'approche point de celui-là.

Ce qui m'y parut de fort étrange furent trois évêques en rochet et en camail vers le haut bout du côté des hommes pendant tout le bal : c'étoient le duc d'Abrantès, évêque de Cuença, et deux évêques *in partibus*, suffragants à Madrid de l'archevêque de Tolède ; et l'accoutrement de la camarera-mayor pour un bal, qui tenoit un grand chapelet à découvert, causant et devisant sur le bal et les danses, tout en marmottant ses patenôtres, qu'elle laissoit tomber à mesure, tant que le bal dura. Ce que je trouvai aussi de très-fâcheux est que nul homme ne s'y assit, excepté les six charges que j'ai nommés, Maulevrier, moi, pas même les danseurs, en sorte qu'il n'y avoit pas un seul siége dans tout ce salon, même derrière tout [le] monde, outre ceux que j'ai spécifiés.

La reine, qui ne peut danser de danse sérieuse qu'avec les infants, ouvrit le bal avec le roi ; la danse de ce prince qu'il aimoit fort fut pour moi un grand sujet de surprise ; en dansant ce fut tout un autre homme, redressé du dos et des genoux, de la justesse, en vérité de la grâce. Pour la reine qui prit après le prince des Asturies, qui étoient tous deux extrêmement bien faits, je n'ai vu qui que ce soit danser mieux en France, en hommes ni en femmes, peu en approcher, moins encore aussi bien ; les deux autres infants fort joliment pour leur âge.

En Espagne, hommes et femmes portent toutes sortes

---

[1]. Voyez tome II, p. 212 et note 1, et tome IX, p. 466 et note 2.

de couleurs à tout âge, et danse qui veut jusqu'à plus de soixante ans, sans le plus léger ridicule, même sans que cela paroisse extraordinaire, et j'en vis plusieurs exemples d'hommes et de femmes : le dernier infant prit la princesse de Robecque, qui ne s'éloignoit pas de cinquante ans, et qui les paroissoit bien.

Elle étoit Croy, fille du comte de Solre, et veuve du prince de Robecque, que le roi d'Espagne avoit fait par la princesse des Ursins grand d'Espagne, chevalier de la Toison et depuis colonel du régiment des gardes wallonnes. La comtesse de Solre, qui étoit Bournonville, cousine germaine de la maréchale de Noailles, étant assez mal avec son mari, avoit mené sa fille se marier en Espagne, et y étoit demeurée avec elle. Mme de Robecque étoit dame du palais de la reine, et passoit, ainsi que sa mère, pour être fort bien avec elle. Je les avois fort connues avant qu'elles allassent en Espagne ; et ce fut une des premières visites que je fis ; nous avions autrefois fort dansé ensemble, apparemment qu'elle le dit à la reine.

Aussitôt après avoir dansé avec l'infant, car étant étrangère, elle n'étoit pas sujette aux règles espagnoles du veuvage, elle traversa toute la longueur du salon, fit une belle révérence à Leurs Majestés Catholiques, et vint me dénicher dans ma reculade pour me prendre à danser par une belle révérence en riant ; je la lui rendis en lui disant qu'elle se moquoit de moi ; dispute, galanteries, enfin elle fut à la reine, qui m'appela et qui me dit que le roi et elle vouloient que je dansasse. Je pris la liberté de lui représenter qu'elle vouloit se divertir ; que cet ordre ne pouvoit pas être sérieux ; j'alléguai mon âge, mon emploi, tant d'années que je n'avois dansé, en un mot tout ce qui me fut possible. Tout fut inutile, le roi s'en mêla, tous deux me prièrent, tâchèrent de me persuader que je dansois fort bien, enfin commandèrent, et de façon qu'il fallut obéir ; je m'en tirai donc comme je pus.

La reine affecta de faire danser des premiers nos témoins françois, excepté l'abbé de Saint-Simon, qui n'étoit pas de robe à cela, et dans la suite du bal, deux ou trois officiers des plus distingués des troupes du Roi qui étoient venus avec moi.

Une heure après l'ouverture du bal on mena l'infante se coucher. Les contredanses coupèrent souvent les menuets. Le prince des Asturies y menoit toujours la reine ; rarement le roi les dansoit ; mais comme aux contredanses on se mêle, et, suivant l'ordre de la contredanse, chacune se trouve danser avec tout ce qui danse, l'un après l'autre, et se trouve au bout avec son meneur, la reine y dansoit de même avec tout le monde. J'en esquivai ce que je pus, quoique fort peu ; on peut juger que je n'en savois aucune.

Le bal fini, le marquis de Villagarcias, un des majordomes et un des plus honnêtes et des plus gracieux hommes que j'aie vus, qui a été depuis vice-roi du Pérou, ne voulut jamais me laisser sortir que je ne me fusse reposé dans le lieu des rafraîchissements, où il me fit avaler un verre d'excellent vin pur, parce que j'étois fort en sueur à force de menuets et de contredanses, avec un habit très-pesant. Le roi et la reine d'Espagne et le prince des Asturies furent fort sur le bal et y parurent prendre grand plaisir. Ce même soir et le lendemain je fis illuminer toute ma maison, dedans et dehors, n'ayant pas eu un moment de loisir d'y donner aucune fête, au milieu de tant de fonctions si précipitées et si fort entassées les unes sur les autres.

Ce ne fut pas sans un grand plaisir que je fis, le mercredi 26 au matin, lendemain de la signature, les dépêches que je devois envoyer après mon audience de remerciement, qui devoit terminer cette même matinée, par lesquelles je rendois compte de tout ce qui s'étoit passé, par un courrier qui ne put être dépêché que le [sur]lendemain 28 novembre. J'étois aisément parvenu à éluder les commissaires et à faire signer par Leurs Majestés Catholiques elles-mêmes, contre tout usage et exemple, non-seulement un instrument du contrat du futur mariage du Roi et de l'infante, mais deux instruments, dont j'envoyai un au Roi signé de leur main par ce courrier, ce qui étoit bien plus qu'il ne m'avoit été demandé, puisque le cardinal du Bois se contentoit d'une simple copie signée du seul secrétaire d'État. J'avois fait passer l'entreprise de M. le duc d'Orléans sur le prince des Asturies sans aucune difficulté et lui avois renvoyé sa lettre à ce prince où la qualité de frère étoit omise. Les témoins du mariage, je ne les admis qu'à condition qu'ils ne paroîtroient tels que dans un acte séparé, signé du seul secrétaire d'État, et qu'eux ne signeroient quoi que ce fût. J'étois sorti du piége qui m'avoit été si bien tendu sur l'instrument du contrat en françois, tellement à mon avantage, que l'infamie en sauta aux yeux de Leurs Majestés Catholiques et de tout ce qu'il y avoit de plus illustre en Espagne rassemblé dans la cérémonie de la signature, et que Leurs Majestés Catholiques voulurent bien me promettre de signer un instrument en françois si je persévérois à le desirer. Enfin, la joie du sujet de mon ambassade, qui m'attira en foule les premières visites dès le matin du lendemain de mon arrivée, de tous ceux même qui étoient en droit et en usage d'attendre auparavant la mienne, et si j'ose le dire, l'adresse que je sus employer pour la place que je pris et que je conservai à la signature, me tirèrent des étranges filets où le cardinal du Bois avoit bien compté de me prendre.

Le tour des louanges excessives qu'il me donna en réponse aux dépêches de ce courrier, et dont il farcit celle du Roi et celle de M. le duc d'Orléans, et les bagatelles qu'il cota sans oser les désapprouver ouvertement, comme la difficulté des témoins, celle de l'instrument en françois, qui du moins étoit la faute de son silence, celle de la petite table pour signer, celle de n'avoir pas été à Notre-Dame d'Atocha, toutes choses auxquelles je sus très-bien lui répondre, me montrèrent le dépit, caché sous tant de fleurs et de parfums, qu'il ressentoit de me voir échapper contre toute espérance à tant de sortes de parties qu'il avoit pris tant de soin de me dresser. Il loua surtout ma modération à l'égard de Maulevrier en tombant sur lui, soit qu'il le blâmât en effet, ou qu'il voulût me cacher par le mépris et le peu de confiance qu'il me témoigna pour lui, qu'il eût part en sa noire et hardie friponnerie, trop profonde et trop adroitement ourdie, et exécutée avec trop d'effronterie pour la croire du seul cru de Maulevrier, dont la malice, quelle qu'elle pût être, étoit trop dépourvue d'esprit pour pouvoir lui en attribuer plus que la simple exécution. Je ne parle point ici de la lettre du Roi à l'infante, qui étoit lors encore à venir. Ce ne fut qu'une niche en comparaison des autres piéges et niche dont je me donnai le plaisir de lui mander comment je m'en étois tiré par le secours du marquis de Grimaldo; mais s'il eut le chagrin de me voir hors des prises qu'il s'étoit si bien su préparer, pour ce qui regardoit les affaires et les fonctions de l'ambassade, on verra qu'il sut bien s'en dédommager sur ma bourse, et que ce ne fut pas sa faute si je ne revins pas sans avoir pu recueillir le fruit qui uniquement m'avoit fait desirer cette ambassade.

Tout à la fin de la matinée de ce même mercredi 26, je fus introduit seul, car Maulevrier s'excusa d'y venir avec moi sur les dépêches qu'il avoit à faire, je fus, dis-je, à l'audience que j'avois moi-même demandée au roi d'Espagne, la veille, pendant la lecture du contrat de mariage, et qu'il m'avoit accordée. Je vis, dès en approchant de Leurs Majestés Catholiques, l'importance du service que le marquis de Grimaldo [m'avoit rendu] par la lettre qu'il m'écrivit le soir tout tard de la veille, dont j'ai parlé ci-dessus, et de ma réponse; car la reine, dès avant que je fusse proche du roi et d'elle, s'avança à moi, et me dit d'un air fort libre : « Ho çà, Monsieur, point de façons; vous avez envie de dire au roi quelque chose en particulier, je m'en vais à la fenêtre et vous laisser faire. » Je lui répondis la même chose que ce que j'avois mandé en réponse à Grimaldo, à quoi j'ajoutai qu'il étoit si vrai que je n'avois rien à dire au roi en particulier, que si j'avois eu le déplaisir de ne la pas trouver auprès de lui, j'aurois été obligé de lui demander à elle une audience pour lui faire les mêmes remerciements qu'au roi de tout ce qui s'étoit passé la veille. « Non, non, reprit-elle avec vivacité, je vous laisse avec le roi, et je me rapprocherai quand vous aurez fait. » Et en disant cela, elle gagna la fenêtre comme en deux sauts légers, car il y avoit assez loin par la grandeur de ce salon des Miroirs où j'étois seul avec Leurs Majestés Catholiques, tellement que je me mis à la suivre, lui protestant que je n'ouvrirois pas la bouche devant le roi qu'elle ne fût retournée près de lui, qui, pendant tout cela, demeura immobile; enfin la reine se laissa vaincre, et revint près du roi, où je la suivis. Elle auroit su également par le roi ce que je lui aurois dit sans elle, et ne me l'auroit jamais pardonné.

Je commençai alors par les remerciements de tout ce qui s'étoit passé la veille, en attendant ceux dont je serois chargé par le Roi dès qu'il auroit reçu le compte que j'avois l'honneur de lui en rendre. On peut juger que ce que je dis ici en deux mots se débita à Leurs Majestés Catholiques d'autre sorte, et que les grâces de l'infante, à se tenir si convenablement et si longtemps en place et à signer, ne furent pas oubliées, non plus que la beauté si surprenante de l'illumination de la place Major, la magnificence singulière du bal, et les grâces de Leurs Majestés Catholiques et du prince des Asturies, et des jeunes infants à danser, tous articles que j'étendis assez à mesure du plaisir que je voyois qu'elles y prenoient, et sur quoi la reine se mit fort à louer le roi d'Espagne, et à me faire admirer jusqu'à sa beauté, dont il ne fit que sourire. Il me demanda si je n'enverrois pas un courrier; je répondis que l'instrument signé de leurs mains, etc., étoit trop précieux pour le confier à la voie ordinaire : il me parut qu'ils en avoient fort envie, et que ma réponse leur plut.

Je passai de là à l'office en faveur de don Patricio Laullez, dont je m'étois procuré l'ordre, et dont on a vu que j'avois parlé à Grimaldo, qui en avoit prévenu Leurs Majestés. Je me mis donc, tant que je pus, sur mon bien-dire par la passion que j'avois de rendre utilement à cet ambassadeur les services que j'en avois premièrement reçus. Il me parut que le roi d'Espagne m'écouta là-dessus avec satisfaction, mais beaucoup plus la reine, qui en mêla quelques mots à mon discours en regardant le roi avec un desir très-marqué d'en attirer des grâces à Laullez.

Le roi d'Espagne interrompit ce propos pour me dire, sans occasion et tout à coup, qu'il desiroit que l'infante fût mise sous la conduite d'un jésuite, pour former sa conscience et lui apprendre la religion; qu'il avoit eu toute sa vie confiance aux Pères de la Compagnie, et qu'il me prioit de le demander de sa part à M. le duc d'Orléans. Je répondis que j'exécuterois avec beaucoup d'exactitude et de respect le commandement qu'il me faisoit, et que je ne doutois point que M. le duc d'Orléans ne cherchât à lui complaire dans toutes les choses qui n'avoient aucun véritable inconvénient. Je remarquai qu'il prolongea cette proposition, qui pouvoit être plus courte, et qu'il me regardoit cependant fixement, comme cherchant à voir ce que j'en pensois moi-même. Ce desir me parut en lui d'autant plus affectionné, que la reine, qui entroit toujours dans tout ce qu'il disoit, et qui l'appuyoit, ne dit alors presque rien; que le peu qu'elle dit fut très-foible, le roi poussant toujours sa pointe.

Après quelques autres affaires de simple recommandation, l'audience se tourna en conversation. Ils me menèrent aux fenêtres voir leur belle vue sur le Mançanarez, *la Casa del Campo* presque vis-à-vis, et la campagne au delà; on parla de plusieurs choses indifférentes qui conduisirent à des choses de leur cour, et moi à leur témoigner la satisfaction que j'avois d'avoir l'honneur de les approcher dans tous les moments où cela étoit permis.

Là-dessus la reine regarda le roi, puis me dit avec un air de bonté qu'il ne falloit point qu'il y eût d'heures pour moi, ni d'étiquette; que je pouvois les venir voir à toute heure, quand je voudrois, sans audience et sans avoir rien à leur communiquer, que le roi et elle seroient ravis de me voir ainsi familièrement, et que je leur ferois plaisir d'user de cette liberté. Je ne manquai pas de répondre à une grâce si peu attendue et si unique de la meilleure façon que je pus; après quoi je leur dis que le marquis de Grimaldo devoit leur avoir rendu compte que le comte de Céreste, frère du marquis de Brancas, desiroit avoir l'honneur de présenter au roi une lettre de son frère. Je fus congédié après un peu moins d'une heure d'audience ou de conversation, en me disant que Céreste alloit être appelé. Il le fut en effet quelques moments après que je fus sorti. Le marquis de Brancas avoit eu permission d'écrire au roi d'Espagne, et il avoit chargé son frère d'y ajouter quelque chose de bouche en présentant sa lettre. Je l'attendis; il me dit que cette audience s'étoit tout à fait passée à sa satisfaction.

Quoique, en me retirant d'auprès de Leurs Majestés Catholiques, la reine m'eût encore répété de ne me point arrêter aux usages pour les voir à toute heure quand je voudrois, et de ne pas craindre d'en abuser, et que le ton et l'air du discours fût tout à fait naturel et avec beaucoup de grâces, je crus devoir en faire la confidence à Grimaldo et le consulter là-dessus. Je craignis que ce convi[1] redoublé de chose qui sans exception n'étoit accordée à personne ne fût qu'un excès, si j'ose user du terme, de politesse, où la joie et le desir de la marquer les jetoit, dont l'usage, quelque discret qu'il fût, pourroit les importuner. J'eus peur aussi qu'en usant sans l'attache pour ainsi dire de Grimaldo, il n'en conçût de la jalousie et de la froideur à mon égard, lui sans qui je ne pouvois rien faire, quelque privance dont je jouisse, et je com-

1. Voyez tome XI, p. 21 et note 1. Il y a bien ici *convi* et non *convy*.

pris qu'abandonnant là-dessus ma conduite à son jugement, je le gagnerois véritablement, et que je ne pourrois mal faire.

Je descendis donc dans sa cavachuela au sortir de l'audience. Je lui racontai tout ce qui s'étoit passé, et lui dis que, pour l'usage ou non-usage de cette liberté de voir à toute heure et sans audience Leurs Majestés Catholiques quand je voudrois, je venois franchement à son conseil, résolu de me conduire en cela uniquement par ce qu'il jugeroit à propos que je fisse, ce que j'assaisonnai de tout ce que crus le plus propre à le flatter et à l'ouvrir sincèrement. Après les préambules de remerciement et de compliments sur ma confiance, il me dit que, puisque je voulois qu'il me parlât franchement, il me conseilloit de regarder l'invitation de la reine comme une politesse, une honnêteté singulière qu'elle avoit voulu me faire, mais dont le roi et elle ne seroient pas fort aises que j'en usasse, et qu'ils s'en trouveroient bientôt importunés; que, de plus, je n'avancerois rien dans ces particuliers, si j'y voulois mêler des affaires sur lesquelles ils ne me répondroient point sans s'en être consultés, et que cela les embarrasseroit davantage; enfin qu'ils me verroient sûrement de meilleur œil dans les temps où il étoit permis à tout le monde de les voir, et en audience quand j'aurois raison et occasion d'en demander, et qu'il s'offroit à moi pour tous les offices et toutes les choses où je voudrois l'employer auprès de Leurs Majestés, soit de ma part, soit comme de lui-même. Je le remerciai fort de son conseil, que je l'assurai que je suivrois, comme je fis en effet, et j'acceptai ses offres avec tous les témoignages de confiance et de reconnoissance qu'ils méritoient, et je me trouvai parfaitement de l'un et de l'autre ; de cette façon je fus avec ce ministre sur un pied d'amitié, de liberté, de confiance, qui, outre les agréments, les facilités et la commodité qu'il me procura, me fut aussi extrêmement utile.

L'après-dînée de ce jour, mercredi 26, le roi et la reine

d'Espagne allèrent en pompe à Notre-Dame d'Atocha, c'est la grande dévotion du pays, qui est tout au bout et comme hors de la ville, joignant le parc du Buen Retiro. L'église est grande, médiocrement belle pour l'Espagne, desservie par une grande communauté de dominicains logés dans un vaste et superbe monastère. Le roi, sans entrer dans le couvent, met pied à terre à un petit corps de logis où on trouve d'abord un escalier de quelques marches, deux assez grandes pièces de la dernière desquelles le roi et la reine entrent dans une grande tribune, et leur suite dans une autre fort longue à tenir vingt personnes tout du long.

Les descriptions des lieux ne sont point de mon sujet, mais je ne crois pas devoir me dispenser de décrire comment le roi y va en cérémonie avec la reine, comme il fit à cette fois, et comme il est d'usage que les rois d'Espagne y aillent de la sorte toutes les fois qu'une calamité ou une occasion de remercier Dieu publique oblige à des prières ou à des actions de grâces publiques, et toutes les fois encore que les rois partent pour un voyage long et éloigné et qu'ils en reviennent à Madrid. Voici donc l'ordre de la marche : un carrosse du roi, où sont ses quatre majordomes; trois autres, mais du corps, pour les gentilshommes de la chambre ; un du corps plus beau rempli par le grand écuyer, le sommelier du corps, le capitaine des gardes en quartier; un carrosse du roi vide ; le carrosse où le roi et la reine sont seuls ; un carrosse de la reine vide, un carrosse de la reine où sont son grand écuyer et son majordome-major. Mais ce carrosse ne va plus, parce que le majordome-major n'y veut pas céder la première place au grand écuyer, qui l'a de droit sur lui et sur tous, dans le carrosse seulement; ainsi le grand écuyer de la reine se met dans le carrosse du roi, avec son grand écuyer, et y a place immédiatement avant le capitaine des gardes du corps en quartier. Ainsi, après le carrosse vide de la reine, marche le carrosse propre de sa camarera-mayor, carrosse encore une fois non de la reine, mais de la camarera-mayor, à quatre mules, à ses armes et à ses livrées, entouré de toute sa livrée à pied, son écuyer à cheval à sa portière droite, et elle seule dans son carrosse; deux carrosses de la reine remplis[1] de ses dames du palais; deux autres carrosses de la reine qui ne sont pas du corps et plus simples que les précédents, remplis des señoras de honor; un carrosse de la reine, non du corps et plus uni encore que les deux derniers précédents, dans lequel est l'azafata toute seule, puis deux carrosses semblables à ce dernier remplis des caméristes[2] de la reine. Le carrosse à huit chevaux avec un postillon, dans lequel sont le roi et la reine, est environné de valets de pied à pied, de plusieurs officiers des gardes du corps à cheval, avec chacun leur premier écuyer à leur portière, tous à cheval, et force gardes du corps devant et derrière, avec les trompettes et les timbales sonnantes. Les régiments des gardes espagnoles et wallonnes, partie en bataille dans la place du Palais, partie en haie dans les rues, les officiers à leur tête et les drapeaux déployés, saluants dans la place avec force tambours battants aux champs. La marche se fait au plus petit pas ; les cochers des carrosses du corps du roi et de la reine et de ceux réputés tels, ainsi que le cocher de la camarera-mayor, sont chapeau bas. Ceux des carrosses des majordomes du roi, des señoras de honor, de l'azafata et des camaristes, ont leurs chapeaux sur leurs têtes.

Une des plus belles, des plus larges, des plus droites et des plus longues rues de Madrid, fait le principal du chemin. Il y demeure un grand nombre d'orfévres. Toutes les boutiques sont ornées de gradins chargés avec élégance de tout ce que ces orfévres ont de plus riche; les autres boutiques, à proportion par toutes les rues. Tous les balcons, dont il y a quantité à Madrid, et les fenêtres de tous les étages magnifiquement ornés de tapis pen-

---

1. *Remplies*, au manuscrit.
2. Il y a ici *camèristes*, et quinze lignes plus loin, *camaristes*.

dants larges et bas, et de coussins sur les fenêtres, remplies entièrement de spectateurs et de dames parées, et tout cela admirablement illuminé au retour, ainsi que la place Major, par où le roi revint. Il faut convenir que ce spectacle est admirable par son ordre, car les rues sont pleines de peuple sans en être le moins du monde surchargées ni embarrassées, et qu'il est le plus imposant que j'aie jamais vu par sa majesté et par la plus superbe magnificence et la plus parfaitement ordonnée. Les grands étoient allés attendre le roi à Notre-Dame d'Atocha, mais dans l'église, et le majordome-major du roi aussi, parce qu'il ne va jamais dans le carrosse où est le grand écuyer, qui est celui où il devroit aller, parce que, le précédant partout, il n'a pourtant que la seconde place dans le carrosse, où le grand écuyer est en droit et en usage de ne la céder à lui ni à qui que ce soit. C'est encore par la même raison que le majordome-major du roi ne se trouve jamais aux audiences publiques de la reine, et n'y vint pas aussi à la mienne, parce [que], précédant partout le majordome-major de la reine, celui-ci est en droit et en usage de la première place, et distinguée, en ces audiences de la reine, et de ne la pas céder au majordome-major du roi.

Je crus que Maulevrier et moi devions nous trouver aussi à Notre-Dame d'Atocha, étant si principaux acteurs dans l'affaire qui engageoit Leurs Majestés Catholiques à y aller rendre à Dieu leurs actions de grâces. Maulevrier fut sagement, pour cette fois,[1] d'avis de s'informer au marquis de Montalègre, sommelier du corps, comme au plus expert aux cérémonies et aux usages de la cour d'Espagne, pour savoir s'il n'y auroit point d'inconvénient. Montalègre crut qu'il s'y en pourroit rencontrer, et lui conseilla que nous nous abstinssions d'y aller. Sur cet avis je crus, ainsi que Maulevrier, que nous ferions bien de le suivre. Nous vîmes donc la marche du roi y

---

1. Saint-Simon a répété ici, en interligne, le mot *fut*.

allant, et pour son retour nous allâmes le voir passer dans la place Major illuminée, dans la même maison où j'avois déjà vu cet éclatant et si surprenant spectacle. Je ne sus point la raison de l'avis du marquis de Montalègre. J'imaginai que le roi d'Espagne étant en des tribunes et non dans l'église où étoient les grands, il y auroit de la difficulté à nous placer, qui disparoît quand le roi tient chapelle, où il est dans l'église et où la place des ambassadeurs est établie. J'oublie, ce que j'aurois dû ajouter en sa place, que le majordome-major de la reine se trouve sans difficulté aux audiences publiques du roi d'Espagne, où il prend place parmi les grands quand il l'est, comme il l'est presque toujours, et sans aucune prétention de distinction.

Le jeudi 27 novembre, jour du départ du roi et de la reine pour Lerma, et lendemain de leurs pompeuses actions de grâces à Notre-Dame d'Atocha, Maulevrier vint chez moi le matin de fort bonne heure avec les dépêches qu'un courrier venoit de lui apporter et leur duplicata pour moi. Le cardinal du Bois avoit calculé sur mes lettres de Bordeaux que je n'arriverois que le 28 à Madrid, et avoit chargé le courrier, qui vint chez moi avec Maulevrier, de me remettre où il me rencontreroit le paquet qui m'étoit adressé, qui contenoit le duplicata de celui qui étoit adressé à Maulevrier, et de continuer sa course ensuite pour le lui porter. Ce courrier apportoit l'avis du départ de Paris de Mlle de Montpensier, le 18 novembre, de ses journées, de ses séjours, de son accompagnement et de sa suite, du jour qu'elle arriveroit sur la frontière, et des personnes qui seroient chargées de l'échange des deux princesses; en même temps du récit abrégé de tout ce qui s'étoit passé à l'égard du duc d'Ossone et de la signature du contrat de mariage du prince des Asturies. Outre ce duplicata, il y avoit une lettre à part du cardinal du Bois, dont je parlerai après, et une à part à Maulevrier sur les grandesses d'Espagne données puis désavouées par l'Empereur, avec ordre de me la montrer dès que je serois arrivé à Madrid. Ce courrier ne pouvoit arriver plus à propos, puisque la cour d'Espagne partoit ce jour-là même, et nous fit un extrême plaisir, par l'amertume que le roi et la reine d'Espagne commençoient à mêler dans leur impatience, qu'ils nous témoignoient des délais de ce départ toutes les fois qu'ils nous voyoient, et que les raisons les plus péremptoires et les plus répétées n'avoient pu diminuer.

Nous crûmes, Maulevrier et moi, qu'il n'y avoit point de temps à perdre pour porter cette nouvelle à Leurs Majestés Catholiques, qu'elles attendoient si impatiemment, et nous nous en allâmes aussitôt au palais. Je voulois commencer par Grimaldo, qui nous conduiroit en cette occasion, à cause de l'heure trop matinale, et à qui ce devoir étoit dû. Maulevrier fut d'avis d'aller droit chez le roi pour flatter son impatience; que Grimaldo n'en seroit point blessé à cause de l'occurrence; que si le roi et la reine n'étoient pas encore visibles, nous descendrions à la cavachuela en attendant, et que Leurs Majestés Catholiques n'auroient point à trouver mauvais que nous eussions différé à terminer leur impatience. Comme je savois à part moi à quoi m'en tenir avec Grimaldo, et que de plus j'aurois à lui dire que, contre mon avis de le voir d'abord, j'en avois cru Maulevrier, qui devoit connoître le terrain mieux que moi, je me rendis à son avis, et nous allâmes droit à la porte du salon des Miroirs.

Tout étant à cette heure-là désert dans le palais, nous grattâmes avec bruit à cette porte pour nous faire entendre; un valet intérieur françois ouvrit, et nous dit que Leurs Majestés Catholiques étoient encore au lit. Nous nous en doutions bien, et nous le priâmes de les faire avertir sur-le-champ, que nous demandions à avoir l'honneur de leur parler. Or, il est inouï que, sans charge fort intérieure et fort rare, qui que ce soit les vît jamais au lit, encore n'y avoit-il, par usage, que le seul Grimaldo qui venoit y travailler les matins, et nul autre, ni grand officier ni ministre, comme je l'expliquerai ci-après. Le valet intérieur ne fit qu'aller et venir, il nous dit que Leurs Majestés nous mandoient qu'encore qu'il fût contre toute règle et usage qu'elles vissent qui que ce fût au lit, elles trouvoient bon que nous entrassions.

Nous traversâmes donc le long et grand salon des Miroirs, tournâmes au bout à gauche dans une grande et belle pièce, puis tout court, à gauche, dans une très-petite pièce en double d'une très-petite partie de cette grande, qui en tiroit son jour par la porte et par deux petites fenêtres percées tout au haut du plancher. Là, étoit un lit de quatre pieds et demi tout au plus, de damas cramoisi, avec de petites crépines d'or, à quatre quenouilles et bas, les rideaux du pied et de toute la ruelle du roi ouverts. Le roi, presque tout couché sur des oreillers, avec un petit manteau de lit de satin blanc; la reine à son séant, un morceau d'ouvrage de tapisserie à la main, à la gauche du roi, des pelotons près d'elle; des papiers épars sur le reste du lit et sur un fauteuil au chevet, tout près du roi qui étoit en bonnet de nuit, la reine aussi et en manteau de lit, tous deux entre deux draps, que rien ne cachoit que ces papiers fort imparfaitement.

Ils nous firent abréger nos révérences, et le roi avec impatience, se soulevant un peu, demanda ce qu'il y avoit. Nous entrâmes tous deux seuls, le valet intérieur s'étoit retiré après nous avoir montré la porte. « Bonne nouvelle! Sire, lui répondis-je. Mlle de Montpensier est partie le 18, le courrier arrive dans l'instant, et aussitôt nous sommes venus nous présenter pour l'apprendre à V. M. » La joie se peignit à l'instant sur leurs visages, et tout aussitôt les questions sur le chemin, les séjours, l'arrivée à la frontière, l'accompagnement, raisonnements là-dessus, conversation. De là nous leur dîmes tout ce que nos dépêches nous apprenoient des honneurs faits au duc d'Ossone et à Mlle de Montpensier depuis la signature de son contrat de mariage, que nous fîmes valoir, ce qui s'étoit passé à cette signature, les réjouissances, le bal, en un mot tout ce qui put le mieux marquer la joie publique, la part que le Roi y prenoit, le respect de M. le duc d'Orléans et sa profonde reconnoissance de l'honneur que sa fille recevoit. On peut juger que le champ fut vaste et bien parcouru de notre part, et par la curiosité de Leurs Majestés Catholiques, qui se prenoient souvent la parole l'une à l'autre pour nous faire des questions et en raisonner, en sorte que cela dura plus d'une heure. Ils me parurent extrêmement sensibles à tous ces honneurs extraordinaires, que nous leur expliquions (je dis nous, quoique Maulevrier parlât peu, qui n'en savoit ni la force, ni les usages, ni les différences), et à la joie publique de notre cour et de tout le royaume.

Sur la fin, Maulevrier dit au roi qu'il avoit, par ce courrier, une dépêche sur l'affaire des grands d'Espagne de l'Empereur. A ce mot, le roi d'Espagne s'altéra au point que je lui dis vitement qu'il seroit content de ce que portoit la fin de la dépêche. Cela l'apaisa. Alors Maulevrier tira la dépêche de sa poche, et, à mon extrême étonnement, se mit à la leur lire d'un bout à l'autre. Elle ne contenoit rien qui ne pût être vu; mais qu'un ambassadeur montre ses dépêches au prince auprès duquel il est ou à son ministre me parut la chose du monde la plus dangereuse et un sacrilége d'État; je sus depuis que Maulevrier étoit dans cette habitude. La dépêche portoit que l'Empereur avoit fait ces grands d'Espagne par le conseil de Rialp. A ce nom, le roi me regarda d'un air piqué, et me dit : « C'est un Catalan. » Je répondis en souriant un peu, et le regardant fixement : « Sire, il n'y a rien de plus mauvais que les transfuges, ils sont pires que tous les autres. » A cette réponse la reine se mit à rire en me regardant, et je connus très-bien qu'elle avoit bien senti qu'elle portoit à plomb sur les François de l'affaire de Bretagne et de Cellamare réfugiés en Espagne, qui étoit aussi ce que j'avois voulu leur faire entendre. La fin de la dépêche, qui contenoit la déclaration de l'Empereur dont j'ai parlé plus haut d'avance, satisfit en effet beaucoup le roi d'Espagne, qui étoit infiniment sensible là-dessus.

Enfin Leurs Majestés Catholiques nous congédièrent, après nous avoir témoigné que nous leur avions fait grand plaisir de n'avoir pas perdu un moment à leur apprendre le départ de Mlle de Montpensier, surtout de ne nous être pas arrêtés par l'heure et parce qu'elles étoient au lit.

Nous descendîmes aussitôt après à la cavachuela du marquis de Grimaldo, à qui nous dîmes la nouvelle et ce que nous venions de faire ; je n'oubliai pas d'ajouter que ç'avoit été sur l'avis de Maulevrier. Il nous parut qu'il le trouva fort bon. Nous l'informâmes de tout ce qui s'étoit passé à Paris, comme nous avions fait le roi et la reine, et, comme à eux, Maulevrier lui lut sa dépêche sur les grands d'Espagne de l'Empereur. Les questions, les raisonnements, la conversation, où ce qui regardoit l'échange et les accompagnements ne fut pas oublié, durèrent près de deux heures.

Nous vînmes dîner chez moi, et retournâmes au palais pour voir partir le roi et la reine d'Espagne. J'en reçus là encore mille marques de bonté. Tous deux, surtout la reine insista à deux ou trois reprises à ce que je [ne] différasse pas après eux à me rendre à Lerma, sur quoi je les assurai que je m'y trouverois à leur arrivée et à la descente de leurs carrosses.

Après leur départ j'allai chez moi ajouter à mes dépêches ce qui venoit de se passer depuis l'arrivée du courrier et de la nouvelle du départ de Mlle de Montpensier, et expédier mon courrier, qui portoit aussi les précédentes dépêches et l'un des deux instruments du contrat de mariage du Roi, signé des mains du roi et de la reine d'Espagne, de l'infante, des princes ses frères, de moi et de Maulevrier. Je choisis pour cela un gentilhomme de bon lieu, peu à son aise, lieutenant dans le régiment du marquis de Saint-Simon, bon et brave officier, et jeune et dispos, pour lequel je demandai au cardinal du Bois la commission de capitaine, la croix de Saint-Louis et une pension. La façon dont on verra que ces trois choses furent accordées mérite[1] assurément de trouver place ici.

Ce même courrier, qui apporta la nouvelle du départ de Mlle de Montpensier, m'apporta enfin la lettre du Roi pour l'infante, que je lui allai présenter au sortir de la cavachuela de Grimaldo, avant d'aller dîner, qu'elle reçut de la meilleure grâce du monde, comme elle alloit partir aussi, ainsi que le prince des Asturies, à qui je présentai aussi des lettres. Le roi d'Espagne, ayant appris, par le récit que nous lui fîmes de ce qui s'étoit passé à Paris à l'égard du duc d'Ossone, que la ville de Paris avoit été par ordre du Roi lui faire compliment, voulut que je reçusse le même honneur, que la ville de Madrid me vint rendre dès le lendemain. Venons maintenant à la lettre particulière du cardinal du Bois à moi, que je n'ai fait qu'annoncer ci-dessus, et que je reçus par le courrier qui apporta la nouvelle du départ de Mlle de Montpensier.

J'étois si bien informé avant de partir de Paris que le prince de Rohan étoit chargé de l'échange des princesses, que, quoique lui et moi n'eussions jamais été en aucun commerce ensemble que celui des compliments aux occasions, nous nous étions réciproquement visités, vus et entretenus sur nos emplois réciproques. M. le duc d'Orléans et le cardinal du Bois n'avoient pas ignoré ces visites, tous deux même m'en avoient parlé après qu'elles furent faites, et de nos compliments et visites réciproques de Mme de Ventadour et de moi, avec satisfaction, laquelle je ne voyois pas plus familièrement que je viens de dire que je voyois le prince de Rohan son gendre. Je fus donc étonné de recevoir la lettre dont je parle du cardinal du Bois, du 18 novembre, qui, après avoir

---

1. *Méritent*, au manuscrit.

commencé en deux mots par le départ de Mlle de Montpensier, etc., m'apprenoit, comme si je l'avois ignoré, le choix fait du prince de Rohan pour l'échange des princesses, avec toutes les raisons de ce choix qui sentoient l'embarras et l'excuse. Il relevoit tant qu'il pouvoit la grande considération que méritoit la duchesse de Ventadour, qui étoit le motif de ce choix, et il ajoutoit qu'il convenoit si fort qu'elle fût la maîtresse du voyage et qu'elle eût le commandement sur tout ce qui en étoit, que le choix du prince de Rohan avoit été nécessaire, qui par sa fonction avoit ce commandement et la disposition de tout le voyage, mais qui, pour le laisser à sa belle-mère, n'arriveroit à la frontière que pour l'échange, et s'en reviendroit tout court à Paris dès qu'il seroit fait, ménagement qui n'auroit pu se demander à tout autre.

Ce précis étoit étendu et paraphrasé en homme qui sentoit que j'aurois dû être chargé de l'échange, mais qui, trop occupé de cette pensée, oublioit l'inutilité de l'excuse et du prétexte, puisque, étant en Espagne pour la demande et pour [la] signature du contrat, je n'aurois pu marcher avec Mlle de Montpensier, et devant assister à la célébration de son mariage, je n'aurois pu accompagner l'infante en France, par conséquent que je n'aurois pu ôter à la duchesse de Ventadour le commandement du voyage ni en venant ni en retournant. Cette lettre finissoit par d'assez longs propos sur la grandeur que je desirois et sa volonté de m'y servir efficacement.

Je ne dissimulerai pas que cette lettre me fit un peu rire. Je l'en remerciai par ma réponse, en lui laissant toutefois très-poliment apercevoir que j'y avois remarqué quelque embarras sur mon compte, et que cet embarras n'étoit pas mal fondé. Au demeurant, le desir de former une seconde branche étoit le seul motif qui m'avoit conduit. Je ne pouvois espérer d'y réussir que par l'ambassade, et jamais par l'échange, qui n'étoit que la suite et l'effet de la demande de l'infante et de la signature de son contrat de mariage avec le Roi. Bien est vrai que j'aurois pu être chargé aussi de l'échange ; mais ce dernier emploi ne me conduisoit à rien, et il a été toujours d'usage de nommer deux personnes, l'une pour l'ambassade, l'autre pour recevoir la princesse à la frontière et la conduire à la cour. Ainsi le choix du prince de Rohan ne me fit aucune peine, parce que j'avois l'emploi unique par lequel je pouvois arriver à ce que je m'étois proposé.

Mais quoique je n'en eusse aucune jalousie, je crus devoir prendre à cet égard les mêmes précautions que ma dignité de duc et pair de France m'auroit inspirées indépendamment de tout autre caractère, si je m'en étois trouvé à portée, comme j'y étois en effet sur les lieux. Le marquis de Santa Cruz, ancien grand d'Espagne de Philippe II et de grande maison, majordome-major de la reine, fut chargé de l'échange des princesses de la part du roi d'Espagne avec le prince de Rohan ; l'acte de l'échange devoit être chargé de leurs noms, de leurs titres, de leurs qualités. Je compris bien que le seigneur breton voudroit y faire le prince, et qu'il falloit exciter sur cela *el punto*[1] du seigneur espagnol. Quoique celui-ci n'aimât point les François, je m'étois mis fort bien avec lui, et je m'étois attaché à y réussir, parce que c'étoit l'homme de toute la cour, quoique Espagnol, qui étoit le mieux et le plus familièrement avec la reine, dont sa charge l'approchoit le plus continuellement ; il étoit de plus ami intime du duc de Liria, avec qui j'étois intimement aussi et à qui j'expliquai le fait. Il en sentit toute la conséquence pour la dignité des grands, et se chargea de la bien faire entendre à Santa Cruz. Santa Cruz étoit haut et sentoit fort tout ce qu'il étoit. Je lui en parlai aussi ; il comprit qu'il ne falloit pas mollir dans une occasion pareille, il me le promit bien positivement, et il me tint parole très-fermement, comme on le verra quand il sera temps de parler de l'échange.

1. Voyez tome II, p. 450 et note 1.

CHAPITRE XIX.

Arrivée, réception, traitement, audiences, magnificence du duc d'Ossone à Paris. — Signature des articles du prince des Asturies et de Mlle de Montpensier chez le chancelier de France. — Signature du contrat de mariage du prince des Asturies et de Mlle de Montpensier ; elle est visitée par le Roi ; fêtes. — Départ de Mlle de Montpensier. — La ville de Paris complimente le duc d'Ossone chez lui. — Mort du comte de Roucy. — Mort de Surville. — Mort de Torcy, des chevau-légers. — Arrivée de la Fare, chargé des compliments de M. le duc d'Orléans sur le mariage de Mademoiselle sa fille ; vaines prétentions de la Fare, que son maître n'avoit point. — Conduite que je me suis proposé d'avoir en Espagne. — Tentative du P. d'Aubanton auprès de moi pour faire rendre aux jésuites le confessional du Roi. — Droiture et affection de Grimaldo pour moi. — L'Empereur fait une nombreuse promotion de l'ordre de la Toison d'or, dont il met le prince héréditaire de Lorraine. — Omission de plusieurs affaires peu importantes, et les embarras étranges d'argent où la malice du cardinal du Bois m'attendoit et me jeta. — Courte description de Lerma et de Villahalmanzo. — Grands mandés avec quelques autres personnes distinguées pour assister au mariage du prince des Asturies. — Pour quelles personnes ont été faites les érections des duchés de Pastrane, Lerma et l'Infantade, et comment tombés au duc de l'Infantade, de la maison de Silva. — Caractère et famille du duc de l'Infantade, et leur conduite à l'égard de Philippe V ; richesse de ce duc ; sa folie en leur emploi. — Maisons du prince et de la princesse des Asturies. — Je vais par l'Escurial joindre la cour à Lerma ; pouvoir du nonce. — Hiéronimites ; leur grossièreté et leur superstition. — Appartement où Philippe II est mort. — Pourrissoir. — Sépultures royales. — Petite scène entre un moine et moi sur la mort du malheureux don Carlos ; fanatisme sur Rome. — Panthéon. — J'arrive à mon quartier près de Lerma, où je tombe malade tout aussitôt de la petite vérole. — Indication pour se remettre sous les yeux tout ce qui regarde les personnages, charges, emplois, grandesses d'Espagne ; précis sur les grandesses.

Disons maintenant deux mots de ce qui se passa à Paris à l'égard du duc d'Ossone, de Mlle de Montpensier, et de ce qui arriva d'ailleurs à Paris jusqu'à la fin de cette année.

La veille de mon départ de Paris, Mlle de Montpensier

reçut sans cérémonie celles du baptême dans la chapelle du Palais-Royal, et fut nommée Louise par Madame et par M. le duc de Chartres. L'infante reçut les mêmes cérémonies, le 9 novembre, par le nonce du Pape, et eut le prince des Asturies son frère pour parrain.

Le duc d'Ossone arriva le 29 octobre à Paris; il eut le 31 audience particulière du Roi; il fut logé et défrayé lui et toute sa nombreuse suite à l'hôtel des ambassadeurs extraordinaires tout le temps qu'il demeura à Paris, ce qui ne se fait jamais pour les ambassadeurs extraordinaires d'aucun prince de l'Europe, et le fut magnifiquement. Il y traita très-souvent les principaux seigneurs et dames, dont les plus distingués seigneurs lui donnèrent des repas qui pouvoient passer pour des fêtes. Il donna aussi de belles illuminations et des feux d'artifice dont la beauté, la nouveauté et la durée effaça de bien loin tous les nôtres. Il traita et visita plusieurs fois M*me* de Saint-Simon, comme je rendis aussi de fréquents devoirs aux duchesses d'Ossone, sa femme et sa belle-sœur. Il visita [à] l'ordinaire les princes et les princesses du sang et fut visité de ces princes, qu'après quelque petite difficulté il traita d'Altesse, sur l'ancien exemple du marquis de los Balbazès, qui vint ambassadeur d'Espagne à Paris aussitôt après le mariage du feu Roi.

Le même jour 31, M*lle* de Montpensier reçut au Val-de-Grâce la confirmation, que lui donna le cardinal de Noailles, et fit sa première communion. Le 13, le duc d'Ossone fut conduit à l'audience publique du Roi par le prince d'Elbœuf, avec les honneurs et les cérémonies accoutumées. Il y fit les compliments sur le futur mariage de l'infante avec le Roi, la demande de M*lle* de Montpensier pour le prince des Asturies, le remerciement de ce qu'elle lui fut sur l'heure accordée; et l'après-dînée il fut avec son même cortége au Palais-Royal. Plus délicat que moi il ne voulut pas être accompagné de don

Patricio Laullez, et prétendit qu'il ne devoit entrer en fonction d'ambassadeur qu'après qu'il auroit fait seul cette demande solennelle.

Le 15, don Patricio Laullez commença d'entrer en fonction. Le duc d'Ossone et lui, sans conducteurs, allèrent chez le chancelier, où ils trouvèrent le maréchal de Villeroy et la Houssaye, contrôleur général des finances, nommés commissaires du Roi pour signer les articles avec les deux ambassadeurs, auxquels les trois commissaires du Roi donnèrent la droite, et ils signèrent les articles en la même façon que nous à Madrid ceux du Roi et de l'infante.

L'après-dînée du même jour, le duc d'Ossone, conduit par le prince d'Elbœuf et le chevalier de Sainctot, introducteur des ambassadeurs, dans un carrosse du Roi, et don Patricio Laullez, conduit par le prince Ch. de Lorraine, grand écuyer de France, et par Rémond, introducteur aussi des ambassadeurs, dans un autre pareil carrosse du Roi, allèrent et furent reçus aux Tuileries avec tous les honneurs accoutumés, ayant de nombreux cortéges, et des carrosses très-magnifiques ainsi que leurs livrées et tout ce qui les accompagnoit. Ils trouvèrent le Roi dans un grand cabinet, debout sous un dais, ayant un fauteuil derrière lui et découvert, une table et une écritoire devant lui, sur une estrade couvert[e] d'un tapis qui débordoit fort l'estrade de tous côtés; ceux des grands officiers qui devoient être derrière le Roi en leurs places, Madame et M. le duc d'Orléans à droite et à gauche aux bouts de la table et la joignant, le cardinal du Bois un peu en arrière de M. le duc d'Orléans vers le coin de la table hors de l'estrade, les princes et princesses du sang en cercle vis-à-vis du Roi et de la table sur le tapis hors de l'estrade, derrière le chancelier et les secrétaires d'État, et sur les ailes, derrière Madame et M. le duc d'Orléans, quelques seigneurs principaux. Les ambassadeurs s'approchèrent du Roi, à qui le duc d'Ossone fit un court compliment, et se retirèrent aux places où ils furent conduits, au-dessous des princes et princesses du sang, mais sur le tapis et sur la même ligne. Le contrat, lu par le cardinal du Bois, fut signé par le Roi et par tout ce qui étoit là présent du sang, puis, sur une autre colonne, par les deux ambassadeurs, sur la même table; en quoi ils furent mieux traités que nous, comme aussi nous fûmes mieux traités qu'eux pour la signature des articles, qui se fit, comme on l'a vu, chez le chancelier à Paris, et à Madrid dans un cabinet de l'appartement du roi. Après la signature, le duc d'Albe[1] se rapprocha encore du Roi avec Laullez, fit un court compliment, et se retirèrent reconduits chez eux en la manière accoutumée, d'où ils allèrent au Palais-Royal.

Un peu après, le Roi alla voir Mlle de Montpensier au Palais-Royal, qu'il trouva auprès de Madame, puis dans la grande loge de M. le duc d'Orléans, avec le tapis et les gardes du corps au bas de la loge, sur le théâtre, et répandus de tous côtés, où il vit pour la première fois l'Opéra, et qui fut celui de *Phaéton*, ayant Madame à sa droite et M. le duc d'Orléans à sa gauche, et derrière lui ceux de ses grands officiers qui y devoient être. Après l'Opéra, où on avoit eu soin de bien placer les ambassadeurs et leur principale suite, et où se trouva tout ce qu'il y avoit de plus brillant à la cour, le Roi retourna souper aux Tuileries. Il revint après au Palais-Royal, où il trouva un superbe bal paré qui l'attendoit. Il l'ouvrit avec Mlle de Montpensier, et y dansa ensuite plusieurs fois. Au bout d'une heure et demie il s'en alla, et il traversa huit salles remplies de masques magnifiquement parés. Après son départ M. le duc de Chartres emmena les deux ambassadeurs d'Espagne dans la galerie de son appartement, avec les principaux de leur suite et beaucoup de seigneurs distingués de la cour, où ils trouvèrent une grande table splendidement servie. Tous les

1. On a reproduit le nom donné par le manuscrit de Saint-Simon ; mais il faut lire *duc dOssone* au lieu de *duc dAlbe*.

masques furent cependant admis dans le bal, où on dansa dans toutes les pièces jusqu'à six heures du matin. On y servit force rafraîchissements, et il y en avoit de toutes sortes de dressés dans les pièces voisines.

Enfin, le 18 au matin, le maréchal de Villeroy vint, de la part du Roi, complimenter Mlle de Montpensier, puis la ville de Paris, après quoi elle monta dans un carrosse du Roi avec M. le duc d'Orléans sur le derrière, M. le duc de Chartres et la duchesse de Ventadour sur le devant et aux portières la princesse de Soubise et la comtesse de Cheverny, gouvernante de la princesse. Elle étoit accompagnée d'un détachement des gardes du corps jusqu'à la frontière, et de force carrosses pour sa suite. M. le duc d'Orléans et M. le duc de Chartres la conduisirent deux lieues, puis s'en revinrent à Paris. Peu de jours après, le duc d'Ossone fut, par ordre du Roi, complimenté chez lui par Châteauneuf, prévôt des marchands, à la tête des échevins et des conseillers de ville en habits de cérémonie, qui lui présentèrent les présents de vin et de confitures de la ville de Paris. Ce fut encore un honneur qui ne se rend point aux ambassadeurs extraordinaires d'aucun prince. Le duc d'Ossone le reçut étant accompagné de don Patricio Laullez, mais à qui la parole ne fut point du tout adressée.

Le comte de Roucy étoit mort à Paris, quinze jours auparavant, à soixante trois ans, lieutenant général et gouverneur de Bapaume. On a vu p.   et suivantes [1] le procédé étrange qu'il eut avec moi, qui nous brouilla [2] avec le plus grand éclat après une longue suite de liaison étroite et de services de ma part. Plus religieux, quoique moins dévot que sa femme, qui l'affichoit, et lui le contraire, il envoya prier Mme de Saint-Simon de vouloir bien l'aller voir. Elle y fut, et en reçut toutes les marques du plus sensible regret de sa conduite avec moi, et mourut deux jours après. J'ai eu si souvent occasion de

1. Voyez tome XII, p. 352 et suivantes.
2. *Brouillèrent*, au manuscrit.

parler de lui que je n'y ajouterai rien, non plus qu'à
l'égard de Surville, qui mourut quinze jours après, duquel
il a été amplement parlé à l'occasion des disgrâces qu'il
s'étoit attirées dans le brillant d'un chemin de fortune
très-mal mérité.

Torcy, dont c'étoit le nom, et point parent des Colberts,
mourut en même temps à soixante-treize ans. Il avoit été
sous-lieutenant des chevau-légers de la garde avec réputation de probité et de valeur; du reste un fort pauvre
homme. Il étoit riche, et avoit épousé en premières noces
la fille du duc de Vitry, et en secondes la fille de Gamaches. Il ne laissa point d'enfants. Il étoit maréchal de
camp.

La Fare arriva à Madrid le lendemain du départ de la
cour et vint descendre chez moi. Dès ce premier entretien il m'exposa des prétentions sauvages : c'étoit d'être
reçu comme le sont les envoyés des souverains; d'être
conduit à l'audience dans la même forme, et d'être reçu
et traité comme eux. J'essayai de lui faire entendre que
ceux que feu Monsieur avoit envoyés faire ses compliments dans les cours étrangères, à Londres, même à
Heidelberg, à l'occasion de ses mariages, à Madrid, à
l'occasion du mariage de la reine sa fille, et en d'autres
occasions en ces mêmes cours et en d'autres, n'avoient
jamais prétendu ces traitements, quoique venant de la
part d'un fils de France, et que lui pouvoit encore moins
prétendre venant de la part d'un petit-fils de France. La
Fare me répondit que ce petit-fils de France étoit régent,
que cette qualité changeoit tout, que de plus la conjoncture étoit heureuse, et qu'il falloit en profiter.

Je répliquai que la qualité de régent ne changeoit rien
au rang et à l'état personnel de petit-fils de France à
l'égard de M. le duc d'Orléans, qu'il le voyoit tous les jours
en France et en étoit témoin, qu'il en étoit de même dans
les pays étrangers, de pas un desquels il n'avoit prétendu
quoi que ce pût être de nouveau à titre de régent; qu'à
la vérité la conjoncture étoit heureuse, mais qu'il ne la

falloit pas forcer et s'attirer un refus qui changeroit en dégoût et ensuite en éloignement la réunion qui faisoit la joie publique des deux nations et la gloire personnelle de M. le duc d'Orléans, et sûrement la jalousie des autres princes, qui sauroient bien nourrir, se réjouir et profiter d'un mécontentement de cérémonial; qu'il ne pouvoit pas douter qu'étant depuis toute ma vie ce que j'étois à M. le duc d'Orléans, et lui devant l'ambassade où j'étois, je ne fusse ravi d'en profiter pour lui procurer toute sorte de grandeur ; mais que dans ce même emploi où je me trouvois par son choix, les desirs devoient, quant aux démarches, être bornés par les règles, et que ce seroit fort préjudicier à cette même grandeur que de la commettre par des prétentions qui n'avoient pas été conçues jusqu'à ce moment en aucun lieu, et s'exposer à un refus qui, outre son extrême désagrément, changeroit aisément en dégoût, en froideurs, en éloignement le fruit d'une réunion qui se pouvoit dire le chef-d'œuvre de l'adresse et de la capacité de la politique après les choses passées, et le sceau le plus solide de la grandeur réelle de M. le duc d'Orléans en tout genre, par le mariage de sa fille avec le prince des Asturies. J'ajoutai que M. le duc d'Orléans ni le cardinal du Bois ne m'avoient jamais dit un mot de cette prétention, ni mis sur son envoi quoi que ce fût dans mes instructions, et que c'étoit à lui à me dire s'il en avoit là-dessus dont on ne m'avoit rien dit ni écrit. La Fare devint embarrassé; il n'en avoit point, n'osoit me le dire, ne vouloit pas aussi me tromper, et parce qu'il n'étoit pas capable de se porter à ce mensonge, et parce qu'il sentoit bien que je ne serois pas longtemps, s'il m'eût avancé faux, d'être éclairci de la vérité.

Mais il ne se rendit point, et me pressa de telle sorte que j'entrai en capitulation. Je fis une lettre pour Grimaldo, par laquelle, lui donnant avis de l'arrivée de la Fare, je lui exposois la convenance de le recevoir et de le traiter avec des distinctions particulières, mais sans rien spécifier ni demander distinctement ni directement, me contentant de m'étendre sur la faveur de la conjoncture, sur celle de la Fare auprès de M. le duc d'Orléans, qui seroit flatté pour soi et pour lui des bontés et des distinctions que Sa Majesté Catholique voudroit bien lui accorder. Je montrai ma lettre à la Fare; je l'envoyai à Grimaldo, et une copie au cardinal du Bois.

La Fare ne fut pas content d'une lettre qui n'exprimoit point ses prétentions, moins encore de l'envoi de sa copie au cardinal du Bois. Il comptoit d'emporter d'emblée ce qu'il avoit imaginé, et de s'en faire grand honneur en Espagne et un grand mérite auprès de M. le duc d'Orléans. Toutefois il aima mieux cela que rien. Grimaldo, qui suivoit la cour, avoit eu avis de son passage par les chemins, et la Fare en reçut ordre dès le lendemain d'aller incontinent joindre la cour. Il partit donc peu satisfait de moi, et par ce qu'on va voir qui m'arriva, nous fûmes près de deux mois sans nous rejoindre. Il reçut de la cour d'Espagne tout l'accueil et les distinctions possible, mais aucunes de celles qu'il prétendoit et qui fussent de caractère. Je fus approuvé dans ce que j'avois fait là-dessus; et M. le duc d'Orléans étoit bien éloigné d'avoir formé aucune prétention nouvelle.

Cela même me confirma dans la pensée que j'avois toujours eue que les deux lettres de M. le duc d'Orléans, dont je fus chargé pour le prince des Asturies, l'une dans le style ordinaire, l'autre avec l'innovation du mot de frère, étoit une friponnerie du cardinal du Bois, qui espéroit bien que je ne ferois point passer cette dernière, et de s'en avantager contre moi auprès de M. le duc d'Orléans, d'autant que ce prince, tout en me marquant son désir là-dessus qui lui étoit enjoint, ne me recommanda rien plus que de ne rien hasarder, de ne point insister à la moindre difficulté que j'y rencontrerois, de la retirer, et de présenter l'autre, au lieu que le cardinal ne me recommanda rien davantage que de la faire passer, jusqu'à me piquer d'honneur sur mon attachement pour M. le duc d'Orléans, sur ce premier moyen de lui témoigner ma reconnoissance dans cette ambassade, et de marquer mon adresse et mon esprit pour un si agréable début. On a vu que je n'eus besoin ni de l'un ni de l'autre, et que cette lettre passa doux comme lait, sans même qu'il en fût dit un seul mot. Si on l'avoit refusée, ce petit dégoût se seroit passé dans l'intérieur et le secret, et c'est sûrement ce qui le fit entreprendre au cardinal du Bois, au lieu que s'il eût conçu les chimères de la Fare, leur refus auroit été public, et c'est ce qui empêcha le cardinal du Bois de les former et de m'en charger, quelque joie qu'il eût eue de me les voir porter dans la main. Ce petit fait méritoit d'être expliqué, d'autant que dans la suite il se verra encore une prétention fort singulière de la Fare, qui, comme celle-ci, périt pour ainsi dire avant que de naître.

Quelque occupé que j'eusse été depuis mon arrivée, en affaires, en cour, en cérémonial, en fonctions, en fêtes, en festins, je n'avois pas laissé de faire plus de quatre-vingts visites avant le départ de la cour, après lequel j'en fis encore et en reçus beaucoup jusqu'au mien départ quatre jours après la cour : je m'étois particulièrement proposé de plaire, non-seulement à Leurs Majestés Catholiques, mais à leur cour, mais en général aux Espagnols, et jusqu'aux peuples, et j'ose dire que j'eus le bonheur d'y réussir par l'application continuelle que j'eus à ne rien oublier pour ce dessein, en évitant en même temps jusqu'à la plus légère affectation, mais louant avec soin tout ce qui pouvoit l'être, toutefois en mesure des différents degrés, m'accommodant à leurs manières avec un air d'aisance, n'en blâmant aucune, admirant avec satisfaction les belles choses en tout genre qui s'y voient, évitant soigneusement toute préférence et toute légèreté françoise, ajustant avec une attention exacte, mais qui ne paroissoit pas, la dignité du caractère avec tous les divers genres de politesse que je pouvois rendre au rang, à la considération, à l'âge, au mérite, à la réputation, aux emplois présents et passés, à la naissance de toutes les personnes que je voyois, politesse à tous, mais politesse mesurée à ces différences, sans être empesée ni embarrassée, qui, pour ainsi dire, distribuée sur cette mesure avec connoissance et discernement, oblige infiniment, tandis qu'une politesse générale et sans choix dégoûte toutes les personnes qu'elle croit gagner, et qu'elle ne se concilie point parce qu'elle les rend égales.

Je me fis, dès le jour que j'arrivai, une affaire principale d'acquérir, à travers toutes mes occupations, cette connoissance de ces différentes choses dans les personnes principales que j'eus à fréquenter, puis, des unes aux autres de parvenir à celle de tout ce qui se pouvoit présenter sous mes yeux. Ce fut en cela que Sartine, les ducs de Liria et de Veragua, me furent tout d'abord d'une utilité extrême. Par eux, je fis d'autres connoissances, je m'informai à plusieurs, je combinai, et me mis ainsi avec un peu de temps en état de discerner par moi-même sur les lumières qu'on m'avoit données. Quand je devins un peu plus libre avec tous ces seigneurs, ce qui arriva bientôt par les prévenances, les politesses, et leurs retours que j'en reçus, je leur semai des cajoleries que me fournissoient les connoissances de leurs maisons et de ce qui s'y étoit passé de grand et d'illustre, de leurs emplois, de leurs parentés, la valeur et la fidélité de la nation espagnole, enfin tout ce qui les pouvoit flatter en général et en particulier, plaçant les choses avec discernement et sobriété pour mieux faire goûter ce qui ne se disoit qu'avec une sorte de rareté, mais coulant toujours à propos des choses dont on s'entretenoit et les amenant tout naturellement. Rien ne leur plut davantage que de me trouver instruit de leurs maisons, de ce qu'elles ont produit d'illustre, de leurs alliances, de leurs dignités, de leurs rangs, de leurs emplois, de leurs fonctions, de leurs services. Ces connoissances les persuadoient de l'estime que j'en faisois; cela les charmoit, ils s'écrioient quelquefois que j'étois plus Espagnol qu'eux, et qu'ils n'avoient jamais vu de François qui me ressemblât. Jusqu'à leur manger, je m'en accommodois; ils en étoient surpris, et je voyois qu'ils m'en tenoient compte. Surtout ils étoient charmés de la juste préférence que je donnois à leurs fêtes sur les nôtres, parce qu'ils voyoient que je leur en disois les raisons et que je le pensois véritablement. Tant que je fus en Espagne, je ne me lassai pas un moment de cette conduite, qui m'étoit agréable par le fruit continuel et toujours nouveau que j'en retirois, et qui m'attira leur amitié, leur estime et leur confiance, comme on en verra quelques traits que je choisirai sur beaucoup d'autres, par lesquels je me trouvai surabondamment récompensé de mon application à les capter.

Ce grand nombre de visites, que je trouvai moyen de rendre à travers tant de sortes de fonctions, fut pour moi un début très-heureux. L'usage en Espagne est que tout ce qu'il y a de gens considérables visitent les principaux ambassadeurs qui arrivent. J'appelle ainsi les nonces, les impériaux, ceux de France et d'Angleterre. Ils sont flattés qu'ils les leur rendent promptement; dans ce grand nombre, on choisit un petit nombre des plus distingués chez qui on va à heure de les trouver; tout le reste on prend le temps de leur méridienne. Ils ne le trouvent point du tout mauvais, et de la sorte on en expédie un grand nombre, moi surtout, qui pour ne manquer à personne, me mis sur le pied d'aller par les rues au trot, au lieu d'aller au pas comme c'est l'usage : mais ils m'en surent gré par la raison qui me le fit faire, et que je leur dis franchement : mais quand ce n'étoit pas pour expédier ainsi des visites, j'allois au pas suivant la coutume.

On peut juger que, parmi tant de visites, je n'oubliai pas le P. d'Aubanton. Cela m'étoit singulièrement recommandé par le cardinal du Bois, et je me le recommandois bien à moi-même à cause de ce que je pouvois tirer de lui auprès du roi d'Espagne, tant pour le peu

d'affaires que je pourrois avoir à traiter, que pour la
personnelle qui m'avoit fait desirer l'ambassade. Cette
dernière raison m'engagea à le voir plusieurs fois dans
ces premiers dix ou douze jours que je fus à Madrid,
parce qu'il eût été indécent de débuter promptement par
là. Je le trouvai très-ouvert là-dessus, et prodigue de
desirs de m'y servir efficacement, de plaire à M. le duc
d'Orléans, et d'étreindre de tout son pouvoir l'union par
lui si desirée des deux couronnes, et de ce prince avec le
roi d'Espagne.

Le bon Père essaya aussitôt de profiter de l'occasion.
Il se mit à me vanter son attachement pour moi sans me
connoître, par la bonté qu'il savoit que j'avois toujours
eue pour les jésuites, me parla des confesseurs que j'y
avois eus si longtemps, de l'estime et de la confiance du
P. Tellier pour moi ; car il étoit bien informé de tout
et savoit en faire usage, me dit le dessein qu'avoit le
roi d'Espagne de m'employer, comme il fit deux jours
après, pour que l'infante fût mise entre les mains d'un
jésuite, sur quoi il me demanda ce que j'en pensois. Sur
ma réponse, qui fut telle qu'il la souhaitoit, il se mit à
me faire véritablement les yeux doux, à tenir des propos
généraux sur sa Compagnie et son dévouement pour le
Roi, puis à balbutier, à commencer, à s'interrompre,
à se reprendre; enfin il accoucha sans aucun secours
de ma part, qui vis d'abord où il en vouloit venir, et
il me dit enfin que le roi d'Espagne mouroit d'envie
de me prier de demander au Roi son neveu de sa part,
de prendre un jésuite pour son confesseur et d'en prier
en son nom M. le duc d'Orléans, et de lui faire ce plaisir en même temps que j'écrirois sur celui de l'infante, parce que l'âge et les infirmités de l'abbé Fleury
pouvoient à tous moments l'engager à cesser de confesser
le Roi.

Cette proposition se fit avec tout l'art et l'insinuation
possible à l'issue de toutes les offres de ses services pour
faciliter la grandeur que je souhaitois, et tout de suite

me demanda ce que j'en pensois, mais avec un air de confiance. Je le payai de la même monnoie qu'il m'avoit donnée sur mon amitié pour les jésuites, puis je lui dis que le confessionnal du Roi n'étoit pas la même chose que celui de l'infante; qu'il étoit très-naturel à la tendresse du roi d'Espagne pour sa fille et à sa confiance aux jésuites de demander qu'elle fût instruite à son âge par un jésuite, et que, lorsqu'elle seroit en âge de se confesser, ce fût à celui-là ou à un autre de la même Compagnie; que cela n'avoit point d'inconvénient, et que je ne doutois pas du succès en cela du desir du roi d'Espagne, par celui que je connoissois en M. le duc d'Orléans de lui complaire en toutes les choses possibles; mais que le roi d'Espagne allât jusqu'à se mêler de l'intérieur du Roi son neveu, je ne croyois pas que, malgré les circonstances, cela fût mieux reçu en France qu'il le seroit en Espagne de changer le confesseur du roi d'Espagne ou quelqu'un de ses ministres à la prière de la France; que je suppliois donc instamment Sa Révérence de faire en sorte que le roi d'Espagne se contentât de me faire l'honneur de me charger de demander de sa part un jésuite pour l'infante, sans toucher l'autre corde si délicate, dont il falloit laisser la disposition au temps, au Roi son neveu, et à ceux qui dans sa cour et le gouvernement de ses affaires se trouveroient avoir sa confiance, lorsque l'abbé Fleury cesseroit d'être son confesseur.

Quelque déplaisante que fût cette réponse, malgré tout le moins mauvais raisonnement que j'y pus mettre, le bon Père n'insista pas, il parut même trouver que ce que je lui dis avoit sa raison. La sérénité, la suavité de son visage ne s'en obscurcit point; je le promenai sur les espérances des futurs contingents, que je ne croyois pas si proches, et sur les convenances que le confessionnal du Roi leur fût rendu. Il revint après à mon affaire personnelle, redoubla de protestations, et nous nous séparâmes le mieux du monde. Je n'oubliai pas de rendre un compte exact de cette conversation, de laquelle je fus fort approuvé.

J'avois déjà fait parler à Grimaldo par Sartine, et je lui avois parlé moi-même; ce ministre étoit vrai et droit; j'eus tout lieu de compter sur lui, et on verra bientôt que je ne me trompai pas.

L'Empereur, apparemment fâché de la protestation que la France et l'Angleterre avoit[1] enfin arrachée de lui sur ces grands d'Espagne qu'il avoit faits, et qu'il s'étoit mis ainsi hors d'état d'en plus faire, s'en voulut dépiquer par une nombreuse promotion de l'ordre de la Toison d'or, comme souverain des Pays-Bas, où cet ordre avoit été institué. Le cardinal du Bois vouloit que le roi d'Espagne n'en fît que rire, en attendant que cette prétention fût réglée au congrès de Cambray à l'avantage de Sa Majesté Catholique, mais en même temps il trouvoit mauvais que le fils aîné du duc de Lorraine fût de cette promotion, et me chargea de faire auprès du roi d'Espagne qu'il lui en marquât son ressentiment en refusant longtemps de consentir à l'accession du duc de Lorraine à la paix, à laquelle il desiroit passionnément d'être reçu.

J'omets à dessein plusieurs affaires peu embarrassées ou peu importantes, dont le cardinal du Bois m'écrivit, d'autant que la maladie où je tombai incontinent me mit hors de tout commerce jusqu'au jour du mariage du prince des Asturies. J'omets pareillement les extrémités d'embarras où le cardinal du Bois m'attendoit, et qu'il m'avoit si hautement préparés[2] en décuplant forcément ma dépense. On a vu que je n'avois point voulu d'appointements, mais qu'il m'avoit été promis qu'on ne me laisseroit point manquer, et qu'on fourniroit exactement à la dépense qu'on exigeoit de moi; mais rien moins. Dès ces commencements, le cardinal du Bois sut y mettre bon ordre, mais toujours avec ses protestations accou-

1. Ce verbe est bien au singulier.
2. Il y a bien *préparés*, et non *préparées*.

tumées; il se vengeoit de l'ambassade emportée à son insu et malgré lui en me ruinant; à la fin il en vint à bout; mais, au moins à mon honneur et à celui de la France, il n'eut pas le plaisir de me décrier en Espagne, d'où je partis à la fin de mon ambassade sans y devoir un sou à qui que ce pût être, et sans avoir diminué rien de l'état que j'avois commencé à y tenir, sinon qu'en allant à Lerma, je renvoyai en France presque tous les officiers des troupes du Roi que ce bon prêtre m'avoit forcé, comme on l'a vu, de mener en Espagne.

La cour d'Espagne, qui marchoit avec la lenteur des tortues, devoit arriver, et arriva en effet à Lerma l'onze décembre. C'est un beau bourg situé en amphithéâtre sur la petite rivière d'Arlanzon, qui forme une petite vallée fort agréable à six lieues à côté de Burgos. Le château bâti par le duc de Lerme, premier ministre de Philippe III, et mort cardinal en 1625, est magnifique par toute sa structure, son architecture, par son étendue, la beauté et la suite de ses vastes appartements, la grandeur des pièces, le fer à cheval de son escalier. Il tient au bourg par une belle cour fort ornée, et par une magnifique avant-cour, mais fort en pente, qui le joint. Quoique il soit bien plus élevé que le haut de l'amphithéâtre du bourg, le derrière de ce château l'est encore davantage, tellement que le premier étage est de plein pied à un vaste terrain qui, dans un pays où on connoîtroit le prix des jardins, en feroit un très-beau, très-étendu, en aussi jolie vue que ce paysage en peut donner sur la campagne et sur le vallon, avec un bois tout joignant le château au même plein pied, dans lesquels on entreroit par les fenêtres ouvertes en portes. Ce bois est vaste, uni, mais clair, rabougri, presque tout de chênes verts, comme ils sont tous dans les Castilles. Il est du côté de la campagne, et le jardin seroit en terrasse naturelle, fort élevée sur le vallon et sur la campagne au delà. Le peu de logement que Lerma pouvoit fournir à la cour ne permit d'y en marquer que pour le service et les charges nécessaires.

On prit les villages des environs pour le reste de la cour, pour les grands et pour les ambassadeurs.

J'eus le choix de plusieurs, et je choisis celui de Villahalmanzo, sur le récit qu'on m'en fit, à une petite demi-lieue de Lerma et tout vis-à-vis, et à vue, la petite vallée entre-deux, qu'on passoit sur une chaussée, et la petite rivière sur un pont de pierre. On y accommoda la maison du curé, petite, airée[1], jolie, pour moi seul, avec des cheminées qu'on fit exprès, et toutes les autres maisons du village pour ceux qui étoient avec moi et pour toute ma suite. Ce village assez étendu, bien bâti, bien situé, sans voisinage, étoit très-agréable, et il n'y avoit que nous, le curé et les habitants. Il n'y eut pas dans tout notre séjour la plus légère difficulté avec eux; leurs maisons gagnèrent beaucoup aux accommodements qu'on y fit, et ils furent si contents de nous qu'ils s'étoient tous apprivoisés avec nos domestiques. On ne leur fit pas le moindre tort en rien; ils eurent quelques présents en partant, en sorte qu'ils s'étoient tous pris d'affection pour nous, et qu'ils nous regrettèrent, quelques-uns mêmes avec larmes. Ce voyage fut pour moi une transplantation très-ruineuse de mes tables et de toute ma maison.

Le roi d'Espagne avoit nommé la maison du prince et de la future princesse des Asturies, et cette dernière pour servir l'infante jusqu'à l'échange, et en amener et servir au retour la future princesse des Asturies. Le roi, en partant de Madrid, avoit fait dire à tous les grands et à quelques autres gens distingués qu'il desiroit ne voir à Lerma que ceux qui l'y accompagneroient jusqu'à l'échange fait, mais qu'alors il seroit bien aise que tous les grands, et ce peu d'autres personnes distinguées, s'acheminassent à Lerma, où on leur feroit trouver des logements, ou aux environs, pour assister au mariage du prince des Asturies, et cela fut exécuté ainsi. Quant aux dames, il n'y eut que celles du service.

1. Voyez tome VIII, p. 286 et note 2.

Il faut ajouter, pour tout éclaircir, que Burgos, qui est sur le chemin de Paris à Madrid, n'est guère plus éloigné de cette dernière ville que Poitiers l'est de Paris, et que Lerma est à la même hauteur que Burgos, ainsi à la même distance de Madrid. Lerma fut préféré à Burgos, qui avoit été choisi d'abord, à cause de la commodité des chasses. Ce comté fut érigé par les rois catholiques, c'est-à-dire Ferdinand et Isabelle, pour don Bernard de Sandoval y Roxas, second marquis de Denia, puis en duché par Philippe III, en 1599, pour don Fr. Gomez de Sandoval y Roxas, cinquième marquis de Denia, son premier ministre, puis cardinal après la mort de sa femme, fille du quatrième duc de Medina Celi. Don Diego Gomez de Sandoval, cinquième duc de Lerme[1], mourut en 1668, sans enfants, et le dernier mâle de la postérité du cardinal-duc de Lerme. Ce dernier mâle avoit deux sœurs, de l'aînée desquelles Lerma est tombé aux ducs de l'Infantao, que les François prononcent l'Infantade. Leur nom est Silva.

Cette maison est très-certainement reconnue descendre masculinement jusqu'à aujourd'hui des anciens rois de Léon, par l'infant Aznar, fils puîné du roi Fruéla[2]. Don Ruy Gomez de Silva, si connu sous le nom de prince d'Eboli, qu'il avoit eu de sa femme Anne Mendoza y la Cerda, maîtresse de Philippe II, acheta en 1572 Pastrana de don Gaston Mendoza y la Cerda, que Philippe II érigea pour lui en duché, et il préféra d'en porter le nom à celui de duc d'Estremera, que le même roi avoit érigé pour lui depuis peu. Cette maison de Silva, de si haute origine, s'est partagée en beaucoup de branches en Espagne, et jusqu'en Portugal. Ce prince d'Eboli, premier duc de Pastrane, étoit de la dernière de toutes ces branches, connue sous le nom de Chamusca, dont il fut le qua-

---

1. Saint-Simon écrit tantôt *Lerma* et tantôt *Lerme*, tantôt *Mendoza* et tantôt *Mendoze*, tantôt *Pastrana* et tantôt *Pastrane*, tantôt *del Infantado* et tantôt *de l'Infantade*.
2. On écrit ordinairement *Froila*. Froila II fut roi de Léon de 923 à 924.

trième seigneur. Il eut plusieurs enfants, dont, outre les ducs de Pastrane, sortirent aussi les ducs d'Hijar et trois autres branches. Don Roderic de Silva d'aîné en aîné mâle de ce prince d'Eboli, premier duc de Pastrane et duc de Pastrane aussi, épousa la sœur aînée du susdit Diego Gomez de Sandoval, cinquième duc de Lerme, dernier mâle de la postérité du cardinal-duc de Lerme, et par elle devint duc de Lerme et de l'Infantade en 1668, dont le fils Marie-Grégoire de Silva, duc de l'Infantade, de Lerme, etc., mort en 1693, fut père du duc de l'Infantade et de Lerma, vivant lorsque j'étois en Espagne, et longues années depuis.

A l'égard de l'Infantade, c'est un État, comme ils parlent en Espagne, composé de trois villes et de plusieurs bourgs qui en dépendent, situés en Castille, qui, pour avoir été longtemps possédé par plusieurs infants fils de rois, fut insensiblement nommé infantao; de ces princes cet État passa dans différentes maisons par héritage, par acquisition, par don des rois, qui le retirèrent plus d'une fois. Ce fut de cette dernière sorte qu'il tomba en 1470 entre les mains d'Henri IV, roi de Castille, qui en fit don à don Hurtado Mendoza, second marquis de Santillana, en faveur duquel il fut érigé en duché en 1475 par les rois catholiques, c'est-à-dire par Ferdinand et Isabelle.

Enfin, Cath. Mendoze y Sandoval hérita de ses deux frères, l'un duc de l'Infantade, l'autre duc de Lerme, et comme on l'a vu ci-dessus, épousa don Roderic de Silva, duc de Pastrana. De ce mariage vint le père du duc de l'Infantade, de Lerme et de Pastrana, etc., vivant lorsque j'étois en Espagne, et connu comme son père sous le seul nom de duc de l'Infantade.

Il est né en 1672; il est frère du comte de Galve, de la comtesse de Lemos, dont le mari est Portugal y Castro, et de la comtesse de Niebla, dont le mari est Perez de Guzman.

Cette branche de Silva Infantade était fort autrichienne, et vit passer la couronne d'Espagne dans la maison de

France avec tant de chagrin que le comte de Galve se jeta dans le parti de l'archiduc, puis dans ses troupes dès qu'elles parurent en Espagne. Le comte et la comtesse de Lemos, entraînés dans les mêmes intérêts, furent pris par un parti des troupes du roi d'Espagne, comme ils alloient joindre celles de l'archiduc, et le duc de l'Infantade, qui n'osa en faire autant, donna jusqu'à la fin de la guerre toutes les marques qu'il put de son attachement au parti de l'archiduc. On s'assura longtemps du comte et de la comtesse de Lemos, qui donnèrent depuis toutes sortes de marques de repentir. Le comte n'avoit que sa grande naissance, sans aucun talent ni suite qui pût le faire craindre, et passoit sa vie à fumer, chose fort extraordinaire en Espagne, où on ne prend du tabac que par le nez. Il n'en étoit pas de même de la comtesse, pleine d'esprit et de grâces, et fort capable de nuire ou de servir. Mais cette ouverture d'esprit lui fit voir de bonne heure qu'il ne falloit pas attendre, mais tâcher de se raccommoder à temps, et elle y réussit, en sorte qu'elle regagna de la considération, et s'est toujours depuis très-bien conduite à l'égard de la cour d'Espagne. Le comte de Galve ne put se détacher des Autrichiens : il les servit jusqu'à la fin de la guerre et se retira à Vienne où il a vécu longues années, et y est mort assez obscurément sans avoir voulu venir jouir en Espagne de l'amnistie accordée par le traité de Vienne fait par Riperda, lors du renvoi de l'infante, comme firent beaucoup d'autres, ravis de quitter Vienne et de revenir jouir de leurs biens, de leur proches et de leurs amis dans le sein de leur patrie.

Le duc de l'Infantade n'imita ni son frère ni sa sœur : il s'approcha rarement de la cour, vit peu le roi et ses ministres, ne prit à rien, ne demeura à Madrid qu'à courtes reprises, vécut en grand seigneur peu content qui n'a besoin de rien, se mit à prendre soin de ses affaires et de ses grandes terres, vint à bout bientôt de payer toutes ses dettes et de devenir le plus grand et le plus riche seigneur d'Espagne, jouissant d'environ deux millions de revenu quitte, et s'amusant à l'occupation la plus triste, mais où il avait mis son *punto*[1] : ce fut de se bâtir une sépulture aux capucins de Guadalajara, petite ville près de Madrid, sur le chemin de France, qui lui appartenoit, et de le faire exactement sur le modèle et avec la même magnificence de la sépulture des rois à l'Escurial, excepté que le panthéon de Guadalajara est beaucoup plus petit. Je les ai vus tous deux : ce dernier disposé de même en tous points, et aussi superbe en marbres, en bronze, en lapis, en autels, en niches et tiroirs ; en un mot, à la grandeur près, forme et partité[2] entière. J'en admirai d'autant plus la folie que le duc de l'Infantado n'avoit que deux filles, et qu'il protestoit par modestie qu'il n'y vouloit pas être enterré, mais y faire transporter les corps de ses pères.

Ce fut donc dans son château de Lerma que le roi et la reine voulurent aller chasser, attendre la future princesse des Asturies, et y célébrer son mariage. Ils en firent avertir le duc de l'Infantade, parce qu'il n'y alloit presque jamais, et des moments, et que tout y étoit sans aucun meuble et assez en désordre. Le duc reçut cet avis sans s'émouvoir ni donner aucun ordre : on le sut et on redoubla l'avis ; il fut aussi inutile que le premier, tellement qu'on prit enfin le parti d'y envoyer des meubles et des ouvriers de toutes les sortes. Ils y trouvèrent tant de travail, qu'il n'étoit pas achevé quand la cour en partit, laquelle s'y trouva si mal à l'aise, qu'après le départ de l'infante elle alla s'établir dans un petit château voisin plus clos et plus habitable, laissant le gros de leur suite à Lerma, où la cour ne revint que sur la nouvelle de l'échange. Le roi et la reine furent vivement piqués de ce procédé du duc de l'Infantade, ils s'en laissèrent même entendre, mais ce fut tout. Ce duc ne vint point à la célébration du mariage, et ne parut point à Madrid dans tout le temps que je fus en Espagne ; de sorte que je ne

---

1. Voyez tome II, p. 450 et note 1, et ci-dessus, p. 409.
2. Il y a bien *partité*, et non *parité*. Voyez tome IV, p. 24 et note 2.

l'ai jamais vu. J'ai ouï dire qu'il avoit de l'esprit, et qu'il l'avoit même assez orné, ce qui n'est pas fort commun en Espagne. Le nom et le choix de Lerma et l'étrange singularité de la conduite du seigneur de ce lieu à cette occasion, m'ont fait étendre sur son sujet d'autant plus que se tenant, comme il faisoit, à l'écart de la cour et de Madrid, je n'aurois pas trouvé lieu d'expliquer ces petites curiosités ailleurs.

Le roi d'Espagne avoit fait les maisons du prince et de la princesse des Asturies; celle du prince étoit composée des personnes suivantes : le duc de Popoli, conservant les fonctions de gouverneur, mais n'en pouvant plus garder le nom auprès d'un prince marié, fut majordome-major; le comte d'Altamire, sommelier du corps; le comte de S. Estevan del Puerto, grand écuyer; il étoit lors au congrès de Cambray de la part de l'Espagne; le duc de Gandie et le marquis de los Balbazès, gentilshommes de la chambre. Ces cinq seigneurs étoient grands d'Espagne; le marquis del Surao en eut aussi la clef, et fut premier écuyer; il avoit été sous gouverneur du prince; les comtes Safaleli et d'Anenales, majordomes. Pour la princesse des Asturies, la duchesse de Monteillano, camarera-mayor; le marquis de Valero, majordome-major; il étoit lors vice-roi du Mexique, et n'étoit pas grand : le roi, qui l'avoit toujours aimé, se souvint de lui en son absence, et le fit grand à son retour; le marquis de Castel Rodrigo, mais plus connu sous le nom de prince Pio, qu'il portoit, et grand d'Espagne, grand écuyer; la duchesse de Liria, la marquise de Torrecusa et la marquise d'Assentar, dames du palais; donna M. de Nièves, gouvernante destinée de l'infante pour aller et demeurer en France avec elle jusqu'à un certain âge, et donna Is. Martin, señoras de honor; le comte d'Anguisola, premier écuyer. Il étoit fils du comte de Saint-Jean, premier écuyer de la reine, qui leur fit faire depuis une prodigieuse fortune. Ce comte d'Anguisola fut aussi majordome avec don Jean Pizzarro y Aragon. Le

P. Laubrusselle, jésuite françois, précepteur des infants, confesseur.

Je partis le 2 décembre de Madrid pour me rendre à la cour, et je fus coucher à l'Escurial avec les comtes de Lorges et de Céreste, mon second fils, l'abbé de Saint-Simon et son frère, Pecquet, et deux principaux des officiers des troupes du Roi, qui demeurèrent avec moi tant que je fus en Espagne. Outre les ordres du roi d'Espagne et les lettres du marquis de Grimaldo, je fus aussi muni de celles du nonce pour le prieur de l'Escurial, qui en est en même temps gouverneur, pour me faire voir les merveilles de ce superbe et prodigieux monastère, et m'ouvrir tout ce que je voudrois y visiter, car j'avois été bien averti que, sans la recommandation du nonce, celles du roi et de son ministre ni mon caractère ne m'y auroient pas beaucoup servi. Encore verra-t-on que je ne laissai pas d'éprouver la rusticité et la superstition de ces grossiers hiéronimites.

Ce sont des moines blancs et noirs, dont l'habit ressemble à celui des célestins, fort oisifs, ignorants, sans aucune austérité, qui, pour le nombre des monastères, dont aucun n'est abbaye, et pour les richesses, est[1] à peu près en Espagne ce que sont les bénédictins en France, et sont comme eux en congrégation. Ils élisent aussi comme eux leurs supérieurs généraux et particuliers, excepté le prieur de l'Escurial, qui est à la nomination du roi, qui l'y laisse tant et si peu qu'il lui plaît, et qui est à proportion bien mieux logé à l'Escurial que Sa Majesté Catholique. C'est un prodige de bâtiments de structure de toute espèce de magnificence, que cette maison, et que l'amas immense de richesses qu'elle renferme en tableaux, en ornements, en vases de toute espèce, en pierreries semées partout, dont je n'entreprendrai pas la description, qui n'est point de mon sujet; il suffira de dire qu'un curieux connoisseur en toutes ces différentes

---

1. *Sont* serait plus régulier.

beautés s'y appliqueroit plus de trois mois sans relâche et n'auroit pas encore tout examiné. La forme de gril a réglé toute l'ordonnance de ce somptueux édifice, en l'honneur de saint Laurent et de la bataille de Saint-Quentin, gagnée la veille par Philippe II, qui, voyant l'action de dessus une hauteur, voua d'édifier ce monastère si ses troupes remportoient la victoire, et demandoit à ses courtisans si c'étoit là les plaisirs de l'Empereur son père, qui en effet les y prenoit bien de plus près. Il n'y a portes, serrures, ustensiles de quelque sorte que ce soit, ni pièce de vaisselle qui ne soit marquée d'un gril.

La distance de Madrid à l'Escurial approche fort de celle de Paris à Fontainebleau. Le pays est uni, et devient fort désert en approchant de l'Escurial, qui prend son nom d'un gros village dont on passe fort près à une lieue. L'Escurial est sur un haut où on monte imperceptiblement, d'où l'on voit des déserts à perte de vue des trois côtés; mais il est tourné et comme plaqué à la montagne de Guadarrama, qui environne de tous côtés Madrid à distance de plusieurs lieues plus ou moins près. Il n'y a point de village à l'Escurial; le logement de Leurs Majestés Catholiques fait la queue du gril, les principaux grands officiers et les officiers les plus nécessaires sont logés, même les dames de la reine, dans le monastère; tout le reste l'est fort mal, sur le côté par lequel on arrive, où tout est fort mal bâti pour la suite de la cour.

L'église, le grand escalier et le grand cloître me surprirent. J'admirai l'élégance de l'apothicairerie et l'agrément des jardins, qui pourtant ne sont qu'une large et longue terrasse. Le Panthéon m'effraya par une sorte d'horreur et de majesté. Le grand autel et la sacristie épuisèrent mes yeux par leurs immenses richesses. La bibliothèque ne me satisfit point, et les bibliothécaires encore moins. Je fus reçu avec beaucoup de civilité et de bonne chère à souper, quoique à l'espagnole, dont le prieur et un autre gros moine me firent les honneurs.

Passé ce premier repas, mes gens me firent à manger; mais ce gros moine y fournit toujours quelques pièces qu'il n'eût pas été honnête de refuser, et mangea toujours avec nous, parce qu'il ne nous quittoit point pour nous mener partout. Un fort mauvais latin suppléoit au françois, qu'il n'entendoit point, ni nous l'espagnol.

Dans le sanctuaire, au grand autel, il y a des fenêtres vitrées derrière les siéges du prêtre célébrant la grand'-messe et de ses assistants. Ces fenêtres, qui sont presque de plein pied à ce sanctuaire, qui est fort élevé, sont de l'appartement que Philippe II s'étoit fait bâtir, et où il mourut. Il entendoit les offices par ces fenêtres. Je voulus voir cet appartement, où on entroit par derrière. Je fus refusé. J'eus beau insister sur les ordres du roi et du nonce de me faire voir tout ce je voudrois, je disputai en vain. Ils me dirent que cet appartement étoit fermé depuis la mort de Philippe II, sans que personne y fût entré depuis. J'alléguai que je savois que le roi Philippe V l'avoit vu avec sa suite. Ils me l'avouèrent, mais ils me dirent en même temps qu'il y étoit entré par force et en maître qui les avoit menacés de faire briser les portes, qu'il étoit le seul roi qui, depuis Philippe II, y fût entré une seule fois, et qu'ils ne l'ouvroient et ne l'ouvriroient jamais à personne. Je ne compris rien à cette espèce de superstition; mais il fallut en demeurer là. Louville, qui y étoit entré avec le roi, m'avoit dit que le tout ne contenoit que cinq ou six chambres obscures et quelques petits trous, tout cela petit, de charpenterie bousillée, sans tapisserie lorsqu'il le vit, ni aucune sorte de meubles : ainsi je ne perdis pas grand'chose à n'y pas entrer.

En descendant au Panthéon, je vis une porte à gauche à la moitié de l'escalier. Le gros moine qui nous accompagnoit nous dit que c'étoit le pourrissoir, et l'ouvrit. On monte cinq ou six marches dans l'épaisseur du mur, et on entre dans une chambre étroite et longue. On n'y voit que les murailles blanches, une grande fenêtre au bout près d'où on entre, une porte assez petite vis-à-vis, pour tous meubles une longue table de bois, qui tient tout le milieu de la pièce qui sert pour poser et accommoder les corps. Pour chacun qu'on y dépose, on creuse une niche dans la muraille, où on place le corps pour y pourrir. La niche se referme dessus sans qu'il paroisse qu'on ait touché à la muraille, qui est partout luisante et qui éblouit de blancheur, et le lieu est fort clair. Le moine me montra l'endroit de la muraille qui couvroit le corps de M. de Vendôme près de l'autre porte, lequel, à sa mine et à son discours, n'est pas pour en sortir jamais. Ceux des rois, et des reines lesquelles ont eu des enfants, en sont tirés au bout d'un certain temps, et portés sans cérémonies dans les tiroirs du Panthéon qui leur sont destinés. Ceux des infants et des reines qui n'ont point eu d'enfants, sont portés dans la pièce joignante dont je vais parler, et y sont pour toujours.

Vis-à-vis de la fenêtre, à l'autre bout de la chambre, en est une autre de forme semblable, et qui n'a rien de funèbre. Le bout opposé à la porte et les deux côtés de cette pièce, qui n'a d'issue que la porte par où on y entre, sont accommodés précisément en bibliothèque ; mais, au lieu que les tasseaux d'une bibliothèque sont accommodés à la proportion des livres qu'on y destine, ceux-là le sont aux cercueils, qui y sont rangés les uns auprès des autres, la tête à la muraille, les pieds au bord des tasseaux, qui portent l'inscription du nom de la personne qui est dedans. Les cercueils sont revêtus, les uns de velours, les autres de brocart, qui ne se voit guère qu'aux pieds, tant ils sont proches les uns des autres, et les tasseaux bas dessus.

Quoique ce lieu soit si enfermé, on n'y sent aucune odeur. Nous lûmes des inscriptions à notre portée, et le moine d'autres à mesure que nous les lui demandions. Nous fîmes ainsi le tour, causant et raisonnant là-dessus. Passant au fond de la pièce, le cercueil du malheureux don Carlos s'offrit à notre vue. « Pour celui-là, dis-je, on sait bien pourquoi et de quoi il est mort. » A cette parole, le gros moine s'altéra, soutint qu'il étoit mort de mort naturelle, et se mit à déclamer contre les contes qu'il dit qu'on avoit répandus. Je souris en disant que je convenois qu'il n'étoit pas vrai qu'on lui eût coupé les veines. Ce mot acheva d'irriter le moine, qui se mit à bavarder avec une sorte d'emportement. Je m'en divertis d'abord en silence; puis je lui dis que le roi, peu après être arrivé en Espagne, avoit eu la curiosité de faire ouvrir le cercueil de don Carlos, et que je savois d'un homme qui y étoit présent (c'étoit Louville) qu'on y avoit trouvé sa tête entre ses jambes, que Philippe II, son père, lui avoit fait couper dans sa prison devant lui. « Hé bien! s'écria le moine tout en furie, apparemment qu'il l'avoit bien mérité; car Philippe II en eut la permission du Pape, » et de là crier de toute sa force merveilles de la piété et de la justice de Philippe II, et de la puissance sans bornes du Pape, et à l'hérésie contre quiconque doutoit qu'il ne pût pas ordonner, décider et dispenser de tout. Tel est le fanatisme des pays d'Inquisition, où la science est un crime, l'ignorance et la stupidité la première vertu. Quoique mon caractère m'en mît à couvert, je ne voulus pas disputer et faire avec ce piffre de moine une scène ridicule. Je me contentai de rire et de faire signe de se taire, comme je fis à ceux qui étoient avec moi. Le moine dit donc tout ce qu'il voulut à son aise, et assez long-temps sans pouvoir s'apaiser. Il s'apercevoit peut-être à nos mines que nous nous moquions de lui, quoique sans gestes et sans parole. Enfin il nous montra le reste du tour de la chambre, toujours fumant; puis nous descendîmes au Panthéon. On me fit la singulière faveur d'allumer environ les deux tiers de l'immense et de l'admirable chandelier qui pend du milieu de la voûte, dont la lumière nous éblouit, et faisoit distinguer dans toutes les parties du Panthéon, non-seulement les moindres traits de la plus petite écriture, mais ce qui s'y trouvoit de toutes parts de plus délié.

Je passai trois jours à l'Escurial, logé dans un grand et bel appartement, et tout ce qui étoit avec moi fort bien logé[1] aussi. Notre moine qui avoit toujours montré sa mauvaise humeur depuis le jour du pourrissoir, n'en reprit de belle qu'au déjeuner du départ. Nous le quittâmes sans regret, mais non l'Escurial, qui donneroit de l'exercice et du plaisir à un curieux connoisseur pour plus de trois mois de séjour. Chemin faisant, nous rencontrâmes le marquis de Montalègre, et arrivâmes en même temps que lui à la dînée. Il m'envoya aussi prier à dîner avec ces Messieurs qui étoient avec moi. Il étoit fort accompagné, et nous fit très-promptement fort grande chère et bonne à l'espagnole, ce qui nous fit un peu regretter le dîner que mes gens avoient préparé pour nous. J'aurai lieu de parler de ce seigneur.

Enfin nous arrivâmes le 9 à notre village de Villahalmanzo, où je me trouvai le plus commodément du monde, ainsi que tout ce qui étoit avec moi. J'y trouvai mon fils aîné encore bien convalescent avec l'abbé de Mathan, qui venoient de Burgos. Nous soupâmes fort gaiement, et je comptois de me bien promener le lendemain, et m'amuser à reconnoître le village et les environs; mais la fièvre me prit la nuit, augmenta dans la journée, devint violente la nuit suivante, tellement qu'il ne fut plus question d'aller le 11, qui étoit ce jour-là, à la descente du carrosse du roi et de la reine d'Espagne à Lerma. Le mal augmenta avec une telle rapidité qu'on me trouva en grand danger, et incontinent après à l'extrémité. Je fus saigné; peu après la petite vérole parut, dont tout le pays étoit rempli. Ce climat étoit tel cette année, qu'il y geloit violemment douze ou quatorze heures tous les jours, tandis que depuis onze heures du matin jusqu'à près de quatre, il faisoit le plus beau soleil du monde, et trop chaud sur le midi pour s'y promener, et où il ne donnoit point par quelque obstacle de murailles, il n'y dégeloit pas un

1. *Logés*, au manuscrit.

moment. Ce froid étoit d'autant plus piquant, que l'air étoit plus pur et plus vif, et le ciel de la sérénité la plus parfaite et la plus continuelle.

Le roi d'Espagne, qui craignoit extrêmement la petite vérole, et qui n'avoit confiance avec raison qu'en son premier médecin, me l'envoya dès qu'il fut informé de ma maladie, avec ordre de ne me pas quitter d'un moment jusqu'à ce que je fusse guéri. J'eus donc continuellement cinq ou six personnes auprès de moi, outre ceux de mes domestiques qui me servirent, un des plus sages et des meilleurs médecins de l'Europe, qui de plus étoit de très-bonne compagnie, qui ne me quittoit ni jour ni nuit, et trois fort bons chirurgiens, dont la Fare m'en envoya un qu'il avoit amené. J'eus une grande abondance partout de petite vérole de bon caractère, sans aucun accident dangereux depuis qu'elle eut paru, et on sépara de table et de tout commerce maîtres et valets qui me voyoient, même de cuisine, de ceux qui faisoient la mienne de ceux qui ne me voyoient point. Le premier médecin se précautionnoit presque tous les jours de nouveaux remèdes en cas de besoin, et ne m'en fit aucun que de me faire boire pour toute boisson de l'eau dans laquelle on jetoit selon sa quantité des oranges avec leur peau coupées en deux, qui frémissoit lentement devant mon feu, quelques rares cuillerées d'un cordial doux et agréable dans le fort de la suppuration, et dans la suite un peu de vin de Rota, avec des bouillons où il entroit du bœuf et une perdrix. Rien ne manqua donc aux soins de gens qui n'avoient que moi de malade, et qu'ils avoient ordre de ne pas quitter, et rien ne manqua à mon amusement quand je fus en état d'en prendre, par la bonne compagnie qui étoit auprès de moi, et cela dans un temps où les convalescents de cette maladie en éprouvent tout l'ennui et le délaissement. Tout à la fin du mal je fus saigné et purgé une seule fois, après quoi je vécus à mon ordinaire, mais dans cette espèce de solitude. J'aurai bientôt lieu de parler de ce premier médecin.

Pendant le grand intervalle que cette maladie me tint hors de tout commerce, l'abbé de Saint-Simon en entretint même d'affaires avec le cardinal du Bois, avec Grimaldo, avec Sartine et avec quelques autres. Je crois ne pouvoir mieux remplir ici ce vide forcé d'une oisiveté de six semaines que par un léger tableau de la cour d'Espagne, telle qu'elle étoit pendant le séjour de six mois que je demeurai en ce pays-là. Le détail étendu, qui se trouve depuis la page 246 jusqu'à la page 260[1], qui se voit sur l'Espagne à l'occasion de l'avénement de Philippe [V] à cette couronne, et un autre précédent à propos du testament de Charles II, m'en épargnera beaucoup ici qui n'en seroient que des redites.

On voit dans le détail, à propos du testament[2], les emplois et les caractères des personnages qui y eurent le plus de part, celui de la reine épouse de Charles II, et des personnages autrichiens. Dans celui qui est entre les pages 246 et 260, on y trouve celui de l'origine et des progrès en Espagne des trois branches sorties de la maison de Portugal, de celle de Cadaval, de la même origine, restée en Portugal, enfin de celle d'Alencastro, portugaise aussi, et des ducs d'Aveiro, d'Abrantès et Liñarez en Espagne, et des principaux personnages de ces maisons; le fond et les fonctions des conseils de Castille et d'Aragon, de leurs présidents et gouverneurs, de ce qu'étoient le conseil d'État et les conseillers d'État, les maisons, noms, dignités, caractères de ceux qui l'étoient alors; plusieurs curiosités sur des façons de signer particulières[3] à quelques grands, et de ce qui s'appelle la saccade du vicaire pour des mariages. Enfin on y trouve l'explication de l'être et des fonctions du secrétaire des dépêches universelles, les changements produits par l'arrivée de Philippe V dans la manière du gouvernement à

---

1. Pages 451 et suivantes de notre tome II. C'est à la page 248 du manuscrit que commence la digression sur l'Espagne à laquelle Saint-Simon renvoie.
2. A propos du testament de Charles II.
3. Saint-Simon a écrit *particuliers*, au masculin.

l'égard des grandes charges de la cour, les majordomes-majors, grands écuyers du roi et de la reine, sommelier du corps du roi, camarera-mayor de la reine, ses dames du palais, ses señoras de honor et ses caméristes, premiers écuyers du roi et de la reine, gentilshommes de la chambre du roi, capitaine des hallebardiers, patriarche des Indes, majordomes du roi et de la reine, estampilla. Ce détail des charges, de leurs fonctions et des possesseurs s'y trouve exactement, ainsi que le caractère et les fonctions du P. d'Aubanton, confesseur du roi, et le voyage en France et en Flandres des ducs d'Arcos et de Baños pour s'être seuls, entre tous les grands, opposés, par un mémoire au roi d'Espagne, à l'égalité des rangs, honneurs et distinctions, réciproquement convenue par les deux rois, entre les ducs de France et les grands d'Espagne dans les deux monarchies. Ce dernier fait se trouve à la page 283 [1], et si on veut repasser de suite les pages suivantes jusqu'à la page 318, on y verra une disgression sur la dignité de grand d'Espagne, et sa comparaison avec celle de nos ducs; ce que c'étoient que les ricos-hombres; ce qu'ils sont devenus, comment la dignité des grands d'Espagne leur a été substituée; l'origine des uns et des autres, et leurs distinctions; quelle part aux affaires, leur multiplication, leur affoiblissement; comment disparus et renés sous le nom nouveau de grands; l'adresse des rois et jusqu'où portée par les sept différentes gradations, qui ont porté autant de grands coups à la dignité des grands; et l'introduction des trois classes, toutes choses si peu connues hors de l'Espagne, et qui causent une grande surprise par le pouvoir que les rois s'y sont donné de suspendre, de confirmer, d'ôter même la grandesse à volonté, et sans forme ni crime, et d'en tirer des tributs annuels; la proscription de tout rang étranger séculier et de toute prétention étrangère; le mystère que font les grands de

---

1. Pages 85 et suivantes de notre tome III.

leurs classes et de leur ancienneté; leur attachement à n'avoir égard ni aux unes ni à l'autre, et de marcher et se placer partout entre eux comme le hasard les fait rencontrer; la raison de cette conduite; ce que l'on sait à peu près des ricos-hombres devenus grands; l'indifférence entière pour les grands des titres de duc, prince, marquis, comte; la raison de cette indifférence; les successions aux grandesses; leur difficile extinction; leur fréquente accumulation sur la même tête; l'égalité en tout entre ceux qui en ont plusieurs et ceux qui n'en ont qu'une; ce que sont les majorasques; les démissions des grandesses inconnues: mais le rang effectif de leurs héritiers présomptifs; le chaos si difficile à percer de la confusion des noms et des armes, et sa cause; le poids des successions; les avantages des bâtards et leurs différences en Espagne; nulle marque de dignité aux armes, aux carrosses, aux maisons que le dais; ce qui équivaut à ce qui est connu en France sous le nom d'honneurs du Louvre[1]; quelques distinctions particulières au-dessus des grands; le plan figuré et l'explication de la couverture d'un grand chez le roi et chez la reine, suivant les trois différentes classes, et de l'assiette de la séance quand le roi tient chapelle; les cérémonies de la Chandeleur et des Cendres; banquillo du capitaine des gardes en quartier, et raison pour laquelle il faut que les capitaines des gardes soient toujours grands; cortès ou états généraux; rangs et distinctions des grands, de leurs femmes, des héritiers présomptifs des grandesses en toutes cérémonies et fêtes ecclésiastiques et séculières; traitement par écrit, dans les églises; honneurs militaires; égalité chez tous souverains non rois; honneurs à Rome; bâtards des rois; grands nuls en toutes affaires; n'ont aucun habit de cérémonie, non plus que le roi; n'ont nulle préférence de rang dans les ordres d'Espagne ni dans celui de la Toison d'or; acceptent de fort petits

---

1. Voyez tome III, p. 117 et note 1 et p. 444, et tome XIII, p. 182 et 183.

emplois; leur dignité s'achète du roi quelquefois; elle n'a point de serment; comparaison des deux dignités des ducs de France et des grands d'Espagne, et de leur fond dans tous leurs âges. La dignité de grand d'Espagne ne peut être comparée à celle des ducs de France, beaucoup moins à celle des pairs. Comparaison de l'extérieur des dignités de duc de France et de grand d'Espagne; spécieux avantage des grands d'Espagne; un seul solide; désavantages effectifs et réels des grands d'Espagne; désavantage des grands d'Espagne jusque dans le droit de se couvrir; abus des grandesses françoises. Enfin on a tâché de n'oublier rien dans ces longs détails de ce qui est des grands et des grandesses d'Espagne, et des prérogatives et des fonctions des charges, après s'en être instruit à fond en Espagne même, et par des grands d'Espagne de Charles V, des plus instruits, ainsi que de leurs véritables noms et maisons. Il ne reste donc ici que de donner la liste de ceux qui étoient grands quand j'ai quitté l'Espagne, et à côté, de leurs noms et maisons.

FIN DU DIX-SEPTIÈME VOLUME.

TABLE

DES CHAPITRES DU DIX-SEPTIÈME VOLUME.

Chapitre premier. — Comte Stanhope à Paris. — Paix d'Espagne. — Grimaldo supplée presque en tout aux fonctions de premier ministre d'Espagne sous le titre de secrétaire des dépêches universelles ; sa fortune, son caractère. — Disgression déplacée, mais fort curieuse, sur le premier président de Mesmes. — Duchesse de Villars et dames nommées pour conduire la princesse de Modène jusqu'à Antibes ; remarques sur le cérémonial, le voyage et l'accompagnement ; fiançailles et mariage de cette princesse. — Désordre du système et de la banque de Law se manifeste, et produit des suites les plus fâcheuses et infinies. — Commencements et fortune des quatre frères Pâris. — Nouveaux prisonniers à Nantes ; vingt-six présidents ou conseillers remboursés et supprimés, choisis dans le parlement de Bretagne.................... 1

Chapitre II. — Abbé du Bois obtient l'archevêché de Cambray. — L'abbé du Bois, refusé d'un dimissoire par le cardinal de Noailles, en obtient un de Besons, archevêque de Rouen, et va dans un village de son diocèse, près de Pontoise, recevoir tous les ordres à la fois, de Tressan, évêque de Nantes ; se compare là-dessus à saint Ambroise ; mot du duc Mazarin. — Singulière anecdote sur le pouvoir de l'abbé du Bois sur M. le duc d'Orléans, à l'occasion du sacre de cet abbé. — Sacre de l'abbé du Bois par le cardinal de Rohan. — Les Anglois opposés au roi Georges, ou jacobites, chassés de France à son de trompe. — Politique terrible de la cour de Rome sur le cardinalat. — Mort de Mme de Lislebonne ; douze mille livres de pension qu'elle avoit donnée à Madame de Remiremont, sa fille. — Mort et successeur du grand maître de Malte. — Mort et caractère du P. Cloche, général de l'ordre de Saint-Dominique. — Mort de Fourille ; sa pension donnée à sa veuve. — Mort et caractère de Mme de la Hoguette. — Mort de Mortagne, chevalier d'honneur de Madame. — Mort de Madame la Duchesse, brusquement enterrée ; visites et manteaux chez Monsieur le Duc ; testament, etc. 20

Chapitre III. — Maison d'Horn ou Hornes. — Catastrophe du comte d'Horn à Paris. — Jugement et exécutions à Nantes. — Mort, famille, extraction du prince de Berghes. — Mort du duc de Perth. — Mariage du comte de Gramont avec une fille de Biron. — Mariage de Mailly avec une sœur de la duchesse de Duras Bournonville. — Mariage du duc de Fitz-James avec Mlle de Duras. — Mariage de Chalmazel avec Mlle de Bonneval. — Mariage du prince d'Isenghien avec la seconde fille du prince de Monaco. — Mariages du marquis de Matignon avec Mlle de Brenne, et de sa sœur à lui avec Basleroy. — Naissance de l'infant don Philippe; Maulevrier Langeron, envoyé en Espagne, lui porte le cordon bleu. — Affaire et caractère de l'abbé de Gamaches, auditeur de rote; sa conduite à Rome, où il mourut dans cet emploi. — Ce que c'est que la rote. 42

CHAPITRE IV. — Débordement de pensions et pensions fixées au grade d'officier général. — M. le duc d'Orléans m'apprend le mariage du duc de Lorges avec la fille aînée du premier président; ma conduite là-dessus. — Édit de réduction des intérêts des rentes; mouvements du Parlement là-dessus; remontrances. — Retour de Rion à Paris, où il tombe dans l'obscurité. — Enlèvements pour peupler le pays dit Mississipi, et leur triste succès. — La commission du conseil, de retour de Nantes, s'assemble encore à l'Arsenal; peu après, le maréchal de Montesquiou rappelé de son commandement de Bretagne. — Retour du comte de Charolois de ses voyages; bon mot de Turménies; quel étoit Turménies. — Retraite de l'hôtel de Marsan. — Mariage de la Noue avec Mme de Chevry; quelles gens c'étoient. — Fruits amers du Mississipi; rare contrat de mariage du marquis d'Oyse. — Dreux obtient la survivance de sa charge de grand maître des cérémonies pour son fils, et le marie malheureusement. — Mort du prince Vaïni. — Mort et caractère du comte de Peyre; sa charge de lieutenant général de Languedoc donnée pour rien à Canillac. — Mort de la comtesse du Roure; curiosités sur elle. — Mort et singularités de la marquise d'Alluye. — Mort de l'abbé Gautier. — Mort et détails du célèbre Valero y Losa, de curé de campagne devenu, sans s'en être douté, évêque, puis archevêque de Tolède. — Éloge du P. Robinet, confesseur du roi d'Espagne, et son renvoi. — Division entre le roi d'Angleterre et le prince de Galles ; sa cause ; leur apparent raccommodement; duc de la Force, choisi pour en aller faire les compliments à Londres, n'y va point parce que le roi d'Angleterre ne veut point de cet éclat. — Massei à Paris, depuis nonce en France; sa fortune, son caractère. — Les Vénitiens se raccommodent avec le Roi, et rétablissent les Ottobons. — État, intrigues, audace des bâtards du prince de Montbéliard, qui veulent être ses héritiers et légitimes. 57

CHAPITRE V. — Le Roi commence à monter à cheval et à tirer. — L'Espagne remet la Sicile à l'Empereur, et le roi de Sicile devient roi de Sardaigne. — Mariage du duc d'Albret avec Mlle de Cordes ; suite de ses mariages; fortune prodigieuse de M. et de Mme de Beauvau par le duc de Lorraine. — Pension de dix milles livres à la nouvelle duchesse d'Albret. — Survivance du gouvernement de Franche-Comté au duc de Tallart, et de sous-gouverneur du Roi au fils aîné de Saumery. — Mariage de M. de Mailloc avec une fille de la maréchale d'Harcourt. — Duc de Noailles s'accommode avec Bloin, pour son second fils, de la survivance d'intendant des ville, châteaux et parcs de Versailles et de Marly. — M. le comte de Charolois et le maréchal de Montesquiou entrent au conseil de régence en trentièmes. — Mort et curiosités sur Mme de Coetquen Chabot. — Mort et caractère de l'abbé de Chaulieu. — Mort de Sousternon. — Arrêt du conseil du 22 mai 1720, qui manifeste le désordre des actions et de la banque, et qui a de tristes suites; malice noire d'Argenson. — Mouvements du Parlement; l'arrêt est révoqué, dont l'effet entraîne à la fin la perte de Law. — Conduite de l'abbé du Bois à l'égard de Law. — M. le duc d'Orléans me confie, et à deux autres avec moi, l'arrêt avant de le donner; je tâche en vain de l'en détourner. — Conduite du Parlement et de M. le duc d'Orléans. — Arrêt qui révoque au bout de six jours celui du 22 mai. — Law est ôté de contrôleur général des finances; Beuzwald, avec seize Suisses, en garde chez lui; il voit le Régent après un refus simulé; travaille avec lui et en est traité avec la bonté ordinaire; la garde se retire de chez lui; l'agio est transféré de la rue Quincampoix en la place de Vendôme. — M. le duc d'Orléans me veut donner les sceaux, et m'en presse deux jours durant; je tiens ferme à les refuser. — Law et le chevalier de Conflans envoyés sonder et persuader le chancelier; ils réussissent, et le ramènent de Fresnes. — Les sceaux redemandés à Argenson, et rendus au chancelier. — Retraite d'Argenson en très-bon ordre, et fort singulière. 83

Chapitre VI. — Conférence de finance singulière au Palais-Royal; création de rentes à deux et demi pour cent enregistrées; diminution des espèces; des Forts presque contrôleur général; les quatre frères Pâris exilés. — Papiers publics solennellement brûlés à l'hôtel de ville. — Caractère de Trudaine, prévôt des marchands. — M. le duc d'Orléans m'apprend sa résolution d'ôter le prévôt des marchands, de mettre Châteauneuf en sa place, de chasser le maréchal de Villeroy et de me faire gouverneur du Roi, à quoi je m'oppose avec la dernière force, et je l'emporte; mais il ne me tient parole que sur le dernier. — Trudaine remercié; Châteauneuf prévôt des marchands. — Trudaine et le maréchal de Villeroy sont tôt informés au juste de tout ce tête-à-tête, sans qu'on puisse imaginer comment, et avec des sentiments bien différents l'un de l'autre. — Conduite étrange du maréchal de Villeroy; il est visité par les harengères dans une attaque de goutte. — Emplois des enfants d'Argenson; Baudry lieutenant de police. — M. le duc d'Orléans renvoie gracieusement les députés du Parlement au chancelier. — Arrêt célèbre sur les pierreries. — Sutton succède à Stairs; courtes réflexions. — Continuation de la brûlerie par le nouveau prévôt des marchands. — Édit pour rendre la compagnie des Indes, connue sous le nom de Mississipi, compagnie exclusivement de commerce; effets funestes de ce[t] édit. — Gens étouffés à la banque; le Palais-Royal menacé; Law insulté par les rues; ses glaces et ses vitres cassées; il est logé au Palais-Royal. — Le Parlement refuse d'enregistrer l'édit. — Ordonnance du Roi étrange. — Précautions; troupes approchées de Paris. — Conférences au Palais-Royal entre M. le duc d'Orléans et moi. — Petit conseil tenu au Palais-Royal; impudence de Silly. — Translation du Parlement à Pontoise. — Effronterie du premier président, qui tire plus de trois cent mille livres de la facilité de M. le duc d'Orléans, pour le tromper, s'en moquer, et se raccommoder avec le Parlement à ses dépens. — Le Parlement refuse d'enregistrer sa translation, puis l'enregistre en termes les plus étranges; arrêt de cet enregistrement. — Conduite du premier président; dérision du Parlement à Pontoise, et des avocats pareille. — Foule d'opérations de finance; des Forts en est comme contrôleur général. — Profusion de pensions. — Maréchal de Villars cruellement hué dans la place de Vendôme; l'agiotage qui y [est] établi transporté dans le jardin de l'hôtel de Soissons; avidité sans pareille de M. et de Mme de Carignan. — Law, retourné du Palais-Royal chez lui, fort visité; les troupes approchées de Paris renvoyées. — Peste de Marseille. 102

CHAPITRE VII. — Déclaration pour recevoir la constitution *Unigenitus*, lue au conseil de régence sans y prendre là-dessus les avis de personne. — Mort, fortune et caractère du chevalier de Broglio. — Comte de Saxe entre au service de France; fait presque aussitôt maréchal de camp. — Mariage d'Alincourt et de Mlle de Boufflers. — Cellamare, ou le duc de Giovenazzo, disgracié depuis son retour, rappelé à la cour d'Espagne et bien traité. — La place du Parlement absent laissée vide par les autres cours à la procession de l'Assomption. — Le Parlement refuse d'enregistrer la déclaration en faveur de la constitution *Unigenitus;* le Régent la porte au grand conseil, y fait trouver les princes du sang, ducs et pairs et maréchaux de France; me prie de ne m'y point trouver, et l'y fait enregistrer à peine; nullité de cet enregistrement. — Mort et caractère de la Brue, évêque de Mirepoix; de l'évêque-comte de Châlons, frère du cardinal de Noailles; de Heinsius, pensionnaire d'Hollande. — Hoornbeck, pensionnaire de Rotterdam, fait pensionnaire d'Hollande. — Mort de Saint-Olon. — [Mort de Mme Dacier. —] Mort, extraction, fortune, famille, caractère et *Mémoires* de Dangeau; raisons de s'y étendre. — Duc de Chartres grand maître des ordres de Notre-Dame du mont Carmel et de Saint-Lazare. — Mort du duc de Gramont; son nom et ses armes. — Mort de Mme de Nogent, sœur du duc de Lauzun; réflexion. 128

CHAPITRE VIII. — Lede, fait grand d'Espagne, est victorieux en Afrique. — Mortification du cardinal del Giudice à Rome, dépouillé de la protection d'Allemagne en faveur du cardinal d'Althan, qu'il courtise bassement.— Princesse des Ursins à Rome pour toujours, où elle est considérée. — Barbarigo, Borgia et Cienfuegos faits cardinaux ; quels. — Saint-Étienne de Caen au cardinal de Mailly ; la survivance des gouvernements du duc d'Uzès à son fils. — Voyages et retour à Paris de la duchesse d'Hanovre ; sa nullité à Vienne ; son changement de nom ; son état ambigu et délaissé à Paris ; nouveautés étranges, mais sans suite, à son égard. — La Houssaye contrôleur général ; quel. — Triste fin et mort de Guiscard. — Mort et caractère de Caumartin. — Époque du velours en habits ordinaires pour les gens de robe. — Le Parlement enregistre la déclaration pour recevoir la constitution, et revient à Paris. — Chambre établie aux Grands-Augustins pour vider force procès. — Mariage du duc de Lorges avec Mlle de Mesmes. — Mariage du duc de Brissac avec Mlle Pécoil; mort étrange du vieux Pécoil. — Ambassadeur du Grand Seigneur en France. — Congrès de Cambray inutile ; Saint-Contest et Morville y vont ambassadeurs plénipotentiaires ; sage pensée du cardinal Gualterio. — Maulevrier-Langeron envoyé en Espagne. — Law sort enfin du royaume ; son caractère, sa fin, sa famille. 147

CHAPITRE IX. — Année 1721. — Chaos des finances. — Retraite de Pelletier Sousy. — Conseil de régence curieux sur les finances et la sortie de Law du royaume. — Réflexions sur ce conseil de régence. — Prince de Conti débanque Law. — Continuation de réflexions sur ce conseil de régence, orageux entre le Régent et Monsieur le Duc à l'occasion de la retraite de Law. — M. le duc d'Orléans veut de nouveau ôter au maréchal de Villeroy la place de gouverneur du Roi et me la donner ; il s'y associe Monsieur le Duc ; je refuse ; le combat dure plus d'un mois ; je demeure si ferme que le maréchal de Villeroy conserve sa place auprès du Roi, faute de qui la remplir ; sa misère là-dessus. — Le maréchal de Villeroy découvre le péril qu'il a couru pour sa place ; il [ne] me pardonne pas d'avoir pu la remplir, si je l'avois voulu ; je le méprise. 165

CHAPITRE X. — Forte conversation entre M. le duc d'Orléans et moi, qui ébranle l'abbé du Bois fortement, mais inutilement — Foiblesse étrange de M. le duc d'Orléans, qui dit tout à l'abbé du Bois, se laisse irriter contre moi jusqu'à me faire de singuliers reproches, dont à la fin il demeure honteux ; m'avoue sa foiblesse, et défend à l'abbé du Bois de lui jamais parler de moi. — Étrange trait sur le chapeau de du Bois entre M. le duc d'Orléans et Torcy. — Naissance du prince de Galles à Rome. — Sentiments anglois sur cette naissance. — Mort du comte de Stanhope et de Craggs, secrétaires d'État d'Angleterre, succédés par Townsend et Carteret ; leur caractère ; mort du docteur Sachewerell. — Mort et caractère de Huet, ancien évêque d'Avranches ; de la duchesse de Luynes ; de la duchesse de Sully Coislin ; de la duchesse de Brissac Vertamont. — Embrasement de Rennes ; cailloux singuliers. 191

CHAPITRE XI. — Affaire du duc de la Force. — Saint-Contest et Morville, plénipotentiaires au congrès de Cambray. — Mort, fortune et caractère de Foucault, conseiller d'État. — Méliant, Harley, Ormesson, conseillers d'État. — Alliance des Neuville et des Harlay. — Mort de Coettenfao; de Joffreville; d'Ambres; son caractère; de la comtesse de Matignon. — Ambassadeur extraordinaire du Grand Seigneur à Paris. — Son entrée. — Sa première audience. — Vienne, en Autriche, archevêché. — Mort de la reine de Danemark Meckelbourg; dix-huit jours après le roi épouse la Rewenclaw, sa maîtresse. — Duperie étrange du cardinal de Rohan par du Bois; mort de Clément XI Albane; Innocent XIII Conti élu; condition étrange de son exaltation; Alberoni à Rome et rétabli; intérêt des cardinaux. — Robert Walpole comme grand trésorier d'Angleterre. — M. le duc de Chartres colonel général de l'infanterie. — Survivance de premier écuyer et du gouvernement de Marseille au fils de Beringhen, et des bâtiments au fils de d'Antin. — Perfidie du maréchal de Villeroy à Torcy et à moi. 211

CHAPITRE XII. — Le duc de Sully déclare son mariage secret avec Mme de Vaux; leur caractère. — Mort de Chamillart; raccourci de sa fortune et de son caractère; de Desmarets; abrégé de son caractère; d'Argenson; abrégé de son caractère; de Maupertuis; abrégé de son caractère; de Mezières; son caractère; de Sérignan; de l'abbé de Mornay; son caractère et sa fortune; de l'abbé de Lyonne; de Bullion. — Le grand écuyer se sépare pour toujours de sa femme, qu'il renvoye au duc de Noailles, son père. — Breteuil, maître des requêtes, prévôt et maître des céromonies de l'ordre; la Houssaye, contrôleur général, en a le râpé. — Breteuil frère du précédent, tué en duel par Gravelle. — Traité d'Angleterre, à son mot, avec l'Espagne. — M. le duc d'Orléans me confie le traité fait du mariage du Roi avec l'infante d'Espagne, et de sa fille avec le prince des Asturies; conversation curieuse entre lui et moi là-dessus. — J'obtiens l'ambassade d'Espagne pour faire mon second fils grand d'Espagne. — J'obtiens pour ma dernière belle-sœur l'abbaye de Saint-Amand de Rouen. — Audience de congé, caractère et traitement de l'ambassadeur turc. — Prince de Lixin fait grand maître de Lorraine en épousant une fille de M. et de Mme de Craon; son caractère et sa fin. — Mariage du marquis de Villars avec une fille du duc de Noailles; caractère de cette dame. — Mariage du duc de Boufflers avec une fille du duc de Villeroy. 233

CHAPITRE XIII. — Du Bois enfin cardinal; sa conduite en cette occasion; conduite réciproque entre lui et moi; il sort à merveille de ses audiences. — Croix pectorale; embarras de Monsieur de Fréjus; imprudence de Mme de Torcy. — Du Bois, informé de mon ambassade, me rapproche par Belle-Isle pour me tromper et me nuire; je le sens, et ne puis l'éviter; liaison plus qu'intime de Belle-Isle avec le Blanc; leur servitude sous du Bois. — Maladie du Roi. — Audace pestilentielle de la duchesse de la Ferté. — Conduite étrange du maréchal de Villeroy. — Affectation de *Te Deum* sans fin. — Instruction abominable et publique du maréchal de Villeroy au Roi.— Excellente conduite de M. le duc d'Orléans et des siens dans la maladie du Roi. — Mort de Trudaine; du duc de Bouillon; son caractère; de Thury; son caractère; du P. le Long, de l'Oratoire. — Armenonville obtient la survivance de sa charge de secrétaire d'État pour son fils; la duchesse [de Ventadour] celle de gouvernante des enfants de France pour Mme de Soubise, sa petite-fille; Saumery, de la sienne de sous-gouverneur du Roi pour son fils aîné, chose sans exemple; leur caractère. — Mort et caractère, vie et conduite de Madame la grande-duchesse. — La conduite avec moi du cardinal du Bois m'affranchit des conditions de notre raccommodement. — Familiarité, liberté, confiance conservée entre Monsieur le Duc et moi, depuis le lit de justice des Tuileries. — Conversation importante et très-curieuse entre Monsieur le Duc et moi.. . . 252

Chapitre XIV. — Mort, caractère, conduite du cardinal de Mailly. — Il obtient que son neveu de Nesle porte la queue du grand manteau de l'ordre du Roi à Reims. — Il ne va point à Rome, arrêté par une opération instante au moment de son départ. — Réflexions. — Reims persévéramment offert à Fréjus, obstinément refusé; motifs de l'un et de l'autre; sa conduite à l'égard du Roi, du Régent, du maréchal de Villeroy, du monde. — Raison à moi particulière de desirer que Fréjus acceptât Reims. — Sagacité très-singulière d'une femme de chambre. — Fréjus accepte à grand'peine l'abbaye de Saint-Étienne de Caen. — Fréjus point avide de biens. — Fréjus, parfaitement ingrat, empêche que Reims soit donné à Castries, archevêque d'Albi. — Abbé de Guémené archevêque de Reims. — Retraite et caractère du duc de Brancas. — Mort, fortune et caractère de l'abbé de Camps; de l'évêque-duc de Laon, Clermont Chattes; ses deux premiers successeurs. — Mort et caractère de l'archevêque de Rouen, Besons; son successeur; du duc de Fitz-James; de Mlle de la Rochefoucauld; de Mme de Polignac, mère du cardinal; de Prior, à Londres. 270

Chapitre XV. — Raisons qui terminent les longs troubles du Nord. — Paix de Nystadt entre la Russie et la Suède. — Réflexions. — Mesures pour apprendre au Roi son mariage et le déclarer. — Le Régent, en cinquième seulement dans le cabinet du Roi, lui apprend son mariage, et le déclare en sa présence au conseil de régence. — Détail plus étendu de la scène du cabinet du Roi sur son mariage. — Déclaration du mariage du prince des Asturies avec une fille de M. le duc d'Orléans. — Réflexions. — Abattement et rage de la cabale opposée au Régent; ses discours; son projet. — Frauduleux procédé du cardinal du Bois avec moi, qui veut me ruiner et me faire échouer. — Mon ambassade déclarée. — Ma suite principale. — Sartine; quel. — Je consulte utilement Amelot et les ducs de Berwick et de Saint-Aignan; utilité que je tire des ducs de Liria et de Veragua; leur caractère. — Mon instruction; remarques sur icelle. — Valouse; son caractère et sa fortune. — La Roche; sa fortune, son caractère; estampille; ce que c'est. — Laullez; sa fortune, son caractère; mon utile liaison avec lui. — Scélératesse du cardinal du Bois et foiblesse inconcevable de M. le duc d'Orléans, dans les ordres nouveaux et verbaux que j'en reçois sur préséance et visites. — Duc d'Ossone; quel; nommé ambassadeur d'Espagne pour le mariage du prince des Asturies; on lui destine le cordon bleu; je ne veux point profiter de la nouveauté de cet exemple. — Continuation de l'étrange procédé du cardinal du Bois à mon égard, qui fait hasarder à M. le duc d'Orléans une entreprise d'égalité avec le prince des Asturies. — La Fare envoyé en Espagne de la part de M. le duc d'Orléans; son caractère. — Malice grossière à mon égard du cardinal du Bois, suivie de la plus étrange impudence, et prend à Torcy la charge des postes; bon traitement fait à Torcy. — La duchesse de Ventadour, et Mme de Soubise en survivance, gouvernantes de l'infante, et le prince de Rohan chargé de l'échange des princesses. 289

CHAPITRE XVI. — Mon départ de Paris pour Madrid; je rencontre et confère en chemin avec le duc d'Ossone. — Je passe et séjourne à Ruffec, à Blaye et à Bordeaux, et y fais politesse aux jurats. — Arrivée à Bayonne; Adoncourt et Dreuillet, commandant et évêque de Bayonne; quels. — Pecquet père et fils; quels. — Impatience de Leurs Majestés Catholiques de mon arrivée, qui la pressent par divers courriers. — Audiences de la reine douairière d'Espagne; son logement; elle me fait traiter à dîner; son triste état. — Adoncourt fort informé. — Passage des Pyrénées; je vais voir Loyola. — Arrivée à Vittoria; présent et députation de la province. — Trois courriers l'un sur l'autre pour presser mon voyage; je laisse mon fils aîné fort malade à Burgos, et poursuis ma route sans m'arrêter; cause de l'impatience de Leurs Majestés Catholiques. — Basse et impertinente jalousie de Maulevrier. — Arrivée à Madrid, où je suis incontinent visité des plus grands, sans exception de ceux à qui je dévois la première visite. — Je fais ma première révérence à Leurs Majestés Catholiques et à leur famille. — Conduite très-singulière et toute opposée des ducs de Giovenazzo et de Popoli avec moi. — Visite à Grimaldo, particulièrement chargé des affaires étrangères; succès de cette visite; il connoît parfaitement le cardinal du Bois. — Esquisse du roi d'Espagne; de la reine d'Espagne; du marquis de Grimaldo. — Le roi et la reine d'Espagne consentent, contre tout usage, de signer eux-mêmes le contrat du futur mariage du Roi et de l'infante; ils y veulent des témoins, que je conteste, et que je consens enfin. — Signature des articles. — Office à Laullez. 330

CHAPITRE XVII. — Audience solennelle pour la demande de l'infante en mariage futur pour le Roi. — Audience de la reine d'Espagne. —

Audience du prince des Asturies et des infants. — Bêtise de Maulevrier, qui ne se couvrit point. — Conduite énorme de Maulevrier avec moi, bien pourpensée et bien exécutée jusqu'au bout, pour me jeter dans le plus fâcheux embarras sur les instruments du contrat de mariage, de guet-apens, en pleine cérémonie de la signature. — Ma conduite pour y précéder, comme je fis, le nonce et le majordome-major du roi, sans les blesser. — Signature solennelle du contrat du futur mariage du Roi et de l'infante. — Le prince des Asturies cède partout à l'infante depuis la déclaration de son futur mariage avec le Roi. — Je me maintiens adroitement en la place que j'avois prise. — Difficulté poliment agitée sur la nécessité ou non d'un instrument en françois; Maulevrier forcé de laisser voir toute sa scélératesse, de laquelle je me tire avec tout avantage, sans montrer la sentir. — Autre honte à Maulevrier chez Grimaldo; politesse de ce ministre; facilité pleine de bonté du roi d'Espagne; ma conduite égale avec Maulevrier, et mes raisons pour cette conduite. — Bonté de Leurs Majestés Catholiques; conclusion de mon désistement d'un instrument en françois. 359

Chapitre XVIII. — Forme de demander les audiences particulières du roi d'Espagne; jalousie de la reine pour y être toujours présente; trait important d'amitié pour moi de Grimaldo. — Illumination de la place Major, admirable et surprenante. — Bal superbe chez le roi d'Espagne; Leurs Majestés Catholiques y dansent et m'y font danser. — Échappé avec tout avantage de tous les piéges du cardinal du Bois, j'en aperçois son dépit à travers les louanges. — Audience particulière que j'eus seul le lendemain de la signature; manége de la reine : service de Grimaldo. — Office à don Patricio Laullez. — Attachement du roi d'Espagne aux jésuites, peu conforme au goût de la reine. — Bontés ou compliments singuliers de la reine pour moi. — Audience particulière du comte de Céreste. — Je consulte Grimaldo sur les bontés ou les compliments de la reine; j'en reçois un bon conseil; confiance et amitié véritable entre ce ministre et moi. — Pompe de Leurs Majestés Catholiques allant à Notre-Dame d'Attocha. — Compétence entre les deux majordomes-majors, uniquement aux audiences publiques de la reine, qui en exclut celui du roi, et entre les mêmes et les deux grands écuyers, uniquement dans les carrosses du roi et de la reine, qui en exclut les deux majordomes-majors. — Départ, 18 novembre, de Mlle de Montpensier de Paris. — Leurs Majestés Catholiques donnent une longue audience à Maulevrier et à moi seuls, étant au lit, contre tout usage d'y être vus par qui que ce soit. — Maulevrier en étrange habitude de montrer au ministre d'Espagne les dépêches qu'il recevoit de sa cour. — Départ de Leurs Majestés Catholiques pour Lerma. — Je présente enfin une lettre du Roi à l'infante au moment de son départ pour Lerma; je reçois chez moi les compliments de la ville de Madrid. — Lettre curieuse du cardinal du Bois à moi sur l'emploi de l'échange des princesses. —

Santa-Cruz chargé par le roi d'Espagne de l'échange des princesses; je prends avec lui d'utiles précautions à l'égard du prince de Rohan, chargé par le Roi de la même échange............ 385

CHAPITRE XIX. — Arrivée, réception, traitement, audiences, magnificence du duc d'Ossone à Paris. — Signature des articles du prince des Asturies et de Mlle de Montpensier chez le chancelier de France. — Signature du contrat de mariage du prince des Asturies et de Mlle de Montpensier; elle est visitée par le Roi; fêtes. — Départ de Mlle de Montpensier. — La ville de Paris complimente le duc d'Ossone chez lui. — Mort du comte de Roucy. — Mort de Surville. — Mort de Torcy des chevau-légers. — Arrivée de la Fare, chargé des compliments de M. le duc d'Orléans sur le mariage de Mademoiselle sa fille; vaines prétentions de la Fare, que son maître n'avoit point. — Conduite que je me suis proposé d'avoir en Espagne. — Tentative du P. d'Aubanton auprès de moi pour faire rendre aux jésuites le confessionnal du Roi. — Droiture et affection de Grimaldo pour moi. — L'Empereur fait une nombreuse promotion de l'ordre de la Toison d'or, dont il met le prince héréditaire de Lorraine. — Omission de plusieurs affaires peu importantes, et les embarras étranges d'argent où la malice du cardinal du Bois m'attendoit et me jeta. — Courte description de Lerma et de Villahalmanzo. — Grands mandés avec quelques autres personnes distinguées pour assister au mariage du prince des Asturies. — Pour quelles personnes ont été faites les érections des duchés de Pastrane, Lerma et l'Infantade, et comment tombés au duc de l'Infantade, de la maison de Silva. — Caractère et famille du duc de l'Infantade, et leur conduite à l'égard de Philippe V; richesse de ce duc; sa folie en leur emploi. — Maisons du prince et de la princesse des Asturies. — Je vais par l'Escurial joindre la cour à Lerma; pouvoir du nonce. — Hiéronymites; leur grossièreté et leur superstition. — Appartement où Philippe II est mort. — Pourrissoir. — Sépultures royales. — Petite scène entre un moine et moi sur la mort du malheureux don Carlos; fanatisme sur Rome. — Panthéon. — J'arrive à mon quartier près de Lerma, où je tombe malade tout aussitôt de la petite vérole. — Indication pour remettre sous les yeux tout ce qui regarde les personnages, charges, emplois, grandesses d'Espagne; précis sur les grandesses..................... 410

FIN DE LA TABLE DES CHAPITRES DU DIX-SEPTIÈME VOLUME.

2602 Paris.— Imprimerie ARNOUS DE RIVIÈRE et Cie, rue Racine, 26.

www.ingramcontent.com/pod-product-compliance
Lightning Source LLC
Chambersburg PA
CBHW070547230426
43665CB00014B/1837